Johannes Derksen
Hedwig von Schlesien

Johannes Derksen

HEDWIG VON SCHLESIEN

Ein biografischer Roman

benno
VERLAG

Bibliografische Information der Deutschen Bibliothek
Die Deutsche Bibliothek verzeichnet diese Publikation
in der Deutschen Nationalbibliografie;
detaillierte bibliografische Daten sind im Internet über
http://dnb.ddb.de abrufbar.

ISBN 978-3-7462-2580-7

04159 Leipzig, Stammerstr. 11
www.st-benno.de
Umschlag: Ulrike Vetter, Leipzig,
unter Verwendung eines Fotos von picture-alliance/akg-images
Gesamtherstellung: Kontext, Lemsel (A)

INHALT

Hoch über dem Ammersee

Hedwig saß inmitten des sie umtanzenden Kinderkreises und hielt ihre dünnen Fingerchen vors gesenkte Gesicht. Der beginnende Frühling hatte die Kinder aus den Kemenaten in den mit Mauern und Türmen, mit Stallungen und Wirtschaftsgebäuden umgebenden Burghof unter die noch kahle große Linde gelockt. Laut erscholl der Jungen Ruf und der Mädchen Singen.

Das gewohnte Glockengeläut über dem See, das der Stiftsherren Chorgebet in Dießen ankündigte, hatten sie in ihrem Eifer überhört.

Nicht aber Gräfin Agnes von Andechs. Sie schaute vom Altan herab auf die Kinder. Ihre Jüngste, Mechthild, spielte zu ihren Füßen. Es kam der Mutter in den Sinn, dass sie als Kind auf den Burgen von Groitzsch und Rochlitz im fernen Osten ebenso gespielt hatte. Nun sah sie ihre Hedwig im Kreis der Schwestern hocken. Otto und Heinrich übten sich im Speerwurf, während Ekbert und Berthold mit kleinen Armbrüsten schossen.

Frau Agnes schaute durch den entlaubten Baum, ob sie auf dem Ammersee das große Fährschiff des Klosters erblicken könnte. Das Glockengeläut war nämlich das verabredete Zeichen für die Abfahrt des mit Rudern und Segeln bestückten Schiffes, das ihren Gemahl, Berthold VI., zusammen mit dem Schwiegervater, Markgraf Berthold V., nach langen Wochen von Innsbruck in Tirol heimbringen sollte.

In den letzten Tagen hatte sie die Kinder ermahnt:

„Seid brav, der Vater und der Großvater kommen bald zurück!"

Hedwig nannte ihn immer noch ‚Atta' und den Großvater ‚Atta-Atta'. Jetzt lugte sie durch ihre ein wenig gespreizten Finger, ob der sie erlösende Atta-Atta endlich käme; denn sie war jetzt eine Gefangene im Kreis der Geschwister. Hedwig liebte dieses Spiel nicht, bei dem ihre Schwestern so laut um sie herum schrien. Sie musste jetzt das schreckliche Wort hören, das sie bis ins Innerste erzittern ließ:

„Übermorgen Lämmlein schlachten ..."

„Nein! Nicht Lämmlein schlachten!"

Mit diesem Notschrei versuchte Hedwig auszubrechen.

„Zurück! Du bist bestimmt!" ranzte Berchta sie an.

„Hadwiga, du bist das Lämmlein", sagte sanfter Agnes.

„Willst du wohl!" stieß Gertrud sie zurück.

Von Gertrud gerufen, mischten sich auch noch die älteren Brüder ein. Ihre Lanzen und Armbrüste waren auf Hedwig gerichtet, die sich nicht einordnen wollte. Der Geschwisterkreis bestimmte über die Jüngere, wie die große Familiensippe es über die Heranwachsenden tat.

„Nein! Nein! Ich will nicht!"

„Du musst!" riefen alle.

Die Widerwillige bekam Stöße.

Inzwischen war das Fährschiff mit Herren und Knechten, mit Rossen und vielem Gepäck am Mühlfeld im Herrschinger Winkel gelandet. Nun bewegte sich der Zug durchs Kiental zur hochgelegenen Burg Andechs hinauf. Der grüne Ammersee lag zwischen den waldreichen Höhen. Ein herrlicher Anblick für den Türmer auf dem hohen Bergfried, der die Nahenden durch seine Hornsignale ankündigte.

Das war das ersehnte Zeichen für Hedwig. Die Zarte stürmte den Kreis und rannte auf ihren Platz, wo sie gewohnheitsgemäß den so geliebten Atta-Atta erwarten durfte. Es war eine Säule am Anfang des Treppenaufganges. Hastig stieg sie auf dem Treppengeländer abwärts und stand bald hochaufgerichtet auf der Säule. Sie fieberte vor Erregung, als die Hornsignale zum zweiten und dritten Male erschollen.

Otto, der Älteste, wusste, dass er mit Heinrich zur Begrüßung der Burgherren vor den mit erhobenen Speeren Spalier bildenden Mannen stehen durfte, die kleineren Brüder Ekbert und Berthold dagegen mit ihren Armbrüsten hinter ihnen.

Jetzt wurde das Tor geöffnet. Die Ketten der Zugbrücke rasselten.

„Vivat! Vivat!" riefen die Jungen.

Frau Agnes hatte die kleine Mechthild auf die Brüstung des Altans gestellt. Sie hob die Rechte des Kindes und winkte dem heimkehrenden Mann. Dieser winkte hinauf.

Der alte Herzog wollte gerade von seinem Rappen steigen, da hörte er von der Säule seine geliebte Enkelin Hedwig rufen:

„Atta-Atta! Atta-Atta!"

Sie fuchtelte mit beiden Ärmchen in der Luft herum.

Auf diese Begrüßung hatte sich der alte Markgraf Berthold am meisten gefreut. Schnell lenkte er seinen Rappen zur Säule; denn er fürchtete, Hedwig könnte von der Säule herunterfallen. Aber sie stand sicher da oben und rief erneut und breitete beide Ärmchen aus.

Der Großvater beugte sich zu ihr und hob sie vor sich aufs Pferd, wo Hedwig sich an der Mähne festhielt.

Zuerst verstand der Großvater nicht, was sie plapperte. Als sie sich dann zu ihm drehte und mit Tränen in den Augen bettelte: „Atta-Atta, nicht Lämmlein schlachten!", beruhigte er sie:

„Nein, nicht! Nicht Lämmlein schlachten!"

Dabei wusste der Atta-Atta noch gar nicht, worum die kleine Hedwig ihn anflehte.

Dass der Großvater die eigenwillige Hedwig bevorzugte, ärgerte die Geschwister. Sie kannte das Warum nicht. Niemand wusste, dass die heranwachsende Hedwig den alten Markgrafen an seine früh verstorbene Mutter, die Tochter Sophie des Markgrafen Poppo III. von Istrien, erinnerte.

Ihr Bild hatte Berthold V. durch Jahrzehnte in liebender Erinnerung getragen. Erst im vergangenen Jahr hatte er es in seiner Enkelin Hedwig wiederentdeckt.

So vereinte Hedwig in sich der Urgroßmutter Sophies Art und Antlitz und der Großmutter Hedwigs Namen zum Trost des alten Gebieters auf Andechs, der bis an die adriatische Küste und bis über den Brenner herrschte.

Immer wieder plapperte die vor ihm sitzende Hedwig von dem Spiel, das sie so geängstigt hatte, bis der Atta-Atta endlich begriff, dass seine geliebte Hedwig das Lämmlein spielen musste, das übermorgen geschlachtet werden sollte.

Er ritt mit ihr einige Runden um den Burghof.

Neiderfüllt raunte Gertrud den Geschwistern zu:

„Jetzt petzt sie wieder alles dem Großvater, das muss sie büßen!"

Plötzlich entdeckte Hedwig, wie ein gefesselter Gefangener von den Mannen geschlagen wurde. Entsetzt starrte sie darauf.

Der Gefangene musste dann die Leiter zum Turm hinaufsteigen.

Da ahnte das Kind, was mit ihm geschehen sollte.

Die grausamen Geschwister hatten ihr manches Mal gedroht:

„Wenn du nicht willst, wie wir wollen, dann kommst du in den Turm!"

Hedwig wusste von dem *Angstloch*, durch das man hinabgelassen wurde. Es hieß auch *Höllenschlund*, weil es unten im Verlies so finster war.

Hedwig drehte sich zum Großvater um und schrie aus angsterfülltem Gesicht:

„Nicht schlagen!
Nicht Angstloch!
Nicht Höllenschlund!"

Der Gefangene schrie auch auf und versuchte sich zu wehren. Da wurde er noch mehr geschlagen.

Er verkrallte sich an der Leiter und ließ sich lieber schlagen, als noch eine Sprosse weiter hinauf in sein Elend zu müssen.

„Atta-Atta! Nicht schlagen!"

Hedwig ließ die Mähne los und machte mit beiden Händchen ihr „Bitte, bitte!".

Da gab der Markgraf den Mannen durch einen Knappen den Befehl, den Gefangenen nicht mehr zu schlagen. Zu Hedwig aber sagte er:

„Das ist ein ganz böser Mann, Hedwig. Er hat einen unserer Mannen erschlagen."

Das Kind hörte nur das Ende des Wortes ... schlagen und flehte:

„Nicht schlagen!
Nicht Angstloch!
Nicht in den bösen Turm!
Atta-Atta, bitte, bitte!"

Dabei liefen ihr die Tränen übers Gesicht.

Der Markgraf ritt mit ihr zur Leiter und rief den Mannen zu:

„Nicht ins Verlies!“

Als der Gefangene sich immer noch krampfhaft an den Sprossen festhielt, sprach ihm der Markgraf in der Tiroler Sprache zu: „Das Kind hat für dich um Erbarmen gefleht. Verdient hast du es nicht!“

Und den Mannen befahl er:

„Führt ihn in das vergitterte Gelass neben dem Stall!“

Hedwig wischte sich die Augen und sah, wie der Gefangene nun willig von der Leiter stieg und über den Hof ins ebenerdige Gelass geführt wurde. Er wurde auch nicht mehr geschlagen.

„Mistet das Gelass aus und tragt frisches Stroh hinein! Auch gebt ihm zu essen und zu trinken! Ich lass um des Kindes willen Gnade vor Recht ergehen.“

Dann ritt er zur Treppe. Er hob das Kind einem Knappen zu, stieg selbst vom Pferd und trug Hedwig auf seinen Armen hinauf.

Hedwig streichelte ihren Atta-Atta und flüsterte ihm zu:

„Der böse Mann wird wieder ganz lieb sein.“

Berthold V. wunderte sich, dass er diesem Enkelkind nichts abschlagen konnte.

Zum Empfang durften alle Kinder zusammen mit dem Großvater und den Eltern im Rittersaal speisen.

Der Markgraf saß erhöht und überschaute die Tafel. Alle seine Enkelkinder redete er an. Niemand durfte sprechen, ohne von ihm dazu aufgefordert zu sein.

Er fragte Gertrud nach der Bedeutung der Worte:

„Übermorgen Lämmlein schlachten.“

Da wurden die Enkelkinder verlegen, nur Gertrud nicht. Sie antwortete keck:

„Das ist nur so ein Spiel; aber Hedwig, die Heulliese, hat gemeint, sie würde wirklich geschlachtet, und hat immer geschrien: ‚Nein! Nein! Nicht Lämmlein schlachten!‘“

Hedwig hörte ganz entsetzt, dass die Schwester sie beim Atta-Atta verklagte. Sie durfte nicht reden; doch das ging nur den Mund an.

Aber sie hatte ja Augen! Diese suchten den Atta-Atta und begegneten ihm.

Der Markgraf schaute in die flehenden, verängstigten Augen. Er schaute die Enkelkinder, aber auch die Edelfräulein an, welche die Kinder umstanden und beim Essen betreuten, und sagte bestimmt:

„Das Spiel wird nicht mehr gespielt!“

Gertrud senkte den Kopf auf den Teller, und Hedwig bekam von ihr unter dem Tisch einen Fußtritt. Sie schrie unwillkürlich auf. Da musste der Markgraf sie tadelnd anschauen und fragte:

„Warum hast du geschrien?“

„Ich habe, ich habe, ich habe mich am Bein gestoßen.“

Gertrud kicherte.

Hedwig hatte in ihrem Kleid eine Tasche. Ein schönes Stück Wildbret lag vor ihr auf dem Teller. Wie konnte sie es nur unbemerkt in die Tasche bringen?

Als sie sah, wie ein Vogel einen andern jagte, machte sie den Geschwistern mit dem Finger ein Zeichen, sagte aber nichts. Als sie die Vögel beobachteten, brachte Hedwig das Stück Wildbret schnell in ihre Tasche. Dann guckte sie den Atta-Atta an, ob er wohl etwas gemerkt hatte. Der aber tat so, als ob er nichts gesehen hätte.

Hedwig war glücklich mit ihrer Beute.

Obwohl es nicht gehörig war, bei Tisch aufzustehen, musste sie mal und wollte verschwinden. Sie rieb zum Zeichen ihres Leibwehs schweigend über den Bauch.

Der Markgraf nickte nur eben mit dem Kopf. Das bedeutete für Hedwig: „Lauf!“

Sie lief und war im Nu vor dem vergitterten Fenster des Gelasses. Aber es war zu hoch für sie. Da erspähte sie einen abgebrochenen Speer, spießte ihre Beute auf und reichte sie ans Gitter.

Der Gefangene zerrte schnell die unerwartete gute Gabe durch die Öffnung. Er hörte die Kleine flüstern: „Böser Mann muss ganz lieb sein. Hadwiga kommt morgen wieder.“

Und so ging es Tag für Tag.

Es war so schön für Hedwig, diese stillen Heimlichkeiten zu haben. Nur als sie eines Tages ein Ei aufspießen wollte, um es hinaufzureichen, war sie ganz traurig, dass das Ei zerbrach und ihr Kleid beschmutzte. Als sie deswegen getadelt wurde und der Markgraf es hörte, winkte er sie zu sich und flüsterte ihr ins Ohr: „Ein ungekochtes Ei kann man nicht mit dem Speer durchs Gitter stecken, Hadwiga!"

Da wurde sie rot. Sie merkte, dass der Atta-Atta zwar nicht billigte, was sie tat; aber es doch zuließ.

Eines Tages bettelten ihre Augen wieder bei ihm; denn sie durfte ja nur reden, wenn sie gefragt wurde. „Meine Hadwiga hat wieder einen Wunsch?" fragte der Großvater.

„Atta-Atta, lass den Mann doch bitte Holz sägen; er ist immer bei Mäusen und Ratten."

Bald hörte sie, wie der Markgraf befahl, den Mann täglich mit geketteten Füßen unter dem offenen Schuppen Holz sägen zu lassen. Hedwig hatte erreicht, was sie wollte.

Der Mann kam aus seinem Gelass heraus, und sie konnte ihm unbemerkt, wenn sie ihren Ball beim Spielen merkwürdigerweise immer im Schuppen verloren hatte, etwas Gutes zustecken. Dabei schimpfte sie manchmal mit dem Ball, weil er ihr so oft fortlief. Sie wusste, dass sie sich tarnen musste; denn die Geschwister und die Edelfräulein passten auf. Da musste sie klug und auf der Hut sein.

Bis eines Tages der Markgraf sie leise schelmisch fragte:

„Läuft dein Ball immer von selbst in den Schuppen, Hadwiga?"

Hedwig überlegte eine Weile, dann antwortete sie ebenso schelmisch:

„Der läuft immer hinunter, nie herauf, Atta-Atta!"

Der Markgraf lächelte ob dieser Antwort und drehte sich um.

Die Knaben lernten beim Burgkaplan Burchard in der Sakristei Latein. Ihre Stimmen waren bei dem schönen Wetter durch das geöffnete Rundbogenfenster gut zu hören.

Hedwig saß hinter einem Mauervorsprung, durch einen Strauch gedeckt, in ihrem Versteck und lauschte.

Die Jungen hatten sich wichtig getan, weil sie nun Lateinunterricht hatten und sogar lesen und schreiben lernten.

Otto konnte seinen Namen schon in den Sand schreiben. Als er gegangen war, hatte Hedwig ein Stöckchen genommen und die vier Buchstaben ungelenk in den Sand nachgeschrieben.

Jetzt horchte sie auf die Verse, welche die Jungen dem Kaplan nachsprechen mussten:

„Lepus = der Hase
sedebat = er saß
in via = auf der Straße
edebat = er fraß."

Hedwig wiederholte die Worte und merkte sie sich.

„Dominus = der Herr
vobis = euch
cum = mit.

Im Deutschen würden wir sgaen:
Mit euch = cum vobis.

Im Lateinischen werden die beiden Wörter umgestellt, also vobiscum = mit euch."

Die Jungen wiederholten:

„Dominus vobiscum! = Der Herr sei mit euch!"
„Gloria in excelsis Deo! = Ehre sei Gott in der Höhe!"

Das Wort ‚excelsis' war für Hedwig noch zu schwer. Sie sagte für sich: „Hextelsi."

Als es läutete, eilte Hedwig schnell aus ihrem Versteck und hinauf auf den Altan. Sie wollte doch dabeisein, wenn ihr Schwesterchen gebadet wurde. Ja, sie durfte der Mutter sogar helfen. Diese staunte, wie geschickt Hedwig sich anstellte. Sie salbte das Schwesterchen mit Schafsfett ein, wo es wund war. Dabei schaute sie begierig nach dem Salbentöpfchen.

Als die Mutter in die Kemenate gegangen war, holte Hedwig sich mit einem Holzspan ein Händchen voll Schafsfett heraus. Damit die Mutter nicht merken sollte, was sie vorhatte, rief sie den spielenden Brüdern etwas zu. Dann passte sie auf, ob sie unbemerkt in den Schuppen gehen konnte, wo der Gefangene Holz sägte.

Es gelang. Sie gab ihm ein Zeichen. Dann kniete sie in der dunklen Ecke vor ihm und bestrich die wunden Fußgelenke unter den Ketten mit der guten Salbe. Weil sie noch etwas übrig hatte, strich sie ihr Händchen an einem scharfen Stein entlang und sagte:

„Für morgen!"

Der Gefangene staunte über das davoneilende Mädchen.

Hedwig ging zu den Brüdern, die sich damit vergnügten, ihre Namen lateinisch in den Sand zu schreiben.

Heinrich ließ es sogar geschehen, dass die Schwester seinen Namen richtig, aber noch ungelenk nachschrieb: Henricus.

Ekbert tat sich besonders wichtig mit seinem Wissen:

„Was man nicht deklinieren kann, das sieht man als ein Neutrum an. Exemplum = das Beispiel. Aber das verstehst du dummes Mädchen ja noch nicht. Ich muss das lernen; denn ich werde später einmal Bischof. Dann trage ich eine hohe Mitra auf dem Kopf und einen Krummstab in der Rechten."

„Du Dummkopf!" sagte Berthold. „Doch in der Linken. Das muss ich doch wissen; denn ich werde später mal Erzbischof oder Patriarch. Das ist viel mehr als ein einfacher Bischof."

Gertrud kam hinzu und sagte in ihrer kecken Art:

„Und ich werde Königin und trage eine große goldene Krone."

Sie stelzte auf dem Burghof herum und trug den Kopf noch höher als sonst.

„Und was wird Hedwig?" fragte Heinrich.

„Pah, die wird Aschenbrödel, die Dumme!" tat Gertrud die Schwester ab.

„Und Aschenbrödel wurde später Prinzessin!" sagte Heinrich.

Ekbert meinte:

„Vielleicht mache ich sie, wenn ich Bischof bin, einmal zur Äbtissin. Dann darf sie, wenn ich sie geweiht habe, auch einen Krummstab in der Rechten tragen."

„Wieder falsch! In der Linken!" verbesserte Berthold.

„Ist doch ganz gleich, ob rechts oder links! Hauptsache, sie darf einen Krummstab tragen."

„Ich heirate Atta-Atta!" sagte Hedwig ganz ernst.

Da lachten sie alle aus: „Der ist alt und stirbt bald."
„Nein! Nein! Vivat! Vivat!" rief sie laut.
Da staunten die Brüder über die ‚dumme' Hedwig.
„Ich werde Atta-Atta fragen, was ich werden soll."
Da schwiegen alle; denn sie wussten nur zu gut, dass der Markgraf als Oberhaupt – nach Anhören des Familienrates – über ihre Zukunft bestimmen würde.

Hedwig bat Heinrich, nun auch ihren Namen in den Sand zu schreiben. Er tat seiner Schwester den Gefallen. Hedwig mühte sich ab und brachte es fertig, auch ihren Namen nachzuschreiben. Da stand er nun – zwar etwas krumm – ganz groß im Sand des Burghofes: HEDWIG.

Hedwig lernte auch noch den Vers:
„Unter der Brücke – pons –
bei der Quelle – fons –
wachsen Stöcke – baculi –
für die faulen pueri."

Am nächsten Sonntag achtete sie immer darauf, wenn der Burgkaplan die Arme ausbreitete und den Burgbewohnern „Dominus vobiscum!" wünschte.

Jede Burg brauchte ihren Wurzgarten, wo die Gewürzkräuter wuchsen wie Kümmel, Fenchel, Anis, Dill, Koriander, Beifuß, Basilienkraut, Boretsch, Kerbel, Knoblauch, Majoran, Petersilie, Bibernelle, Schnittlauch und Sellerie.

Die vornehmen Gewürze Lorbeer, Kapern, Nelken, Ingwer, Muskat, Pfeffer, Paprika, Zimt und Vanille mussten aus dem Mittelmeergebiet gehandelt werden.

Dieser Wurzgarten war der besondere Bereich der Küchenmeisterin und der gräflichen Hausmutter. Zu jeder Burg gehörten auch die Heilpflanzen und deren Kenntnis. Hatte das Kind Magenkrämpfe oder war das Mahl zu üppig und fett, dann hörte die Burgmutter die Klagen und verordnete neben Diät Arnika und Baldrian, den Kindern

Beifuß gegen Würmer oder bei Durchfall Beinwell oder Bibernelle. Wenn es dem Senior der Familie gar nicht schmecken wollte, bekam er einen Trunk von Benediktenkraut. In der Winterszeit halfen Brombeerblätter gegen Husten. Die Knollen des Knabenkrautes und das Tausendgüldenkraut taten gut, wenn die alten Frauen vergeblich zum stillen, aber von unten zugigen Örtchen der ‚Burgnase' gingen und seufzten: „Ich wollte, ich könnte!"

Kam Besuch von Verwandten und Bekannten, dann tauschten sich die Frauen aus, welche Pflanzen dem Herrn Gemahl oder den Kindern geholfen hatten.

Manche hatten auf der Burg eine ‚weise' Frau, die aus den Urwäldern das ‚Wissen' mitgebracht hatte und sich aufs ‚Tränkleinbrauen' verstand, auf die guten und auf die bösen. Sie wusste genau, wie viel von den Knollen des Aronstabes als Magenmittel noch gut war und wie viel den Tod herbeiführen konnte. Sie kannte die Brechnuss, Brechwurzel, Eibe, Einbeere, Herbstzeitlose und das Mutterkorn, ja die Wirkungen der gefürchteten Tollkirschblätter und –wurzel bei Krämpfen der Unterleibsorgane. Sie wusste, wie viel vom sonst giftigen Fingerhut genommen werden durfte, wenn der Kranke seine Linke auf das wehe Herz drücken musste.

Eine solche weise und wissende Frau hatte Graf Berthold V. vor vielen Jahren aus Dalmatien mitgebracht. Sie war nun alt und runzelig. Sie glich eher der alten Hexe mit dem Krückstock aus den Märchen als einer guten alten Frau. Aber sie war so herzensgut, die alte Bronzwilla, die nun neben der Frau Gräfin stand und die kleine Hedwig an der Hand hielt, als sie über alle Pflanzen sprach, sie manchmal auch ‚besprach' in ihrer heimatlichen Art, die niemand verstand.

Jetzt, mitten im Juni, stand alles in herrlicher Blütenpracht. Die ‚Fleißigen' unter den Geschöpfen Gottes, die Bienen, summten und brummten von Blüte zu Blüte und lieferten den Honig in die Waben, den Hedwig im Winter in die heiße Milch zugeteilt bekam, wenn sie von den feuchten Burgmauern her den Husten hatte und bellte wie der wachsame Schlosshund Heidjer.

Alles verstand Hedwig beileibe nicht, was die Mutter von der

Alten wissen wollte, auch nicht ihr Sprachengemisch. Aber dass Bronzwilla sie gern hatte, eine gute Frau und keine böse Hexe war, wie Gertrud sie nannte, das wusste sie.

Plötzlich fragte doch die Mutter ihr Kind:

„Warum ist eigentlich mein Töpfchen mit dem Schafsfett so schnell leer? – Woher kommen die Spuren von den Fingern eines kleinen Mädchens im Salbentöpfchen?"

„Von, von, von Hedwig ... für ... Mechthild."

„Sooo viel?"

Da errötete die Kleine. Sie wusste, dass sie die Mama hätte fragen müssen, bevor sie von dem Schafsfett nahm. Nun schluckte sie einige Male und sagte dann tapfer:

„Von Hedwig. Ich habe für den armen kranken Gefangenen Schafsfett stibitzt. Er hat so wehe Beine, wo die Ketten sind."

Dabei sprachen die Augen unsagbar mehr, als der Mund es vermochte.

Die Mutter schimpfte nicht, sondern überlegte. Sie sagte etwas zu Bronzwilla, nahm ihre kleine Hedwig an die hand und verließ den Wurzgarten.

Bronzwilla humpelte auf ihrem Stock hinter ihnen her und murmelte Unverständliches vor sich hin.

Hedwig wusste nicht, wohin die Mutter mit ihr gehen wollte, aber sie merkte, dass die Mutter jetzt ganz gut zu ihr war. Sie spürte es an der Hand, wie warm und fest die Mutter sie drückte. Der Mutter ging es bange durch den Sinn:

„Wie lange darf ich wohl meine liebe kleine Hedwig noch um mich haben?"

So war sie froh, dass sie das Kind jetzt noch an der Hand halten durfte, und der kleinen Hedwig war es wohl vor lauter Geborgenheit.

Da ging doch die Mutter wahrhaftig mit ihr in den Schuppen zum Gefangenen, der sofort mit dem Sägen aufhörte und sich aufrichtete. Sie fragte sogar nach seinem Namen.

„Innkofel, Frau Gräfin!"

„Innkofel, zeige deine wehen Füße!"

Sie wies auf den Hackklotz. Innkofel setzt sich darauf und hob ein wenig das eine, dann das andere Bein hoch.

„Das sieht ja böse aus, Innkofel."

„Und tut weh, Mama!"

Innkofel möchte das Kind am liebsten streicheln. Er hatte doch zu Hause unterhalb des Patscherkofels auch so ein liebes Mädchen, das Sehnsucht hatte nach dem fortgeschleppten Vater und der Vater nach ihm.

Wenn der verfluchte süße Südtiroler Wein nicht gewesen wäre und sein leicht aufbrausendes Gemüt, ja auch die Rauflust!

So war es halt gekommen, dass er in seiner Wut einen der Mannen des Markgrafen erschlagen hatte, der ihn bei der Fron so schikaniert hatte. Dem Kind hier hatte er zu danken, dass er nicht durch das Angstloch in den Höllenschlund des Burgverlieses musste. Nun kam auch noch die Alte hereingehumpelt. Sie beguckte sich die Wunden und murmelte Unverständliches. Zu Hedwig sagte sie:

„Schaffsfett war chutt, aper die peine sint entbrannt, chanz rott unt stinkicher Eiter."

Sie hielt sich die Nase zu, auch die Gräfin, nur Hedwig nicht. „Bronzwilla wirt schon machen. Frau Kräfin zu kleine Mechthild chehen. Hedwich pitte hierpleipen unt helfen."

„Tue, was du kannst, und berichte mir darüber, Bronzwilla!" Dann verließ die Gräfin den Schuppen.

Bronzwilla humpelte in die Küche und ließ Hedwig allein zurück. Hedwig betrachtete die Ketten an den Fußgelenken. Sie waren rostig, blutig und voll Eiter. Der Ekel stieg in ihr auf, aber sie würgte ihn tapfer hinunter.

„Bronzwilla ist gut und Mutter auch."

„Und Hedwig auch!" sagte Innkofel.

Da schämte sich das kleine Mädchen vor ihm, lief schnell nach draußen und wartete dort auf Bronzwilla.

Endlich kam sie mit zwei Mädchen, die einen Bottich mit warmen Wasser brachten. Sie selbst trug trotz des Stockes zwei Krüglein. Hedwig eilte ihr entgegen und nahm ihr eines ab.

Dann schaute sie zu, wie Bronzwilla dem Innkofel die Füße wusch und sie vorsichtig mit einem weichen Tuch abtupfte. Mit dem Wein wischte sie Blut und Eiter ab.

Innkofel biss sich auf die Lippen, weil die Wohltat brannte, ja brennen musste.

Da legte Hedwig ihre Rechte auf Innkofels schwielige Hand.

„Palt chutt, nix mehr prenne!“ murmelte Bronzwilla.

Sie schob die rostigen Ketten, die sie nicht abnehmen durfte, nach oben, goß Öl auf die Wunden und wickelte Leinwand um die wunden Füße. Sie fühlte den Puls und den Kopf des Gefangenen.

„Fieber auch! Nix arpeiten! Innkofel krank!“

Dann humpelte sie noch einmal in die Küche und holte ihm etwas Gutes zum Essen.

Die Köchin schimpfte zwar, aber Bronzwilla machte sich nichts daraus. Wenn die Köchin krank war, rief sie auch nach Bronzwilla. So wurde dem Innkofel geholfen, so gut es auf Burg Andechs ging. Wie schlimm wäre es jetzt, wenn er im Burgverlies liegen müsste!

In diesem schönen Monat Juni ritt Markgraf Berthold V. mit seinem Gefolge über Freising nach Regensburg.

Der Notar Gerhard, sein gelehrter Chorherr aus dem Hauskloster Dießen, ritt neben ihm und berichtete zur Lage:

„Der Kaiser war zu Pfingsten, am 8. Juni 1180, in Würzburg. Es war das zweite Mal in diesem Jahr. Das erste Mal, Mitte Januar, war dort auf einem großen Reichstag die Entscheidung über des Kaisers eifersüchtigen Gegenspieler, den Welfen Heinrich der Löwe, gefallen.“

„Das weiß ich. Die Acht wurde über ihn verhängt.“

„Alle Eigentümer wurden ihm abgesprochen wegen wiederholter Nichtachtung der kaiserlichen Vorladung, alle Reichslehen aberkannt und in die Hand des Kaisers zurückgegeben.“

Der Markgraf nickte und urteilte.

„Der Kaiser hat eher zögernd als hastig gehandelt. Aus der Rechtsfrage war eine Machtfrage geworden. Heinrich der Löwe hatte eine Macht, wie sie sonst nur Königen und Kaisern zu Gebote steht.“

„Was wird der Landtag zu Regensburg bringen, Herr Markgraf?"
„Vermutlich die Aberkennung des Herzogtums Bayern."
„Wen wird der Kaiser wohl damit belehnen?"
„Vermutlich den 60jährigen Pfalzgrafen von Bayern, Otto von Wittelsbach."

Mit den Großen des Landes zogen sie über die steinerne Brücke nach Regensburg und wurden auf der Burg vom Burggrafen Friedrich mit einem Trunk willkommen geheißen. Dann erwarteten sie mit Spannung die Ankunft des Kaisers.

Endlich läuteten die Glocken. Die Hörner erklangen. Vivatrufen war zu hören. Der fast 55-jährige Herrscher ritt auf seinem rotbraunen Lieblingsross. Der rote Bart wallte weit bis auf seine Brust hinab.

Seit 28 Jahren herrschte er. Obwohl er keine gelehrte Bildung besaß, wirkte er durch seinen scharfen Verstand, seine militärische Begabung, seinen Herrscherstolz und durch seinen unbeugsamen Gerechtigkeitssinn. Er galt als ritterlich und hochherzig. Als es zum Landtag kam, beklagte der Kaiser die Nachstellungen Heinrichs des Löwen. Es traten sächsische Fürsten mit den schwersten Anschuldigungen gegen den unbotmäßigen Herzog auf. Die Halberstädter waren empört wegen des Überfalles auf die offene Stadt.

„Wehrlose Bürger wurden gefangen genommen und ihrer Habe beraubt, die Stadt in Brand gesteckt und fast alle Kirchen und Klöster zerstört. Mehr als fünfhundert Menschen wurden unter den Trümmern der Kirchen begraben. Der Bischof Udalrich und andere Geistliche wurden fortgeschleppt. In ihrer Siegestrunkenheit wüteten des Herzogs Scharen in schlimmster Weise."

Fluch über Fluch fiel auf den gottlosen Herzog.

„Der 23. September vorigen Jahres war der traurigste Sonntag, den Halberstadt je erlebt hat."

Die Verhandlungen über die neuen Verhältnissse in Bayern zogen sich bis in den Juli hinein. Markgraf Berthold V. von Istrien hielt sich bewusst zurück.

Eines Tages begrüßte ihn der Kaiser herzlich und zog ihn in eine Fensternische, wo sie ungestört miteinander reden konnten. Sie kamen auf die Verwandtschaftsverhältnisse zu sprechen:

„Der Imperator und der Markgraf von Istrien haben die gleiche Urgroßmutter, nämlich Sophie von Ungarn, die Tochter des Königs Bela von Ungarn und der Richza von Polen.

Ja, mein lieber Verwandter Berthold, Ihr habt mir oftmals sicheres Geleit gegeben von Burg zu Burg. Wie steht es mit Innsbruck?"

„Weil der Markt auf dem linken Ufer des Inn durch die Nähe des Höttinger Berges zu eng wurde, hat der Propst Heinrich von Wilten auf meine Bitten hin in einen Austausch gegen andere Güter eingewilligt und gestattet, den Markt auf der rechten Seite des Inns zu verlegen, dort eine Brücke zu bauen und zu deren Schutz eine Burg. Der alte Fährbetrieb war einfach nicht mehr tragbar."

Der Kaiser schaute ein Weile zum Burgfenster hinaus auf die Brücke. Dann sagte er sinnend:

„Flüsse können Grenzen sein.
Flüsse können auch Lebensadern sein.
Brücken sind immer Wegbereiter.
Brückenbau ist eine große Tat christlicher Caritas.
Darum verleihen die Bischöfe für Brückenhilfe Ablässe.
Brückenbau ist immer völkerverbindend.
Bei euch kommt noch hinzu die Sicherung der Italienstraße durch den Bau Eurer vielen Burgen. Alle Tagesritte weit ein Burg. Das ist ein Leistung, Markgraf Berthold!"-

Unvermittelt fragte dann der Kaiser und strich dabei über seinen Bart:

„Wieviele Enkelkinder leben auf Eurer Burg Andechs?"

„Vier Enkel: Otto, Heinrich, Ekbert und Berthold. Die andern sind nur Mädchen, Imperator."

„Aus Mädchen werden Frauen. Manche Frauen sind durch Gottes Gnade bedeutender geworden als wir tatendurstigen Männer. Frauen herrschten durch den Mut ihrer dienenden Liebe. Sie herrschten durch ihre Gewaltlosigkeit. – Wie heißen Eure Enkelinnen?"

„Berchta, Agnes, Gertrud, Hedwig und Mechthild."

„Denkt an völkerverbindende Ehen, an die Sicherung des Reiches in Dalmatien, an die alte Verbindung seit Urgroßmutter Sophies Zeiten mit Ungarn. Denkt an die einst verbannten Piastenfürsten Wladislaus II. und seine Söhne. Als Wir in Altenburg und auf der Burg Groitzsch weilten, besuchten Wir sein Grab im Kloster Pegau. – Ihr holtet doch von Groitzsch Eure Schwiegertochter. – Pflegt diese Familienverbindungen! Der Name Andechs hat guten Ruf und Klang. Sagt Euren Enkelkindern vom Kaiser: ‚Ihr stammt von hohen Ahnen ab, von solchen, die Länder regiert haben und berühmt waren durch ihre Macht.'"

„Auf Befehl des Imperators werde ich es ihnen ausrichten."

„Noch eins. Die Beratungen hier ziehen sich länger hin, als Wir gedacht hatten. Was Ihr dem Kaiser und dem Reich an guten Diensten geleistet habt, das werden Wir in Kürze öffentlich anerkennen, Markgraf Berthold von Istrien, Unser lieber und getreuer Verwandter."

Die Burgkinder strahlten, als es nach der Abendmahlzeit hieß: „Morgen fahren wir über den See nach Dießen."

Auch der Burgkaplan Burchard freute sich. Er konnte den Kindern nicht genug erzählen vom Augustinerchorherrenstift in Dießen, zu dem er gehörte und dessen Fest des heiligen Augustinus er Jahr um Jahr am 28. August mitfeiern wollte und sollte.

„Euer Urgroßvater, Graf Berthold IV., hat mit eurer Urgroßmutter Sophie kurz vor deren allzu frühen Tod anno 1128 ein in Sankt Georgen bestehendes Augustinerchorherrenstift nach Dießen verlegt. Es ist also das Hauskloster des Grafen von Andechs. Deshalb bin ich auch euer vom Herrn Propst bestellter Burgkaplan. Es ist ein großes Kloster mit einer Stiftskirche, an der noch gebaut wird."

Die kleine Hedwig verstand nicht alles, wohl aber, was der Burgkaplan vom heiligen Augustinus erzählte:

„Der war als Junge und junger Mann gar nicht brav."

Die Jungen senkten beschämt ihre stolzen Köpfe, als der Kaplan sie anschaute.

„Aber seine Mutter Monika hat nicht aufgehört, Tag und Nacht für ihren missratenen Sohn Augustinus zu beten. Als sie schon fast verzweifelnd dem Bischof ihr Leid klagte, durfte sie erleben, wie recht der Bischof mit seinem Trostwort hatte: ‚Ein Kind so vieler Tränen kann nicht verloren gehen!‘

Augustinus fand den Weg zu Gott, bekehrte sich, wurde Priester und schließlich Bischof. Im Kloster Dießen zeige ich euch ein Bild von ihm. Da ist er zu sehen mit dem Bischofshut und ...“

„Mitra!“ rief Berthold vorlaut dazwischen, was ihm einen missbilligenden Blick des Burgkaplans eintrug.

„... und dem gekrümmten Bischofsstab. Zu seinen Füßen spielt ein Knabe mit einem kleinen Schöpfgefäß.“

„Was soll das bedeuten?“ fragte Ekbert.

„Das wollte ich euch ja gerade erzählen.“

Hedwig schaute ihn innig an. Es war so schön, dass sie mithören durfte, wenn der Burgkaplan den Brüdern erzählte, obwohl sie ja nur ein kleines dummes Mädchen war, ein Spätzlein, das auch mal ein Bröckchen abbekam.

„Eines Tages ging der heilige Augustinus am Meer, dessen Ende er nicht absehen konnte, entlang und dachte über die Größe Gottes nach und über das unbegreifliche Geheimnis vom einen Gott in drei Personen, das wir bekennen, wenn wir andächtig das Kreuzzeichen machen.“

Hedwig machte es über sich und sagte leise dazu:

„Im Namen des Vaters und des Sohnes und des Heiligen Geistes.“

Der Burgkaplan bemerkte es:

„Das hast du schön und richtig gemacht und nicht so krumm, wie es die Jungen manchmal machen.“

Die Zwischenbemerkung ärgerte die Brüder. Sie wollten doch hören, wie es weiterging am Strand. Hedwig erhielt sogar einen Schubs. Sie wusste schon, dass er von Gertrud kam.

„Der heilige Augustinus sah einen Knaben, wie er mit einem Gefäß Wasser in ein Sandloch füllte. Er fragte ihn: ‚Was machst du da?‘ Mit großen Augen sagte der Knabe ernsthaft: ‚Ich will das große Meer da ganz hineingießen.‘“

Die Jungen kicherten über die Dummheit dieses Knaben.

„Über diese Antwort dachte der heilige Augustinus lange nach, bis er zu der Erkenntnis kam: ‚Ich fand es töricht, dass der Knabe das große Meer in das kleine Loch gießen wollte, und ich selbst will den unfassbaren Gott mit dem unermesslichen Meer Seiner dreifachen Herrlichkeit mit meinem kleinen Verstand begreifen? Da bin ich ja noch viel, viel törichter als der Knabe.'"

Die Burgglocke rief zum Abendgebet in die Burgkapelle.

Der Burgkaplan gab den Segen mit drei heiligen unversehrten Hostien aus dem sechsten Jahrhundert, die in einem goldenen Behältnis aufbewahrt wurden. Ekbert und Berthold dienten am Altar und durften abwechselnd das Weihrauchfass schwingen. Ein Gruß an Maria, die erhabene Mutter des Herrn, beendete die kurze Andacht:

Chuniginne des Himeles,	Königin des Himmels,
porte des paradyses,	Pforte des Paradieses,
dû irweltez gotes hûs,	du auserwähltes Gotteshaus,
sacrarium sancti spiritus,	Heiligtum des Heiligen Geistes,
dû wis uns allen wegente,	erweise du uns alle Hilfe,
ze jungiste an dem ente,	zuletzt am Lebensende,
Sancta Maria.	heilige Maria.

Hedwig durfte die Kerze vor der Marienstatue ausblasen, was ihr nach dreimaligem Pusten endlich gelang.

In der Vorfreude auf die morgige Seefahrt schliefen die Burgkinder bald ein.

In der Morgenkühle liefen die Kinder im Wettlauf das Kiental hinab. Hedwig stürmte dahin wie ein Junge. Sie wollte doch den andern nicht nachstehen! Als sie über einen Stein stolperte, mit ihrem schönen Kleid im Staub lag und das rechte Knie blutete, verbiss sie ihren Schmerz und verdeckte die Wunde mit dem Kleid.

Als die Mutter ihren Wildfang mahnend anschaute, sagte sie: „Hedwig hat Hoppla gemacht!"

Im Herrschinger Winkel standen die Fischer am Ufer und wuschen ihre Netze. Burgkaplan Burchard sagte daraufhin:

„Der Ammersee ist heute unser See Gennesaret. Er ist zwar etwas kleiner, aber ihr könnt ihn euch so vorstellen. Da drüben der Bärtige könnte Simon sein, den der Herr berief; die andern Jakobus, Johannes und Andreas, die alles verließen, Netze Netze sein ließen und Ihm folgten, als der Herr sie groß anschaute und befahl: ‚Folget mir!' Simon Petrus hat nicht gesagt: ‚Da muss ich aber zuerst meine Frau fragen.' Er ließ sich später sogar von ihr ausschimpfen: ‚ Was du nur immer mit diesem Jesus von Nazaret hast! Von mir sprichst du überhaupt nicht mehr! Ich bin dir wohl Luft, Simon?' Simon konnte nur antworten: ‚Ich muss ihm folgen!'"

Als nun der Großvater, der Vater, die Mutter, die Burgfräulein, also alle, beisammen waren, bestiegen sie das kleinere Fährboot; denn diesmal wurden die Pferde nicht mitgenommen.

Die Jungen stürmten zu den besten Plätzen am Bugspriet, wo die Wellen anschlugen.

Die Schiffer warfen bei der Fahrt die Netze aus; denn sie wollten dem Propst eine Festtagsfreude bereiten.

„So hat sich der Herr Jesus von seinen Aposteln auch über den See fahren lassen. Er hat ihren Fischfang gesegnet. Einmal hatten die Apostel die ganze Nacht nichts gefangen, da fuhren sie auf sein Wort noch einmal am hellichten Tage aus und fingen so viele Fische, dass die Boote schwer wurden und beinahe versanken."

Als sie in der Mitte des Sees waren, gingen dei Schiffsknechte ans Netz. Sie winkten den Kindern. Die Jungen kamen herbeigesprungen. Die Schiffer zogen mit kräftigen Armen an den Stricken. Da kamen schon die Fische silbern ins Fährschiff gepurzelt. Immer mehr, immer mehr.

Hedwig sah, wie die Fische im Garn zappelten, und hätte sie am liebsten befreit. Aber das durfte sie nicht. Die Fische im Schiff sprangen hoch und suchten wieder ins Wasser zu gelangen. Ein Fisch sprang auf Hedwigs Schoß. Sie fasste ihn mit ihren Händen, fühlte seine Kälte und erschrak. Da schüttelte sie ihr Röckchen, und der Fisch sprang seitlich von ihr ins Wasser zurück.

„Du Dumme!" ranzte Berchta sie an.

Die Schiffer brachten die großen Fische in einen mit Löcher versehenen Kasten und ließen ihn an einem Strick ins Wasser. Die kleinen Fische durften die Kinder in den See zurückwerfen, was sie mit Freuden taten.

Die Glocken der Stiftskirche läuteten und kündeten dem Stift die Ankunft der gräflichen Familie von Andechs. Propst Hartmut und die Stiftsherren zogen in Prozession zur Landestelle, um den Markgrafen und dessen Familie in ihr Hauskloster zu geleiten. Dann begann das feierliche Festamt zu Ehren des großen Bischofs und Kirchenlehrers Augustinus.

Als Hedwig bei der heiligen Wandlung gemahnt wurde zu knien, kam sie dem Gebot nach, obwohl die Wunde schmerzte. Für sie war jetzt kein Schafsfett da, sie musste durchhalten.

Nach dem reichen Festmahl im Gästehaus konnten sich die Mädchen draußen bei ihren geliebten Spielen austoben.

Zwei spielten „Zirlein, Mirlein, Gassentürlin“, zwei spielten „Der Platz ist mein“.

Die Jungen hatten mehr Freude, auf Entdeckungen auszugehen, waren aber schnell zur Stelle, als im Klostergarten Himbeeren genascht werden durften. Dort fanden sie auch ein zahmes Reh, das sich willig über das braunsamtne Fell streichen ließ, dann aber unerwartet davonsprang. Enttäuscht schauten die Kinder ihm nach.

Der Markgraf machte dem Kloster eine Schenkung mit der Auflage, für seine kürzlich verstorbene Schwester Euphemia, Äbtissin von Altomünster, dreißig Seelenmessen zu feiern. – Der Festtag schloss mit der Vesper. Hedwig hatte noch nie einem Chorgebet der Mönche beigewohnt. Sie verstand die Worte der abwechselnd im linken und rechten Chorgestühl gesungenen Psalmen nicht. Sie konnte nur fromm die Hände falten und alles in sich klingen lassen.

„Magnificat anima	Hoch preist meine Seele
mea Dominum	den Herrn...
Quia respexit	Denn er schaut herab auf die
humilitatem ancillae suae.“	Niedrigkeit seiner Magd.“

Unfassbar!

Gott respektiert die Niedrigkeit!

Hedwig, du Kleine, du ‚Dumme', du Einfältige, hörst du?

Das sang die heilige Kirche jetzt auch für dich.

„Exaltavit humiles! – Niedrige erhebt Er!"

„Nur ein Mädchen!" hat dein geliebter Atta-Atta auch von dir gesagt, aber er musste sich vom Kaiser belehren lassen.

Wenn der mächtige Kaiser Barbarossa dich schon respektiert, dann schaut der unermesslich große Gott dich aus der strahlenden Mitte seines dreipersönlichen Lebens an und zieht dich voll Erbarmen an sein Herz. Da ist auch alles Kleine und Unbedeutende deiner Kinderjahre auf Burg Andechs und jetzt hier im Kloster Dießen von Bedeutung.

So ist es recht! Mache ein Kreuzzeichen und mache einen Knicks, obwohl das Knie schmerzt. Schau das Bild des Knaben vor dem heiligen Augustinus an, sprenge wie die andern geweihtes Wasser auf die Grabsteine deiner Urgroßeltern, auch der seligen Witwe und Stifterin Kunissa und deiner 1160 verstorbenen Großtante, der Äbtissin Mechthild. Dann schreite, von den Mönchen geleitet, mit den andern zum See, wo euch der Prior mit seinem Priestersegen zu einer guten Überfahrt verabschiedet.

Es war nichts Außergewöhnliches, dass am Abend des 28. August, als das Fährschiff sich mitten auf dem Ammersee befand, nach der Schwüle des Tages ein Gewitter losbrach. Für die Kinder, besonders für Hedwig, war es grauenvoll. Die Donner rollten, und die schwarzen Wolken kamen von den Alpen schneller als die Pfeile und ballten sich zwischen Dießen und Andechs zusammen. Der Wind wurde zum Sturm.

Die Schiffer hofften, noch zeitig im Herrschingswinkel landen zu können. Da knickte der Sturm den Mast. Hedwig war unter dem Segel wie begraben. Der Markgraf befahl, die Taue zu kappen, und kroch unter die Segel, um Hedwig zu bergen. Er nahm sie unter seinen weiten Mantel; denn die Blitze fuhren nun senkrecht in das Wasser. Da war es gut, dass der Mast gebrochen war.

Burgkaplan Burchard betete laut:

„A fulgure et tempestate libera nos, Domine Jesu Christe!"

Es war, als wollten von Dießen her die geweihten Glocken ihnen zu Hilfe kommen, die die Inschrift trugen:

‚Fulmina pello! – Blitze vertreibe ich!'

Merkwürdig, wie Hedwig nun unter des Großvaters Mantel Donner und Läuten sich gegenseitig bekämpfend spürte. Das Schiff hob und senkte sich. Wellen schlugen über Bord. Der Markgraf war in großer Sorge und betete wortlos. Doch nicht nur er und der Burgkaplan. Alle Insassen das Schiffes atmeten schwer und glaubten: Aus solcher Gefahr errettet uns nur der Herr!

Noch ein dreizackiger gewaltiger Blitz rings um das Schiff und ein ungeheurer Donnerschlag, der von den Höhen widerhallte, dann trat – auch nichts Außergewöhnliches auf dem Ammersee – Stille ein. Der Sturm verzog sich hinter den Bergen wie der Hund auf der Burg knurrend in seine Hütte. Die Wellen legten sich, als dicke Tropfen aus dem sich verziehenden Gewölk herabfielen.

Burgkaplan Burchard rief laut:

„Deo gratias!"

Die Schiffer griffen nach den Rudern, und bald landete das Fährschiff unterhalb der Burg Andechs.

Zitternd und bebend stieg die gräfliche Familie aus. Die Kinder liefen, um sich zu erwärmen, den Burgberg hinauf. Bronzwilla steckte sie sofort ins Bett und gab ihnen heißen Holundersaft mit Honig zu trinken.

Der Markgraf sagte ernst:

„Das hätte böse ausgehen können! Nächstes Jahr reiten wir um den See herum nach Dießen!"

Auch Kaiser Friedrich kann nicht, wie er möchte. Erst Mitte September auf dem Hoftag zu Altenburg wurde entschieden, dass der ältere Pfalzgraf Otto von Wittelsbach die herzogliche Gewalt in Bayern empfangen sollte.

Weitere Maßnahmen brachten Freude auf der einen und Eifersucht auf der anderen Seite: Die Markgrafen von Steiermark, die bisher noch in einer gewissen Abhängigkeit vom bayrischen Herzogtum gestanden hatten, wurden jetzt selbständig. Markgraf Berthold V. von Andechs wurde mit der Reichsfürstenwürde eines ‚Herzogs von Meranien' ausgezeichnet.

Hörnerklang empfing kaiserliche Herolde auf der Burg Andechs. Die kaiserliche Urkunde wurde im Rittersaal vorgelesen, und es schwollen Vivatrufe. Die silbernen Becher mit dem besten Südwein klirrten beim Anstoßen.

Nach dem Festmahl besprach sich der neue Herzog mit seinem Notar Gerhard, der die Urkunde sorgfältig studierte und etwas Wasser in den Wein goss:

„Mit Meranien ist das kleine Gebiet zwischen Venedig und der Halbinsel Istrien gemeint. Ob sich der Titel auch über Kroatien und Dalmatien erstreckt, ist nicht klar herauszulesen. Die Andechser Herzöge werden dem neuen bayrischen Herzog gleichgestellt. Das bedeutet, dass das bisherige Lehensverhältnis zu Bayern wegfällt."

Der neue Herzog nickte. Er hatte verstanden.

„Freilich bleiben die Herzöge von Meranien bayrische Magnaten. Sie müssen zu den bayrischen Landtagen erscheinen wie auch die bayrischen Bischöfe, obwohl sie Reichsfürsten sind. Alles in allem: eine Auszeichnung, die dem Hause Andechs viel äußeren Glanz bringt und für den Kaiser im Rahmen der Möglichkeit blieb. – Noch viele Jahre, Herzog Berthold V. von Meranien!"

Sie stießen mit dem gemischten Wein an. –

Der neue Herzog schenkte zunächst dem äußeren Glanz seine Aufmerksamkeit. Schließlich kam es darauf an, was die Andechser aus dem Herzogstitel machten; dazu gehörte auch eine großzügige Gebefreudigkeit.

Die Enkelkinder durften überlegen, welches Geschenk sie sich am nächsten Sonntag vom herzoglichen Großvater erbitten möchten. Da wurden unter den Schwestern die Wünsche laut nach Ringen mit Edelsteinen, goldenen Halsketten, Armreifen, kleinen Diademen, golddurchwirkten Kleidern. Diese Wünsche wurden ebenso schnell wieder verworfen, wie neue entstanden.

Nur Hedwig schwieg, bis sie von Agnes gefragt wurde.

Da zuckte sie mit den Schultern:

„Weiß ich noch nicht!"

Dann errötete sie; denn sie wusste schon, was sie wollte, aber nicht, ob und wie sie es dem geliebten Atta-Atta sagen könnte. Bis zum Sonntag verhielt sie sich merkwürdig still und versuchte, mit Nadel und Faden an einem Puppenkleidchen zu nähen. Vor innerer Erregung nahm sie nicht die Schere, sondern biss den Faden mit den Zähnen ab.

Der Sonntag kam. Nach dem gemeinsamen Frühmahl durften zuerst die Jungen ihre Wünsche äußern: einen Silberpanzer, eine große Armbrust, einen Jagdfalken.

Ekbert wünschte sich eine Reise zum Onkel Otto, dem Bischof im Bamberger Dom. Berchta erhielt einen Ring mit einem funkelnden Smaragd, Agnes ein blutrotes, golddurchwirktes langes Kleid, Gertrud das so heiß ersehnte Diadem, das sie sofort aufsetzte und sich mit allen damit prahlend zeigte.

Hedwigs Herz schlug bang, als sie gefragt wurde. Der Großvater musste sie ermuntern, den Wunsch zu äußern. Da schaute sie ihn an und sagte leise:

„Eine Kette!"

Der Großvater hatte seinen Goldschatz in einer eisenbeschlagenen Truhe auf den Eichentisch stellen lassen. Hedwig konnte nicht hineinschauen. Er nahm eine funkelnde Kette heraus und versuchte sie Hedwig um den Hals zu legen.

„Ist sie nicht schön?"

„Ja!" schluckte Hedwig.

„Möchtest du diese?"

Ganz tief schaute sie dem Großvater in die Augen und wagte dann, „Nein!" zu sagen.

Der Großvater holte eine noch schönere Kette aus Gold und Perlen. Wieder die gleiche Antwort. Er holte eine dritte und vierte Kette hervor. Als Hedwig wieder ablehnte, kam Gertrud herein und meinte:

„Wenn du sie nicht willst, dann gib sie mir doch!"

„Dein Wunsch ist erfüllt, geh!" sagte der Großvater streng.

Noch zwei Ketten legte er Hedwig vor, dann fragte er:

„Welche Kette möchtest du denn?"

Hedwig drehte sich um und mochte nicht reden, weil sie mit dem Großvater nicht allein war. Da schickte der Herzog die andern hinaus. Hedwig neigte sich ihm ganz nahe zu, blickte ihn bittend an und sagte leise, aber fest:

„Die Kette vom Gefangenen!"

„Das geht nicht, Kind! Nein, das geht nicht!"

Da senkte Hedwig ihr Köpfchen und unterdrückte mühsam das aufwürgende Schluchzen. Der Herzog merkte es. Er legte ihr noch einmal zwei besonders wertvolle Ketten vor:

„Du kannst zwei Ketten haben, Hadwiga."

„Nur *eine* Kette, Atta-Atta, bitte, bitte!" widersprach sie ihm.

„Wähle von diesen beiden!"

„Das kann ich nicht!"

„Warum nicht?" fragte erregt der enttäuschte Herzog.

Da stand sie nun vor ihm und konnte nicht reden. Sie vermochte ihm nur mit ihren Augen zu widerstehen. Der Großvater sprang auf, schlug erregt die Kiste zu und rief seine vertrauten Diener, die Truhe fortzutragen. Das hieß unmissverständlich, dass es keine Kette gab.

„Geh!" herrschte er sie sogar an.

Hedwig ging.

Sie trug keine Kette. Ihr Antlitz war tränenlos traurig.

Wohin mit dem Leid?

Sie ging zur Kapelle und schaute auf das Kreuz. Sie erhielt keine Antwort. Sie hörte nur immer des Großvaters ablehnende Worte: „Das geht nicht, Kind! Nein, das geht nicht!"

Hedwig begriff nicht, warum es nicht ging.

Sie hatte ihre Bitte doch sagen müssen.

All die Tage hatte sie über diesen Wunsch nachgedacht.

Sie hatte geglaubt und gehofft.

Sie hatte ihrem geliebten Atta-Atta vertraut.

Nun war alles aus!

Die Mutter und Bronzwilla kümmerten sich um die fiebernde Hedwig. Kein Heiltrunk brachte Besserung. Die Mutter stand vor einem Rätsel. Einer hätte das Rätsel lösen können, aber er schwieg und kam nicht. Er ließ sich nicht von seiner Enkelin zwingen. Er hatte wahrscheinlich schon genug Gnade vor Recht ergehen lassen.

Bis die Mutter eines Nachts hörte, wie das Kind immer wieder im Fieber „Atta-Atta!“ rief. Da bat sie den Schwiegervater, zu Hedwig zu gehen.

Der Herzog wehrte zuerst ab, dann aber ging er doch zu ihr in die Kemenate. Kleine Kinderkrankheiten berührten ihn wenig. Hier aber sah er ein abgemagertes, tieftrauriges Mädchen, das nicht einmal lächelte, als es ihn erkannte.

Nur er wusste, worunter das Kind litt.

Ihre Augen duldeten keinen Widerspruch. Den Kindertrotz glaubte er brechen zu müssen.

Aber beim dritten Besuch erkannte er:

‚Das ist kein Kindertrotz! Hier ist mehr!‘

Er ließ den Notar Gerhard von Dießen kommen, der auch sein Beichtvater war. Ihm konnte er den Vorfall vom Sonntag erzählen. Auch den Hergang, wie es an der Innsbruck zum Mord gekommen war.

„Das schwer leidende Kind bittet Euch in Gottes Namen um Gnade, Herr Herzog.“

„Was ratet Ihr?“

„Lasst Gnade vor Recht ergehen aus Anlass Eurer Erhebung. Ihr könntet den Gefangenen schwören lassen, die verhängte Strafe abzubüßen und nicht mehr fortzulaufen. Ihr könntet ihn zu dreijährigem Bau an der Stiftskirche begnadigen und ihm die Kette abnehmen. Wenn Ihr dann selbst dem kranken Kind die Kette bringt, dann wird es sicherlich genesen; nur müsste es bald geschehen.“

Innkofel wunderte sich, warum er in die Kapelle geführt wurde. Dort verkündete ihm der Notar im Beisein des Burgvogtes Begnadigung.

Gern gelobte Innkofel, nicht davonzulaufen und die drei Jahre getreulich beim Kirchenbau mitzuhelfen. Der Burgvogt löste die Kette und übergab sie dem Notar. Tränen rannen über das Gesicht des Gefangenen.

„Wenn das meine kleine Marietta in Innsbruck wüsste!"

„Sie wird bald durch den Propst von Wilten Nachricht erhalten, Innkofel."

„Vergelt's Gott tausendmal, tausendmal!"

Als der Burgvogt gegangen war, erzählte ihm der Notar, dass die kleine kranke Hedwig für ihn gebetet hätte.

„Krank ist sie? Oh! Da wird der Innkofel für sie beten."

Nach empfangenen Bericht nahm der Herzog die Kette aus den Händen des Notars. Er ging allein hinauf in die Kemenate. Er hörte schon von weitem, wie Hedwig ihr ‚Atta-Atta!' jammerte.

„Da bin ich ja! Nun weine nicht mehr, meine Hadwiga!"

Sie erhob sich ein wenig im Bett, ihre Haare waren nass und verklebt. Ihre Augen blickten traurig und fordend den Großvater an. Da bemerkte sie ein Lächeln auf seinem Antlitz und stutzte. Der Großvater wies auf den Fußboden. Da lag die rostige Kette vor ihr.

Hatte sie denn das Klirren der eisernen Ringe nicht gehört? Allmählich begriff sie. Sie seufzte tief auf, drehte ihren Kopf zur Seite und schlief vor Erschöpfung ein.

Als sie wieder aufstehen durfte, nahm sie die Kette und legte sie still zu Füßen der Muttergottesstatue nieder, nickte ihren Dankesgruß und warf ihr ein Kusshändchen zu.

Dem Herzog küsste sie in einem stillen, unbeobachteten Augenblick die Hände.

Weitere Schenkungen erhielten alle Burgbewohner in Form von Kleidung und Schmuck.

Der Notar musste ein Schreiben an alle Burgvögte ausfertigen, dass der neue Herzog von Meranien das Strafmaß für die Gefangenen herabgesetzt hatte, dass sie aus dem Turmverlies in ein ebenerdiges Gewahrsam gebracht und ohne Ketten zu Bauarbeiten bei ausreichender Beköstigung herangezogen werden sollten.

Für den Propst Heinrich von Wilten hatte der Herzog ein besonderes Geschenk ausersehen. Ihm hatte er zu danken, dass in Innsbruck durch den Güteraustausch die Brücke und dadurch der neue Markt erstehen konnte.

Vor einiger Zeit hatte der Herzog einen reichverzierten Henkelkelch, ein Meisterwerk Hildesheimer Goldschmiedekunst, erworben. Um den Fuß herum hatte er die Schrift anbringen lassen: ‚Parce calix iste per quos datus est tibi Christe – Bertholdi monitis, cui sis mitissime mitis.‘

Er zeigte ihn seiner Familie in Gegenwart des Notars und Burgkaplans. Sie erklärten den staunenden Enkelkindern die 14 am Fuß angebrachten Bilder aus dem Alten Testament und die 20 aus dem Neuen Testament bis zur Kreuztragung des Herrn, die Fortsetzung auf der dazu gehörenden Patene. Sie deuteten die Umschriften um Kuppa und Fuß, die alle Bilder durchdacht, durchfühlt, durchformt zusammenfassten.

Zuletzt übersetzten sie die Widmung:

„Verschone die, durch welche dieser Kelch Dir, Christus, gegeben worden ist – auf Ermahnen des Berthold, dem Du, o Mildester, gnädig sein mögest.“

Als Gertrud und Ekbert den Kelch anfassen wollten, traf sie das mahnende Wort:

„Habt Ehrfurcht vor dem Kelch!“

Der Notar setzte eine Schenkungsurkunde auf.

Zu Hedwig gewandt, sagte er:

„Die kleine Marietta und ihre Mutter bekommen durch den Herrn Propst Nachricht, dass Innkofel in drei Jahren zu ihnen heimkehren darf.“

Hedwig konnte nichts sagen, aber ihre Augen strahlten den Atta-Atta dankbar an. Sie wusste gar nicht, wiviel Segen sie durch ihren Wunsch und ihr Leiden auf viele unbekannte Gefangene herabgefleht hatte.

Der Winter setzte früh ein, alles war dick mit Schnee bedeckt, als der Herzog und seine Familie am zweiten Weihnachtstag mit Schlitten um das südliche Ende des Sees herum nach Dießen fuhren, um dort das Namensfest der Stiftskirche zu begehen.

Hedwig saß geborgen zwischen ihrem Vater und ihrer Mutter. Sie freute sich auf den Besuch im Kloster.

Nach dem Festgottesdienst zu Ehren des ersten Märtyrers Stephanus in der eiskalten Kirche saß sie bebend im Gästehaus und konnte mit ihren erstarrten Fingern kaum die Suppe zum Mund führen. Sie hörte, wie der Propst den fleißigen Innkofel lobte.

Da schaute der Großvater sie über den Tisch an und sagte laut:

„Dafür, Herr Propst, bedankt Euch bei der kleinen Hedwig. Sie schmilzt die Herzen wie die Sonne im Frühjahr den Schnee."

Der Propst führte sie zu Innkofel. Verlegen stand Hedwig vor ihm. Innkofel wusste auch nicht, was er sagen, wie er danken sollte. Da öffnete die kleine Hedwig den Mantelumhang, nahm ihre liebste Puppe und streckte sie ihm entgegen:

„Für Marietta!"

Dem Innkofel liefen die Tränen über die rauhen Wangen.

„Nicht weinen, Innkofel! Dann ist Marietta traurig."

Er wischte sich die Tränen ab und küsste mit seinem struppigen Mundbart die Puppe und lächelte Hedwig zu.

Als sie am frühen Nachmittag zurückfuhren, wirbelte der scharfe Ostwind viel Schnee in den Schlitten. Hedwig fror und kuschelte sich an den Vater.

„Meine liebe kleine Hedwig, anderswo ist es noch viel kälter."

„Anderswo – noch – viel – kälter?"

„Ja, mein Kind!"

„Wo denn?"

„Weit dahinten!", und der Vater wies zum Osten.

Hedwigs Tränen rannen über die eiskalten Wangen.

Kleine Schachfigur

Der Herzog saß mit seinem bischöflichen Bruder beim Schachspiel. Sie wussten um die Schlagkraft jedes einzelnen Steines. Die Türme waren die schwerfälligen, aber kräftigen Figuren. Die beiden Springer stellten die Reiterei dar. Noch standen die acht Bauern unberührt, die nur feindwärts vorgehen konnten. Bald sollten die Mittelbauern gezogen werden, um den arabischen Fersan oder Rat und Fil oder Elefant ins Spiel zu bringen. Sie durften nicht leichtsinnig mit den Bauern umgehen, aber sie wurden als kleine Schachfiguren am ehesten geopfert. Immer galt der Grundsatz: Jeder überflüssige Zug muss vermieden werden; vergiss beim Angriff die eigene Sicherheit nicht; spiele eiskalt, berechne alles und stürze dich nicht ohne Überlegung auf eine ungeschützt feindliche Figur!

Aber nicht wegen des Schachspieles war Otto, seit 1177 Bischof von Bamberg, zu seinem Bruder nach Andechs gerufen worden. Es ging um den Familienrat, in dem ebenso mit kalter Berechnung überlegt wurde, was um des berühmten Hauses Andechs willen mit den Enkelkindern des Herzogs zu geschehen hatte.

Mit Kirche und Reich in gleicher Weise verbunden, suchte es durch neue Familienverbindungen seine Macht auszudehnen und zu stärken. Herzog Berthold V. und Bischof Otto von Bamberg waren von den einst elf Geschwistern die einzigen Übriggebliebenen, die überlegen wollten, was mit den Kindern Bertholds VI. zu geschehen hatte.

Es lagen schon einige Bauern abseits des Schachbrettes. Kleine Hedwig, sosehr du der Liebling deines mächtigen Großvaters bist und ihn, um andern zu helfen, überwunden hast, jetzt haben er und Großonkel Bischof Otto mit dir ihre eigenen Pläne. Da fühlen sie sich nur dem Hause Andechs verpflichtet.

Du giltst nur durch die Familie Andechs. Du lebst auch in Zukunft nur in ihr und für sie.

Omnia ad maiorem familiae gloriam! – Alles zur größeren Ehre der Familie, kleine Schachfigur Hedwig!

Ohne das Haus Andechs wärest du ein Niemand, eine Null. Was aus dir werden soll, bestimmt der Familienrat, unerbittlich darin dein geliebter Atta-Atta. Für dich halten die zwei Eisen im Feuer: Zunächst sollst du im fränkischen Benediktinerinnenkloster Kitzingen am Main erzogen werden und die für eine Herzogtochter notwendige Ausbildung erhalten.

Dein bischöflicher Großonkel hatte gemeint:

„Wir geben sie nicht nach Altomünster, wo unsere Schwester Euphemia vor kurzem starb, sondern nach Kitzingen. Es liegt zwar im Bistum Würzburg, aber Kaiser Heinrich II. hat es 1007 dem Bistum Bamberg als Eigenkloster geschenkt. Dort kann ich mich besser um sie kümmern."

Hedwigs Großvater hatte zugestimmt und bemerkt:

„Dann können wir später überlegen, ob wir für sie eine passende Verbindung zur Heirat finden oder ob sie oder Mechthild einmal Äbtissin im Kloster Kitzingen wird."

Lächelnd fügte er hinzu:

„Mechthild spielt jetzt schon mit einem kleinen Krummstab, den ich ihr schenkte."

Das konnte er sagen, weil die Klöster die Versorgungsstätten für die unverheirateten Frauen des Adels waren.

Über Ekbert wurde bestimmt, dass er ins Kollegiatstift St Gangolf in der rechts der Regnitz gelegenen Siedlung Teuerstadt in Bamberg eintreten sollte.

Der Großvater meinte:

„Mit der Zeit kann er dann dort Dompropst, vielleicht gar Bischof von Bamberg werden. Aber der Herrgott möge dir noch ein langes Leben schenken, lieber Bruder Otto! – Was hat du wegen Berthold überlegt?"

„Wenn du keine andern Pläne mit ihm hast, dann könnte ich versuchen, ihm in Bamberg ein Kanonikat zu verschaffen."

„Einverstanden!"

Ein Turm hatte feste Stellung bezogen.

„Und die andern Mädchen?" fragte der Bischof.

„Wegen der Mädchen müssen wir verwandtschaftliche und sonstige Beziehungen spielen lassen. Auf jeden Fall muss das herzogliche Haus Andechs nach allen Seiten hin verbunden sein. Sieh du dich bitte auch um. Wir könnten bei günstigen Gelegenheiten von Fall zu Fall überlegen."

„Wann gedenkst du, dass Hedwig nach Kitzingen übersiedeln soll?"

„Möglichst bald. Ich werde sie selbst, natürlich in deiner Begleitung, dorthin bringen. Ich habe sowieso in Kürze eine weitere Reise vor."

Die Eltern Hedwigs wurden von dem Beschluss in Kenntnis gesetzt und zur Zustimmung gedrängt. Sie hatten sich ebenso zu beugen wie die ‚verfügte Hedwig'.

Noch erfuhr Hedwig nichts von ihrer Bestimmung, aber sie merkte doch, dass mit ihr etwas geschehen sollte; denn die Mutter kümmerte sich besonders um ihre Ausstattung und schloss sie, wenn sie mit ihr allein war, häufiger als sonst in die Arme.

Nach dem Abschied von der Burg war die Fahrt im Wagen für Hedwig anfänglich eine Abwechslung. An den Wegbiegungen betrachtete sie die lange Wagenreihe, umgeben von Wachmannschaften, und den Vortrab von Reitern, der sie langsam nordwärts führte.

Warum saß sie nicht im Reisewagen ihres geliebten Atta-Atta? Warum so allein zwischen den ständig schwatzenden Edelfräulein? Was waren das für geheimnisvolle Reden von einer weiten Reise, von wichtigen Besprechungen zwischen dem Großvater und seinem Bruder, Bischof Otto, die angedeutet, aber für sie nicht verständlich waren?

Sie traute sich nicht einmal mehr, das Wort „Atta-Atta" zu gebrauchen; denn ihr Edelfräulein Kunigunde hatte sie verbessert: „Das heißt: der Herr Herzog!"

Nicht einmal am Abend, als sie nach vielstündiger Fahrt im unentwegt schaukelnden Wagen auf einer Burg ankamen, wurde sie zum Großvater geführt. Er suchte sie nicht; sie durfte ihn nicht suchen. Wieder allein mit dem Edelfräulein Kunigunde! Vor Traurigkeit konnte sie nichts essen und schlief ein, während sie zur Kemenate hinaufgetragen wurde.

Erst nach mehreren Tagen, an einem Sonntag, als Bischof Otto in der großen Kirche in Bamberg die heilige Messe feierte, sah sie von der Frauenseite aus den Großvater auf einem Ehrensitz vorn in der Nähe des Altares. Das war nicht mehr der Großvater von der Burg Andechs, das war wirklich der ‚Herr Herzog'. Die Sehnsucht nach ihm wandelte sich in Scheu. Auch als der Großvater ihr später des Onkels Residenz zeigte, fühlte sie sich bei ihm nicht mehr geborgen. Sie fröstelte. Die Räume waren kalt, so menschenleer. – Als es bei der Abfahrt von Bamberg auch noch regnete, zitterte sie vor Kälte und fragte bescheiden:

„Ist es noch weit?"

„Das größte Stück haben wir hinter uns. Noch zwei- oder dreimal schlafen, dann sind wir da!"

Obwohl der Reisewagen auf breiten Lederriemen ruhte, war sein Schaukeln oft unerträglich, schlimmer noch die Angst, die in Hedwig hochstieg:

‚Wie wird es in Kitzingen sein?'

Wenn sie unterwegs eingenickt war, wachte sie von bösen Träumen geschreckt auf. Das angsterfüllte Kind hatte alle Mühe, aufsteigende Tränen hinunterzuschlucken.

Endlich hieß es:

„Wir sind in Kitzingen!"

Edelfräulein Kunigunde musterte Hedwigs Kleid, strich es glatt und kämmte ihr das Haar. Dann stiegen sie aus und standen wartend auf dem Hof vor dem rundbogigen großen Kirchenportal.

Da Vorreiter ihre nahe Ankunft gemeldet hatten, zogen einige Nonnen, die das Kloster verlassen durften, ihnen begrüßend entgegen und geleiteten sie ins Gästehaus, wo die Äbtissin Irmgard, die Priorin Alvradis und die Leiterin der Mädchenschule, Petrissa, schon auf sie warteten.

Auch hier hörte Hedwig immer wieder die Worte:

„Der Herr Herzog, der Herr Herzog; der hochwürdigste Herr Bischof!"

Auf einen Wink brachte Edelfräulein Kunigunde das verschüchterte Mädchen in deren Mitte. So wurde es förmlich vorgestellt als Tochter des Herzogs Bertholds VI. von Andechs.

„Gott segne dich, mein Kind! Der Friede sei mit dir!“ sagte die Äbtissin, nahm Hedwig an die Hand und führte sie der Magistra Petrissa zu.

Nun stand Hedwig auf der andern Seite. Sie mochte den Großvater nicht anschauen. Sie blickte nur auf die Wappenschilder rechts und links der Schließe seines kostbaren Mantels.

Als die hohen Gäste in den Speiseraum geführt wurden, nahm Petrissa das müde Kind mit sich in einen Nebenraum, wo sie es beim Essen bediente.

„Du wirst müde sein von der langen Reise, Hedwig!“

„Ja!“ hauchte sie.

„Das glaube ich gern. Das ging den andern Kindern auch so, und die sind nicht von so weit her zu uns gekommen wie du vom Ammersee.“
Dann wandte sie sich der Puppe zu, die Hedwig gegen den Willen ihres Edelfräuleins im Arm hatte, und fragte:

„Wie heißt denn deine Puppe, Hedwig?“

Da hauchte Hedwig ganz verschämt:

„Marietta!“

„Das ist ein schöner Name.“

Hedwig nickte und sah in ein gütiges Gesicht, das sie ein wenig anlächelte.

„Nach wem ist sie denn benannt?“

„Nach dem armen Gefangenen Innkofel von Innsbruck. Marietta weint so viel, weil ihr Vater gefangen ist.“

„Arme Marietta! Da musst du viel beten, dass der Herr Herzog den Vater der Marietta bald wieder freilässt.“

„Das tue ich auch.“

„Das ist lieb von dir.“

Als Petrissa sah, dass Hedwig mit den Tränen kämpfte, sprach sie nicht mehr davon. Sie goss ihr heiße Milch ein und bestrich das duftende Weißbrot mit leuchtendem Honig.

„Hedwig, du bist sehr müde. Aber wenn du morgen ausgeschlafen hast, dann siehst du lauter frohe Mädchen um dich, die gern singen und spielen, aber auch fleißig lernen. Möchtest du mit ihnen lernen?“

Da nickte Hedwig mehrmals.

Dann gingen sie zusammen zum Großvater und zum Onkel Bischof.

„Meine liebe Hadwiga, ich habe noch eine große Fahrt vor mir. Morgen in der Frühe, wenn du noch schläfst, muss ich schon weiterreisen. Hast du noch einen Wunsch an deinen Atta-Atta?“

Hedwig zögerte einen Augenblick. Dann sagte sie langsam, aber bestimmt:

„Danke ... Nein!“

Sie wartete noch einen Augenblick, dann kam über ihre Lippen, was sie in diesen Reisetagen so oft gehört hatte:

„Herr Herzog!“

Berthold V. von Andechs lachte hellauf. Als Hedwig nun noch mit zwei Fingern seitlich ihren Rock fasste, einen formvollendeten Knicks machte und sich verneigte, lachte er nicht mehr. Als sie sich dann schweigend umdrehte, um hinauszugehen, wollte er sie zurückrufen, unterließ es aber, weil er sich von ihr geschlagen fühlte.

Hatte Hedwig etwas von seinen weiteren Plänen erfahren?

Wusste sie, dass er auf großer Reise zu einer andern war?

Weit hinauf zum Norden nach Dänemark, wo Frau Luitgard auf ihn wartete?

Ja, er hatte der Enkelin um einer andern willen aus seiner besonderen Liebe entlassen.

Sie sollte es nicht erfahren. Niemand hatte mit ihr darüber gesprochen, aber eine Ahnung hatte die Reise so unsagbar schwer gemacht:

„Ich bin allein!“

Als das Kind sich abgewandt hatte, verneigte sich Petrissa vor den hohen Gästen und führte Hedwig hinaus. Einen solchen Abschied hatte sie bei andern Kindern bisher noch nicht erlebt.

Kitzingen bedeutete einen neuen Lebensabschnitt für Hedwig. Eine vollständig andere Welt umfing sie: die Welt frommer, sie bestimmender Frauen. Aber unter ihnen ein Gesicht, das sie angelächelt hatte:

Magistra Petrissa!

Kleine Hedwig, das ganze Leben besteht aus Umstellungen!

Kleine Hedwig, aller Anfang ist schwer!

Kleine Hedwig, weine nicht, sei tapfer!

Drücke deine Marietta im Bett des großen Schlafsaales ganz fest an dich als Rest der Erinnerung an Burg Andechs und an deine Liebestat!

Hedwig schaute in die guten Augen der Magistra Petrissa, als diese sich noch einmal über sie beugte und sie mit einem Kreuzchen auf der Stirn segnete.

In jungen Jahren war Petrissa als Tochter des Grafen von Schweinfurt ins Kloster gekommen. Sie wusste, wie schwer den Neuangekommenen die Umstellung fiel, wie froh sie aber nach geraumer Zeit im Kloster lebten.

Darum nahm sie sich mit besonderer Liebe der scheuen Neulinge an. Aber von so weit her wie Hedwig von Andechs war bisher noch kein Kind in die Klosterschule der Benediktinerinnen gekommen.

Magistra Petrissa ging am späten Abend noch einmal in den Schlafsaal und schaute nach Hedwig. Sie sprach der Schlafenden leise und lieb einige aufmunternde Worte zu und strich behutsam über die Decke. So hatte ihr früher die im Vorjahr verstorbene Magistra Augustina geraten:

„Das Gemüt des schlafenden Kindes nimmt dieses Gutsein unbewusst auf und fühlt sich geborgen. Gebrauche nur frohe, mutmachende Worte, nie erteile Befehle. Und wenn du zu tadeln hast, dann sprich so: ‚Du bist doch unser liebes Kind und willst uns Freude machen. Morgen wird es dir sicherlich gelingen.'"

So hatte Petrissa schon manchem heimwehkranken Kind das Einleben in Kitzingen erleichtert und es dazu gebracht, mit frohem Herzen an die neue Aufgabe heranzugehen, die hieß: ‚Der Mensch im vollkommenen Dienst Gottes' und ‚Die Entfaltung zu größtmöglicher Gottähnlichkeit ist höchstes Ziel'.

Durch Gebet und Arbeit, in Frieden und Freude sollte diese Aufgabe stufenweise vor sich gehen nach dem Wort des heiligen Paulus: „Im Anfang gab ich euch Milch zu trinken."

Magistra Petrissa weckte Hedwig sanft mit einem Lächeln. Da stand das Kind hurtig auf und ließ sich von ihr in den Waschraum führen, wo die andern Mädchen sich schon schweigend wuschen.

„Das bringst du doch allein, du bist ja schon groß, Hedwig?"

Hedwig nickte. Verstohlen schaute sie sich um, was die andern Mädchen machten, dann tat sie es ihnen nach. An das Bett zurückgekehrt, zog sie sich vollständig an, zum erstenmal in ihrem jungen Leben allein!

Da kam auch schon die Magistra wieder zu ihr:

„Die Puppe muss noch schlafen, Hedwig. Die ist noch müde."

Weil Petrissa es lächelnd sagte, deckte Hedwig sie zu und folgte der Magistra zur Stirnwand des Saales, wo die andern Mädchen in ihrer einheitlichen Klostertracht schon auf die Neue warteten.

„Das ist unsere liebe Hedwig aus Andechs. Sie kommt von sehr weit her zu uns. Schenkt ihr jeden Tag ein Händchen voll Freude!"

Und zu Hedwig gewandt:

„Nun wollen wir dich mit der Klosterschülerinnentracht bekleiden, damit auch nach außen sichtbar wird, dass du jetzt ganz zu uns gehörst."

Zwei größere Mädchen traten an die Seite Petrissas und halfen Hedwig beim Ablegen des bisher getragenen Kleides und beim Anlegen des neuen Gewandes. Das war zuerst ein schwarzer, faltenreicher Rock, der bis zu den Füßen herabfiel, darüber ein ebenfalls schwarzes Gewand mit eng anliegenden Ärmeln, das über die Knie reichte; denn im Kloster konnte es empfindlich kalt werden. Da mussten die Schülerinnen schon warm gekleidet sein. Ein breiter weißer Kragen ließ den Hals frei. Ein kleiner weißer Schleier bedeckte das Haupt und ein wenig noch die Schultern.

Petrissa zupfte ihn zurecht, damit vorn etwas von den Haaren zu sehen war. Dann drückte sie ihr vorsichtig ein Kränzchen auf den Schleier.

„Liebe Hedwig, so haben alle Kinder hier begonnen. Acht Tage lang darfst du das Kränzchen tragen, weil wir uns freuen, dass du zu uns gekommen bist."

Hedwig bemerkte, dass viele Kinder, auch die Größeren unter ihnen, sie mit leuchtenden Augen anschauten, gewiss in Erinnerung an ihren einstigen Anfang in Kitzingen.

Nun konnte das Gotteslob beginnen. Magistra Petrissa nahm ihre Handharfe, prüfte kurz die Saiten und sang mit einer hellen Stimme, halb dem hehren Kreuzeszeichen und halb den Kindern zugewandt:

„Preiset, ihr Menschenkinder, den Herrn!

Lobet und erhebt ihn in Ewigkeit!"

Die Kinder wiederholten den morgendlichen Lobgesang. Beim zweiten Vers erhoben sie ihre Hände, um die Erhebung Gottes durch ihr Lied anzudeuten.

Jeden Morgen lernten die Kinder einen neuen Vers, den sie mehrmals am Tage wiederholten, um ihn sich gut einzuprägen.

So begann Hedwigs erster Tag in Kitzingen mit dem Lied zur Harfe. Das war doch etwas anderes als das Gezanke am Morgen auf der Burg Andechs zwischen Berchta und Gertrud. – Nach dem Vaterunser, das Hedwig zur Freude Petrissas mitbetete, erhielt sie von ihr ein Glöckchen.

„Du wirst mich, solange du das Kränzchen trägst, begleiten und das Glöckchen läuten, wenn ich es dir sage."

Beim Frühimbiss lagen vor Hedwig viele kleine Kindergeschenke. Sie staunte und dankte mit einem frohen Lächeln. Noch waren keine anderen Worte über ihre Lippen gekommen als das Gebet zum Vater im Himmel.

Magistra Petrissa ließ ihr Zeit.

„Nun läute, Hedwig!"

Zaghaft bewegte Hedwig das Glöckchen. Nur ein schwacher Ton war zu hören.

„Du darfst es etwas kräftiger bewegen, sonst hören es die Mädchen nicht", ermunterte Petrissa.

Hedwig gehorchte. Im Nu war der Speisesaal erfüllt von einem fröhlichen Kindergeschwätz, und alle drängten nach draußen, um durch den großen Garten bis zum Main zu laufen.

Hedwig schaute die Magistra an, als wollte sie fragen:

„Und ich? Soll ich auch mit ihnen laufen?“

Petrissa verstand sofort. Sie nahm Hedwig an die Hand und ging mit ihr zum Ausgang des Speisesaales, wo sie die lachenden Mädchen beobachten konnten.

„Bleibe nur bei mir, Hedwig. Du musst dich ja erst an das neue Gewand gewöhnen. In einer Woche kannst du auch wie die andern damit laufen und springen nach Herzenslust. –

Wenn ich dich nachher wieder bitte zu läuten, dann musst du das Glöckchen ganz kräftig schwingen, damit unser fröhliches Völkchen es hören kann. Dann beginnen die Unterrichtsstunden je nach dem Alter der Kinder bei den Schwestern Aleydis, Gertrudis, Sophia, Odilia, Rilint, Hazicha, Ita und bei mir.“

Hedwig machte wieder die gleiche fragende Geste wie zuvor.

Petrissa lächelte als geübte Magistra ihrem neuen kleinen Schützling gütig zu:

„Solange du das Glöckchen hast, musst du bei mir bleiben. Dann werden wir miteinander überlegen, mit welchen Kindern du zusammen lernen kannst.“

Hedwig hätte ihr gern zum Dank die Hand geküsst, aber sie wusste nicht, ob so etwas erlaubt war. Jetzt wagte sie sogar, die Magistra näher zu betrachten.

Wie hochgewachsen und schlank sie war! Wie schön das schmale Antlitz! Sie trug ein schwarzes, faltenreiches Gewand, mit einem Ledergürtel zusammengehalten. Über engen Unterärmeln fielen sehr weite Oberärmel in schönen Falten herunter. Den Hals bedeckte eine blütenweiße Bekleidung. Das Haar war ganz verborgen unter einem bis zur Mitte des Körpers reichenden Schleier, der sich bei jeder Wendung bewegte und die weiße Innenfütterung zeigte. Hedwig reichte ihr nur bis zum Ledergürtel.

Wie groß war die Magistra, und wie klein war sie!

„Nun läute kräftig, Hedwig!“ riss Petrissa das Kind aus seiner Betrachtung.

Da kamen die Mädchen zurück, ordneten sich zu verschiedenen Gruppen und gingen schweigend in die für sie bestimmten Räume zum Unterricht.

Magistra Petrissa wies Hedwig einen Platz in ihrer Nähe an und begann mit einer Erzählung aus der Heiligen Schrift. Sie konnte gut und anschaulich erzählen. Da muckste sich kein Kind; denn sie kannten ihre mahnenden Blicke, das leise Klopfzeichen auf den Tisch oder notfalls das Wort:

„Setzt euch so, dass ihr mich sehen könnt!

Die Augen sind die Fenster eurer Seele.

Ich will in die Augen hinein erzählen vom großen Gott und seinem uns von ihm gesandten Herrn Jesus Christus."

Oh, dann stand der Herr wie leibhaftig vor ihren Augen. Oder sie sahen, wie der Kalk von der Decke bröckelte und der Gichtbrüchige vor ihm heruntergelassen wurde. Die Kinder hörten Jesu Wort aus Petrissas Mund:

„Nimm dein Bett und geh nach Hause!"

Als die Stunde beendet war, musste Hedwig das Glöckchen läuten.

„Nun geh hinaus auf den Gang und läute kräftig vor den andern Türen! Jetzt ist für alle Kinder eine Pause."

Hedwig tat, wie ihr aufgetragen, und verlor allmählich ihre Scheu. Die Lateinstunde begann mit dem Lied zur Harfe:

„Lernet, ihr Kinder, mit Freuden!

Schreibet und leset, wie der Herr es getan!"

Jedes Mädchen hatte ein Wachstäfelchen vor sich, auch vor Hedwig lag eins und daneben ein gespitztes Stäbchen.

Petrissa hatte ein großes Blatt an die Wand geheftet, auf dem geschrieben stand, was die Kinder auf ihr Wachstäfelchen schreiben sollten:

„Amo deum – ich liebe Gott
amas deum – du liebst Gott
amat deum – er liebt Gott
amamus deum – wir lieben Gott
amatis deum – ihr liebt Gott
amant deum – sie lieben Gott."

Hedwig wusste nicht, ob sie den Stift in die Hand nehmen durfte. Fragend schaute sie zur Magistra. Da kam Petrissa zu ihr und zeigte, wie sie den Stift halten musste, und nickte ihr ermunternd zu, das Schreiben zu versuchen.

Hedwigs Hand zitterte vor freudiger Erregung, als sie die vorgeschriebene erste Zeile nachzumalen sich abmühte.

Am Ende der Stunde stand auf ihrer Tafel groß und noch ungelenk: *Amo deum.* In der Aufregung hatte sie nicht verstanden, dass die beiden Worte in der deutschen Muttersprache hießen: *Ich liebe Gott.* Unbewusst hatte sie das entscheidende Wort für ihr Leben geschrieben.

Petrissa schaute es sich an und sagte nur:

„Das hast du gut gemacht, Hedwig!"

Als es Mittagszeit war, läutete Hedwig alle Kinder zusammen, nun schon nicht mehr befangen.

Das Mahl wurde verbunden mit einer lebendig vorgelesenen Erzählung aus dem Leben der heiligen Agnes. Hedwig lauschte besonders, weil ihre Mutter Agnes hieß und sie auch eine Schwester hatte, die diesen Namen trug. Bisher hatte sie noch nichts von der heiligen Agnes gehört.

Dann kam die ersehnte Spielstunde.

Magistra Petrissa leitete sie mit dem frohen Gesang zur Harfe ein:

„Lobet im Reigen den Namen des Herrn!

Jauchzet und spielet im Namen des Herrn!"

Und dann spielte Magistra Petrissa mit den Kindern. Sie hielt Hedwig an der Hand und sprang mit ihr, dass die Haschenden sie nicht fangen konnten. Auch wurde sie einmal als Bekränzte im Kreis umschritten. Niemand drohte ihr und rief: „Du musst!"

Nein, sie sangen so froh und lachten Hedwig an, dass sie ihre Scheu verlor und in die Hände klatschte.

Als Petrissa ihr das Zeichen zum Läuten gab, wurde es still in der Mädchenschar. Da fragte die Magistra:

„Wer will der Küchenmeisterin Kunigunde helfen?"

Sofort meldeten sich einige.

„Wer will Schwester Heilwich im Garten helfen?"

Wieder gingen mehrere Finger in die Höhe.

„Wer will Schwester Agnes beim Wäschefalten helfen?"

Zwei Mädchen traten vor.

„Wer will Schwester Berlinet im Stall helfen?"

Es meldeten sich immer einige freiwillig, auch jetzt zu der unangenehmen Stallarbeit.

Petrissas Augen hatten einige kräftige Mädchen angeschaut. Von selbst lernten sie so mit der Zeit die für sie notwendige Hauswirtschaft kennen.

Geraume Zeit verging. Viele Werktage, Sonntage, Festtage waren mit kleinen und großen Abwechslungen, einige auch mit still vergossenen Tränen vergangen, bis Hedwig gewandter wurde im Lesen und Schreiben, in Latein und in einfachen Handarbeiten. Sicherer erfasste sie die Töne, klarer erscholl ihre Stimme. Reicher war sie geworden durch die Erzählungen aus dem Leben Jesu und der Heilsgeschichte des Volkes Gottes. Ihr Blick war geschult für die kleinen Dinge im Haushalt und im Garten des Klosters.

Nun konnte sie schon schreiben:

‚Amamus deum et omnes homines. – Wir lieben Gott und alle Menschen.‘

Als im November das Martinsfest nahte, erzählte Magistra Petrissa, dass der heilige Martinus seinen Mantel mit einem Armen geteilt hat. Sie bat die Mädchen zu überlegen, wie sie den Armen bei der täglichen Speisung an der Pforte ein persönliches Opfer bringen könnten.

Hedwig wusste nicht nur, dass ‚Amate pauperes sicut Christum!‘ ‚Liebet die Armen wie Christus!‘ hieß, sie gab auch ganz verschämt der kleinen dreijährigen, vaterlosen Ansfrida ihre geliebte Puppe Marietta. Ansfrida konnte es gar nicht fassen, dass die feine Puppe ihr gehören sollte. Hedwig nickte ihr lächelnd zu.

Magistra Petrissa hatte ihr einen Brief der Mutter gegeben, in dem außer Fragen nach ihrem persönlichen Wohlergehen die Mitteilung stand:

‚Der Herr Herzog, dein geliebter Atta-Atta, hat bei der Einweihung der Stiftskirche in Dießen den zu drei Jahren Bauarbeiten verurteilten Innkofel vorzeitig begnadigt.‘

„Da wird sich Marietta in Innsbruck freuen“, hatte sie strahlend geantwortet.

Bis jetzt war alles Sorgen um die geliebte Puppe Marietta ein ständiges Gedenken an die wartende Marietta gewesen, manchmal auch ein Gebet für sie und den gefangenen Vater. Nun war ihr Hoffen erfüllt. Nun sollte eine Andere Freude und Trost an der gepflegten Puppe haben.

In der Adventszeit sprach Magistra Petrissa von der Liebe Gottes, die zu uns herniederstieg. In der Lateinstunde lernten die Mädchen den Satz:

‚Amamus omnes homines propter amorem Dei. – Wir lieben alle Menschen wegen der Liebe Gottes.'

Sie lernten auch Strophen aus dem Melker Marienlied:

Ysayas der wîsage	Jesaja, der Prophet,
der habet dîn gewage	der hat deiner gedacht.
der quot wie vone Jessês stamme	Der sagte, wie aus Jesses Stamm
wüchse ein gerte danna	ein Zweig dann wüchse.
dâvone scol ein bluome varen:	Draus soll eine Blume kommen,
diu bezeichint dich unde dîn barn,	die bedeutet dich und dein Kind,
Sancta Maria.	heilige Maria.

Zu Weihnachten durften sie zur Freude der Nonnen jubeln:

Dô gehîtime sô werde	Da vermählte sich so herrlich
der himel zuo der erde	der Himmel mit der Erde,
dâ der esil unde daz rint	dass der Esel und das Rind
wole irchanten daz	wohl erkannten das
vrône chint:	heilige Kind:
dô was diu dîn wambe	da war dieser dein Schoß
ein chrippe deme lambe,	eine Krippe dem Lamm,
Sancta Maria.	heilige Maria.

War das ein frohes Singen in der weihnachtlichen Zeit!

Die Freude über des Erlösers Geburt musste doch hinausgejauchzt werden!

Bald klang es im Kreuzgang, bald im verschneiten Garten, sogar auf dem vereisten Main aus rotwangigen Gesichtern:

„Sancta Maria, sancta Maria!"

Dann hieß es wieder:

„Repetitio est mater studiorum. – Wiederholung ist die Mutter des Studiums."

Ein anderes Mal musste Magistra Petrissa beim Lernen schwerer lateinischer Wörter und deren Beugung mahnen:

„Studieren heißt sich eifrig bemühen! Mir ist es einst auch nicht angeflogen; es hat viel Mühe gekostet!" fügte sie ehrlich, aber lachend hinzu.

Die Schülerinnen spürten, dass die Schwestern gut zu ihnen waren und auch im Dienste Gottes ganz für sie lebten und arbeiteten. Als Schwester Eustachia aus dem Waschhaus am Ende ihrer Kräfte zu sein schien, bat Petrissa die größeren Mädchen um Hilfe:

„Soll sie uns denn wieder krank werden, nur weil wir ihr nicht zeitig genug geholfen haben?"

So wusste sie die Missstimmung und Launen der jungen Mädchen zu überwinden.

Als der Frühling kam, fragte sie:

„Was muss wohl im Kloster, im Keller, im Garten, in den Scheunen und Ställen jetzt am notwendigsten getan werden?"

Dann kamen die Antworten.

Petrissa bat mit Augen und guten Worten um freiwillige Kräfte und teilte sie ein.

Wie ein Wirbelwind stoben die Schülerinnen in ihren Arbeitskitteln herum, wischten, putzten und rieben blank, dass die Priorin beim Rundgang viel zu loben und nur noch wenig zu bemängeln hatte.

Seitdem Hedwig lesen konnte, saß sie in jeder freien Minute bei der Bibliothekarin, Schwester Isidora. In dieser Schatzkammer des

Geistes durfte nur flüsternd gesprochen werden. Hedwig sah Bücher, die mit reich bebilderten Anfangsbuchstaben, den Initialien, ‚illuminiert' waren. Da waren Bilder aus der Schöpfungsgeschichte mit vielen Tieren und Pflanzen, der Turmbau zu Babel, die Arche, Davids Kampf mit dem Löwen und Darstellungen aus den Evangelien. Sie freute sich an der bunten Fülle und betrachtete jedes einzelne, so mühsam gepinselte Bildchen mit Innigkeit.

Sogar in der Schreibstube durfte sie den hurtig schreibenden Schwestern Godestu, Guta und Lukart zuschauen, weil sie still war und nicht störte.

Schwester Offemia war die Künstlerin im Kloster, die Initialen mit feinen Haarstrichen malte. Wenn sie ein kurze Pause einlegte, erklärte sie Hedwig, dass jede Farbe ihre ganz bestimmte sinnbildliche Bedeutung hat.

Als Schwester Offemia dann das Bild der heiligen Barbara malte, wie sie, im Turm gefangen, von einem Priester auf der Leiter den Leib des Herrn empfängt, da wagte Hedwig gar nicht, sich zu bewegen.

Es war schon eine große Auszeichnung, dass sie schauen durfte, wie solch eine Initiale entstand, die sie in den Büchern bei Schwester Isidora bewunderte.

Weil Hedwig zuverlässig war, fragte Schwester Isidora:

„Kennst du die Arbeitszelle eurer Magistra?"

„Ich war noch nicht dort, Schwester Isidora."

„Sie bat um dieses Buch. Willst du es ihr bringen?"

„Sehr gern!"

Behutsam nahm sie das große Buch entgegen und ging klopfenden Herzens durch den langen Gang bis zur Tür, hinter der die verehrte Lehrerin arbeitete.

Vorsichtig klopfte Hedwig an.

„Ave!" kam die Aufforderung von drinnen.

„Darf ich wirklich?" fragte Hedwig, als sie die Tür geöffnet hatte. Wie sehr hatte sie gewünscht, dieses ‚Heiligtum' einmal betreten zu dürfen!

„Du bringst mir die Chronik?"

Hedwig zuckte die Achseln und fragte leise:

„Was ist eine Chronik?"

„Ich will es dir zeigen."

Petrissa schlug die Pergamentblätter auf und wies auf die Jahreszahlen am Rande der Seiten.

„Dahinter ist aufgeschrieben, was Wichtiges in den Jahren geschehen ist."

Sie blätterte und suchte etwas Bestimmtes.

„Hier steht:

732: Der Landadel gründete in Kitzingen ein Klösterchen, dem die heilige Hadeluga als erste Leiterin vorstand.

750: Liobas Verwandte, die heilige Thekla, übernahm sowohl Ochsenfurt wie Kitzingen als Äbtissin. Ochsenfurt ging mit der Zeit ein, aber Kitzingen blühte auf. Thekla hat vierzig Jahre segensreich in Kitzingen gewirkt."

„Das ist ja schon vierhundert Jahre her. Wer hat das aufgeschrieben?"

„Zu allen Zeiten hat es in den Klöstern fleißige Schreiber und Schreiberinnen gegeben. Du erlebst sie hier bei uns in der Schreibstube ja auch."

„Darf ich wissen, wer jetzt alles über Kitzingen niederschreibt?" fragte Hedwig bescheiden.

„Seit dem Tod der Magistra Augustina hat Frau Äbtissin mir den Auftrag gegeben."

Hedwig wusste keine Antwort. Nun bewunderte sie die verehrte Magistra noch mehr.

„Darf ich mal lesen?"

„Ich darf die wertvolle Chronik nicht aus der Hand geben, Hedwig. Wenn wieder Ferien sind, dann habe ich auch etwas freie Zeit. Dann rufe ich dich, und du darfst hier in meiner Arbeitszelle darin lesen. –

Nun geh zu den andern Mädchen, sondere dich nicht ab! Sie brauchen dich!"

Hedwig verneigte sich und verließ die Zelle. Langsam ging sie in den Garten, wo die Schülerinnen spielten.

Als das liebliche Pfingstfest vorbei war, saßen an einem milden Abend die Mädchen mit roten Wangen draußen und lauschten einem fahrenden Sänger. Er trug die Verse Henric von Veldekes aus dessen ‚Eneide' über das Mainzer Fest vor:

„Dare quâmen in allen siden	„Dahin kamen von allen Seiten
die vorsten vele wîden	die Fürsten aus den Weiten
in skepen end an der strâten	in Schiffen und auf Straßen
end ritter ûter mâten."	und Ritter ohne Maßen."

Sie hörten, wie der Kaiser und seine Gemahlin Beatrix mit der Kaiserkrone und der junge Heinrich mit der Königskrone geschmückt wurden.

Am zweiten Pfingsttag hatten die kaiserlichen Söhne vor den versammelten Fürsten ihre Fertigkeit in der Führung ritterlicher Waffen gezeigt. Nach einem Gelöbnis waren sie durch Umgürtung mit dem Schwert in den Ritterstand erhoben. Darauf folgte ein glänzendes Turnier mit Rittern in kostbaren Rüstungen. Der Kaiser selbst hatte daran teilgenommen.

Der Sänger prahlte von dem anschließenden Festmahl auf dem prunkvollen Zeltplatz gegenüber von Mainz.

Er schwieg aber vom vergeblichen Versuch Heinrichs des Löwen, dort beim Kaiser Gnade zu finden. Aber der unerlaubt Erschienene musste wieder in die Verbannung zurück.

Die Mädchen staunten über die vielen Verse.

Magistra Petrissa wusste, dass Henric van Veldeke sie einem französischem Äneasroman im Maas- und Rheingebiet nachgedichtet hatte, der schon über zehntausend Verse enthielt. Weitere sollten folgen. Der Sänger begeisterte sich selbst bei den Schlussversen:

„Ich vernahm von keinem Feste
in aller Zeiten Märe,
das also groß wäre
wie des Äneas, nur eins
kenn' ich: das zu Mainz.

Ich wähne, alle, so jetzt leben,
haben kein größeres gesehen.
Wunders davon sagen mag
bis an den Jüngsten Tag.

Ohne Lügen fürwahr,
es wird noch über hundert Jahr
von ihm gesaget und geschrieben."

Magistra Petrissa musste wegen solcher Überheblichkeit lächeln, aber es war ihr klargeworden: das Mainzer Fest hatte gezeigt, welche Macht Kaiser Friedrich zu Gebote stand, wenn nicht das alte Wort wahr würde:

„Sic transit gloria mundi. – So vergeht der Glanz der Welt!"

Jahr um Jahr erlebte Hedwig, dass die zwölfjährigen Mädchen entweder das Kloster verließen, weil sie von den Eltern vermählt wurden, oder im Kloster blieben und Ordensschwestern wurden. So tat es also not, dass sie vorher gefirmt wurden.

Da der Bischof nicht jedes Jahr kommen konnte – er musste als Reichsfürst viel unterwegs sein –, wurden mehrere Jahrgänge zusammengenommen.

So durfte Hedwig als Jüngste am Vorbereitungsunterricht beim Herrn Propst Anselm teilnehmen, der im Kloster den Gottesdienst versah und die größeren Mädchen religiös formen wollte.

Er war ein frommer und gelehrter Priester. Er kannte sich theoretisch gut in der Pädagogik aus, wurde aber mit der aufsprossenden Jugend, in der es überall kribbelte, nicht fertig; besonders, wenn er mit niedergeschlagenen Augen sich in seiner nervösen Art bald an der dicken Nase, bald am Kopf kratzte und dazu im singenden Tonfall sagte:

„Dies sind die Pforten der Hölle, und jene werden sie nicht überwältigen."

Auch Hedwig, vom Gekicher der andern angesteckt, platzte los.

Pflichtgemäß von Petrissa deswegen zurechtgewiesen, wagte sie zu entgegnen, weil sie deren Lächeln nicht übersehen konnte:

„Seine Art reizt zum Lachen, und dann ...“

„Und dann?“

„Und dann erzählt er uns so gar nichts vom Herrn und Lebendigmacher.“

„Dann musst du recht eifrig zum Heiligen Geist beten, dass er in dir entfaltet, was er in der Taufe grundgelegt hat. Ich weiß ein wirksames Gebet für dich.“

Hedwig schaute zur Magistra auf.

„Ohne deinen Gnadenschein steht die arme Hedwig ganz allein.“

„Danke, Magistra!“

Nun musste Petrissa doch mit dem Herrn Propst über den Unterricht und die Mädchen sprechen. Aber sie kam nicht bei ihm an und er mit seiner Gelehrsamkeit nicht bei ihr:

„Die antike Erziehung stützt sich auf die vier Kardinaltugenden: Weisheit, Tapferkeit, Mäßigkeit und Gerechtigkeit. Die christliche Erziehung setzt als religiöse Erziehung die drei göttlichen Tugenden voran: Glaube, Hoffnung und Liebe. Die vier Kardinaltugenden sind im Grunde männliche Tugenden. Die Pädagogik der Römer hatte zum Ziel die ‚virtus‘, die allseitige Mannestüchtigkeit. Nach Aristoteles ist die Frau ein verstümmelter Mann.“

Da musste Petrissa lachen.

„Wenn ich ihm im Himmel begegnen sollte, dann werde ich ihm aber etwas sagen!“

Der Propst verzog keine Miene. Er stand, wie immer, auch jetzt mit gesenkten Augen und hielt die lässig gefalteten Hände über seinem arg gewölbten Bäuchlein.

‚Kein Wunder, dass er die im Kicheralter stehenden Mädchen zum Lachen reizt‘, dachte Petrissa, verneigte sich und verließ den in seinen Studien befangenen Propst.

Die Mädchen ermahnte sie zu lernen, den Anblick dieses frommen und gelehrten Propstes zu ertragen:

„Auch ihn hat Christus erwählt.“

Sie versuchte in ihren Unterrichtsstunden, die Firmungsvorbereitung zu ergänzen, und setzte den männlichen Kardinaltugenden die mehr weiblichen entgegen: Demut, Barmherzigkeit und Liebe.

Die Firmungsfeier war erhebend.

Hedwig durfte nachher mit Bischof Otto speisen. Er überreichte ihr als Geschenk ein wunderschönes Psalmen- oder Stundenbuch für die gottesdienstlichen Zeiten im Kloster, das er in einem bayrischen Kloster hatte anfertigen lassen. Sie blätterte in der herrlichen Pergamenthandschrift und bewunderte die vielen – 150 hatte der Bischof gesagt – Bilder aus dem Alten und Neuen Testament und den ‚Cursus sanctae Mariae' mit den Federzeichnungen. Das Geschenk war ihr eine besondere Freude.

„Dieses Buch möge dich dein ganzes Leben begleiten, wohin dich der Herr auch führen mag, Hedwig!"

Hedwig wagte nicht zu sagen, dass sie am liebsten für immer in Kitzingen bei Magistra Petrissa bleiben möchte. Sie küsste zum Dank des Oheims Bischofsring und ging, Petrissa ihre Kostbarkeit zu zeigen.

Hedwig wuchs wie die andern Mädchen jedes Jahr um die Länge eines Hühner- oder Enteneis und hatte schon manches Kleidungsstück aus der Nähkammer von den Schwestern Richinza, Odilia und Lukart bekommen.

Nun musste sie dort mit andern Schülerinnen das Nähen erlernen. Sie staunten, wie sicher Schwester Richinza aus den großen Stoffballen, die durch Händler von Mainz oder Würzburg mit dem Schiff gekommen waren, die Gewänder zuschnitt.

Es wurde nur das Notwendigste gesprochen bei der Arbeit. Es hieß im Anfang:

„Schaut zu, wie wir es machen! Macht es langsam, aber ordentlich!"

Die Mädchen mussten oft ihren Faden wieder einfädeln, darum versuchten sie es mit einem langen Faden. Dann aber hieß es lachend: „Langes Fädchen, faules Mädchen!"

Sie lernten auch, Hemden zu nähen. Als Schwester Odilia eines Tages an einem langen, blütenweißen Hemd nähte, wagte Hedwig zu fragen:

„Für wen ist es bestimmt?"

„Für die nächste tote Schwester."

Hedwig dachte nach, wer es wohl sein könnte. Vielleicht die alte Schwester Hiltegunt, die lange Zeit, von einer Schwester geführt, auf den Krückstock gestützt, zum Chorgebet kam und nun in der Krankenzelle seufzte:

„Ach Herr, hole mich doch zu dir!"

Als Hedwig dann nach Wochen hörte, die junge Schwester Renate, die sie noch als ältere Schülerin gekannt hatte, wäre in der Nacht friedlich im Herrn entschlafen, erschrak sie und klagte:

„So früh schon!"

Obwohl es ihr schwerfiel, half sie den Schwestern, die Tote mit dem Brautkleid der Jungfrauen zu bekleiden. Zum erstenmal schaute sie in ein lebloses Antlitz. Es war so ganz anders, so friedlich feierlich, aber auch unsagbar ernst und majestätisch.

Hedwig konnte nicht weinen. Sie faltete ohne Geheiß die Hände und betete für Schwester Renate, deren Seele vor dem Angesicht des Allerhöchsten gestanden hatte:

„Lass sie, Herr, Erbarmen finden!"

Es wurden auch Hemden und Kleider genäht für die ‚guten Leute'. Das waren die Mühseligen und Beladenen, die Armen, Krüppel, Blinden, ja Aussätzigen. Man nannte sie ‚unseres Herrgotts liebe Kämmerer'. Die Ordensregel schrieb caritative Tätigkeit vor. Nur Schwester Hemma wusste, dass die Abtei in aller Stille ein Viertel, ja in besonderen Fällen ein Drittel ihrer Einkünfte wieder austeilte. Aus Erfahrung wusste sie:

Geben bringt Segen!

Hedwig lernte im Laufe der Zeit, wie alle sieben Werke der leiblichen Barmherzigkeit im Kloster geübt wurden.

Hungrige speisen!

An der Klosterpforte wurde regelmäßig Brot ausgeteilt, im Winter auch kräftige Suppen mit Einlagen.

Durstige tränken!

Zum Johannesfest gab es die Johannesminne für die Armen und kräftigen Wein für die Kranken. Auch hatte Schwester Christina aus dem Heilkräutergarten ihr ‚Kitzinger Gesundheitstränklein' gebraut, das schon vielen Alten geholfen hatte. Nur das Geheimnis der Zubereitung verriet sie nicht. Wenn sie beim Brauen war, verschloss sie die Tür. Als Hedwig anklopfte, um ihr die gebündelten Heilkräuter aus dem Garten zu bringen, durfte sie nicht hinein, sondern musste die Kräuter neben der Tür auf die Steinfliesen niederlegen und wieder gehen. Das Rezept zu dem Heiltrunk lag wohlverwahrt, aufgeschrieben auf Pergament, in der verschlossenen Truhe der Frau Äbtissin.

Nackte bekleiden!

Arme Kinder aus dem Ort wurden am Martinstag von Schwester Hemma eingekleidet. Manches Mädchen hatte von ihr die Aussteuer erhalten, um heiraten zu können.

Fremde beherbergen!

Davon konnte das Klosterhospiz reden, um das sich Pater Ludger kümmerte. Es war zwar nicht immer leicht, in manchen polternden Fremdlingen die Sendboten Gottes zu erkennen, aber er wusch ihnen doch, wie der Herr es aufgetragen hatte, die Füße, obwohl er eines Grafen Sohn war. Die Fremden erhielten auch Zehrung mit auf den Weg.

Kranke besuchen!

Da musste Schwester Bertha eher bremsen als mahnen, wenn eine Schülerin erkrankte, und erst recht, wenn Magistra Petrissa krank war. Dann merkten die Mädchen, wie sehr sie ihnen fehlte, ganz zum Leidwesen der andern Schwestern, die doch auch ihr Bestes taten.

Die Außenschwester Edelint besuchte die Kranken im Ort und war die Schwester ‚Immerfroh' in den Fischerhütten und bei den Weinbergbauern und Arbeitern. Manchmal musste sie auch humorvoll mahnen:

„Der Wein ist zum Trinken, aber nicht zum Saufen da!"

Gefangene erlösen!

Das hatte Hedwig in Kitzingen freilich noch nicht erlebt, aber sie wusste, was es bedeutete. Es konnte jedoch vorkommen, dass ein Verfolgter an der Klosterpforte um Asyl bat. Dann musste das Kloster es ihm gewähren.

Tote begraben!

Das war doch selbstverständlich! Das hatte Hedwig erlebt. Als sie Magistra Petrissa fragte, wieso das ein Werk der Barmherzigkeit wäre, erhielt sie die ernste Antwort:

„Gnade Gott, wenn in einem Ort oder gar in einer Stadt die Pest ausbricht! Dann müssen ganz tapfere ‚Brüder der Barmherzigkeit', durch große, über das Gesicht gezogene Kapuzen geschützt, die Toten zum Friedhof tragen. Mancher hat sich bei diesem Liebesdienst den Tod geholt."

Sie schloss:

„Nächstenliebe ist das Zeichen wahrer Jüngerschaft Christi. Unser Helfen muss von Gott ausgehen, nicht von uns. Liebe soll nicht nur helfen, sondern buchstäblich *mit-leiden*. Denkt darüber nach!"

Hedwig wusste nicht, wie sie zugenommen hatte an Wohlgefallen bei Gott und den Menschen. Sie ehrte, verehrte, ja liebte Magistra Petrissa, wie sie die eigene Mutter auf Burg Andechs geliebt hatte. Ja noch mehr, aber anders. Sie liebte sie als Vorbild ihres Lebens. Sie fühlte sich in Kitzingen wohl, weil sie nich nur Unterrichtsstunden hatte, die ihr viel bedeuteten, sondern sie durfte ganz im Konvent der Schwestern leben, kannte alle, und alle kannten sie. Sie betete mit ihnen die Tageszeiten, wenn es der Unterricht zuließ. Sie half selbstverständlich bei der Pflaumen-, Apfel-, Birnen- und Weinernte. Sie dachte nicht daran, sich selbst dabei zu versorgen. Keine Schwester brauchte ihr lachend zu sagen, dass sie beim Pflücken pfeifen müsste. Sie lebte schon mit jungen Jahren für den Konvent und hoffte, hier für immer zu bleiben. Sie wusste nicht, dass sie auch von den Schwestern geschätzt, ja geliebt wurde. Die Schwestern merkten von Tag zu Tag mehr, wie sehr Hedwig zu ihnen gehörte. So blühend frisch lebte sie im Kloster Kitzingen, so unbekümmert froh, so kindlich ernst beim Lesen in der Bibliothek und dann wieder mit kräftigen Armen die Bäume schüttelnd. Da brauchte keine Schwester zu rufen:

„Hedwig, nicht so hoch klettern!"

Sie hatte ein gutes Auge, auch ein sicheres Augenmaß. Wie sie bei den Mitmenschen den richtigen Blick hatte, ohne dass sie es selbst wusste, so fühlte und schätzte sie den Ast ein, ob er tragen würde. Wenn sie von oben rief: „Der Ast hält!", dann hielt der Ast auch.

Natürlich erlebte sie Unvollkommenheiten in ihrer Umgebung, wie sie auch sehr gut um ihre eigenen Fehler wusste. Sie konnte es nämlich nicht ertragen, dass ihr widersprochen wurde. Hatte sie das von ihrem geliebten Atta-Atta geerbt? Dem niemand zu widersprechen wagte?

Sie wusste auch, dass ihr im Kloster die ständige Umstellung auf eine andere Aufgabe, auf das Nächste, durch das Glockenzeichen Geforderte, schwerfiel und dass sie sich jedesmal neu zwingen musste, sofort die eine Arbeit liegen zu lassen und die andere mit derselben Kraft und Hingabe anzupacken, wie sie die nun liegenbleibende Arbeit angefangen hatte.

Dieser Gehorsam, dieses Sichunterordnen, fiel ihr nicht leicht, aber sie erforschte täglich unerbittlich, seitdem sie es von Magistra Petrissa gelernt hatte, was da in ihrem Innern nicht in Ordnung war.

So ertrug sie jetzt selbstverständlich die Fehler der Mitschülerinnen und Schwestern, auch die des Herrn Propstes. Ja, sie ging zu ihm beichten und war erstaunt, wie väterlich streng und ermutigend er in seinem Beichtgespräch war.

Nur eins merkte sie nicht: sie hatte nie Grund, zu spüren, wie sehr Magistra Petrissa sie liebte, aber es unerbittlich vor ihr versteckte, da sie ja allen alles sein wollte und musste.

Darum erhielt Hedwig eher einen Tadel als alle andern.

Hedwig kämpfte nicht um ihr vermeintliches Recht, sie dachte: ‚Wenn Magistra Petrissa es sagt, dann wird es wohl stimmen.'

Als die Mädchen in den sommerlichen Schulferien nach einer mehrtägigen Schifffahrt auf dem Main vom Besuch anderer Kirchen und Klöster und der schönen Bischofsstadt Würzburg froh, aber müde nach Kitzingen zurückkamen, begegnete Hedwig die Stallschwester Berlinet. Hedwig fragte ganz selbstverständlich:

„Gibt es etwas Besonderes im Stall?"

„Die Bless wird diese Nacht kalben."

„Oh, da werde ich mit Euch wachen und Euch helfen, Schwester Berlinet."

„Da musst du aber zuerst die Magistra fragen."

Petrissa hatte Bedenken, gab dann aber die Erlaubnis, weil sie Hedwigs bittenden Augen nicht widerstehen konnte.

Hedwig zwang sich, munter zu bleiben. Sie lief hin und her und tat alles, was Schwester Berlinet ihr auftrug. Sie streichelte auch die Bless und sagte:

„Bald ist alles vorüber, wovor du jetzt Angst hast. Dann hast du dein kleines Kälbchen, kannst es nach Herzenslust ablecken und ihm zu trinken geben. Wir nehmen dir die Milch nicht fort, um sie selbst zu trinken."

Bei zwei Stalllaternen wachten beide. Hedwig ließ sich erzählen, was beim Kalben zu beachten war. Sie wollte alles genau wissen. Mochte sie aber noch so sehr gegen die Müdigkeit ankämpfen, schließlich überfiel sie doch der Schlaf.

Mitternacht war längst vorüber, als sie von der Schwester geweckt wurde. Sofort sprang Hedwig auf und half der Schwester und der Kuh.

Endlich lag das nasse Kälbchen auf der Strohschütte und wurde von der Schwester als gesund begutachtet. Hedwig wusch der Kuh das Euter und sagte zum Kälbchen:

„Jetzt kannst du gute Milch trinken. Die schmeckt süß."

Dann streichelte sie die ermattete Bless.

Als die Glocke zum Gebet läutete, zog Hedwig den Arbeitskittel aus, legte ihr Gewand an und eilte zur Kirche.

Aller guter Wille half nichts. Sie nickte ein, sie riss sich wieder auf, aber der Kopf sank doch auf das Stundenbuch.

Das bemerkte nicht nur mit schlechtem Gewissen Magistra Petrissa, das sah die Priorin, das beobachtete die strenge Äbtissin.

Magistra Petrissa wurde zur Äbtissin gerufen und hatte zu berichten! Sie bekam einen strengen Verweis mit der Begründung:

„Hedwig von Andechs ist eines bedeutenden Herzogs Enkelin. In welchem Ruf kommen das Kloster und die Klosterschule von Kitzingen, wenn bekannt wird, dass die im nächsten Jahr heiratsfähige Schülerin im Stall beim Kalben helfen musste. Sie wird sofort in die feineren Arbeiten wie Sticken heiliger Gewänder, Einfassen von Reliquien und Buchmalen eingeführt. Auch soll sie die höfischen Sitten erlernen."

Magistra Petrissa wollte noch sagen, dass Hedwig freiwillig gebeten hatte, der Stallschwester helfen zu dürfen, und um Erlaubnis gefragt hatte. Aber es schien ihr geraten zu schweigen.

‚Abbas sicut Christus.'

Auch die Äbtissin war jetzt Christusdarstellerin, der sie unbedingten Gehorsam und auch Annahme eines Tadels gelobt hatte.

Wenig später erhielt Hedwig von der Magistra die Weisung, sich von den Stallungen fernzuhalten und sich der höfischen Erziehung bei der Magistra Placida zu befleißigen. Hedwig witterte einen Angriff von der Familie her. Sie hatte sich ihre Gedanken gemacht, wie sie noch mehr helfen konnte. In der letzten Zeit war Unruhe in sie gekommen. Aber davon hatte sie nicht – wie früher – der Magistra Petrissa etwas gesagt. Ihr Inneres lag jetzt nicht mehr blank wie ein Spiegel vor der zwar immer noch geliebten Meisterin.

Hedwig meinte, durch die höfische Erziehung vom Weg *ihres Herzens* abzukommen. Darum wollte sie ihren Namen Hedwig = Kämpferin durchsetzen und das über sie *Bestimmte* abwehren. Sie sagte es vorsichtig:

„Ich möchte aber lieber der Schwester im Stall helfen!"

Magistra Petrissa schaute sie nicht erstaunt an. Sie wusste aus Erfahrung mit manchen Mädchen dieses Alters, wie sehr sie unter dem Widerstreit zwischen ihrer erwachenden Selbständigkeit und dem kindlich-frohen Gehorsam litten, ja oft selbst nicht wussten, was sie wollten.

Sie blickte Hedwig fest in die Augen und sagte scharf betont:

„Hedwig von Andechs möchte lieber das tun, was sie möchte, und nicht das, was der heilige Gehorsam befiehlt?“

Hedwig blieb hochaufgerichtet vor ihr stehen, sagte aber nichts. Petrissa nahm das Buch ihrer täglichen Lesung als Benediktinerin in die Hand. Hedwig kannte es. Es war die Regel des heiligen Ordensvaters Benedikt. Hedwig wollte doch einmal Benediktinerin hier in Kitzingen werden. Darum las Petrissa ihr vor:

„Der nächste Grad der Demut ist unverzüglicher Gehorsam.

Von solchem sagt der Herr: ‚Er gehorcht mir aufs Wort.‘

Diese geben daher sogleich ihre eigene Beschäftigung auf, verlassen den eigenen Willen, legen sofort die Arbeit unvollendet aus der Hand und folgen schnellbereiten Fußes willig dem Wort des Oberen mit der Tat.“

Hedwig sagte nichts. Sie meinte dennoch, ihr Weg wäre der richtige.

„Höre weiter, Hedwig! Denn gehorcht er oder sie missmutig und murrt, wenn nicht gerade mit dem Munde, so doch im Herzen, dann wird er oder sie doch keinen Gefallen finden bei Gott, der das murrende Herz sieht.“

Hedwig senkte den Kopf. Sie wollte die Magistra nicht in ihre Augen blicken lassen.

„Obviam age! – Handle dagegen! Beuge dich, Hedwig von Andechs! Gehe in die Stille und mache dich klein vor Ihm!“

Hedwig wandte sich mit gesenktem Kopf ab. Sie zwang sich, dreimal den rauhen Steinboden im Winkel des Ganges zu küssen. Dabei spürte sie, dass sie nicht mit einem Mal damit fertig würde, wenn auch jetzt der Friede des Gehorsams in sie drang.

Petrissa erwähnte das Vorgefallene nicht wieder, rief aber Hedwig während der Ferien zu sich:

„Hedwig, mir fehlen noch einige Angaben über deine Familie.“ Hedwig staunte, dass die Magistra aus einer Menge gleicher Bogen einen herauszog, der voll beschrieben war und die Überschrift trug: *Hedwig von Andechs.*

„Wie heißen deine Geschwister?"

Petrissa trug die Genannten ein.

„Wann wurde dein Großvater Herzog von Meranien?"

„Anno 1180."

„Danke, Hedwig. Das genügt mir."

Hedwig wollte mit einer Verneigung gehen.

„Du wolltest doch mal in der Chronik unseres Klosters blättern. Möchtest du das jetzt tun?"

„Wenn ich darf, gern."

Petrissa reichte ihr die mit besonderer Schrift geschmückte, kostbar eingebundene Chronik.

„Du brauchst nicht alles zu lesen, sondern blättere nur darin."

Hedwig las:

‚Der heilige Bonifatius erhielt 730 einen verstärkten Zustrom angelsächsischer Helfer. Sie wollten ihm nacheifern oder waren von ihm gerufen worden. Nach altem Vorbild verließen sie die Heimat und wurden zu einer neuen Welle der alten peregrinatio.' Hedwig verstand das letzte Wort nicht richtig und wies mit dem Finger darauf.

„Das ist die Pilgerschaft in die unbekannte Fremde für immer um des Reiches Gottes willen."

„Danke!"

‚Es kamen gelehrte Männer und Frauen, die in den „artes" gebildet waren.

Die alte maßgebliche Stellung der Angelsachsen in der lateinischen Christenheit zog jetzt auch die neugewonnenen Germanenvölker in ihren Bann.. Ihre Niederlassungen in Hessen und Thüringen wurden zugleich Stätten, in denen nicht nur das Evangelium verkündet, sondern auch die Gelehrsamkeit der Heimat gepflegt wurde.' Petrissa arbeitete an ihrem mit Büchern und Schriften beladenen Eichentisch und schaute ab und zu verstohlen nach Hedwig, die mit Eifer las:

‚Die strenge, aber tüchtige Äbtissin Tetta des Doppelklosters Wimborne, unfern der Mündung des Stour-Flusses, nordwestlich der Insel Wight, hatte Wiethberth geschickt. Bonifatius war ihm eine Stunde weit zur Begrüßung entgegengezogen. Schon bald stand der neue Gefährte inmitten der Arbeit, die mit Gefahr und Mühsal, mit Hunger, Durst und Kälte und auch Überfällen verbunden war.

Tetta sandte auch die hervorragende 22-jährige Nonne Lioba. Bonifatius berief diese Verwandte zunächst nach Tauberbischofsheim. Ihr schrieb er ein Brieflein, das ausdrücklich die Unterweisung der Mädchen hervorhob.'

Hedwig las von Lioba, die es verstand, in einer ebenso sicheren wie gütigen Autorität heitere Gelassenheit mit maßvoller, aber nicht leichter Aszese zu verbinden.

‚Liobas Tauberbischofsheim wurde ein Ausstrahlungsmittelpunkt für andere Frauenklöster. Lioba war fünfzig Jahre lang Vorbild vieler Klosterfrauen, eine ganze Gruppe von Frauenklöstern und Schulen hat sie als Oberäbtissin geleitet.'

Beim Weiterblättern stieß Hedwig auf den Namen ‚Kitzingen'. ‚Die heilige Thekla hat hier in Kitzingen vierzig Jahre segensreich gewirkt. An ihrem Festtag, am 15. Oktober, erbittet unser Kloster Jahr für Jahr, in Theklas Geist weiterbauen zu können.'

„Merke dir diesen 15. Oktober, den Festtag der heiligen Thekla, gut, Hedwig!"

„Ich werde jedes Jahr an diesem Tag um ihre Fürbitte für das Kloster bitten, Magistra Petrissa. Ich danke Euch!"

Beide erhoben sich, weil die Glocke mahnte, sofort abzubrechen.

Magistra Petrissa sprach mit Propst Anselm über die Aussichten, die Erziehung der Mädchen um wenigstens zwei Jahre zu verlängern. Das beschäftigte sie schon lange, obwohl sie die bestehenden Gesetze kannte.

„Das dürfte nur möglich sein, wenn die derzeit gültigen Gesetze der Rechtsfähigkeit geändert würden, die zugleich die Heiratsfähigkeit bedeuten."

„Ich weiß, dass sie sich ja nach den Landesgesetzen und der dort normalen Reife der Jugend wandelt. Im Alten Testament galt als heiratsfähiges Alter das 12. Jahr für Mädchen, das 13. für Jünglinge. Das mag für den Orient passen, aber doch nicht für uns!"

„Ihr wisst doch: hierzulande sind in Adelsfamilien Verlöbnisse in den ersten Lebensjahren und Heiraten mit 12 Jahren für die Mädchen und mit 14 Jahren für die Jünglinge üblich. Manchmal verschiebt sich bei den Jünglingen das Alter um ein Jahr. Die Schwertleite und damit die Rechtsfähigkeit und bei Herrschern die Regierungsfähigkeit erhalten die Söhne des Adels mit 14 oder 15 Jahren. Das Recht besagt bei uns: Jeder, ob Bauer, Fürst oder König, wird mit 14 Jahren mündig und handlungsfähig."

„Wird sich das ändern?"

„Vielleicht, wenn sich das Leben der Menschen ändert."

„Wie meint Ihr das?"

„Normalerweise werden bei uns die verheirateten Frauen nicht älter als etwa 45 Jahre. Ein Mann von 60 Jahren gilt bei uns als sehr alt."

„Ist nicht die zeitige Heirat der Mädchen der Grund, dass durch die allzufrühen und häufig aufeinanderfolgenden Mutterschaften ihre Lebenskräfte früh versagen?"

„Das ist durchaus möglich, aber ich kann es nicht beurteilen."

Auch beschäftigte Magistra Petrissa, ob nicht für die Gültigkeit einer Ehe unbedingt die körperliche Reife auf beiden Seiten erforderlich wäre.

Der Propst kannte diese Fragen und sprach in seiner ihr nicht beliebten Art:

„Zur gültigen Eingehung der Ehe ist nur die zum Consens, zur Zustimmung, hinreichende geistige Entwicklung, nicht aber auch die körperliche Reife zur Copula erforderlich. Die Alterszeiten sind für unsere Verhältnisse so gewählt, weil mit ihnen meistens die genannte Reife eingetreten ist."

Jetzt schaute der Propst Magistra Petrissa an, seine Stimme wurde wärmer:

„Ich verstehe Euer Anliegen, Magistra. Aber vorerst müssen wir mit dem derzeit Möglichen zufrieden sein. Freilich bietet unsere Erziehung keine volle Ausbildung, aber ein gutes Fundament, auf dem jede einzelne Eurer Schülerinnen mit eigenen Kräften weiterbauen muss."

Petrissa dankte und wollte gehen.

„Noch eins, Magistra. Ich weiß nicht, ob unser erhabener Kaiser eine solche Ausbildung erhalten hat wie die Mädchen hier in Kitzingen. Aber wieviel er auf der schmalen Basis mit seinen Kräften gebaut hat, das wissen wir. So müssen auch wir den verborgenen Kräften der Natur und der Gnade, die miteinander wirken, vertrauen."

Im folgenden Jahren kam Bischof Otto wiederum zu Besuch. Die hochgewachsene Hedwig verneigte sich nicht nur vor ihm, sondern begrüßte ihn mit einer formvollendeten Gebärde, dass der Großonkel lächelnd sagte:

„Welche Freude, Hedwig, dass du schon in höfischen Sitten erfahren bist! Ich habe mir soeben von der ehrwürdigen Frau Äbtissin zeigen lassen, welch schöne Albe du gestickt hast. Sie war voll des Lobes von dir."

Senkte Hedwig das Haupt aus Bescheidenheit? Nein! Sie empfand Unbehagen bei diesen Worten. Was sollten sie?

„Dieses Mal bringe ich dir kein Buch, sondern ein viel kostbareres Geschenk von deinen lieben Eltern und deinem geliebten Großvater."

Der Bischof schaute zu Boden. Dann setzte er sich. Gewohnt, dass Befehlsempfänger vor ihm standen, ließ er auch Hedwig stehen.

„Unser nunmehr sehr angesehenes Haus Andechs ist mit den Piastenfürsten seit geraumer Zeit verwandtschaftlich verbunden."

Hedwig stand wie eine Marmorfigur. Sie zwang sich dazu.

Der Bischof erhob den Zeigefinger:

„Diese Verbundenheit sollst du fortsetzen!"

Dann legte er die Beziehungen der Familien zueinander dar. Hedwig drohte umzufallen, aber sie biss sich auf die Lippen, als der Bischof mit großer Nüchternheit das befehlende Wort sagte:

„Deshalb hat die Familie dich auserkoren, Heinrich von Schlesien zu heiraten, den Sohn Boleslaws I. und der Adelheid von Sulzbach." Hedwig wurde bleich. Bischof Otto schaute jetzt seine Großnichte an:

„Ja, diesen Heinrich von Schlesien sollst du heiraten!"

Hedwig starrte ihn an, dann taumelte sie, konnte sich aber noch soeben fangen. An sich begründete der Bischof seine Befehle nicht, aber hier machte er eine Ausnahme:

„Du bist eine Andechs. Du bist ein Glied in der ruhmreichen Geschichte unseres Hauses. Das Haus Andechs hat dich zu dieser ehrenvollen Heirat *bestimmt.*"

Hedwig stammelte:

„Verzeiht, mir ist schlecht!"

Sie wankte zur Tür hinaus. Der Bischof war erstaunt. Er wollte ihr doch eine Freude machen. Der sonst so kluge Bischof begriff nicht. Der Familienrat hatte doch nach langen Verhandlungen so beschlossen! Die Heirat mit Heinrich von Schlesien war eine vorteilhafte Verbindung für Hedwig – und für das Haus Andechs.

Der Bischof wartete noch eine geraume Zeit, aber Hedwig kam nicht zurück.

Im blutleeren Kopf hämmerte es:

„Diesen Heinrich von Schlesien sollst du heiraten!"

Sie drückte die Rechte auf das pochende Herz. Im Kreuzgang musste sie sich auf die Brüstung unter dem Bogen setzen. Noch sangen die Schwestern im Chor. Hedwig musste warten. Schwester Berlinet kam vorbei und sah sie.

„Ist dir nicht gut, Hedwig?"

„Es wird schon vorübergehen."

Schwester Berlinet nickte ihr zu, sie kannte das bei den jungen Mädchen.

Endlich erklang das ‚Ave' zum Lobe Mariens als Schlussgesang:

„Sancta Maria, ora pro nobis! – Heilige Maria, bitte für uns!"

Kreidebleich stand Hedwig vor der Magistra und konnte nicht reden. Als sie allein waren, umarmte Petrissa Hedwig, was ganz selten, nur bei großen Nöten der erwachsenen Schülerinnen, geschah. Hedwig weinte bitterlich. Sie wollte reden, aber sie konnte es nicht. Petrissa strich ihr über den Schleier und sagte ruhig:

„Du brauchst mir nichts zu sagen, Hedwig. Ich weiß alles."

„Ich soll, ich soll ..."

„Ja, ich weiß. Du sollst den Herzogssohn Heinrich von Schlesien heiraten."

„Ich wäre doch so gern ..."

„Ich weiß, Hedwig. Du würdest lieber hierbleiben bei uns. Du bist nicht die Erste, die das wollte und nicht durfte. Fast jedes Jahr erlebe ich diesen Kummer."

„Was soll ich tun?"

„Zunächst einmal: nicht mehr weinen! Dann werden wir alles in Ruhe besprechen. Komm mit in meine Arbeitszelle."

Petrissa holte eine scharf riechende Essenz und strich Hedwig damit über Stirne und Wangen.

„Für diese Stunde, die kommen musste, habe ich seit langem und noch eben in der Kirche gebetet."

Als Hedwig etwas ruhiger geworden war, bat sie:

„Nun erzähle mir bitte, was der Bischof gesagt hat."

Hedwig berichtete stockend von der Familienverbundenheit des Hauses Andechs mit den Piastenfürsten und vom entscheidenden Wort des Familienrates: „Diesen Heinrich von Schlesien sollst du heiraten!"

Petrissa sagte:

„Darin fehlt ein wichtiges Wort: ..."

Sie machte absichtlich eine Pause.

Hedwig schaute erstaunt auf.

„Freiwillig, Hedwig von Andechs!"

Nach Überlegungen der Äbtissin und der Priorin ging Petrissa zum Bischof und erklärte ihm offen den Zustand Hedwigs.

„Diese Darlegungen aus den Familienverbindungen verkraftet kein Mädchen, wenn es zur Heirat bestimmt wird."

Der Bischof hörte die Worte, aber jetzt verkraftete er sie nicht.

„Hat sie denn keinen Gehorsam gelernt?"

„O doch, sogar sehr, aber unser Gehorsam ruht ganz auf der *Freiwilligkeit.* Eine Frage: Hat die Großnichte widersprochen?"

„Nein! Nein! Sie sagte nur: Mir ist schlecht!"

Magistra Petrissa wagte zu sagen:

„Kein Wunder bei solch einem gewaltigen Blitz aus heiterem Himmel."

Der hochwürdigste Herr Bischof geruhte wiederum nicht zu begreifen.

„Diese Heirat bedeutet doch ein großes Glück für sie."

„Kann sie bedeuten, aber zunächst noch nicht. Jahr für Jahr erleben wir hier im Kloster dasselbe. Über die Mädchen wird verfügt wie über die Figuren beim Schachspiel. Zu einer Ehe gehört doch der Consensus, die Zustimmung. Die Schülerin Hedwig von Andechs wird zwölf Jahre alt und damit rechtfähig, Herr Bischof."

„Deswegen soll sie ja heiraten!"

„Damit stimme ich überein, aber *freiwillig*! – Man paart doch nicht die Menschen wie die Tiere!"

Der Bischof sprang erregt auf und schlug mit der Faust auf den Tisch. Magistra Petrissa ließ ihn sich austoben. Auf den Faustschlag gehörte ein kräftiges Wort:

„Herr Bischof, eine Hedwig von Andechs lässt sich von niemandem beherrschen, nur von *einem*!"

„Und der wäre?"

„Von unserm *Herrn Jesus Christus*, Herr Bischof."

Bischof Otto griff erregt nach seinem kostbaren goldenen Brustkreuz.

„Verzeihung, wenn ich zu offen gesprochen habe, aber ich möchte für Hedwig um acht Tage Zeit bitten. Vielleicht hat der Herr Bischof in Würzburg etwas zu tun. Ich hoffe, dass Hedwig von Andechs in dieser Zeit in dem Wunsch der Familie den verborgenen Willen des Herrn erkennt und dann ganz und mit voller Hingabe ihr Ja *freiwillig* sagen wird."

Der Bischof knurrte noch etwas vor sich hin. Vielleicht hatte er etwas laut gedacht, dass der Bischof von Bamberg bisher noch nicht wegen eines zwölfjährigen Mädchens acht Tage verreist war.

Er verreiste, wenn auch mit Ingrimm!

Leicht war es für Magistra Petrissa nicht, in diesen wenigen Tagen, in denen sie mit Erlaubnis der Äbtissin ganz für Hedwig dasein durfte, dem zwölfjährigen Mädchen das Geheimnis des heiligen Sakramentes der Ehe zu erschließen.

Sie sprach von den Stufen der Liebe, der anfänglich notwendigen begehrenden des Kleinkindes, die dann in der Ehe zur schenkenden Liebe und schließlich in der Liebe zu den Kindern zur dienenden Liebe wird, die von den Kindern nichts erwartet, aber sich ganz für sie hingibt.

„In dieser selbstlosen Liebe wird der Mensch Gott ähnlich; denn Gott hat uns nicht geliebt, weil er etwas von uns will – er hat ja alles –, sondern weil seine vollkommene Liebe sich bis zum letzten Blutstropfen für uns hingab."

Hedwig schaute zum Kreuz auf.

„Manche kommen zur Ehe, weil sie sich vorher geliebt haben. Andere werden jung verlobt und wachsen wie Bruder und Schwester auf der gleichen Burg auf. Wieder andere werden vermählt im Vertrauen, dass sich mit der gut gegründeten Ehe die Liebe entfaltet und sich die Ehegatten durch die gemeinsamen Kinder immer mehr ineinander verwurzeln."

Magistra Petrissa verstand es, viel Schönes vom Sakrament der Ehe zu sagen.

Hedwig saß als Erwachsene und dennoch als großes Kind vor ihr und lauschte. Einmal brach der Trotz hervor:

„Ich weiß ja, dass ich muss!"

„Darf ich es anders sagen, Hedwig?"

Hedwig blickte hoch.

„Du musst zu *einem* Ja sagen, zu Christus, dem Herrn."

„Ich wollte doch Christus im Kloster dienen."

„Es gibt auch einen gleichen Dienst in der Welt, Hedwig."

„Woher wisst Ihr das?"

„Weil ich aus der Geschichte das Wirken Gottes mit uns zu verstehen suche, wie es uns der heilige Augustinus im ‚Gottesstaat' gelehrt hat. Wie du Christus angehörst, so hat dich Gott in eure Familie gestellt. Ich hoffe, dass du im Gebet erkennst, dass der Herr in den verschlungenen Fäden der Andechser Familienverbindungen seinen immer geheimnisvoll verborgenen Willen offenbart und du dich *ihm* ganz hingibst im heiligen Sakrament der Ehe. Denn hinter Heinrich von Schlesien steht Christus, der Herr, im Sakrament."

Dann lasen sie gemeinsam nach, was Paulus im Epheserbrief über das Geheimnis der Ehe geschrieben hat.

Noch einmal sprach Hedwig davon, dass sie gern im Kloster geblieben wäre.

„Das weiß ich, Hedwig. Und wir hätten dich alle gern bei uns behalten. Aber für dich wird nach deiner Hochzeit deine Schwester Mechthild zu uns kommen."

„Ist sie auch schon wieder eine *Bestimmte*?"

„Sei nicht bitter, Hedwig! Ich bin keine Prophetin, aber ich glaube, dass der Herrgott in seiner unbegreiflichen Vorsehung es gut mit dir meint, auch mit dem Lande Schlesien und Polen, wenn du dorthin kommst. Ich meine sogar, dass du dort viel mehr wirken kannst mit deiner hingebenden und dienenden Liebe, als du es hier in Kitzingen vermöchtest. *Providentiae memor*! – Sei der Vorsehung eingedenk!"

In den nächsten Tagen sprachen sie noch vom ehelichen Leben, und Petrissa gab Hinweise und Ratschläge.

Am letzten Tag kam Hedwig bleich, aber mit leuchtendem Gesicht zur Magistra und bekannte:

„Ich habe dem Herrn bei der heiligen Wandlung mein Jawort gegeben. *In Heinrich will ich ihn erkennen*!"

Petrissa hing ihr ein in Gold gefasstes Bild der Madonna um den Hals und küsste sie. Zuletzt sagte sie:

„Wenn du mich einmal dringend brauchst, so lass es mich auf dem schnellsten Wege wissen. Dann bestürme ich den Herrgott so lange, bis die Frau Äbtissin erlaubt, dass ich zu dir kommen kann."

Hedwig entledigte sich ihrer so geliebten Schülerinnentracht und ließ sich von der Magistra mit den fürstlichen Gewändern bekleiden, die der Bischof mitgebracht hatte und in denen sie morgen in der Bischofsmesse aus seiner Hand den Leib des Herrn empfangen wollte.

Brautfahrt

„Hochwürdigster Herr Bischof, Oheim Otto, lasst mich bitte allein in einem Wagen fahren."

„Warum?"

„Ich bitte darum!"

Der Oheim, Bischof Otto, hatte seit dem Brand des Bamberger Domes 1185 andere Sorgen, als sich mit den Merkwürdigkeiten seiner Großnichte Hedwig abzugeben. Aber ihren Augen widerstand er ebensowenig wie sein Bruder, Herzog Berthold V.

„Bis Bamberg; dann kommt das Geleit der Piasten zur Brautfahrt", gewährte der gnädigste Herr höchst ungnädig.

Hedwig wollte keine schwatzenden Edelfräulein um sich haben. Die konnten hinter ihrem Wagen fahren, um notfalls zur Stelle zu sein.

Hedwig beweinte nicht wie andere Jungfrauen vor ihrer von den Eltern bestimmten Vermählung das Ende ihrer Jungfrauenschaft. Sie hatte nichts zu beweinen, nachdem sie sich in schweren Nächten zum Ja durchgerungen hatte.

Aber sie wollte mit sich allein sein. Nach dem Blitz aus heiterem Himmel musste in ihrem Innern die Stille eintreten, die nur er bringen konnte, von dem es hieß:

„Er gebot den Winden und den Wellen, und es ward eine große Stille."

Ihm hatte sie sich freiwillig im Ja bei der heiligen Wandlung unterworfen und hingegeben. Nach dem Abschiedssegen der Äbtissin hatte sie sich nicht mehr nach dem Kloster umgedreht. Zum Ja gehörte der Blick nach vorwärts. Er wollte sie nicht als seine Braut im Kloster Kitzingen, sondern im heiligen Sakrament der Ehe. Sie fragte nicht, wie ihr zukünftiger Gemahl, der Herzogssohn Heinrich, aussehen würde. Das würde Berchta, Agnes und Gertrud beschäftigen. Hedwig von Andechs nicht mehr!

Sie blätterte im Stundenbuch, das sie lieben gelernt hatte, und betete daraus die Tageszeiten. Auch küsste sie dreimal am Tage das Marienbild, das sie um den Hals trug.

„Unter deinem Schutz reise ich in das Land, das Er mir zeigen wird."

Sie konnte sich ausstrecken im Wagen und mit frommen Gedanken ruhen, ja schlafen.

Hatte sie sich auch nicht umgeschaut nach dem Kloster, so reiste doch Kitzingen mit ihr. Sie wusste, dass die Schwestern sie mit ihrem Gebet begleiteten und dass Magistra Petrissa sie nicht vergaß.

Hedwig erwachte, als zwei Edelfräulein zunächst Wasser für die Hände und das Gesicht und später Speise und Trank brachten. Dann stieg sie aus dem Wagen, wehrte die Edelfräulein, die sich zu ihr gesellen wollten, mit kleiner Geste ab und sog die Waldesluft auf der Höhe ein.

Das tat gut: einatmen, ausatmen! – Einatmen, ausatmen!

Reine Luft, reiner Odem, reiner Geist!

Dazu gemäßigtes Auf- und Abschreiten, wie es sich gehörte. Vor einem Jahr war sie noch auf die Bäume geklettert, war sie herumgelaufen und -gesprungen. Das war nun vorbei. Er wollte es so. Der Bräutigam.

„Hedwig, meine Braut!"

So sprach in der Ferne, in der Bamberger Residenz, der Herzogssohn Heinrich in erwartungsvoller Freude und fragte:

„Wie mag sie sein? Groß? Schlank? Liebliches Angesicht?"

Er konnte es nicht mehr abwarten.

Sie vermochte es um so besser.

Als Hedwig in der Bamberger Residenz dem Herzogssohn Heinrich und seinem Gefolge duch den Oheim-Bischof vorgestellt wurde, sagte sie erstaunt lächelnd:

„Wie gut der Herr Herzog deutsch spricht!"

„Meine Mutter ist eine Deutsche."

„Ja, richtig! Ich hörte davon: Adelheid von Sulzbach. Ist sie gesund, und kommt sie auch nach Andechs?"

„Leider ist ihr zur Zeit die weite Reise nicht möglich. – Eine Frage: Ist Euch auf der Reise etwas zugestoßen? Ich war in Sorge und wartete mit Ungeduld."

„Das tut mir aber leid, dass Ihr meinetwegen in Sorge wart. Nein, es ist uns nichts zugestoßen."

„Es kam noch eine dringende Reise nach Würzburg wegen der Instandsetzung des Bamberger Domes dazwischen", bog der Bischof das Gespräch ab.

Herzog Heinrich ließ sich ein zierliches Kästchen reichen, öffnete es und nahm von hellblauer Seide einen Ring mit kostbaren, funkelnden Steinen und steckte ihn Hedwigs linkem Goldfinger an. Sie winkte ihrer Begleitung und empfing einen Ring und tat bei ihm desgleichen. Unerwartet machte sie ein höfische Verneigung, beugte ihr Knie und küsste Heinrichs Rechte. Da küsste er sie auf die Stirn.

Nach der Vorstellung seiner Begleitung stand sie ihm einen Augenblick allein gegenüber. Diesen benutzte sie und fragte halblaut:

„Darf ich bis Andechs ohne Begleitung im Wagen reisen?"

Er schaute in ihre glanzvollen Augen und sprach zu ihr wie zu seinem Vater, wenn der befahl:

„Eure Bitte ist mir Befehl!"

„Nicht doch! So nicht, Herzog Heinrich! Einer Frau geziemt es, um Huld zu bitten; dem Herrn aber die gratia, die Gunst, sie zu gewähren. – Wir werden, so Gott will, noch ein langes Leben beieinander sein. Lasst mir noch einige Tage Zeit, mich darauf vorzubereiten."

„Tak!"

„Was heißt das?"

„Tak heißt ‚ja'. Entschuldigt bitte, dass ich vergass, dass Ihr nicht polnisch sprecht."

„Leider war ich auf unsere heutige Begegnung nicht zeitig genug vorbereitet, aber ich werde mit Eurer Hilfe mich bemühen, die Sprache zu erlernen. – Das wichtigste Wort habe ich soeben zuerst kennen gelernt. Vergelt´s Euch Gott, Herzog Heinrich, für die gewährte Huld."

Sie verneigte sich und schritt mit ihrer Dienerschaft hinaus.

Es war eine anstrengende Reise; denn Herzog Heinrich drängte darauf, die verlorene Zeit einzuholen. Hedwig ließ ihn gewähren, obwohl sie durch die hastige Fahrt im Wagen sehr hin und her geschüttelt wurde. Welch ein Unterschied zur Gelassenheit in Kitzingen! Sie musste ihre gewohnten Gebete aus dem Stundenbuch auf die kurzen Unterbrechungen beim Halten beschränken. Dann kamen aber meistens so viele an ihren Wagen und wollten dieses und jenes wissen, dass sie mitten im Psalm aufhören musste.

Als sich der Bräutigam nach ihrem Befinden erkundigte, fragte sie, obwohl sie sich zerschlagen fühlte, gelassen:

„Wann gedenkt der Herr Herzog in Andechs zu sein?"

„In zwei Tagen ... Oder sollen wir eine Pause einlegen?"

Sie las aus seinen Augen, welche Antwort er wünschte.

„Nein! Ich freue mich ja so sehr, Burg Andechs wiederzusehen."

‚Principi obsta! – Im Anfang widerstehe, wenn die Unlust aufkommt!' hatte Magistra Petrissa Hedwig gemahnt.

Diesen Widerwillen gegen seine Hast hatte sie jetzt überwunden. Ein kleines Opfer für *Ihn*!

Hörnerklang! Immer wieder Hörnerklang!

In einer Sänfte zwischen zwei Pferden wurde die Braut durch das Kiental hinaufgeleitet. Hedwig zwang sich, ihre Zerschlagenheit zu verbergen. Sie musste auf der Hut sein, um bei der Begrüßung keinen Formfehler zu begehen. Nun lohnte sich der ihr oft so unliebsam gewesene Unterricht im höfischen Benehmen bei Magistra Placida im letzten Jahr.

An einer Wegbiegung schaute sie auf den still daliegenden Ammersee hinab. Sie wusste, wie wild er plötzlich sein konnte. Vögel sangen. Ein Reh mit zwei Kitzen sprang aus dem Wald über den Weg. Vom Bergfried grüßte das Andechser Wappen. Die Burg, senkrecht auf der Felsenkuppe gebaut, lag vor ihren erwartungsvollen Augen. Auf dem steilen Weg vor der Zugbrücke standen rechts Heinrichs, links die Andechser Mannen und hoben ihre Speere.

Hedwig verneigte leicht lächelnd das Haupt zum Dank nach

rechts und links. Sie sah alles. Nichts entging ihr. Nicht einmal das Hundegekläff. Das war nicht Heidjers Gebell. Der Spielgefährte ihrer Kindheit war es nicht, er mochte wohl tot sein.

Herzog Heinrich hob sie aus der Sänfte. Es war das erste Mal, dass er sie umfasste. Sie vergass nicht, ihm mit einem Lächeln zu danken. Die Eltern und Geschwister begrüßten sie.

Sie vermisste den Großvater, aber sie fragte nicht. Sie ließ alles an sich herankommen. Sie hatte nichts zu bestimmen. Sie war die *Bestimmte* auch jetzt und in den kommenden Tagen. – Vielleicht in allen Lebensjahren?

Hedwig wurde zur Treppe geleitet. Ja, dort war der Eckstein, auf dem sie den Atta-Atta sehnsüchtig erwartet hatte. Mit jedem Schritt, den sie hinaufstieg, kam er ihr, merklich gealtert, entgegen.

Sie allein. Er allein.

Sie machte eine tiefe Verneigung und spürte dabei den körnigen Steinboden. Sie küsste seine Rechte.

Er wollte sie hochheben, vermochte es aber nicht. Groß und erhaben schön stand sie in ihrem goldgelben Atlasgewand, den leichten lichtblauen Mantel zurückgeschlagen, vor ihm. Eine Kette trug sie nicht, aber an einer geflochtenen Goldschnur das Marienbild.

Herzog Berthold V. sah alles, konnte aber vor Ergriffenheit nicht sprechen. Er legte nur seine Rechte auf ihre Schulter. –

Vom Kloster Dießen läuteten am Hochzeitstag zur festgesetzten Stunde die Glocken, in die das Glöckchen der dem Patron des Hauses Andechs geweihten Sankt-Nikolaus-Kapelle und die Hörner der Burgwache einstimmten.

Heute mussten die Pilger aus den 17 umliegenden Gemeinden, die seit 1180 Jahr für Jahr (bis heute) zu dieser bedeutenden Wallfahrtsstätte kamen, vor dem Tor warten.

Dem Bräutigam wurde der Schild mit dem polnischen Adler vorangetragen. Sein Haupt schmückte weithin sichtbar die Kopfbedeckung der Piastenherzöge. Das karmesinrote Gewand reichte bis über die Knie. Den über Schulter und Rücken wallenden schwarzen Mantel hielten auf der Brust breite Silberbänder und eine große goldene Kreuzschließe. Seine Beine waren, wie die seiner Mannen, bis auf die spitz zulaufenden Schuhe mit Bändern umwunden. Das kostbar mit Gold und Edelsteinen verzierte Schwert trug er in der Linken.

Hedwigs Vater, der nun regierende Herzog Berthold VI. von Meranien, wirkte majestätisch mit dem viereckigen Herzogshut und dem bis auf die Schultern herabwallenden Haar. Ein dunkelgrüner, mit kostbaren Stickereien verzierter Mantel ließ das silberne Gewand noch leuchtender erscheinen. Ihm wurde das Andechser Wappen vorangetragen, als er seine Tochter im blütenweißen Atlaskleid mit dem goldseidenen Mantel zum Portal der Burgkapelle führte. Ihr Haar fiel weich über die Schultern herab und trug als einzigen Schmuck den Myrtenkranz.

Der alte Herzog stand oben auf der Treppe und schaute, wie sein Bruder in der weißen Messkasel und mit dem goldenen Bischofshut aus der Kapelle trat, um nach dem Gesang der Dießener Augustinerchorherren vor dem Portal die ‚Kopulation' zum Zeichen der Trauung in aller Öffentlichkeit entgegenzunehmen.

Die Brautleute standen sich einige Schritte voneinander gegenüber, hinter ihnen die Trauzeugen. Die große Verwandtschaft bildete einen Halbkreis um die Gruppe. Dahinter die Burgleute und die Mannen.

Als Bischof Otto feierlich den Bräutigam fragte, ob er die hier gegenwärtige Braut Hedwig von Andechs zu seiner rechtmäßigen Gemahlin nehmen wollte, antwortete er laut und vernehmlich:

„Ja! – Tak!"

Nun kam für Hedwig der entscheidende Augenblick, in dem sie das nach schwerem Ringen erkämpfte Jawort auf die Frage des Bischofs in aller Öffentlichkeit, unwiderrufen bis zum Tode, aussprechen sollte.

Es gab eine kleine Überraschung, als sie klar und deutlich, den Bräutigam anschauend, sagte:

„Tak!"

Erst als der Bischof sie mahnend anblickte, fügte sie hinzu:

„Von ganzem Herzen: Ja!"

Der Bischof umschlang als Zeichen der Unauflöslichkeit die ineinanderliegenden Hände mit der Stola und segnete die Ringe, die das Brautpaar sich gegenseitig ansteckte:

„Trage diesen Ring als Zeichen deiner Treue!"

Der Bischof schritt zum Altar. Ihm folgte das Brautpaar, dem sich die Verwandtschaft und die anderen Festtagsgäste anschlossen. Die Augustinerchorherren sangen den Vers:

„Der Gott Israels verbinde euch. Er sei mit euch!"

In der Epistel lauschte Hedwig den Worten des heiligen Paulus, die ihr Magistra Petrissa erschlossen hatte. Die Ehe war ihm ein Abbild der Gemeinschaft zwischen Christus und der Kirche. Als solches war sie ein Martyrium, ein geheimnisvoll heiliger Bund.

Aus dem Evangelium vom Wort des Herrn entnahm Hedwig das für sie so entscheidende Wort:

„Deshalb wird der Mensch Vater und Mutter verlassen ..."

Sie hatte die Eltern schon als Kind verlassen müssen. Nun aber sollte es für immer sein. Das war das große Opfer, das sie bringen musste und wollte, um ganz das Wort des Herrn zu erfüllen:

„Fortan sind sie nicht mehr zwei, sondern ein Fleisch!"

Der Bischof zog in kurzen Worten die Folgerungen aus der hohen Auffassung der Kirche von der Ehe:

„Damit ist auch die Haltung festgelegt, welche die Ehegatten zueinander in einer solchen Gemeinschaft einnehmen sollen."

Er wandte sich an die Braut:

„Wie die Kirche aufgeht in der Liebe zu ihrem Haupt, so soll die Frau ganz in ihrem Mann leben."

Hedwig fragte sich, ob das noch der gleiche Bischof war, der ihr vor kurzem den Beschluss des Familienseniorenrats überbracht hatte. Sie lauschte nun, was er ihrem Mann sagte:

„Wie der Herr seiner Kirche auf ihrem Weg durch dieses Leben mit ewiger Gnade hilft, so soll auch der Mann seine Frau stützen und ihr ein starker, rücksichtsvoller Helfer sein."

Die Brautleute brachten ihre Opfergaben dar.

Als der Bischof nach der heiligen Wandlung die Segensgebete sprach, wurde über das Brautpaar das uralte Zeichen des Schleiers in Form eines von zwei Priestern an zwei Stangen ausgespannten Baldachins gehalten. Einst ein purpurfarbener Schleier, nur für die Braut bestimmt, ‚velamen flammeum' genannt, wurde durch dieses über das Brautpaar gemeinsam gehaltene kostbare Velum die ursprüngliche Bedeutung der aus dem ersten Korintherbrief abgeleiteten antiken Unterwürfigkeit der Frau unter den Mann in den Hintergrund gedrängt.

Der Bräutigam erhielt vom Bischof die Friedensumarmung, die er seiner Braut weitergab. Beide empfingen den Leib des Herrn. Die Augustinerchorherren sangen den alten Segenswunsch der Kirche:

„Schauen möget ihr die Kinder eurer Kinder!"

Der Bräutigam führte seine Braut selbst in den Festsaal hinauf, wo ihnen vom alten Herzog die Hände aufgelegt und sie von allen beglückwünscht wurden.

Auf der Burg duftete es nach den an den Spießen gebratenen Ochsen, die langsam über dem Feuer gedreht wurden. Herzog Berthold VI. hatte Fässer mit rotem und weißem Wein aus Südtirol und Dalmatien kommen lassen. Sie hießen der rote und der weiße Brunnen, die unaufhörlich flossen. Auch schäumender Met aus dem Dießener Kloster erfreute die bayrischen Mannen, die unheimliche Mengen vertragen konnten.

Im bekränzten Festsaal war der Lärm der ausgelassenen fröhlichen Männer zu hören. Auf ein Hörnerzeichen trat Ruhe ein auf dem Burghof. Beim Festmahl stand Bischof Otto von Bamberg für seinen Bruder, Herzog Berthold V., auf, um zu reden. Er betonte in dieser Stunde wieder einmal die große Bedeutung der verwandtschaftlichen Beziehungen und hob hervor:

„Der deutsche König Konrad III. war der Schwager Wladislaws II., des Herzogs von Krakau und Schlesien. Unser mächtiger Kaiser Friedrich und Herzog Boteslaw I., der regierende Herzog von Schlesien und Vater unseres mit uns nun verwandten Bräutigams, sowie dessen vor kurzem verstorbene Schwester Richza, die Witwe des Königs von Leon und Kastilien, Alfons VII., hatten die gleiche Großmutter. Wir schätzen uns glücklich der Verwandtschaft mit der königlichen und kaiserlichen Familie und dem Anteil an ihrem heiltragenden Blut."

Hedwig dachte an Magistra Petrissas Wort über den Anteil am Blut des Gottessohnes, dem Kaiser und Knecht, Sklave und Freier in gleicher Weise ihr Heil verdanken.

Als der Bischof mit der Aufzählung der verwickelten Familienbeziehungen endlich fertig war, erhob er seinen Pokal und trank auf die erneute Verbindung der Piasten und Andechser.

Zwischen den zahlreichen Gängen des duftenden Festmahles sang ein Spielmann zu seiner Laute aus dem Liederschatz des Minnesängers Friedrich aus dem rheinischen Geschlecht der von Hausen bei Worms. Er hatte sich auf die Schulter das Kreuz heften lassen, aber er vermochte nicht, die weltliche Minne aus seinem Herzen zu verdrängen:

„Doch hat mein Herz ein Weib sich auserwählt vor aller Welt ...
Von solchen Nöten glaubt‘ ich mich errettet,
da ich das Kreuz annahm zur Ehr‘ des Herrn.
Mein Herze enger nur mit mir verkettet:
Doch bleibt beständig es in weiter Fern.“

Hedwig hatte dem Gesang zugehört, aber es missfiel ihr, dass der Kreuzfahrer ein zwiegespaltenes Herz hatte.

Nach dem Hirschbraten mit französischem Burgunder trug ein anderer fahrender Gesell das innige Minnelied vor:

„Kuma, kum, geselle min!
Ich enbite harte din. (Ich warte standhaft.)
Ich enbite harte din.
Kum, kum, kume, kum, geselle min.“

Hedwig drückte die Rechte ihres Bräutigams, und er streichelte ihre Linke.

„Süßer, rosenvarwer munt,
kum und mache mich gesunt!
Kum, kum, kum und mache mich gesunt,
süßer, süßer rosenvarwer munt!“

Als Heinrich, durch den Wein angeregt, unbekümmert mitsang, küsste Hedwig ihn, gleichfalls unbekümmert, vor allen auf den Mund und fragte nicht danach, ob der Bart kitzelte.

Froh schauten viele auf das jungvermählte Paar und sangen mit: „Süßer, süßer, rosenvarwer munt!“

Der Burgkaplan schrieb hurtig den Text des Liedes auf. Ein ihm befreundeter Mönch im Kloster Benediktbeuren sammelte solche vielfältigen Texte fahrender Sänger.

Als endlich die Tafeln beiseite gerückt waren, wurden schöne Bälle herumgereicht, und es begann das Spiel, verbunden mit Musik und Tanz.

Zum Klang der Fiedeln, der Pfeifen, der Flöten und Schalmeien, ‚die heidnische Pfeife' und ‚das welsche Rohr' genannt, der Lauten und Gitarren wurden die Tänze gegangen oder getreten.

Hedwig hatte sie im letzten Jahr in Kitzingen gelernt. Sie erforderten viel Kunst, waren gemessen und ruhig. Sie konnte ihrem Gemahl Heinrich und den vielen Hochzeitsgästen zeigen, dass sie ‚diu Maze' vornehm ruhig und feierlich zu schreiten vermochte. Sie ließ sich von ihrem Gatten führen, entfernte sich anmutig mit leichten Armbewegungen, um von ihm wieder zu sich gelockt zu werden.

Die schweren Gewänder erlaubten es nicht, dass bei den Melodien gesprungen oder gehüpft wurde, wie es die Bauern und das Burggesinde in bayrischer Urwüchsigkeit liebte.

Dann schritten die Paare hinter dem Vortänzer her, bewegten sich gegeneinander und auseinander und warfen sich die Bälle zu.

Als die Ritter aufgefordert wurden, an jeder Hand eine Dame zu führen, ließ Heinrich zu seiner Rechten seine Schwiegermutter, Frau Agnes, und zur Linken Hedwig unter seinen hochgehobenen Armen im Kreise vorwärts und rückwärts schreiten.

Dann schaute die Braut den Tänzen zu; denn sie musste den besten Tänzern und den schönsten Spielern Ehrengaben überreichen. Alle staunten, mit welcher Anmut sie es tat, waren es doch zugleich Zeichen ihrer Huld.

Hedwig gedachte dabei der Worte Petrissas:

„Schön zu singen an gehörigem Ort und zu rechter Zeit ist ein erfreulich Ding. Zuviel Gesang langweilt. Drum singe, wenn man dich bittet. Singe aber oft für dich allein."

Hedwig besaß die Handharfe, die ihr Petrissa mit Erlaubnis der Äbtissin heimlich in das Reisegepäck gesteckt hatte. Sie überlegte, was sie heute abend ‚ihm' darauf spielen und dazu singen könnte.

Nach den frohen Spielen, Tänzen und Gesängen besuchte das Brautpaar die kranke ‚Großmutter', die der Großvater aus Dänemark geholt hatte. Hedwig bemerkte sofort, dass die Bettlägerige, von ihren Dienerinnen verlassen, dringend einer Hilfe bedurfte. Da bat sie ihren Gemahl hinauszugehen und tat ungeachtet ihres Brautkleides alles Notwendige. Als die Kranke danach erschöpft in den aufgeschüttelten Kissen lag, sagte sie leise:

„Gute Hedwig!"

Dieser kleine, selbstverständliche Liebesdienst war mehr wert als das kostbare Geschenk, das Hedwig und Heinrich ihr still lächelnd auf die Decke legten. Zu einem herzlichen Gespräch konnte es nicht kommen, da die beiden die dänische Sprache nur schlecht verstanden.

Hand in Hand auf dem Weg zum Festsaal bat Hedwig ihren Gemahl, sich bald in ihr Brautgemach zurückziehen zu dürfen. Sie hatte Sorge, dass Heinrich von dem guten Wein zuviel genießen würde. Dann könnte die nächste Stunde nicht so werden, wie sie sich diese gedacht und durch Anweisungen an ihre Kammerfrau Hatmucha vorbereitet hatte.

Das Brautgemach war durch einen vielarmigen Kerzenhalter behaglich erleuchtet. Auf dem kleinen Tisch darunter lag das aufgeschlagene Psalmenbuch. Daneben standen zwei silberne Becher nebst zwei kostbaren Gläsern, die Herzog Berthold VI. aus dem Orient erhalten hatte. In den geschliffenen Karaffen funkelten goldener süßer Wein und quellklares Wasser.

War die Welt draußen das Wirkungsfeld des Mannes, so war das Haus mit den Kammern, vor allem dieses für das eheliche Beisammensein bestimmte Gemach, der jungen Frau Bereich.

Hedwig hatte auch darüber mit der lebenskundigen Magistra sprechen können. Petrissa war ausgegangen von dem Gebet des Fuldaer Benediktiners Rhabanus Maurus zum Heiligen Geist:

‚Accende lumen sensibus!

Entzünde unsern Sinnen Licht! oder:

Erleucht uns durch der Sinne Licht!‘

Sie hatte vom Missbrauch der Augen, Ohren, Nase, Mund, der Hände und Füße, ja der stärksten Sinnesorgane gesprochen, die in Todesgefahr bei der Krankenölung mit der Bitte um Vergebung des ungezügelten Gebrauchs gesalbt wurden. Petrissa hatte dann aber alle diese Sinne des ganzen Menschen, vom Scheitel bis zur Sohle, bejahend hervorgehoben mit dem schönen Gebet:

‚Gib uns füreinander den Blick der Liebe, das rechte Wort, die helfende Tat!‘

Sie hatte von der Veredlung der Sinne gesprochen und dass auch die stärksten Lebenskräfte mit Seele erfüllt sein müssten. Aus Essen dürfte kein Fressen, aus Trinken kein Saufen, aus dem Verlangen des Fleisches zueinander dürfte keine wilde Hemmungslosigkeit werden. Es müsste stets das Wohl des andern und das Gemeinsame oberstes Gesetz der Liebe bleiben.

Sie hatte freilich hinzugefügt:

„Das verlangt die Kraft eines *ganzen* Lebens und ist wohl ohne Fehler nicht zu erreichen. Gott aber segnet der Liebe Mühen von Stufe zu Stufe bis ans Ende.“

Hedwig entsann sich, wie Petrissa es auch noch anders gesagt hatte:

„Der Heilige Geist gibt uns nicht nur sein Licht der guten, heiligen Gedanken. Er atmet in uns. Er erleuchtet den ganzen Menschen durch die Sinne. Durch unsere Sinne erleben und erfahren wir Menschen ganz anders als die Tiere, die uns zwar an Sinnesschärfe gewaltig übertreffen, die ganze Welt, auch Gott. Unsere Sinne sind nicht böse. Nur durch Missbrauch werden sie Werkzeuge der Sünde.“

Sie hatte auch davon gesprochen, dass die Frau sich immer wieder für ihren Mann schmücken soll. Auch die nicht überall selbstverständliche tägliche Körperpflege „für den Liebsten, Hedwig, den du hier auf Erden im Angesichte Gottes haben darfst“, hatte sie ihr empfohlen, zugleich das vertrauliche Beisammensein vor dem Schlafengehen in gemeinsamer kurzer Betrachtung und Gebet.

So führte Hedwig ihren geliebten Gemahl zu den behaglich mit Kissen gepolsterten Sitzen und schenkte die Gläser ein.

Ihm reichte sie das kostbarere Glas von grünlichgrauer Farbe mit den eingeschnittenen Löwen, die von beiden Seiten auf einen Pokal zugingen, über dem ein Halbmond mit Sternen funkelte.

Sich selbst schenkte sie das zweite, schmucklosere Glas ein. Als Heinrich die Gläser vertauschen wollte, wehrte sie ab:

„Ehre, wem Ehre gebührt! ‚Der Mann ist das Haupt', hörten wir heute morgen in der heiligen Lesung."

„Und was bist du, Hadwiga?"

„Ich möchte nur das schlichte Herz sein, das verborgen schlägt."

„Aber Tag und Nacht, geliebte Hadwiga!"

Als die Gläser beim Anstoßen zart klangen und zwischen ihnen leuchteten, sagte sie spontan:

„Lieber Gemahl, möge der Herrgott uns stets eine solche reine, ungetrübte Liebe zueinander schenken!"

Dann tranken sie voll Freude über ihr stilles Alleinsein miteinander.

Es war reiner Wein und reines Wasser ohne jegliche Trübung.

Sie betrachteten einige im Kerzenlicht besonders farbig leuchtende Bilder in dem herrlichen Buch. Da bei ihnen die Schöpfungsgeschichte gleichsam auch neu begann, las Hedwig die heiligen Worte zum Bild der Schöpfung vor:

„Gott schuf den Menschen nach seinem Bilde.
Nach dem Bilde Gottes schuf er ihn,
als Mann und Frau schuf er sie ...
‚Seid fruchtbar und mehret euch
und erfüllet die Erde
und macht sie euch untertan!'"

Hedwig blätterte weiter und las:

„Es ist nicht gut, dass der Mensch allein sei.
Ich will ihm eine Hilfe machen, die ihm entspricht."

„Das bist du für mich, liebe junge Frau Hadwiga."

Und er küsste und streichelte sie. Ihre glänzenden Augen strahlten ihn an. –

‚Und es ward Abend und Morgen.'

Leise erhob sich Hedwig und kleidete sich in der Nebenkammer an. Sie hatte das Messglöcklein gehört. Heinrich schlief fest, deshalb durfte sie ihn für kurze Zeit verlassen. Sie dankte auf den Knien und opferte Vergangenheit und Zukunft auf. Beim Hinausgehen hängte sie den Myrtenkranz unter der Statue der Madonna auf.

In ihrem Gemach setzte sie sich auf den Bettrand und horchte lesend auf die tiefen Atemzüge ihres Mannes. Schließlich weckte sie ihn streichelnd und küssend.

Er fragte erstaunt:

„Wo warst du, Hadwiga?“

„Ich bringe dir den Segen aus der heiligen Messe.“

Sie küsste ihn auf Mund, Wangen und Stirn.

„Ich danke dir, Hadwiga.“

Das junge Paar fuhr mit dem Fährschiff zum Kloster Dießen. Unterwegs erzählte Hedwig ihrem Gemahl, dass ihr dieser See in der Kindheit wie der See Gennesaret vorgekommen war, und von ihrem Erlebnis im Gewittersturm. Sie wies auf einige Männer und gab ihnen lachend Namen der Apostel.

Heinrich ließ sie gewähren. Er freute sich daran.

Im Kloster Dießen beteten sie an den Gräbern der Vorfahren. Hier fühlte sich Hedwig wohler als auf der unruhigen Burg. Sie bat ihren Gemahl, dem Kloster eine Schenkung zu machen, was er gern tat. Als der Prior Hedwig fragte, ob sie einen Wünsch hätte für ihre Reise in des ferne Land Schlesien und Polen, bat sie unbekümmert um eine vollständige Bibel.

Der Prior verbarg sein Erstaunen. Es war eine mühsam zu erfüllende Bitte. Doch wagte er nicht, sie abzuschlagen, bat aber um einige Tage Zeit.

Hedwig wollte gern am Chorgebet der Mönche teilnehmen. So hielt auch Heinrich die lange Zeit an ihrer Seite aus, obwohl er nicht viel vom rhythmischen Psalmengebet der Chorherren verstand.

Zum Abschied versprach der Prior, die gewünschte Bibel tags vor ihrer Abreise nach Andechs bringen zu lassen.

Tag und Nacht mussten viel Chorherren an der Vollendung einer noch nicht fertigen Abschrift arbeiten; denn das Kloster konnte die eigenen Bibeln nicht entbehren. Die Mönche murrten deswegen nicht, sondern nahmen die Mühen nicht nur aus Dankbarkeit gegen das Haus Andechs auf sich, sondern auch als Auftrag, damit die Frohe Botschaft in die ihnen unbekannte Ferne ‚laufen' konnte. Als Heinrich auf der Rückfahrt von seinen Reiseplänen sprach, schaute Hedwig ihn innig an. Da fragte er:

„Welchen Wunsch hat meine Hadwiga?"

„Da du mich fragst, wage ich zu bitten."

„Du hast mich ja schon gebeten, Hadwiga", sagte er lächelnd.

„Ich habe doch noch gar nichts gesagt, Heinrich."

„Richtig! Mit dem Munde nicht, aber mit deinen Augen. Nun sprich auch, Hadwiga!"

Sie streichelte seine Rechte und sprach mit Mund und Augen zugleich:

„Sei nicht ungehalten, Heinrich ... Lass uns auf der langen Reise Zeit, nicht so hastig!"

„War die Brautfahrt zu hastig, Hadwiga?"

Sie nickte leicht, lächelte aber dazu:

„Heinrich, ich mache dir doch keine Vorwürfe. Es musste so sein. Muss es auf unserer Hochzeitsreise auch so sein, Heinrich?"

Er schüttelte ein wenig sein Haupt.

„Lass uns bitte nicht nur in Burgen Herberge nehmen, auch in Klöstern. Ich weiß nicht, ob es bei dir im Lande so viele Klöster gibt wie hier. Und lass uns unterwegs die Sonntage durch Ruhen heiligen."

„Ich will dir gern den Wunsch erfüllen, so gut ich kann. Aber mein Vater regiert und bestimmt. Er erwartet mich bald zurück."

„Ich bat, weil du mich fragtest. Du bestimmst den Reiseweg."

„Auch deine Verwandten, Hadwiga."

„Die jetzt auch deine sind, Heinrich. – Ich wünsche nicht, dass du mich schonst, aber ich bat, weil wir auf der Reise im Wagen noch allein beisammen sind. Wir brauchen diese Zeit, um uns inniger kennen zu lernen. Wenn wir hasten, sind wir übermüdet und gereizt. Das schadet uns beiden und unserer jungen Ehe. Sie ist ja noch ein so zartes Pflänzchen, Heinrich."

Der Familienrat erwog zunächst, dass der Reiseweg auf den Straßen durch Böhmen über Prag und Wartha genommen werden sollte. Er wurde jedoch fallen gelassen, weil die Wettiner Großeltern Hedwigs Mutter hatten wissen lassen, dass sie die Enkelin und ihren Gemahl kennen lernen möchten. Weiterhin war ausschlaggebend, dass bei einer Reise durch das Bamberger und Henneberger Gebiet die Burgen der Verwandten und befreundete Klöster Übernachtungen boten.

Es wurde ein genauer Reiseplan festgelegt. So konnten alle Burgen und Klöster von der Ankunft benachrichtigt werden.

Heinrich teilte Hedwig freudig die Erfüllung ihres Reisewunsches mit. Der Oheim-Bischof hatte zwar erstaunt gefragt, warum sie am Sonntag nicht reisen wollten, aber Heinrich hatte betont, dass seine junge Frau bei einer so langen Reise unbedingt die Sonntagsruhe brauchte, zumal sie doch gerade erst die Brautfahrt hinter sich hatte.

Hedwig dankte ihrem Gemahl, weil er sich nämlich für sie eingesetzt hatte.

Die übliche Mitgift wurde festgelegt und in schweren Kästen verpackt. Hedwig erbat sich noch einen Beutel mit Silberpfennigen, damit sie jederzeit nach eigenem Ermessen etwas zur Verfügung hatte. Lächelnd erklärte sie:

„Ich habe doch keine Armut gelobt!"

Heinrich erzählte Frau Agnes von der schönen gemeinsamen Stunde am Abend der Hochzeit und von den kostbaren Gläsern. Da ließ die Mutter sie sorgfältig verpacken. Dann würde Hedwig in der weiten Ferne bei jedem Gebrauch an die Mutter und an Burg Andechs denken. Am liebsten wäre Frau Agnes mit Hedwig zu ihren Eltern gereist, aber sie konnte nicht so lange von Andechs fernbleiben; denn der Schwiegervater und die neue Schwiegermutter aus Dänemark, aber auch ihr Gemahl, auf dem jetzt alles lastete, brauchten sie. Außerdem bestand die Möglichkeit, dass Berthold VI. demnächst an einem Kreuzzug teilnehmen musste. Aber davon sagte sie Hedwig nichts. Auch waren frühere Heiratsanbahnungen für ihre Tochter Berchta mit einem sorbischen Fürsten aufgenommen worden.

Als Hedwig Andeutungen darüber hörte, dachte sie wieder:

‚Nun ist die Berchta die vom Familienrat *bestimmte*.'

So mussten wohl alle ihre Schwestern ebenso wie sie in die Fremde verheiratet werden, um das Haus Andechs nach allen Seiten hin zu verbinden und zu stärken.

Dank der vielen Jahre bei Petrissa wollte Hedwig ihre Familienverheiratung auffassen, wie es einst die irischen, schottischen und englischen Mönche und Nonnen taten, als sie ihre ‚peregrinatio', ihre Pilgerschaft, antraten vom Westen zum Osten in ein unbekanntes Land, dem sie das bringen wollten, was jene noch nicht in dem Maße besaßen, aber diese schon Jahrhunderte zuvor empfangen hatten. In diesem Geiste nahm Hedwig wie einst eine heilige Lioba oder Thekla als geistige Tochter des großen Ordensvaters Benedikt Abschied von Andechs, nachdem sie in der von Dießen empfangenen Bibel die Worte Gottes an Abraham gelesen hatte:

„Ziehe aus deinem Lande und aus deiner Verwandtschaft in ein Land, das *ich* dir zeigen werde!"

Hochzeitsreise

Die lange Wagenreihe, angeführt von einem Reitertrupp, der nicht nur den Weg zu sichern, sondern auch die baldige Ankunft der Reisenden in den geplanten Übernachtungsstellen anzukündigen hatte, rumpelte über die Wege, die wahrlich krumm statt gerade und statt eben leider uneben waren, zunächst um den Würmsee nach Wolfratshausen an der oberen Isar. Von dort stammten die Bertholde.

Heinrich entschuldigte seine junge Frau und ließ sich beim guten Wein erzählen, welche Macht Hedwigs Großvater über die Grafschaften Dießen und Wolfratshausen und durch die Vogteien über die Klöster Benediktbeuren und Tegernsee bis hinauf nach Kulmbach, Bayreuth und Weiden besaß. Für ihn konnte das in Zukunft vielleicht wichtig sein.

Am nächsten Tag reisten sie zum Prämonstratenserkloster Schäftlarn.

Am andern Morgen eilte Hedwig in der Frühe zur nahegelegenen Abtei Weihenstephan zur Beichte und zur Messe. Sie klagte sich aller Fehler an, die sie gegen ihren Mann begangen hatte. Getröstet kehrte sie zu ihm zurück und lächelte den Fragenden an:

„Die Liebe kann immer vor Gott bekennen, dass sie zuwenig oder nicht richtig geliebt hat."

„Du liebst immer richtig, Hadwiga."

„Ich danke dir für das gute Wort, Heinrich. Aber du weißt nicht, wie Gott mich sieht; denn Gott ist die Liebe."

Als ihn auf der Weiterfahrt zur Donau dürstete, holte sie aus ihrem Versteck im Wagen zunächst einen Becher hervor. Dann wickelte sie zum Erstaunen ihres Mannes von einem Gefäß nasse Tücher ab und zeigte ihm einen gut verschlossenen Krug, den sie aus der Abtei mitgebracht hatte.

„Die nassen Tücher halten schön kühl", sagte sie, als sie das gute Weihenstephaner Bier einschenkte.

Er trank, und sie hörte deutlich, wie es ihm schmeckte.

„Du denkst auch an alles, Hadwiga."

Als er um einen zweiten Becher bat, wehrte sie lächelnd ab:

„Damit möchte ich dich heute noch mehrmals erfreuen, Heinrich."

Hedwig hatte sich als Gemahlin des Jungherzogs Heinrich den sie begleitenden Jungfrauen, Rittern und Hofgeistlichen zu widmen. Sie musste lernen, nicht nur seine Frau zu sein, sondern auch die zukünftige Herzogin. Jetzt kam ihr die Ausbildung im letzten Jahr in Kitzingen zugute. Sie hatte den Blick einer praktischen Bäuerin, die nüchtern die Erfordernisse des Alltags sieht, und natürliche Umgangsformen. Vor allem hatte sie gelernt, gut zuzuhören und den andern ernst zu nehmen. Dann traf sie nach kurzem Überlegen ihre Entscheidung. Da sie im Kloster Gehorsam geübt hatte, verlangte sie auch von ihrer Begleitung Gehorsam in jenen Dingen, die Heinrich ihr zu regeln zugewiesen hatte. Bald nach dem Übergang über die Donau sprach es sich schon herum:

„Die Jungherzogin Hadwiga verträgt keinen Widerspruch."

War sie im Zweifel, was sie anordnen sollte, so fragte sie, was der Herr Herzog befohlen hatte, und gab zur Antwort:

„Tut alles, was der Herr euch aufgetragen hat!"

Auch die Tiere lagen ihr am Herzen. Sie verwies den Trossknechten, die Pferde zu schlagen:

„Ermuntert sie mit guten Anrufen!"

Sie bat ihren Gemahl, darauf zu achten, dass sie nicht überfordert und zur rechten Zeit auf die Weiden und zur Tränke geführt würden. Sie streichelte die treuen Pferde und gab ihnen ab und zu ein Stückchen Brot, mit Honig gesüßt.

Als sie die Altmühlfurt durchfuhren, hörte sie Gepolter und Geschimpfe. Sie rief ihren Hofkaplan zu sich und befahl ihm, den Leuten das Fluchen zu verbieten. Als er sagte:

„Das wird den Trossknechten schwerlich abzugewöhnen sein, Frau Herzogin!", bekam er die Antwort:

„Ich dulde nicht, dass Gott durch Fluchen gelästert wird, Kaplan Wunhild!"

Am Samstag kamen sie nach fünftägiger Reise im Kloster Plankstetten an. Obwohl Hedwig abgespannt war, sah sie nach, ob alle gut untergekommen und versorgt waren. Sie besprach alles mit dem Gastpater. Pater Hieronymus staunte, dass die junge Frau über das Leben in einem Benediktinerkloster Bescheid wusste. Als er jedoch von Kitzingen hörte, wunderte er sich nicht mehr.

Hedwig bat ihren Gemahl, die Vesper besuchen zu dürfen. Sie nahm ihr Stundenbuch mit und verfolgte die Psalmen der im Chor betenden Benediktinermönche. Die herrliche Basilika mit den runden Bogen und Fenstern, mit ihrer großen Apsis und dem alles beherrschenden Kreuz erfreute sie.

Am andern Tag sorgte sie dafür, dass alle Leute das feierliche Amt besuchten, aber auch selbst Zeit und Ruhe fanden und zu einem guten Trunk kamen. Als sie am Abend in der Herberge Lärm hörte, stand sie plötzlich in der Bogentür und blickte die Männer streng an. Unter den Lärmenden erblickte sie ihren Hofkaplan Wunhild. Ruhig sagte sie:

„Hochwürden, Ihr seid mir als Priester dafür verantwortlich, dass in der Klosterherberge der Sonntag geheiligt wird."

Sie fügte lateinisch hinzu, damit die Übrigen es nicht verstanden:

„Hospes sicut Christus! Aber der Gast muss sich auch dementsprechend benehmen!"

Kaplan Wunhild donnerte unter die Männer den Befehl:

„Schluss! Schlafen gehen!"

So waren die Männer am Montag in der Frühe munter; denn die Reise zur Burg Sulzbach durch die Fränkische Alb war weit.

Da Petrissa Hedwig geraten hatte: „Wo immer du Gelegenheit hast, besuche die heilige Messe", hatte sie vor der Abfahrt dem Gottesdienst in der Basilika beigewohnt, so dass die Trossknechte sich unterwegs zuraunten:

„Die junge Frau ist ja eine Nonne!"

„Aber auch eine Frau, die uns Männern noch das Saufen abgewöhnt, was unsere Alte nicht fertigbringt."

„Sie ist auch gerecht."

„Und sie kümmert sich um uns.“

„Sie denkt nicht an sich, sie teilt alles, und wenn es nur ein Apfel ist.“

„Lasst sie nur, aber wir werden noch was erleben. Sie bringt noch Ordnung in uns verlotterte Mannsleute. Habt ihr gehört, wie sie den Hofkaplan Wunhild, der doch so gern einen trinkt, behochwürdigte? Stallknecht war er noch vor ein paar Jahren, jetzt Hochwürden! – Wohin fahren wir denn heute?“

„Nach Sulzbach, zu der Burg, woher unseres Herrn Mutter stammt.“

„Ach so, deswegen der Umweg. Wir wären doch über Nürnberg kürzer nach Bamberg gekommen.“

Er wollte die Peitsche nehmen, aber weil das die Jungherzogin nicht wollte, besann er sich im letzten Augenblick noch und rief:

„Hü hott, hü hott!“

Auch diese Ermunterung half, dass die Pferde besser anzogen.

Als sie in der Nacht in der alten karolingischen Kaiserpfalz Forchheim, wo Karl der Große und andere Kaiser oft geweilt hatten, Könige gewählt und Heinrich IV. 1077 abgesetzt worden war, nach Bamberg kamen, trat Bischof Otto ihnen aufgeregt entgegen:

„Herzog Berthold von Meranien ist gestorben. Ich muss mit den schnellsten Rossen nach Andechs reiten.“

Hedwig nahm die Nachricht gelassener auf. Sie hatte bei ihrer Hochzeit erkannt, wie es um den Großvater stand.

„Herr, gib ihm die ewige Ruhe! ...“

„Möchtest du nicht umkehren mit mir, Hedwig?“ fragte er aufgeregt?

Sie blickte ihn erstaunt an und entgegnete ruhig:

„In Kitzingen habe ich gelernt, mein Mögen zurückzustellen und das zu tun, wazu ich *von Gott bestimmt* bin.“

„Er ist aber doch dein Großvater, Hedwig!“

„Ich werde nie vergessen, was er mir Gutes getan hat, und werde für seine Seelenruhe beten.“

Unbefangen, fast mit kindlicher Art, die ab und zu bei ihr noch durchbrach, sagte sie:

„Vor kurzem las ich des Herren Worte: ‚Lass die Toten die Toten begraben. *Du folge mir nach!*‘“

Der Bischof brauste auf:

„Bin ich vielleicht ein Toter?“

„Das habe ich nicht gesagt. Dafür ehre und achte ich viel zu sehr Euer heiliges Amt. Aber das Wort des Herrn geht uns alle an.“

Bischof Otto von Bamberg wurde wiederum nicht fertig mit den ‚Merkwürdigkeiten‘ seiner Großnichte. Er musste auch noch das Wort hören:

„Die Donau liegt hinter mir. In Kürze liegt der Main hinter mir. Gottes Finger hat mich nach Schlesien und Polen gewiesen. Ihr waret vielleicht Gottes Werkzeug bei dieser Bestimmung. Ich habe Vater und Mutter, den Großvater, die Geschwister, Andechs und Kitzingen verlassen. Ich darf nur noch vorwärts, nicht rückwärts gehen. Ich bitte dazu um Euren bischöflichen Segen, Oheim Otto.“

Der Bischof aus dem Hause Andechs segnete die Tochter aus dem Hause Andechs und erkannte, dass sie des verstorbenen Großvaters Herrschererbe in sich trug, nur auf eine andere Weise. Sie küsste seinen Bischofsring wegen der darin eingelassenen Reliquie. Dann fragte sie ihren Hofkaplan und Stallmeister Wunhild:

„Ist alles bereit?“

„Ja, Frau Herzogin.“

„Wir fahren zum Kloster Langheim.“

Sie stieg in den Wagen und schaute sich nicht einmal nach den Gerüsten des Domes um.

Hedwig hatte die so bestimmten Worte auch zu sich selbst gesprochen. Sie war dem Oheim-Bischof so entgegengetreten, weil sie hart und fest gegen sich selbst sein musste.

Am liebsten wäre sie von Bamberg aus nach Kitzingen gefahren. Sie war sich sicher, dass sie ihren Gemahl dazu hätte bewegen können. Es waren in ihrem Herzen schon Gründe, Magistra Petrissa einiges zu fragen, wozu sie eine verständnisvolle Frau brauchte, auch wenn sie oder gerade weil sie eine Nonne war.

Hedwig hatte die Nacht mit sich gerungen. Sie wusste, dass sie im Innern noch nicht so fest war, wie sie nach außen auftrat. Der Befehl nach Langheim war erteilt, nun wurde sie wieder ruhiger. Oboedientia et pax: Gehorsam gegen Gott brachte immer Frieden. – Im Kloster Langheim lernte sie Zisterzienser kennen. Ihr Gemahl Heinrich erzählte von den Zisterziensern in Leubus an der Oder. Es war der erste Mal, dass er von einem Kloster in Schlesien sprach. Hedwig erfuhr von der Lebensweise, die strenger war als die der Benediktiner. Sie wurde im Kloster achtungsvoll begrüßt; denn Langheim verdankte den Andechsern viele Schenkungen. Pater Engelhard sagte besonders herzlich:

„Ich habe auf Drängen einer Andechserin, deren Namen ich nicht nenen möchte, mit einer Vita der 1160 zu Dießen verstorbenen Mathildis begonnen. Sie war seit dem 5. Lebensjahr im Frauenstift St. Stephan in Dießen und wurde später Vorsteherin. Sie war eine heiligmäßige Frau und ist neben dem heiligen Rasso und dem seligen Rathard von Dießen die dritte aus dem Hause Andechs, die für uns am Throne Gottes bittet, auch für Euch, Frau Herzogin Hedwig."

„Das brauche ich sehr. An ihrem Grabe haben mein Gemahl und ich tags nach unserer Hochzeit gebetet. Dort hieß sie Mechthild."

„Das bleibt sich gleich."

Hedwig bewunderte die klaren Maße der Kirche und der Klostergebäude. Für den verstorbenen Großvater bestellte sie die üblichen dreißig Seelenmessen, spendete reichliche Gaben dafür und verteilte vor der Klosterpforte viele Almosen mit der Bitte:

„Betet für die Verstorbenen!"

Das nahegelegene Benediktinerinnenkloster Banz hoch über dem Main besuchte das junge Herzogspaar auch. Hedwig stellte fest:

„Die Benediktiner lieben das Kloster als ‚Stadt Gottes auf dem Berge', weithin sichtbar. Die Zisterzienser bleiben im Erdental und roden den sumpfigen Urwald."

Auch hier fühlte sich Hedwig wohl und zitierte zum Erstaunen des Abtes manchen Satz aus der heiligen Regel. Leider eilte die Zeit; denn sie wollten noch nach Kronach.

Am Samstagabend kamen sie in der ehemaligen Slawenfeste an.

Da sie dem Bistum Bamberg gehörte und die Andechser seit kurzem die Vogtei ausübten, war Hedwig noch einmal im weiten Bereich der Familie Andechs.

Heinrich ließ seine Frau gewähren. Er hatte in diesen zwei Wochen gemerkt, wie sehr seine Hadwiga durch Kitzingen mit dem Klosterleben verbunden war. Eine solche Fülle, wie sie jetzt erlebt hatten, konnte Schlesien ihr nicht bieten. Er staunte aber, wie sie ihr Tak-Wort zu ihm und ihrem zukünftigen Land wahr machte. Das konnte sie wohl nur, wenn er sie in ihrer Frömmigkeit nicht hinderte.

In der dritten Woche fuhren sie über ‚den Hof', den Hauptort der Reichsvogteien an der Regnitz, durch das Elstergebirge in den Gau Dobna der Grafen von Everstein und übernachteten in der Burg nahe der Gaukirche zu Plawe.

Hedwig hörte fremde Laute. Es war die Sprache der Ureinwohner. Heinrich verstand diese slawische Sprache und übersetzte ihr den Ortsnamen: Plauen.

Sie zogen weiter durch ein unheimliches Wald- und Wildland. Hier und da sahen sie kleine deutsche Kolonistengruppen bei der schweren Rodearbeit.

Manchmal rasteten sie bei einer der vielen Wallburgen. Dort wurde deutsch und sorbisch nebeneinander gesprochen oder auch vermischt. Die Sorben nannten das fließende Wässerchen: Ricka, die Deutschen: Bach. So wurde die kleine Ortschaft am Wässerchen Rickabach genannt.

Am Donnerstag kamen sie in das reichseigene Pleißeland, in die Reichsstadt Altenburg.

Auf einem mächtigen, senkrecht abfallenden Felsen lag die Burg, in der Herzog Heinrich durch den Burggrafen besonders herzlich begrüßt wurde. Beim abendlichen Mahl versuchte Hedwig vergeblich, ihren Gemahl mit den Augen mahnend zu bitten, sich nicht so oft einschenken zu lassen. Aber die Männer unterhielten sich von vergangenen Zeiten, als König Konrad III. die vertriebenen Verwandten Heinrichs – Wladislaw II. und seine Söhne Boleslaw, Mesko, Konrad und seine Tochter Richza – hier auf der Burg aufnahm und ihren Unterhalt bestritt.

„Waldislaw II. ist mein Großvater und Boleslaw mein jetzt regierender Vater“, bemerkte Heinrich. „Mein Großvater ist in der Verbannung gestorben. Bald will ich an seinem Grab im Kloster Pegau weilen.“

Weil ihr Gemahl am andern Morgen noch nicht ausgeschlafen hatte, ließ Hedwig sich zum Bergkloster bringen. Als sie vom Chorgebet und dem Besuch der Messe zurückkam, klagte Heinrich über Kopfschmerzen. Sie streichelte ihn, aber die bösen Weingeister ließen sich nicht so schnell vertreiben.

Am nächsten Abend weilten sie auf der Stammburg der Grafen von Groitzsch rechts der Pleiße. Hier hatte Hedwigs Mutter gespielt, aber auch auf der andern Burg, Rochlitz, wo ihre Eltern noch lebten.

Der Burgverwalter schilderte den mächtigen Wiprecht von Groitzsch: „Hier hat er sich vor hundert Jahren ein festes Herrschaftsgebiet ausgebaut und das sumpfige Land mit fränkischen Kolonisten urbar gemacht. Das war ein Recke!“

„Sind wir auch mit ihm verwandt?“ wollte Hedwig wissen.

„Nein, Frau Herzogin, verwandt nicht; aber als sein Geschlecht 1136 ausstarb, ist sein Land an die Wettiner gefallen. Euer Urgroßvater Konrad, Frau Herzogin, hat bei der Teilung seiner wettinischen Lande Eurem Großvater, meinem Herrn, Graf Dedo in Rochlitz, 1156 Wiprechts Erbe gegeben.“

„Wie geht es meinem Großvater?“

„Er reist noch viel herum, seitdem er vor einigen Jahren auch noch Markgraf der Niederlausitz geworden ist.“

„Daran grenzt ja unser Herzogtum bei Krossen“, warf Heinrich ein, und deswegen liegt mir daran, deinen mächtigen Großvater in Rochlitz kennen zu lernen.“

„Das ist gut, lieber Gemahl, mit ist aber wichtiger, zu erfahren, wie es ihm bei dieser Machtfülle geht.“

Sie bat ihren Gemahl, den Sonnabend und Sonntag in der Herberge des Benediktinerklosters Pegau zu bleiben. Sie liebte das Leben auf den Burgen nicht, erst recht nicht das Zechen bis in die Nächte hinein. Sie ekelte sich dann vor dem Weingeruch ihres Mannes.

„Wir wollen am Grabe deines Großvaters Wladislaw beten, Seelenmessen stiften und eine segensreiche Zukunft für Schlesien und Polen erbitten."

Im neunzig Jahre alten Kloster Pegau fühlte Hedwig sich besonders wohl. Hier hörte sie die von Kitzingen gewohnte fränkische Sprache der Mönche und Kolonisten und antwortete zu deren Erstaunen in der gleichen Mundart. Als sie gar hörte, der erste Abt, Bero, wäre aus dem Kloster Schwarzach am Main gekommen, sagte sie erfreut:

„Das kenne ich! Dort war ich von Kitzingen aus."

Nun ließ sie sich vom Gastpater Bonifaz von Wiprecht von Groitzsch erzählen. Heinrich horchte auf, als er hörte, dass dieser berühmte Kriegsmann und Klostergründer vom slawischen Edlen Wulf, dem Herrn des Balsamerlandes um Stendal, stammte.

„Sein Sohn erst wurde Christ, und so wurde dessen Sohn, der hier begrabene Wiprecht, christlich erzogen. Er tauschte seine Besitzungen im Balsamerland mit der Burg Groitzsch und wurde später Graf."

Hedwig fragte:

„Wie kam es denn in diesem Sumpfgebiet zur Klostergründung?"

„Wiprecht stand in den Kriegswirren Herzog Wratislaws von Böhmen auf der Seite Kaiser Heinrichs IV. Ich will nicht sein wechselvolles Leben, reich an schroffen Gegensätzen erzählen. Er war wie seine Zeit. Als Anhänger des gebannten Kaisers war er auch im Bann. Bei einer Fehde hat er die Jakobikirche in Zeitz in Brand gesteckt, in die sich seine Gegner geflüchtet hatten."

Pater Bonifaz wies in die Richtung, wo Zeitz lag.

„Ein furchtbares Verbrechen!" rief Hedwig entsetzt aus.

„Und doch hat Gott noch etwas Gutes daraus erstehen lassen."

„Wie ist das möglich?" verwunderte sich Heinrich.

„Wiprecht pilgerte auf Rat des Erzbischofs von Magdeburg und des Bischofs von Merseburg nach Rom, erhielt vom Papst die Lossprechung mit der Buße, nach Compostela in Spanien zum Grab des heiligen Jakobus zu pilgern. 1092 kehrte er zurück mit einer Daumen-Reliquie als kostbares Geschenk. Alsbald begann er die Gründung des Klosters."

Hedwig und ihr Gemahl hörten gut zu. Sie erkannten, was echte Sühne vermochte.

„Wiprecht trug selbst zwölf Körbe mit Steinen an die zwölf Klosterecken. Das war nur ein Zeichen, dem die Tat folgte. Dreihundertsiebzig Talente haben er und seine Gemahlin Judith für die große Klosteranlage gegeben. Schon nach vier Jahren wurde das Kloster eingeweiht. Es war am Jakobusfest, am 25. Juli 1096.

Abt Windolf rodete fünfzig Jahre lang mit seinen vierzig Mönchen und fränkischen Kolonisten, trocknete Sümpfe aus, ließ öde Landstriche in Ackerland verwandeln und legte das Kirchdorf an, das nach ihm Abtsdorf benannt wurde."

Heinrich nickte und sagte:

„Von ihm hat mir mein Vater erzählt, als er hier in der Verbannung weilte. So ähnlich haben bei uns die Mönche in Leubus gerodet. Das Wort ‚roden' hört sich so einfach an, aber es ist ein unsagbar schweres Stück Arbeit."

„Doch zurück zum siebzigjährigen Wiprecht anno 1124."

Heute, am Sonntag, hatten Heinrich und Hedwig Muße, dem Erzähler zuzuhören.

„Wiprecht weilte als Burggraf von Magdeburg in der Vogtei des Klosters Neuwerk in Halle. Dort brach ein Brand in seinem Schlafgemach aus. Er trat das Feuer mit bloßen Füßen aus und rettete sich mit schweren Verletzungen. Auf Rat der Bischöfe ließ er sich nach Pegau bringen, legte dort Schwert und Rüstung ab und zog die Mönchskutte an. Am 22. Mai 1124 ist er hier als Mönch im Herrn entschlafen. Gott sei seiner Seele gnädig!"

Heinrich gab dem Mönch eine reichliche Spende:

„Betet für meinen hier ruhenden Großvater."

Mit Geleit reisten sie von der Burg Groitzsch durch das sumpfige, jedoch teilweise gerodete Waldgebiet zur Burg Colditz. Sie verspürten unterwegs den eigenartig scharfen Geruch der Knoblauchpflanzen und den Brandgeruch der gerodeten Waldbezirke.

In Eula rasteten sie und besuchten die hundert Jahre alte Pfarrkirche, den kirchlichen Mittelpunkt für viele Dörfer und Siedlungen. Nach mehrstündiger Fahrt betraten sie das ebenso alte Pfarrkirchlein von Ölzschau. An beiden Orten gab Hedwig den Leutpriestern Almosen für die Armen.

Am späten Abend kamen sie in der hochgelegenen alten Muldenfeste Colditz an, die schon zu Wiprechts kriegerischen Zeiten die westliche Zone der Mark Meißen schützte, aber auch das Vordringen gegen die lockenden Hügel im Vorland des finsteren Miriquidiwaldes ermöglichte.

Am Vormittag des vierten Dienstag wurden sie vom Rochlitzer Burggrafen abgeholt.

In Festtagsgewändern fuhren sie die kurze Strecke an der Mulde entlang. Bald sehen sie den Rochlitzer Berg und die majestätische Burganlage. Mit großem Aufwand wurden sie bei Hörner- und Fanfarenklang hinauf durch das bekränzte Burgtor in den engen Burghof geführt.

Hedwig dachte gleich an ihre Mutter. Hier also hatte sie als einzige Tochter mit den Brüdern gelebt. Sie musste auch an ihren Ball denken, der auf der Burg Andechs immer hinabrollte. Der Mutter wird es hier als Kind nicht anders ergangen sein.

Nun musste sie sich aber zusammenreißen! Sie wurde zum Großvater Dedo geführt.

In seiner starken Leibesfülle stand er oben auf der Steintreppe, angetan mit seinem herrlichsten Prunkgewand, das unten und an den weiten Ärmeln bestickt war. Ein scharlachroter Mantel, von einer funkelnden Agraffe gehalten, hing um seine Schultern. Das große Schwert am breiten, mit Edelsteinen besetzten Gurt hielt er mit der Linken aufrecht. Er wollte seinem Bruder, dem reichen Markgrafen Otto von Meißen, in nichts nachstehen.

Ein Wappen führte er nicht, aber ein halbmannshoher konvexer Reiterschild, mit Beschlag verstärkt, wurde von einem Edelknaben eine Stufe tiefer gehalten.

Markgraf Dedo geleitete Hedwig zum Hochsitz, wo sie ihre Großmutter Mathilde begrüßte. Als sie aufblickte, sah sie, dass ihr Freudentränen über die Wangen rannen.

„Willkommen, Hedwig von Andechs! Wie gleichst du meiner geliebten Tochter Agnes! – Willkommen, Herzog Heinrich von Schlesien! Welche Freude in unsern alten Tagen!“

Der Truchsess machte sie mit den geladenen Gästen bekannt. Hedwig fiel auf durch ihr höfisches, aber dennoch natürliches und herzliches Benehmen. Die Älteren flüsterten sich zu:

„Ganz wie ihre Mutter Agnes von Groitzsch!“

Markgraf Dedo wurde ‚der Feiste‘ genannt und als redegewandter Fürst, als energischer Kriegsherr und tatkräftiger Markgraf geschätzt.

Niemand wunderte sich, als er beim Festmahl das Wort ergriff:

„Als ihr die Burg Rochlitz von der Mulde her erblicktet, kündete sie euch die wehrhafte Einheit von Fluss, Feld und Feste. Sorgfältig wurde sie vor zweihundert Jahren als Grenzlandfestung im Gau Rochelinzi der Meißener Markgrafen gewählt. Mit der Zeit ist sie durch Vorbauten, Gräben, vor allem aber durch die neuen gewaltigen Zwillingstürme, die ‚Jupen‘, in wechselvoller Geschichte zur großen Burganlage gewachsen. Die Jupen erinnern in ihrer Kraft an die Recken Markgraf Ekkehard und Konrad dem Großen. In dieser Burg möget ihr die Macht und die Pracht des Hauses in Groitzsch – Rochlitz erleben, das sich durch meine einzige Tochter Agnes mit dem machtvollen Haus Andechs verband. In euch begrüßen wir die Verbindung der beiden Häuser mit den uns mannigfaltig verbundenen Piasten. Zunächst stoße ich zu diesem Dreiklang mit meiner Enkelin Hedwig von Andechs und ihrem hohem Gemahl Herzog Heinrich von Schlesien an.“

Beifallklatschen begleitete den Willkommenstrunk.

Der Truchsess und der Mundschenk hatten vollauf zu tun, dass die reichliche Fülle des üppigen Mahles und der besten Weine nach festgelegter Reihenfolge in aller Würde aufgetischt und eingeschenkt wurden.

Hedwig versuchte, so wenig wie möglich zu essen. Als sie deswegen von Heinrich gefragt wurde, meinte sie leise:

„Das langt mir sonst für eine ganze Woche."

Sie sah, wie es dem Großvater schmeckte und den Geladenen nicht minder.

Da sie bis zum kommenden Montag früh auf der Burg bleiben sollten, fragte sie sich, ob es wohl die ganze Woche so festlich weitergehen würde.

Als die Großmutter sich erhob, folgte Hedwig ihr und geleitete sie in ihre Gemächer. Mochten die Männer allein weiter schmausen und trinken! Die Großmutter wies ihre Kammerfrau an, in der Küche zu helfen. Sie wollte mit Hedwig allein sein. Diese nahm ihr die Prunkgewänder ab und half ihr, sich bequem zu legen. Auf einen Wink setzte Hedwig sich zu ihr. Im Gesicht der Großmutter erkannte sie ihre eigene Mutter und diese in Hedwig die ferne Tochter.

„Es ist mir, als wäre meine Agnes endlich zu mir gekommen. Seit Tagen freue ich mich. Sonst bin ich alterskrank, aber diese Tage muss ich für dich, für uns dasein, soweit wir dazu Zeit haben. Ich bestimme ja nicht. Ich wurde bestimmt und werde noch bestimmt. Meistens gelte ich nur als die Schwester des Erzbischofs von Köln, Philipp von Heinsberg. Weil er Macht und Stellung im Reich besitzt, gelte ich als seine Schwester. Als Markgräfin wenig ... Da klage ich alte Frau, anstatt mit dir fröhlich zu plaudern."

Hedwig dachte: ‚So verbirgt sich hinter Macht und Glanz große Einsamkeit.' Sie küsste der Großmutter die welke Hand und ermunterte sie weiterzureden:

„Ich trauere immer noch um meine früh verstorbenen Kinder Goswin und Heinrich, auch über meinen Sohn Dietrich, der aus dem geistlichen Stand wieder austrat. Mein altes Herz erträgt es nicht mehr. Wieviel Sorge hatte ich um meinen mir bestimmten Gemahl, als er vier Jahre lang mit dem Kaiser auf Kriegszügen war. Jetzt wird er sich unten im Rittersaal wohl seiner Kriegstaten rühmen. Das tun die Männer gern, wenn sie getrunken haben. Aber die Angst einer Frau, dass sie durch die Kriegszüge Witwe werden könnte, bedenkt kaum ein Mann. Witwenlos ist bitter hart!"

Hedwig spürte, dass der Großmutter Klagen deren Herzkrampf lösten. Unvermittelt brach der aufgespeicherte Kummer hervor:

„Männer schonen ihre Frauen nicht. Sie bestimmen!"

Hedwig wollte fragen: ‚Wollen wir Frauen denn geschont werden?', aber sie schwieg.

„Ach, könnten wir beide, mein Gemahl und ich, doch zusammen sterben! Dann wäre der Tod eine Erlösung. Es geht ihm nicht gut. Von mir lässt er sich nichts sagen. Und seinem Arzt traue ich nicht. Der pfuscht nur herum, ... der Quacksalber!"

Plötzlich umschlang sie Hedwig und küsste sie.

„Zweimal muss ich dich küssen, dich und deine Mutter, meine einzige Tochter Agnes, in dir. Ach, war das schwer, als sie von uns ging, gehen musste! Ist sie gut?"

„Frau Großmutter, gibt es denn auch schlechte Mütter?"

Die alte Markgräfin schwieg eine Weile. Antworten wollte sie auf diese Frage nicht.

„Aber du, Hedwig, wirst sicher eine gute Mutter!"

Als Hedwig wieder in den Festsaal zurückkehrte, hörte sie den Großvater erzählen. Er saß und trank. Heinrich hörte ihm aufmerksam zu. Hedwig wollte ihm eine Freude machen und fragte:

„Ihr habt zu unserer Begrüßung auf den seit langem bestehenden Dreiklang der Wettiner, Piasten und Andechser angestoßen. Wie kam es zu diesen engen Beziehungen?"

Markgraf Dedo fühlte sich geschmeichelt und antwortete strahlend:

„Da muss ich etwas ausholen."

Er machte eine Pause, um dadurch die Spannung zu erhöhen.

„Der Urgroßvater deines jungen Gemahles, Boleslaw III., verstarb vor etwa fünfzig Jahren. Er hatte bestimmt, dass nach seinem Tod Polen unter seine Söhne aufgeteilt werden sollte. Das waren Wladislaw II., Herzog von Krakau und Schlesien, aus seiner ersten Ehe mit Zbislava von Turow und aus seiner zweiten Ehe mit Salomea von Berg Boleslaw IV., Herzog von Masowien, Mieszko III., Herzog von

Großpolen, und Henryk, Herzog von Sandomir. Kazimierz II. war später Herzog von Krakau.

Wladislaw II. ist Heinrichs Großvater, meine liebe Enkelin Hedwig. Die vier Brüder – aus zweiter Ehe – hatten eine Schwester: Dobronega, und diese heiratete mein Bruder Dietrich, Markgraf der Niederlausitz. So wurden die Piastenfürsten mit den Wettinern verwandt. Heinrichs Urgroßvater, Boleslaw III., hatte auch bestimmt, dass der Älteste die Großfürstenwürde erhalten sollte mit einer Art Oberherrschaft über die andern. So erbte Heinrichs Großvater, Wladislaw II., das Herzogtum Krakau und Schlesien.

Die vier Halbbrüder empörten sich und vertrieben ihn 1146. Er fand mit den Seinen Zuflucht bei seinem Schwager, dem deutschen König Konrad III., im reichseigenen Pleißeland, in Altenburg."

„Davon hörten wir durch den Burggrafen von Altenburg und im Kloster Pegau an seinem Grabe. – Ich danke Euch, nun sehe ich klarer."

Hedwig verneigte sich.

„Oh, wir sind noch nicht fertig, liebe Hedwig. – Nach dem Tode seiner ersten Gattin Agnes, die im Kloster Pforte ihr Grab fand, heiratete Heinrichs Großvater eine Tochter Albrechts des Bären. Er wurde dadurch mit meinem Bruder Otto, den sie ob seiner Silberfunde ‚den Reichen' nennen, verwandt, der ebenfalls eine Tochter Albrechts des Bären von Brandenburg heiratete."

Die junge Herzogin seufzte in ihrem Innern:

‚Alles Bestimmte!'

Der Markgraf nahm einen kräftigen Schluck und neigte sich dann zu Hedwig:

„Der Bruder deiner lieben Mutter Agnes, also mein Sohn Konrad, heiratete Elisabeth, die Tochter des mächtigen großpolnischen Herzogs Mieszko III. Das zu wissen, kann Euch einmal dienlich sein."

So ins Erzählen gekommen, wandte sich Markgraf Dedo an den Herzog Heinrich:

„Dein Vater Boleslaw begleitete unsern Kaiser auf seinem ersten Romzug anno 1155. Zwei Jahre später begann der Kaiser einen Feldzug gegen Boleslaw IV., der seinen Halbbruder vertrieben hatte. Am

22. August überschritt unser Heer die Oder. Vor Posen unterwarf sich Boleslaw IV. Ich hörte ihn sagen: ‚Ich habe meinen Bruder Wladislaw nicht zum Schimpf des Römischen Reiches vertrieben. Ich verspreche, mich zu Weihnachten vor einem Gericht in Magdeburg zu verantworten. Dort mag mein Bruder seine Klagen gegen mich erheben.‘

Es kam aber anders: Dein Großvater starb am 2. Juni 1159 in der Verbannung. Ihr habt in Pegau an seinem Grab gebetet. Dein Vater Boleslaw, lieber Heinrich, war in dieser Zeit mit dem Kaiser in Italien von 1158-1162. Euch, seine Familie, hatte er in Erfurt zurückgelassen.“

Nun wandte sich Markgraf Dedo wieder an Hedwig:

„Auch waren an diesem Romzug dein vor kurzem in Andechs verstorbener Großvater Berthold V. – Gott gebe ihm ewige Ruhe! – und wir drei Wettiner Brüder beteiligt. Diese vier Jahre haben die drei bedeutenden Familien verbunden, was eure junge Ehe erneut bestätigt. – Ich trinke auf die kluge Wahl deines geliebten Großvaters und des Großoheims Otto, des Bischofs von Bamberg, meine Enkelin Hedwig.“

Hedwig erhob sich und verneigte sich tief.

Für den Jungherzog Heinrich hatte der Markgraf noch ein besonderes Wort:

„Ich hörte, wie der Kaiser deinen Vater öffentlich belobigte: ‚Ehre, wem Ehre gebürt! Herzog Boleslaw hat vor Mailand einen Riesen besiegt!‘ Darauf schlugen alle Ritter mit den Schwertern an die Schilde.“

Er erhob seinen Becher und trank Herzog Heinrich zu.

Hedwig meinte nun genügend Einblick in die Familienverbindungen gewonnen zu haben und wollte sich gern zurückziehen, aber der Großvater redete weiter, so dass sie nicht bitten konnte, aufstehen zu dürfen.

„Nach der Rückkehr vom Romzug hat dann der Kaiser 1163 bei Herzog Boleslaw IV. die Abtretung Schlesiens an deinen Vater Boleslaw und deinen Onkel Mesko erreicht. So konnten sie 1163 endlich zurückkehren und haben Schlesien als selbständiges Herzogtum innerhalb der polnischen Senioratsverfassung inne. Im gleichen Jahr noch holte dein Vater Boleslaw Zisterzienser aus Pforte nach Leubus, wo vordem Mönche des heiligen Benedikt waren. Er hatte in den siebzehn Jahren seiner Verbannung die Bedeutung des großangelegten Siedlungswerkes der Grauen Mönche erkannt. Ich erhebe meinen Becher auf sein Wohl. Grüßt ihn herzlich von mir und überreicht ihm diesen Becher als Zeichen der langen Verbundenheit."

Herzog Heinrich nahm den Becher mit Dankesworten entgegen.

„Mein Vater hat mir oft erzählt, welch tiefen Eindruck auf ihn die siebzehn Jahre hier im Lande gemacht haben. Er hat erfahren, wie sehr die Geltung eines Fürsten von seiner wirtschaftlichen und militärischen Macht abhängt."

Hedwig fragte, und es zitterte eine leichte Angst in ihrer Stimme:

„Wer lebt noch von den aufrührerischen Brüdern deines Großvaters?"

„Der alles bestimmende Mieszko III. und Kazimierz II. leben noch."

Markgraf Dedo wollte dem jungvermählten Paar Zschillen zeigen, das er vor etwa zwanzig Jahren auf Rat des Bischofs Gerung von Meißen auf eigenem Grund und Boden im Gau Rochlitz am Ufer der Mulde gestiftet hatte. Aber er wurde durch wichtige Besprechungen in den Hofämtern davon abgehalten. Darum bat er seinen zweiten Sohn, Propst Philipp von Xanten, der seit kurzem auf der väterlichen Burg weilte, das junge Herzogspaar dorthin zu begleiten.

Unterwegs gab er seine Erklärungen:

„Mein Vater hat dieses Stift dem Propst Ekkehard von Lauterberg bei Halle übergeben. Augustinerchorherren zogen in Zschillen ein."

„Wie bei uns in Dießen", bemerkte Hedwig.

„Während der Bischof den Novalienzehnt aus dem Gau Rochlitz schenkte, hat mein Vater eine große Anzahl Hufen bebauten und unbebauten Landes, die im gleichen Gau und im angrenzenden Wald liegen, gegeben und die Gaukirche von Rochlitz, die ihr besucht habt."

Propst Philipp führte die beiden in die herrliche Pfeilerbasilika mit ihren ausgewogenen Maßen und den rundbogigen Fenstern. Er wies auf den Altarraum und sprach von Erwägungen, diesen einmal – nach Fertigstellung anderer Bauten – durch einen Lettner mit einer großen Kreuzigungsgruppe und reichem Figurenschmuck zu versehen.

„Die Kirche ist als Begräbnisstätte des Stifters auserkoren, den der Herr uns noch lange erhalten möchte!"

Gern erzählte der Oheim von Xanten, als Hedwig darum bat. Sie hatte durch Magistra Petrissa davon gehört, die vor den Schülerinnen die Nibelungengestalten Siegfried, Kriemhild, Brunhilde und Hagen erstehen ließ. Hedwig wusste noch einige Verse auswendig.

Der Onkel berichtete voll Stolz vom heiligen Viktor und seinem Martyrertod. Als er eine Münze mit der Umschrift ‚SCA TROIA = heiliges Troja' zeigte und Heinrich sie bewundernd betrachtete, schenkte er sie ihm. –

Markgraf Dedo hatte von seinen Kunstschreibern eine Aufstellung der Familienverbindungen anfertigen lassen und überreichte sie am letzten Abend, als sie den Sonntag in der Festhalle beschlossen.

Hedwig saß neben der Großmutter Mathilde und war ihr behilflich. Der bevorstehende Abschied hatte das Antlitz der alten Markgräfin gezeichnet. Ihre Lebenskräfte, die durch die Gegenwart der Enkelin in dieser Woche einen Aufschwung erhalten hatten, ließen wieder nach.

Mit dem Segen der Großeltern reisten sie am Montag in der Frühe zur Reichsabtei Chemnitz, die Kaiser Lothar gegründet hatte. Im Bergkloster der aus Pegau stammenden Benediktiner wurden sie liebevoll aufgenommen.

Am nächsten Tag fuhren sie, wie der Großvater es ihnen vorgeschlagen hatte, zum Zisterzienserkloster Marienzelle bei Nozin. Da der Abt Matthäus verreist war, führte Mönch Ludeger die hohen Gäste. Er erklärte ihnen die Anlage:

„Das Kloster, das uns abgeschieden von der Welt leben lässt, soll noch ein besonders massives Eingangsportal in der langen und hohen Mauer erhalten, einem Kirchenportal gleich, durch das der Mensch in einen geheiligten Bezirk eintritt, hier in den verschlossenen Garten, der unser gesamtes Leben in Gebet, Arbeit und Stille, mit Wirtschaftsgebäuden und Handwerksstätten am durchgeleiteten Bach nach Zisterzienserregel umschließt, wo der Welt das große ‚Halt!' zugerufen wird."

Hedwig und Heinrich lauschten dem Mönch, der einen Augenblick versonnen dastand und dann hinzufügte:

„Es schwebt uns Mönchen ein rundbogiges Gewändeportal vor, weil es einladen soll, die Welt zu verlassen und hindurchzuschreiten. Draußen breit angelegt, soll es stufenweise in den eigentlichen Durchgang führen, wie auch wir stufenweise immer tiefer eingetreten sind in das Geheimnis des Mönchslebens, das sich einem Außenstehenden wohl niemals ganz erschließen kann. Hier beginnt der ‚hortus conclusus', die jungfräuliche Welt des Betens und Arbeitens. – Alles Tun ist Gottesdienst!"

Dieses Wort nahm Hedwig dankbar mit, als sie am andern Morgen Abschied nahmen.

Hedwigs Großonkel, Markgraf Otto von Meißen, ließ die Wagenkolonne mit sicherem Geleit abholen. Sie kamen schon am frühen Nachmittag in der Unterstadt an. Dort blieben die Wagen unter Bewachung zurück.

Sie stiegen die steilen Pfade den Burgberg hinauf und wurden auch hier mit Hörnerklang angekündigt.

Der Markgraf, seine Gemahlin Hedwig und Bischof Martin begrüßten das junge Paar am Roten Turm, wo der Burggraf mit seinen Mannen stand.

Der Bischof geleitete sie in den Dom, der mit seinen Türmen die Befestigungsmauern mit ihren Wachtürmen gewaltig überragte. Die Domherren sangen soeben einige Psalmen. Hedwig freute es, hier die gleichen heiligen Gesänge zu vernehmen, die sie in Kitzingen so oft mitgesungen hatte. In ihrem Herzen sang sie mit.

Beim Mahl erkundigte sich der Markgraf nach der Familie und ließ sich vom Aufenthalt in Rochlitz, aber auch von Marienzelle berichten. Dann erzählte er von den Silberfunden auf dem ‚freien Berg' im

Miriquidiwald. Hedwig wollte etwas über das Bistum Meißen hören und bat Bischof Martin darum.

Dieser erzählte von der Gründung vor 220 Jahren, vom dritten Bischof Eid, einem Mann voll Gerechtigkeit und Einfalt im Herzen, der auch im strengsten Winter seine Seelsorgspfade barfuß ging und manchmal in der Wärmestube aufgetaut werden musste. Diese Worte machten auf Hedwig einen besonderen Eindruck. Ihre Wangen röteten sich, als sie den Worten des Bischofs lauschte. Dann sprach er vom zehnten Bischof, dem frommen Benno, der vierzig Jahre hier ausgehalten und das Land spürbar gesegnet hatte. Spannend erzählte der alte Bischof die Legende von den Domschlüsseln im Bauche eines Riesenfisches, der gerade gefangen wurde, als der vordem aus Meißen geflüchtete Bischof Benno sich, als Pilger verkleidet, heimzukehren getraute.

„Wenn hierzulande etwas gut wächst oder der Fischfang reich ist, dann sagen die Leute: ‚Bischof Benno hat das Land gesegnet.‘ Ich bin nun schon der siebzehnte Bischof von Meißen. Wir leben hier unter dem Schutz des Markgrafen und seines Burggrafen friedlich miteinander.

Ich freue mich besonders über das Kloster in Marienzelle. Welchen Segen bringen doch diese wahrhaft streng lebenden Mönche dorthin, wo vor kurzem der Wald noch finster, wild und voller Gefahren war. Das Land und die Menschen, vor allem die Seelen, müssen kultiviert werden. Das wünsche ich auch dem Nachbarland durch Euch, Heinrich und Hedwig.“

Der Markgraf überreichte ihnen einen Beutel mit neuen Silbermünzen zum Abschied.

Am nächsten Morgen mussten sie schon zeitig mit der Elbfähre übersetzen. Der Burggraf sorgte dafür, dass die Wagen den steilen Berg auf dem rechten Elbufer mit Zusatzpferden hinaufgezogen werden konnten.

Hedwig blickte noch einmal auf die Kirche und die Burg auf der andern Seite, dann schaute sie vorwärts. Die Reise nach Budissin war noch weit. –

Nach langer Fahrt durch hügeliges Waldgebiet kamen sie am späten Nachmittag des Donnerstags der fünften Woche im alten Siedlungsgebiet Göda an, das der Mittelpunkt von drei Burgwarden war. Hier rasteten sie; denn in Meißen war ihnen angeraten worden, in Göda haltzumachen und sich mit Nahrungsmitteln versorgen zu lassen, wiel Göda eine Verwaltungsstelle des Meißener Domes war.

Hedwig besuchte die Kirche und erfuhr vom Plebanus, dass Bischof Benno die Kirche gegründet hatte und dass Bennos Mutter Bezela hier gewohnt hatte.

Nach knapp zweistündiger Fahrt sahen sie die mächtige Burg Budissin hoch auf einem Felsen vor sich liegen. Sie überquerten die tief im Tal fließende Spree, die den Burgberg wie ein natürlicher Graben umfloss, und kamen in den Ort. Hedwig hörte sorbische Worte, Heinrich erklärte:

„Die Milzener und Liutizen sind ein größerer Volksstamm der slawischen Völkerfamilie und bewohnen das Gebiet um Kamenz – Budissin – Löbau."

Sie fuhren durch das Tor in den weiten Burghof ein, wo sie der Burggraf willkommen hieß.

Als das Ehepaar in der Kemenate war, erzählte Heinrich noch von der wechselvollen Geschichte der Burg. Hedwig fragte erstaunt, woher er das alles wüsste. Da machte es ihm eine besondere Freude, ihr zu erklären, wie der bedeutende Herrscher Polens, der tapfere Boleslaw Chrobry, 1018 im Frieden von Budissin nach vielen Feldzügen gegen Kaiser Heinrich II. die Lausitz mit Meißen als Reichslehen erhielt.

„Sein Machtgebiet erstreckte sich auf Schlesien, Böhmen, Mähren, Chrobatien und Masowien im Land der Weichsel. 1025 krönte er sich zum König. Er gründete das Bistum Gniezno/Gnesen. In seiner Regierungszeit wallfahrtete Kaiser Otto III. zum Grab seines Freundes Wojciech, auch Adalbert genannt, nach Gnesen."

„Das, mein Gemahl, vernehme ich von dir lieber als von Kämpfen und Eroberungen."

Ein Bote bat das Herzogspaar zum Mahl. Auch hier hörten sie von der wechselvollen Geschichte Budissins.

Der Burggraf berichtete:

„Anfang 1158 belehnte unser Kaiser Friedrich den Herzog Wladislaw II. von Böhmen mit dem Land Budissin. Bald aber wurde es wieder Tafelgut unseres Königs und Kaisers Barbarossa. Als Befehlshaber und Leiter der Verwaltung und Gerichtsbarkeit habe ich hier den Schutz des Landfriedens wahrzunehmen."

„Der Friede liegt uns sehr am Herzen", sagte Hedwig.

Am andern Morgen in der Frühe besuchte sie nur in der Begleitung einer Dienerin die Kirche. Sie dankte Gott für die bisherige gute Fahrt und flehte um Kraft für den Rest der Reise. Die ganze Umwelt kam ihr noch fremder vor, als sie noch vor zwei, drei Wochen vermutet hatte.. Aber sie hatte unterwegs viel gesehen, gehört und gelernt. Vor allem hatte sie erfahren: Heinrich war gut zu ihr.

Nach dem Paternoster kam langsam, Wort für Wort stockend, ein Gebet:

„Vater, wir sind beide noch Lernende in der ehelichen Liebe ... Habe Geduld mit uns, mit ihm und mit mir ... Wir sind noch weit vom Sinai deiner Vollkommenheit entfernt ... Schenke mir Geduld, dass ich meinen Mann liebend ertrage ... wenn er meiner bedarf, ... auch wenn ich unter ihm leide."

Sie verhüllte, tief gebeugt, mit beiden Händen ihr Gesicht.

„Im Osten tritt die Sonne auf ihre goldne Bahn.
Mit ihrem frohen Aufgang hebt unser Tagwerk an."

So weckte Hedwig singend ihren Gemahl, als sie vom Gottesdienst zurückkam und dadurch ihre Niedergeschlagenheit bezwang.

„Wann kommen wir nach Schlesien?" fragte sie Heinrich.

Wir müssen noch die Neiße und den Queiß überqueren."

Nach längerer Fahrt machten sie am Herrensitz Kittlitz im Altsiedelland Halt.

Von dort reisten sie weiter durch den Wald nach Jauernick. Hier waren sie wieder im gerodeten oder offenen Land, besuchten kurz die Kirche und fuhren durch die zu Jauernick gehörenden Dörfer um den weithin sichtbaren Berg, der das Land wie eine Krone beherrschte, und kamen in den Ort Gorelitz. Heinrich erklärte seiner jungen

Frau, dass der Ort slawischen Ursprungs wäre und vom nahen Berg, Góra, den namen ‚Bergstadt' erhalten hätte.

Dompropst Dietrich hatte in Meißen kurz erwähnt:

„Ihr könnt in der kaiserlichen Villa bei der Nikolaikirche gut unterkommen und anderntags auf breiten Fähren die Neiße überqueren."

So war es auch. Sankt Nikolaus, der Patron der Schiffer, den Hedwig als solchen von Andechs und vom Main her kannte, half ihnen, dass sie gut hinüberkamen.

Auf dem rechten Ufer, vom Dörfchen Zgorzelec aus, fuhren sie durch sumpfiges Land und kamen auf grundlosen Wegen nur mühsam vorwärts. Sie begegneten Händlern mit Saumrossen. Nun war ihr Ziel Luban nicht mehr allzu weit.

Hedwig hatte ihren Gemahl gebeten, zunächst den slawischen Namen und dann den deutschen Namen zu nennen. So übersetzte er den Namen des Ortes in Lauban.

„Dort werden wir in einer kleinen Burg, Kostel genannt, beim Kastellan übernachten."

„Werden wir dort den Sonntag als Ruhetag heiligen können?"

„Ja, meine Hadwiga!"

Als sie am Nachmittag angekommen und allein in ihrer Kemenate waren, bat sie ihren Gemahl, den Sonntag, wie es ihr Petrissa geraten hatte, durch das Opfer des Verzichtes der ehelichen Liebe heiligen zu dürfen. Er verstand ihren Wunsch nicht recht, aber gewährte ihr die Bitte:

„Weil du es möchtest, Hadwiga."

Sie ließ ihren Kaplan Wunhild am nächsten Tag in der kleinen Kirche die heilige Messe feiern. Sie selbst war schon zeitig in der schmucklosen Kapelle und betete aus ihrem Stundenbuch das in der Kirche übliche liturgische Morgengebet, die drei letzten Lob- oder Laudespsalmen nach dem Mahnwort ihrer Magistra:

„Gotteslob ist Pflicht der Guten!"

Kaplan Wunhild musste sehr Obacht geben, dass er die heilige Feier würdig beging. Beim Segensgruß schaute er in das ehrfürchtige Gesicht seiner Herrin. Es war ihm, als schenkte sie ihm die Achtung vor dem geweihten Priester, die er tagsüber nicht erlebte. Als er ihr den Leib des Herrn reichte, sah er in ein unsagbar demütig leuchtendes Antlitz, dass ihm die grobe Hand dabei leicht zitterte. Hedwig merkte es in ihrer Andacht nicht.

Sie hatte sich vorgenommen, an diesem geheiligten Sonntag zu ihrem Gemahl besonders herzlich zu sein. Sie schlug ihm vor, gemeinsam auf den nahegelegenen Berg zu reiten. Es war so schönes, leuchtendes Wetter.

„Der Blick von dort nach Schlesien muss herrlich sein!“

Sie ritten den mit vielen Basaltsteinen bedeckten Bergpfad hinauf. Als sie oben waren, überraschte sie ein ungewöhnlich schöner Ausblick.

Heinrich erklärte ihr in der Ferne die Iserberge und das Riesengebirge diesseits und jenseits der böhmischen Grenze. Sie sahen im Sonnenstrahl auch eine mit Schnee bedeckte Koppe leuchten.

„Das erinnert mich an den spitzen schneebedeckten Berg, den ich auf Burg Andechs in der Ferne sehen konnte.“

Dann wies Heinrich hinter die Wälder:

„Da drüben fließt der Bober der Oder zu. Hinter dem Queiß beginnt unser Land. Morgen sind wir da.“

„Und dann bin ich deine *Jadwiga*, mein lieber Gemahl!“

Am Abend bereitete sie ihm in der kleinen Burgkemenate eine Lichterstunde. Sie hing ihr Madonnenmedaillon auf und zündete davor vier Kerzen an. Auch stellte sie einige Blumen, die sie vom Steinberg mitgebracht hatte, in einen Becher. Von der Dienerin hatte sie sich ihre Harfe aus dem Gepäck bringen lassen. Sie wollte ihren Gemahl mit einem Lied überraschen, das sie unterwegs von seinen Leuten gehört und gelernt hatte.

Sie prüfte die Saiten, dann schritt sie von der Tür aus dem Madonnenbild einige Schritte näher und sang zur Harfe mit ihrer zarten Stimme:

„Gottesgebärerin, Jungfrau“,

sie trat einige Schritte näher und sang:

„von Gott gebenedeite Maria.“

Sie verneigte sich tief vor dem Madonnenbildchen. Erfreut sang Heinrich weiter:

„Bei deinem Sohn, dem Herrn,
auserwählte Mutter Maria,
erlange uns Glück
und lass es uns herab auf die Erde.
Herr, erbarme dich!“

Hedwig hatte leise mitgesungen und dazu die Saiten der Harfe klingen lassen.

Hedwig küsste das Bild und reichte es Heinrich zum Kuss.

Heinrich sagte freudig überrascht:

„Weißt du auch, Hadwiga, dass dieses Lied zu Ehren der Gottesmutter-Jungfrau Maria das älteste polnische Lied ist, das Wiegenlied des polnischen Volkes? Mit diesem Lied wirst du dich in das Herz des polnischen Volkes hineinsingen. Es soll vom heiligen Wojciech (Adalbert) stammen, ähnlich wie die Legende mit den polnischen Adlern im Nest von Gnesen. Die ältesten polnischen Kirchen sind der Muttergottes geweiht, auch die Kirche des Erzbistums Gnesen.“

„Das freut mich, Heinrich. Du weißt, wie ich die allerseligste Jungfrau Maria ehre und liebe und täglich ihr Bild als kostbarsten Schmuck trage. Sie muss uns und ganz Polen unter ihren weiten Mantel nehmen und beschirmen. Sie ist meine Mutter, die mich überallhin begleiten wird.“

Sie wollte erst sagen: „In die Fremde“, aber sie unterließ das Wort. Schlesien war ihr zwar nicht ein unbekanntes Land, aber seit dem herzhaften „Tak!“ keine Fremde mehr.

Klare Sicht bedeutet oft, dass der nächste Tag Regenwetter bringt. Als sie nach einigen Stunden mitten in den riesigen Wäldern zwischen Queiß und Bober rasteten, überfiel Hedwig trotz der schönen Stunden am Sonntag die Einsamkeit des Herzens. Das Wort ‚Fremde‘, das sie gestern noch in der ganzen Freude von sich gewiesen hatte, bedrückte sie jetzt. Das Schwanken der Stimmungen, gegen das Magistra Petrissa bei allen Mädchen hatte ankämpfen müssen, konnte sie nicht abschütteln. Da fiel ihr das mahnend ernste und doch lächelnd gesagte Wort der unvergessenen Lehrerin ein:

„Principi obsta! – Im Anfang widerstehe!"

Sie eilte in den Wald, wo sie ganz allein war. Sie zwang sich auf die Knie, wie sie es im Kloster oftmals zur Verdemütigung gelernt hatte. Sie zwang sich noch tiefer, auf die nasse Erde. Sie gab sich einen Ruck:

Sie küsste die Erde! Sie tat es mit der gleichen Inbrunst, mit der sie zum erstenmal den ihr bestimmten Gemahl aus innerstem Befehl ihres Herzens geküsst hatte.

Heinrich hatte sich Sorge um sie gemacht und sie gesucht. Er sah sie und fragte erschrocken:

„Was tust du, Jadwiga?"

Er schaute ihr beflecktes Kleid, ihr beschmutztes liebliches Angesicht. Daraus leuchteten zwei unsagbar schöne Augen:

„Einst habe ich aus Liebe den Boden Kitzingens geküsst ... Nun will Er es anders."

„Wer, Jadwiga?"

„Der Dux, der vor mir herzog. Ihn liebe ich in dir, Heinrich. Dux Zlesiae. In Seine Fussstapfen will ich barfuss treten, wohin Er mich führt!"

„Du hast dich ja beschmutzt, Jadwiga!"

„Beschmutzt? Nein! Dieser Boden beschmutzt mich nicht. Hier wohnen alle meine Kinder. Kinder beschmutzen ihre Mutter nicht, Heinrich!"

„Du bist so anders, Jadwiga!"

„Jadwiga muss so sein, wie Er seit Anbeginn mich wollte."

„Ich begreife dich nicht, Jadwiga!"

„Nicht dass wir uns begreifen, ist entscheidend, sondern dass wir uns mehr und mehr liebend erkennen."

Heinrich sann über ihre Worte nach, fasste sie aber nicht.

„Du bist zu fromm, Jadwiga. Schlesien ist kein Kloster!"

„Wir können nicht fromm genug sein, Heinrich!"

„Aber anders als im Kloster Kitzingen."

„Er hat gesagt: ‚Nicht ihr habt mich erwählt, sondern ich habe euch erwählt, damit ihr hingeht und Frucht bringt.' Das Land deiner

Väter, das einmal dein Land sein wird, ist das Land, das er mir zugewiesen hat: ‚Ziehe in das Land, das ich dir zeigen werde!' Nicht das Kloster, wie ich es heiß ersehnt hatte, ist meine Welt, in die ich, von Ihm gesandt, gehen muss und will. Ich habe tak gesagt zu dir und deinem Land, auch wenn es hier noch unbebauter Boden ist. Ich will es lieben, hier regieren."

„Wie willst du regieren? Die Herzogin hat keine Regierungsgewalt."

Sie lächelte ihn aus ihrem erdbedeckten Gesicht an und nickte:

„Du sollst und wirst einmal mit Gerechtigkeit kraftvoll und umsichtig regieren, Heinrich, Dux Zlesiae, ... ich aber in der Kraft meiner Schwachheit, im Dien-Mut der ancilla Domini, als Magd des Herrn."

Sie neigte schamhaft ihr Haupt bei diesen Worten.

„In jedem deiner Untertanen will ich dem Herrn dienen, ja ihm die Füße waschen."

Unheimlich schienen Heinrich diese Worte.

Er rief die Dienerinnen herbei:

„Die Herrin ist zu Boden gefallen."

Als Hedwig gewaschen und im neuen Gewand vor ihm im Wagen saß, ergriff er sie plötzlich, umklammerte sie und wollte sie ganz für sich haben.

Noch ließ Hedwig diese kraftvolle, ja stürmische Besitzfreude über sich ergehen. Sie hatte in diesen Wochen gelernt, dass sie warten musste mit ihm. Warten wird das Dulden ihrer Seele werden.

Leidenschaftlich fragte er sie:

„Jadwiga, liebst du mich?"

„Tak!" sagte sie und strich ihm über den Bart.

Aus der Tiefe ihres Herzens, wo der Heilige Geist leise, aber unaufhörlich seufzte, klang es froh erduldend:

„Ja, ich liebe dich, Heinrich von Schlesien, ... in Christus Jesus!"

Kindersegen

Niemand brauchte es Hedwig zu sagen, sie spürte es Tag für Tag: Aller Anfang ist schwer!

Es war so vieles neu, so ganz anders, für eine zwölfjährige junge Frau wahrlich nicht leicht durchschaubar und vollziehbar.

Hedwig bemühte sich, es nicht zu zeigen. Wiederum half ihr Petrissas Rat:

„Primo anno oculus! – Im ersten Jahr nur schauen." Wie in der Kleiderkammer zu Kitzingen: alles genau beobachten: die Hofgebräuche, die Esssitten, den Verkehr mit dem regierenden Herzog Boleslaw, den das Volk ‚den Langen' nannte, und seiner Gemahlin, der Grafentochter aus Sulzbach.

Hedwig sprach in Gegenwart anderer mit ihr nicht in der heimatlichen Mundart; denn die meisten Bewohner von Wroclaw/Breslau sprachen polnisch. Nur die Kaufleute aus Thüringen und einige andere Deutsche in der Kaufmannssiedlung bei der mächtigen Burg nannten die Stadt, die noch keine Stadtrechte hatte, Breslau. Hedwig hörte von ihrem Gemahl, dass die slawische Wehrburg mit Handwerker- und Kaufmannssiedlung bereits vor zweihundert Jahren bekannt war und das Bistum schon um das Jahr 1000 bestand.

Hedwig mahnte ihre aus Andechs mitgebrachte persönliche Umgebung, die Ritter und Diener, die Kapläne und Edelfräulein, möglichst bald die polnische Sprache zu lernen. Waren sie unter sich, redete sie mit ihnen in der Muttersprache, wie auch ihr Gemahl sich der von seiner deutschen Mutter erlernten Sprache bediente, wenn er mit ihr allein war. Er beherrschte sie ebenso sicher wie die vom Vater ererbte polnische Sprache.

Es gehörte für Hedwig mit zur Erfüllung ihres ernstgemeinten Tak-Wortes, sich ganz in Schlesien hineinzuleben und zu geben. Sie wusste ja nicht, dass ihre kostbarste Mitgift *sie selbst* war. Von Tag zu Tag lernte sie etwas hinzu wie in den schweren Anfangstagen bei Magistra Petrissa.

Sie merkte nicht, dass sie ein Senfkörnlein war, wenn sie mit freundlichem Angesicht zu den Tageszeiten grüßte:

„Dzień dobry! – Guten Tag!
Dobry wieczór! – Guten Abend!
Dobranoc! – Gute Nacht!"

Wie wohl empfanden es die Gäste, wenn ihnen die junge Frau Jadwiga „Do widzenia! – Auf Wiedersehen!" wünschte. Wie gut tat es Scheidenden, wenn sie ihnen ein herzliches „Lebe wohl!" mit auf den Weg gab.

Es war nur ein Senfkörnlein, eine winzige Aufmerksamkeit, ein Zeichen des Taktes. Sie ertrug es auch, dass ihre Zuhörer sie verbesserten. Dann dankte sie mit einem herzhaften Lachen:

„Rom ist nicht an einem Tage erbaut."

Sie vermehrte die Unterrichtsstunden und bat ihren Gemahl, einmal in der Woche einen ganzen Tag nur polnisch mit ihr zu sprechen. Sie las dann die Worte von seinen Lippen ab, besonders die Vokale, und dankte ihm für seine Mühe. Ihn wiederum freute ihre treue Geduld.

Sie bat ihn um die Übersetzung des Gebetes zu Vorbereitung auf die gemeinsame heilige Kommunion:

‚O mein Jesus, ich glaube fest und unerschütterlich, dass du im allerheiligsten Sakrament des Altares gegenwärtig bist; denn dein Wort ist unfehlbare Wahrheit. In tiefster Demut bete ich dich an, weil du mein Herr und mein Gott bist.'

Es kostete sie viel Mühe, es zu lernen, aber nichts war ihr zuviel für den, in dem sie ihren Gemahl liebte.

Und wenn er meinte:

„Ich weiß nicht, was ich beichten soll", sagte sie liebevoll ernsthaft:

„Dann helfe ich dir, Heinrich. Eheleute sollen ja keine Geheimnisse voreinander haben. Du hilfst mir, meine Fehler zu entdecken, und ich helfe dir."

„Du machst doch keine Fehler, Jadwiga!"

„Vor der unbegreiflichen Liebe Gottes machen wir immer Fehler. Aber wenn wir einen Schritt zu Ihm gehen, dann kommt Er uns zwei Schritte entgegen."

Sie erzählte vom Vater im Evangelium, der dem verlorenen Sohn entgegenging, ihm um den Hals fiel, ihn küsste und ihm ein Freudenmahl bereitete.

Auch in ihrer Ehe mussten sie Geduld haben. Hedwig bat die Priester oft um den Segen, dass Gott ihren Schoß fruchtbar machen möchte. Manchmal träumte sie davon, dass sie ein Kind an ihre Brust drücken durfte. Aber ein langes Jahr verging in Hoffen und Harren. Wenn sie Monat für Monat den Kopf geschüttelt hatte, dann streichelte Heinrich sie:

„Deine Sehnsucht nach einem Kind ist mir ein großer Trost. Wir machen einmal eine Wallfahrt zum Kloster Lubiaz/Leubus."

Herzog Boleslaw sah es gern, dass Heinrich und Jadwiga in die von ihm gegründete Niederlassung des ‚Grauen Ordens' der Zisterziensermönche pilgerten. Sein Onkel Otto war im berühmten Mutterkloster Morimond an der Grenze von Lothringen und der Champagne Abt gewesen, von 1138 bis 1158 Bischof von Freising und nebenbei ein eifriger Geschichtsschreiber.

Der Herzog gab seinem Sohn eine reichliche Spende mit für heilige Messen zu Ehren der Patronin des Klosters, der Jungfrau Maria. Auch bat er:

„Die Mönche möchten das am Grabe des heiligen Martyrerbischofs Stanislaus Szczepanów von Krakau entstandene erhabene Lied singen: ‚Gaude mater Polonia, prole foecunda nobili! ..."

„Bischof Stanilaus wurde Martyrer?" fragte Hedwig.

„König Boleslaw II. wurde ‚der Freigebige' genannt, weil er die polnische Kirche erneuerte, aber auch ‚der Verwegene', weil er 1075 den Bischof am Altar erschlagen ließ. Er verlor durch die Magnaten seine Machtstellung, musste fliehen und büßte seine Untat sieben Jahre lang in einem oberösterreichischen Kloster bis zu seinem Tode."

„Gibt es hier keine Frauenklöster?" fragte Hedwig enttäuscht.
„Noch nicht. Du vermisst sie wohl, Jadwiga?"

„Ihr spracht vorhin davon, wie wohl ihr Euch in Leubus fühlt. Haben Frauen nicht das gleiche Verlangen, für kurze Zeit in der Geborgenheit und Stille eines Klosters zu weilen?“

„Nicht alle Frauen denken so wie du, Jadwiga.“

„Weil sie den Segen, der daraus wächst, nicht kennen gelernt haben.“

„Die Mönche leben nicht nur beschaulich, sie roden in schwerer Arbeit den Boden und kultivieren ihn.“

„Das weiß ich, und ich bewundere ihr Wirken. Die Nonnen jäten ebenso geduldig das wildwachsende Unkraut, das riesig wuchernde Dornengestrüpp der Herzen und machen es zu einem lieblichen Garten der still blühenden und duftenden Tugenden, der Dienmut, der Barmherzigkeit, der schenkenden, ja sich verzehrenden Liebe. Ich habe den uralten Segen seit Bonifatius‘ Zeiten durch Liobas, Theklas, ja bis zu Magistra Petrissas Erziehung erfahren. Das Gleiche möchte ich auch den Töchtern Schlesiens und Polens wünschen.“

„Du weißt deine Bitten klug vorzutragen. Ich werde sie wohl erwägen, Jadwiga.“

Mit dem herzoglichen Schiff, das einen überdachten Raum mit Tischen und Bänken hatte, fuhr das Ehepaar mit einer ausgesuchten Begleitung die Oder abwärts. Hedwig hatte die Fahrt gut vorbereitet, sie hatte keine Ratgeberin, allein musste sie handeln.

Den Mönchen wollte sie eine gute Gabe mitbringen, darum ließ sie bei der Abfahrt Netze auslegen und Fischkästen bereithalten. Das kannte sie aus der Kinderzeit von den Fahrten nach Dießen. Den Kaplan Wunhild nahm sie aus einem besonderen Grund mit. Die Hoffräulein hatten nämlich geklagt, dass er ihnen nachstellte und in der Auswahl der sonstigen Mädchen nicht gerade wählerisch war. Als sie ihn zur Rede stellen musste, bekam sie die schroffe Antwort:

„Das ist doch nichts Besonderes. Einige Bischöfe und die meisten Domherren haben ihre Frauen, und die Priester sind mit dem Adel verschwägert.“

Hedwig wollte ihm erst streng begegnen, aber sie beherrschte sich und sagte mit bewusst großer Milde:

„Ihr sagt mir nichts Neues, Hochwürden, nur muss ich Euch verbessern: Sie haben nicht ihre Frauen, sondern sie sind verheiratet. Das ist ein Unterschied. Nur frage ich Euch: Soll es so bleiben? Ich weiß, wie mangelhaft die Ausbildung der Priester ist. Auch Euch fehlt sie, Gott sei es geklagt. Darum möchte ich Euch mit nach Leubus nehmen, damit Ihr eine bessere Ausbildung bekommt. Ihr sollt dann nicht mehr Stallmeister, sondern ganz Priester sein. Wollt Ihr?“

Bis es zu diesem Gespräch kommen konnte, hatte Hedwig viel gebetet. Sie musste doch bei einem Priester aus ihrer eigenen Umgebung den Anfang machen. Sie erhielt die höchst erstaunliche Antwort:

„Wenn Frau Herzogin noch Vertrauen in mich setzt, dass ich ein anderer werden kann, dann will ich es versuchen.“

„Ich danke Euch, Hochwürden. Ich weiß, die Umkehr erfolgt nicht von heute auf morgen. Ich werde täglich für Euch beten. Ich vertraue Euch. Was bisher war, wird Euch Gott verzeihen, wie Er auch mir meine Sünden verzeiht.“

Sie hatte noch jemand anderes in ihrer Begleitung, die arme Frau Domzwilla, die zu den Bittstellern vor dem Dom gehörte. Hedwig badete sie, kämmte die verlausten Haare, rieb die Kopfhaut mit Essigwasser ein und salbte sie. Domzwilla wurde mit frischer Wäsche versehen und erhielt ein gutes Kleid. Herzog Heinrich ließ es geschehen, was Hedwig tat. Seine Mutter würde es zwar tadeln, wenn sie es erführe. Auch für eine Tätigkeit unterwegs war vorgesorgt. In der Bibel hatte Hedwig von der klugen Frau gelesen: ‚Ihre Hände sind nie müßig.‘ Mochten die andern auch sitzen und schwatzen, sie holte das angefangene Hemd heraus und nähte Stich für Stich daran, wie sie es im Kloster gelernt hatte. Auch erzählte sie Geschichten vom Herrn am See Gennesaret, wie sie es von Magistra Petrissa gelernt hatte. Sie merkte dabei, wie auch ihr Gemahl lauschte, weil er manche gar nicht kannte. Zwischendurch ließ sie die Frauen Lieder singen zu Ehren der Muttergottes mit dem Hinweis:

„Wir machen ja eine Wallfahrt zur Jungfrau Maria, der Patronin des Klosters.“

Auch stand sie selbst auf und sang zum Spiel ihrer Harfe:

„Ein neues Lied will ich dir singen, o Gott,
will auf meiner Harfe dich preisen.“

Da lauschten die Leute. Heinrich freute sich ihrer innigen Stimme und jetzt auch an dem Inhalt der Weise:

„Unsere Söhne seien wie junge Bäume,
hochgewachsen in ihrer Jugend,
unsere Töchter wie schlanke Säulen ..."

Ja, so war seine Jadwiga in ihrer hochgewachsenen schlanken Gestalt. Kindersehnsucht klang aus jedem Wort über das wogende Wasser vom segelbestückten Schiff in das Land rechts und links der Oder.

„Die Speicher seien gefüllt,
überquellend von vielerlei Vorrat.
Die Herden mögen tausendfach sich mehren,
auf unseren Fluren vieltausendfach!"

Heinrich wusste nicht, dass Hedwig ein Stück aus einem alten Psalm sang, den sie in Kitzingen oft mitgesungen hatte. Bei den nächsten Versen erinnerte sich Hedwig an das, was sie bei Schwester Berlinet gehört und gesehen hatte. Sie stand jetzt wie eine Bäuerin, die um alles wusste:

„Die Kühe mögen tragen ohne Verwerfen und Unfall, ... kein Wehgeschrei sei auf unseren Straßen."

Das hatte Hedwig erlebt, wenn die Tiere hungrig auf der Straße verendeten und die armen Bauern klagten.

Hedwig leitete alle an, den Endvers zu wiederholen:

„Wohl dem Volk, dem es so ergeht;
glücklich das Volk, dessen Gott der Herr ist!"

Nach einer kurzen Stille legte sie die Harfe beiseite und faltete die Hände:

„O Gott, Tag für Tag nährst du uns an deinem heiligen Tisch mit den Gaben, die aus Früchten der Erde bereitet sind. Versammle uns um deinen Tisch und hilf uns weiterzugeben, was wir empfangen durften, bis du uns zum ewigen Mahl rufen wirst."

Als sie am Abend nach guter Fahrt mit reichem Fischsegen für das Kloster ankamen, bat sie den Abt und den Prior, außerhalb der Klostermauern in der Herberge wohnen zu dürfen, weil sie die Mönche nicht bemühen wollte. Ihr Gefolge ermahnte sie, sich nirgends etwas gewaltsam anzueignen. Domzwilla betreute sie, als wäre diese die

Herzogin und nicht umgekehrt. Von Wunhild erbat sie sich den priesterlichen Segen, ehe er von Pater Prior in seine Zelle geführt wurde.

Hier am Rande des Klosters und in der Klosterkirche fühlte sich Hedwig geborgen. Sie rang im Gebet mit Gott wie einst Jakob:

„Ich lass' dich nicht, bis du mich segnest!"

Mit dem Abt konnte sie vereinbaren, dass sie jede Woche mit dem üblichen Schiff und im Winter mit dem Reisewagen eine andere arme Frau schicken durfte. Dem Kloster gab sie dafür milde Gaben.

„Irgendwo muss ich anfangen, auch wenn ich als Jungherzogin nichts zu regieren habe."

Der Abt sagte ruhig rechnend:

„Das sind im Jahr fünfzig Frauen und in zehn Jahren ... und in fünfzig Jahren ..."

„Bitte nicht rechnen!"

„Gibt es so viele Arme?"

„ ‚Arme habt ihr allezeit', sagte der Herr. – Es ist alles ein ach so bescheidener Anfang. Gott möge ihn segnen!"

„Das wird er, Frau Herzogin!"

Die Tage der Ruhe und Besinnung im Kloster Leubus waren eine Wohltat für Leib und Seele. Hedwig fühlte sich wohl, einmal dem Alltag des Hoflebens mit seinen Verpflichtungen, aber auch mit seinen Eifersüchteleien, dem Geltungsdrang, mit seinen Aufregungen durch Heinrichs Halbbruder Jaroslaw und die Onkel Mesko und Konrad und dem Hofklatsch entronnen zu sein.

Auch Heinrich war nach der Beichte, die ihm nicht leichtgefallen war, ruhiger und froher. Er hatte beim gleichen Pater gebeichtet wie seine junge Frau Jadwiga.

Nun saßen sie auf einer hohen Bank am etwas höher gelegenen Stausee und schauten zu, wie das Wasser in den bei jedem Zisterzienserkloster üblichen Mühlbach floss, dessen Wasser die an ihm gelegenen Klostermühlen und Handwerksbetriebe ständig versorgte.

Der Beichtvater hatte jedem geraten, dort einmal – wie Sankt Bernhard es lehrte – aus der Natur zu lernen, dem großen Betrachtungsbuch Gottes.

„Das Wasser wird gespeichert. Es wird nicht sofort verbraucht. Es ist gleichsam in seiner Ruhe enthaltsam, bis seine Stunde kommt, von oben herab auf die Mühlen zu fließen", wagte Hedwig das Gespräch einzuleiten. Sie wusste nicht, dass ihr Gemahl Ähnliches vom erfahrenen Pater gehört hatte, nachdem er davon gesprochen hatte, dass jedes Leben seine Ruhezeit braucht, damit es dann wieder um so kraftvoller, ja aus höherer geistiger Kraft, seine Aufgabe erfüllen kann.

Heinrich ließ Hedwig weitersprechen, das konnte sie in solchen Erwägungen besser als er. Sie hatte durch ihre Klosterschulung mehr Übung darin.

Hedwig schaute vor sich hin und sagte sinnend:

„Für alles braucht es seine Zeit, so las ich in der Bibel: eine Zeit, Kriege zu führen, und eine Zeit, im Frieden zu leben.

Gott schuf die vier Jahreszeiten: Frühling, Sommer, Herbst und Winter ... Es gibt eine Zeit, sich zu umarmen, und eine Zeit, die Umarmung zu meiden. Die Liebe, auch die zwischen Mann und Frau, braucht ihre Gezeiten der Entspannung und dann wieder die der kraftvollen Begegnung. Unsere ganze Welt braucht diese Weisheit des Lebens. Es ist wie beim Fangspiel der Kinder, wie beim Haschen der Mutter nach ihrem Kind. Sie lässt es von sich gehen, und dann lockt sie es wieder zu sich. Das ist für das Kind dann eine größere Freude, als wenn es immer bei der Mutter bliebe."

Heinrich war edel genug, sich von ihr belehren zu lassen, obwohl er längst gemerkt hatte, worauf sie hinauswollte. Er ermutigte sie sogar weiterzusprechen:

„Ähnliche Gedanken hat mir der Beichtvater auch gesagt."

„Dann darf ich ja ganz offen zu dir reden ... Es ist nicht Bitte um Schonung, es geht um die Steigerung unserer Ehekraft, ja, es wird zur Kraftquelle für unsere Umgebung.

Die Mönche *arbeiten* ja nicht nur für das ganze Volk, sie verzichten auf Speise und Trank, *ertragen* Nässe und Kälte, ja, sie *opfern* ihre stärkste Lebenskraft."

Da Heinrich ihr zunickte, konnte sie, wenn auch anfangs mit heiliger Scheu, ihm ihre Ratschläge darlegen, zu gewissen Zeiten eheliche Enthaltsamkeit zu üben:

„Ganz freiwillig, lieber Gemahl, ... jederzeit keine Pflicht, ... um dem Gebet besser zu obliegen, wie Sankt Paulus schreibt, ... immer unter dem Gebet: ‚Führe uns nicht in Versuchung!'... Komm zu mir, wenn die Enthaltsamkeit dir zu schwer wird ... Lass uns in andrer Weise zeigen, wie sehr wir einander lieben."

„Ich danke dir für das offene Wort. Nun sage mir noch, an welche Zeiten du denkst."

„Erschrick nicht, wenn ich anfangs mehr sage, als wir vielleicht miteinander vermögen. Abstriche wird es immer geben. Mir schwebt vor: die heilige Advents- und Fastenzeit, die vier Quatembertage, die Feiertage, an den Vortagen und Festtagen der Heiligen und an den Sonntagen."

„Sollen wir in diesen Zeiten getrennt zur Ruhe gehen, Jadwiga?"

„Keineswegs! Du sollst immer wissen und spüren, dass deine Gemahlin jederzeit für dich da ist. Wir werden beide lernen, wenn es anfangs auch schwer sein wird, um Gottes willen auf Freuden zu verzichten, die er den Menschen bei der Schöpfung geschenkt hat."

„Jadwiga, der uns das Wollen gegeben hat, möge uns auch das Vollbringen schenken."

„Mit der Zeit, mein herzlieber Gemahl!"

Mit dem Schiff kam nach einer Woche die neue auserwählte arme Frau. Sie hieß Bronislawa und war von Hedwigs vertrautester Dienerin Demundis gebadet, gekämmt und gekleidet worden.

Voll Dankbarkeit, aber auch mit einer heimlichen Trauer, packte Domzwilla nach diesen Tagen der reichlichen Sättigung, der Ruhe und des Gebetes ihre Gaben an Hülsenfrüchten, an Brotlaiben ein und zeigte der Frau Herzogin die neuen Schuhe und die warme Decke. Domzwilla erzählte Bronislawa, wir gut sie es hier haben würde im Kloster:

„Das werde ich der jungen Frau Herzogin mein Leben lang nicht vergessen, was sie uns Gutes durch die Grauen Mönche tut."

Als die kleine Pilgerschar nach Breslau zurückkehrte, vernahm sie mit Entsetzen, dass der unzufriedene Jaroslaw den eigenen Vater mit seinen Leuten bedroht hatte und dass dieser fliehen musste.

„Es ist nicht das erste Mal, Jadwiga. Er war schon immer aufrührerisch und verlangt das Gebiet von Neiße und Oppeln."

„Ist denn gar nichts durch geduldiges und kluges Verhandeln zu erreichen?"

„Du meinst es gut, aber du kennst Jaroslaw nicht."

„Ich will mich nicht in die Regierung einmischen, aber seitdem ich hier bin, höre ich viel von Kämpfen.

Da kämpft der Oheim gegen den Neffen,
der Bruder gegen den Bruder,
die Eltern gegen die Kinder,
die Kinder gegen die Eltern.

Ich kenne mich in dieser Ländergier und Habsucht, im Kampf aller gegen alle nicht aus. Vielleicht müssen wir fliehen. Ich mag nicht daran denken, gar mit unserm ersten Kind, das wir heiß erflehen."

„Was soll ich tun, Jadwiga?"

„Suche zu vermitteln, gehe tausend kleine Schritte der Versöhnung zwischen deinem Bruder und deinem Vater. Ich darf mich ja nicht einmischen, aber ..."

„Welches Aber?"

„Aber ich werde den Herrn bestürmen, der gesagt hat: ‚Ich sinne Gedanken des Friedens und nicht der Plage', damit jeder seine vermeintlichen Ansprüche zurückstellt. Suche Gerechtigkeit; denn Jaroslaw hasst deine Mutter, weil er von Anfang an befürchtet hat, sein Erbteil würde durch diese zweite Ehe geschmälert."

„Darum bin ich kein guter Vermittler."

„Sinne, überlege, mache Friedenspläne. Verzicht ist besser als Krieg. Gehe waffenlos zu deinem Bruder! Wage es!"

„Ich werde es versuchen, Jadwiga."

Mochten andere die Zahl 13 ängstlich betrachten, Hedwig nicht. Als sie 13 Jahre und 13 Wochen alt war, zündete sie am Abend im Ehegemach 13 Kerzen vor ihrem kleinen Marienbild an, bevor ihr Gemahl eintrat. Auch die Becher stellte sie bereit und die beiden Karaffen, die Frau Agnes mitgegeben hatte.

Heinrich stutzte, als er eintrat und sie ihn einlud, sich neben sie zu setzen.

„Ich muss heute so sehr an meine Mutter denken, Heinrich."

„Warum, Jadwiga?"

„Heute ist ein Festtag für uns beide, ja, wie ich hoffe, für unser ganzes Piastengeschlecht."

Sie neigte sich ganz nahe seinem Ohr zu und flüsterte:

„Gott hat auf die Niedrigkeit seiner Magd herabgeschaut."

Er blickte in ihre leuchtenden Augen und fragte:

„Ist es wahr, Jadwiga?"

„Concepi! – Ich habe empfangen!"

Da küsste er sie und kniete vor ihr nieder.

Sie reichte ihm strahlend den gefüllten Becher und sagte:

„Auf diese festliche Stunde habe ich lange betend gewartet."

„Hast du einen Wunsch, meine liebe Jadwiga? Ich erfülle ihn gern."

„Ich trau mich aber nicht, ihn auszusprechen, Heinrich."

Sie blickte ihn bei aller Freude scheu an, dann sagte sie zaghaft:

„Wenn ein Künstler ein großes Werk schaffen will, dann braucht er dazu Ruhe und Stille des Herzens. Das große Kunstwerk will der lebendige Gott unter dem Herzen einer Mutter sich entfalten lassen. Lass unser so unsagbar zartes Wesen neun Monate lang unter deinem Schutz unter meinem Herzen still heranreifen und schenke uns Ruhe und Freude."

Heinrich küsste ihre Hände und reichte ihr seinen Becher.

„Nur ein Schlückchen, Heinrich, aus heiliger Freude."

Hedwig musste in dieser Zeit besonders viel Gutes tun. Sie besuchte im Ort Wöchnerinnen und sorgte für deren Pflege. Sie sah viel Elend und auch viel Schmutz. Sie erlebte, dass den Wöchnerinnen keine

Ruhe gegönnt wurde, und half, so gut sie konnte. Aber es war mehr ein Zeichen als eine wirksame Hilfe.

In dieser Zeit erkrankte auch ihre Schwiegermutter. Hedwig litt unter ihr. Sie wusste nicht, dass die Gräfin Adelheid von Sulzbach der Andechserin missgünstig gesinnt war, weil die Sulzbacher zwar verwandt mit den Andechsern waren, aber keine eigene Grafschaft besaßen. Sie verdankten den Grafentitel ihrem Urahn Berengar und ihre Stellung nur der Vogtei über Bamberg, auf die wieder die Andechser großen Einfluss hatten. – Nun war auf der Burg die Heilkräuterfrau, die allgemein nur die ‚Mohbabe' hieß. Hedwig fragte ihren Gemahl, was der Name bedeutete.

„ ‚Baba' bedeutet ‚alte Frau' oder ‚Großmutter'. Der Name kann aber auch wie in den alten Sagen und Märchen eine Gewitterhexe, gleichsam des Teufels Großmutter, bedeuten und wird als ein kleines hässliches altes Weib mit ungeheurer Nase, langen Zähnen und zerzaustem Haar geschildert, das in einem eisernen Mörser durch die Luft fliegt."

„Da tut man ihr aber schwer Unrecht. Wie heißt sie denn richtig?"

„Ich kenne sie nur unter dem Namen ‚Mohbabe'. Das soll auch einen Hefekuchen bedeuten, vielleicht mit Mohn, wovon die Leute behaupten, man würde dadurch dumm ...

Aber von Heilkräutern versteht sie viel."

Hedwig ging zu ihr. Anfangs war die Alte misstrauisch. Aber als sie merkte, dass die junge Herzogin sich in den Heilkräutern sehr gut auskannte und sie miteinander Erfahrungen austauschen konnten, wurde sie zutraulich:

„Frau Herzogin Jadwiga viel besser als andere. Mohbabe keine Hexe."

„Das habe ich auch nie geglaubt. Wie heißt Ihr denn richtig?"

„Heiße *Anna*, Frau Herzogin Jadwiga."

„Welch schöner Name! Nach der Großmutter Jesu seid Ihr benannt."

Sie kam mit ihr überein, einen neuen Heiltrank bei der Frau Herzogin zu versuchen. Sie brauten ihn und gingen zusammen zu ihr.

„Junge Frau Jadwiga tüchtig in Heilkräutern, hat viel gelernt bei fromme Nonnen. Jetzt probiert Frau Herzogin mal dieses Getränk."

Hedwig sagte nichts. Sie strich nur die Kissen glatt und reichte der Schwiegermutter den Trank. Dann bat sie:

„Darf ich Euch ein wenig betreuen, Frau Herzogin?"

„Ja!" sagte die Kranke, sonst nichts.

Mit der Zeit besserte sich das Verhältnis ein wenig. Heinrich war dafür sehr dankbar. Er entschuldigte seine Mutter:

„Sie hat viel Schweres durchgemacht, was ich dir aber im Einzelnen nicht sagen möchte."

Durch Kaufleute kam, wenn auch reichlich verspätet, die schreckliche Kunde vom Tod des Kaisers Barbarossa:

„Auf der Kreuzfahrt wurde er im kalten Bergstrom vom Schlag getroffen."

Der Tod des Siebzigjährigen wollte kaum geglaubt werden. Aber bald darauf schon kam die Nachricht vom neuen König Heinrich VI., der mit dem zurückgekehrten Welfen, Heinrich dem Löwen, einen friedlichen Vergleich eingegangen war.

Eine andere traurige Nachricht konnte Herzog Heinrich abfangen, damit sie seine Gemahlin nicht erschreckte. Hedwigs Wettiner Großvater wollte Kaiser Heinrich auf seinem Krönungszug nach Italien begleiten. Er ließ sich von einem Arzt beschwatzen und das überflüssige Fett vom Leibe wegschneiden. Unter qualvollen Schmerzen war er dabei gestorben und wurde in seiner Klosterkirche Zschillen neben seiner Gemahlin Mathilde beigesetzt.

Später wollte Heinrich seiner Frau von den Todesfällen berichten, auch vom Tod des Markgrafen Otto von Meißen und des Bischofs Martin, die sie auf der Hochzeitsreise kennen gelernt hatten. Auch erfuhr Heinrich, dass Propst Dietrich von Kittlitz mit vieler Mühe Bischof vom benachbarten Bistum Meißen geworden war.

Als Hedwig 14 Jahre alt war, gebar sie einen Knaben, der in der feierlichen Taufe im Dom durch Bischof Franzko II. den Namen des Großvaters *Boleslaw* erhielt.

Das war eine unbeschreibliche Freude! Hedwig strahlte und

brachte ihn selbst der Großmutter und ließ sich von ihr viele Ratschläge geben.

Hedwig dankte ihrem Gemahl, den sie nun freudig „Vater“ nannte, für die neun Monate gänzlicher Hingabe an das pochende Leben unter ihrem Herzen.

„Ich danke dir, Mutter Jadwiga!“

Wie erhaben und schön war das Glück der Ehe mit dem ersten Kind! Mutter und Vater freuten sich über ihr eigen Fleisch und Blut. Boleslaw war das Band der Liebe. Wie er wuchs, so wuchs auch ihre gegenseitige Zuneigung. Sie vergaßen sich im Kind, und ihre schenkende Liebe trat von selbst in den Hintergrund. Sie gaben den Knaben keiner Wartefrau. Sie wollten ihn Tag und Nacht bei sich haben, auch wenn er sie zwang, vom Schlaf aufzustehen, und wenn die üblichen Kinderkrankheiten ihnen größere Sorgen bereiteten als die ärgerlichen Auseinandersetzungen mit den Verwandten, die sich immer wieder benachteiligt fühlten.

Für die Eltern war es ein besonderes Ereignis, als Boleslaw den Namen „Ojciec“ oder „Vater“ lallen konnte.

Der Junge streckte die Händchen aus, wenn der Vater kam. Heinrich hob ihn dann voller Freude hoch und ließ ihn auf seiner Schulter sitzen. Boleslaw hielt sich an seinen Haaren fest. Der Vater war dann das Pferd, auf dem der Junge:

„Jedzie, jedzie, pan, pan, na koniku sam, sam“ oder

„Hoppe, hoppe, Reiter, wenn er fällt, dann schreit er“ machte. Gern saß er beim Vater auf dem Schoß und kraulte ihm den Bart. Die Eltern redeten mit ihm in beiden Sprachen durcheinander, so dass er sich an beide gewöhnte.

Hedwig freute sich des Familienglücks und flüsterte dem Erstgeborenen zu:

„Bald bekommst du ein Brüderchen“, und der Vater fügte hinzu: „Oder ein Schwesterchen.“

Es war nur gut, dass das die Eltern ebensowenig bestimmen konnten wie der Bauer das Wetter.

„Wie sie kommen, so werden sie genommen!“, natürlich in freudiger Erwartung. Da gab es keine unerwünschten Kinder, die zeitlebens in ihrem Gesicht zum Ausdruck brachten, dass ihnen die Geborgenheit des Nestes gefehlt hat.

Hedwig bat den vor kurzem aus Leubus zurückgekehrten Kaplan Wunhild, ihr in der Burgkapelle den Segen vor der Niederkunft zu spenden. Demütig kniete sie vor ihm und hörte:

„... Du hast Johannes den Täufer mit dem Heiligen Geist erfüllt, dass er im Mutterleib aufhüpfte ... Nimm an das heiße Verlangen deiner Dienerin Hedwig, die dich demütig anfleht um die Erhaltung des Kindes, das du sie empfangen ließest."

Und dann kam ‚das Brüderchen', wie die Mutter es gesagt hatte, zur Welt und wurde *Konrad* getauft. Nur schrieb niemand den Tag ein; denn Taufbücher gab es noch nicht. Nun war Boleslaw, der Erstgeborene, entthront. Das war gut so, sonst hätte sich alles nur um ihn gedreht.

Jetzt konnte Boleslaw Tag für Tag zusehen, was die Mama mit dem Brüderchen machte. Er legte ihm seine Spielsachen in die Wiege und plapperte und krähte vor Lebenslust. Er musste aber auch hinnehmen, dass der Vater sich zuerst über Konrad beugte und dann erst sich ihm widmete.

Hedwig wusste gar nicht, wie sehr sie jetzt in der Ehe die Mutter Kirche darstellte, die auch ihre Kinder nährt an eigener Brust, sie säubert, hegt und pflegt, sie froh belehrt und ermahnt und ihr kleines Wachstum in heiliger Hoffnung mit ihrem Gebet begleitet.

Und der Vater durfte oftmals das Kreuzchen auf die Stirn der Kinder machen oder laut das Tischgebet sagen, wenn die Mama dem Konrad die Brust reichte oder Boleslaw mit dem Brei fütterte. Mit dem kleinen Löffel strich sie sorgsam um das Mündchen herum und suchte zusammen, was durch des Jungen Ungestüm nicht ins Mündchen gelangt war. Wenn Konrad bald darauf wimmerte, wusste die Mutter, dass sie ihn hochheben musste, damit er sein ‚Bäuerchen' machen konnte.

Wenn die Muttergottes ihren vom Engel angekündigten Sohn Jesus im Stall zu Betlehem in Windeln wickelte, dann war es für eine junge Herzogin wahrlich kein niedriger Dienst, ihre Kinder täglich mehrmals trockenzulegen. Hedwig freute sich ja so sehr, dass sie ‚Magd des Herrn' an ihren Kindern sein durfte.

Welch ein Mutterglück!

Eines Tages drang von den durchreisenden Kaufleuten das spöttische Wort zu ihr:

„Beim König von Frankreich sitzt der Ehering locker!“

Sie erzählte es ihrem Gemahl und erfuhr:

„König Philipp II. ist Mitte August in der Kathedralkirche zu Amiens mit Ingeborg von Dänemark getraut worden. Aber sofort empfand er Widerwillen gegen sie und verstieß sie. Vier Monate später erklärte eine Versammlung willfähriger Bischöfe die Ehe mit Ingeborg aus verwandtschaftlichen Gründen für ungültig.“

Heinrich sagte seiner Frau, dass solche Erklärungen oft aus diesem Grunde, manchmal auch aus fadenscheinigen Beweggründen erfolgten.

„Als Ingeborg die ausgesprochene Scheidung vernahm, konnte sie sich vor Entsetzen gar nicht fassen und rief laut weinend immer wieder: ‚Böses Frankreich! Rom! Rom!‘

Doch niemand wagte, diese Berufung an den Papst zu übernehmen.

Es war schon die zweite Ehe Philipps II. Seine erste Gemahlin, Isabella von Flandern, starb 1190 und hinterließ einen Knaben (Ludwig der Heilige). Philipp II. hält nun Ausschau nach seiner dritten Gattin. Aber welche Familie möchte diesen Schritt wagen im Misstrauen ggegen den König und in der Furcht vor einer ungültigen Ehe.“

„Wenn aber eine vom Familienrat einfach dazu bestimmt wird, Heinrich? Es ist bei dem Macht- und Geltungsstreben mancher Familien durchaus möglich, dass sie eine Verbindung mit Frankreich dazu verleiten würde.“

„Fürchtest du um eine deiner Schwestern, Jadwiga?“

„Ich kann nur beten, dass sich Rom für die verstoßene Ingeborg einsetzt. Solches Unrecht ist furchtbar für eine Frau! – Wie heißt jetzt unser Papst in Rom?“

Heinrich wusste es nicht. Erst nach einigen Tagen konnte er ihr antworten:

„Seit 1191 regiert, wenn man es bei dem schwächlichen, unentschiedenen, schwankenden Greis so nennen darf, Cölestin III.“

„Arme Ingeborg, arme unbekannte *Bestimmte*! Ich werde für euch beten, aber auch für die noch schweigende Kirche. Sie braucht einen kraftvollen Papst, der die Gnadengabe des Regierens besitzt.“

„Dann bete auch für mich, Jadwiga, dass ich sie einmal besitze."

„Ich kenne dich, lieber Gemahl, erst einige Jahre. Aber ich vertraue deinem Gerechtigkeitssinn, deinem Edelmut, deiner Umsicht und Zielstrebigkeit, dass du einmal ein kluger, maßvoller und umsichtiger Herrscher wirst, der den Frieden mehr liebt als den schrecklichen Krieg. Ich bete täglich, dass der Herr, der das Gute in dir begonnen hat, es auch in dir vollenden möge."

Heinrich küsste dankbar ihre Hände und ihre ihm so unsagbar schön scheinenden Augen. Er hatte schon viel darüber nachgedacht, wo er einmal solche Augen gesehen hatte, denen er noch weniger widerstehen konnte als ihren demütigen Bitten.

1194 starb der Onkel des regierenden Herzogs Boleslaw, der Großfürst von Krakau, Kazimierz II. Er war vermählt mit Helene von Kiew. Die Senioratsverfassung der piastischen Länder wurde durchbrochen. Sein Sohn Konrad war noch zu jung. Wie das im Einzelnen zusammenhing, das beschäftigte das jungherzogliche Ehepaar jetzt nicht, denn Hedwig erwartete ihr drittes Kind. Als es zur Welt kam, fragte die Mutter die Wehmütter:

„Ist das Kind gesund? Ist alles dran?"

„Ja, aber es hat an einem Fuss sechs Zehen."

„Das ist nicht weiter schlimm."

Sie las in deren Augen:

„Glaubt ihr etwa an ein böses Omen? Ich nicht!

Wer weiß, wozu es einmal gut ist. Umsonst hat der Herrgott sie nicht so in meinen Schoß gegeben."

Magister Paul taufte es auf den Namen des Vaters: *Heinrich.* Damit ging Hedwigs Wunsch in Erfüllung.

Oft folgt auf Freude Leid. Im Monat Mai kam von Andechs die Nachricht:

„Frau Herzogin von Meranien, Agnes von Groitzsch, ist am Feste Mariä Verkündigung, am 25. März, selig im Herrn entschlafen."

Schonend versuchte es Herzog Heinrich seiner Gemahlin zu sagen.

„Meine gute Mutter ist erlöst! Der Herr vergelte ihr, was sie uns Gutes getan hat. Sie ist fern ihrer Heimat uns allen alles geworden."

Beim Seelenamt im Dom dankte sie Gott für die gute Mutter und bat ihn, alles Schwere, das sie unter der Herrschaft des Hauses Andechs ertragen musste, als Abbüßung zeitlicher Sündenstrafen in seiner Barmherzigkeit anzurechnen.

Als der kleine Heinrich den Vaternamen lallen konnte, erfuhr sie, dass sich ihr Vater, Berthold VI., zusammen mit ihrem Bruder Heinrich in Worms das Kreuz für den Zug ins Heilige Land hatte anheften lassen. Nun betete sie für sie in der Hoffnung, dass ihr Gebet durch die Wolken dringen und ihren Lieben in der ihr unbekannten Ferne die Kraft aus der Höhe bringen möchte.

„Der Herrgott weiß schon, wofür er das armselige Gebet seiner Magd verwendet. Er möge meine Liebe zu den Meinen darin erkennen", sagte sie beim Abendgebet zu ihrem Gemahl.

Heinrichs Friedensbemühungen zwischen seinem Vater und seinem Bruder schienen Erfolg zu haben; denn Jaroslaw wurde im Dom durch Bischof Franzko II. zum Priester geweiht und erhielt bald die Pfründe als Breslauer Domherr.

Hedwig fragte ihren Gemahl nicht weiter, was das zu bedeuten hatte. Herzog Boleslaw musste wohl seine eigenen Pläne haben. Nur ließ sie einmal das zufällig aufgefangene Wort aufhorchen:

„Bischof Franzko wird alt."

Wurde auf seinen Tod gewartet?

Sie sehnten sich beide nach einem Mädchen. Auch Boleslaw betete um ein Schwesterchen. Aber er musste viel Geduld haben. War die junge Mutter zu sehr erschöpft? Mochte der Junge noch soviel fragen, die Mutter sagte nur:

„Abwarten!"

Oder war es die Sorge, die Hedwig um ihre Schwester Agnes hatte, die sie niederdrückte, weil der Vater und der Großonkel, Bischof Otto, den Werbungen aus Frankreich nachgegeben hatten in dem Hochgefühl:

„Das Haus Andechs gab Frankreich eine Königin!“

Hedwig dachte anders, sagte es aber nicht. Sie fürchtete, das Wort ‚Buhlerin‘ hören zu müssen. Die weiche Agnes wurde bestimmt! War vielleicht deswegen die Mutter vor Gram und Schande so früh gestorben?

Bald hörte Heinrich, dass die Kaufleute aus dem weiten Westen offen von ‚Europas Skandal in Frankreich‘ sprachen, aber er verschwieg es Hedwig. Sie büßte insgeheim für Agnes und das Haus Andechs , auch für den verstorbenen Großonkel, Bischof Otto von Bamberg, dass der Herr ihm gnädig sein möchte.

In dieser Zeit kam es zu einem Vergleich zwischen Boleslaw I. und seinem Sohn Jaroslaw. Dieser verzichtete auf das Herzogtum Neiße und wurde nach dem Tode Bischof Franzkos II. mit dem Bischofsstuhl von Breslau ‚abgefunden‘.

Zur Bischofsweihe konnte Hedwig nicht in den Dom gehen, denn sie gebar das so heiß ersehnte Töchterchen Sophie, benannt nach der Urahne Sophie von Ungarn, der Tochter König Belas I. und der Richza von Polen.

Die Freude der Brüder über das Schwesterchen war sehr groß. Die Mutter musste immer wieder mahnen, nicht so wild mit Liebkosungen zu sein.

Die Kinder bettelten, als Sophie schon herumkriechen konnte, um eine Schiffahrt auf der Oder. Dieser Wunsch kam der Mutter Verlangen entgegen; denn seit der Bitte um Kindersegen war sie nicht wieder zum Kloster Leubus gewallfahrtet. Nun wollte sie für den Reichtum danken und zugleich in vielen Anliegen beten.

Nach mancherlei Vorbereitungen fuhren sie bei Sonnenschein ab. Auch die ausgewählte und gebadete arme Frau Zbyslawa nahmen sie mit.

Hedwig nähte unterwegs wie immer, wenn sie freie Zeit hatte, an einem Hemd. Die Kinder waren beaufsichtigt, Sophie schlief im Weidenkorb. Bald kam das eine und das andere Kind und musste der Mutter erzählen, was es gesehen und erlebt hatte.

Zu Mittag wurde an einer schönen Stelle angelegt, ein Feuer gemacht und der Kessel mit der vorher schon zubereiteten Suppe darübergehängt. Bis das Essen gewärmt war, spielten die Jungen am Wasser und warfen flache Steinchen, die auf der Oder tanzten.

Als die Mutter rief, kamen sie freudig gesprungen, denn ein Mittagsmahl ohne Tisch und Stühle und das sonst streng geforderte gute Benehmen war etwas Verlockendes.

Heute wollte die junge Frau Herzogin alle bedienen: Sie schenkte jedem die Suppe in den Napf und gab einige Fleischstückchen hinein. Auch dem Gefolge reichte Hedwig lächelnd den gefüllten Napf. Zbyslawa musste besonders gerufen werden, so sehr schämte sie sich, wie ein Gast behandelt zu werden.

Hedwig nahm, als alle versorgt waren, die kleine Sophie auf ihren Schoß und fütterte sie. Zwischendurch nahm sie selbst einige Löffel Suppe.

Boleslaw hatte beobachtet, dass die Mama sich keine Fleischstückchen genommen hatte, und sagte es. Hedwig winkte lächelnd ab.

Als alle gesättigt waren und auch Sophie zufrieden auf der Mutter Schoß saß, baten die Jungen:

„Bitte, Mutter, erzähl uns eine Geschichte …"

Die Kinder baten so verlangend nach einer Erzählung, dass Hedwig nicht widerstehen konnte. Sie tat es selbst so gern. Die Kinder konnten dieselbe Geschichte mehrmals hören, wie sie auch die Bilder im Dom immer wieder betrachten konnten oder die aus dem kostbaren Buch der Matka, wenn sie dazu erzählte. Freilich musste die Mutter die Berichte aus den Evangelien für die Kinder ausmalen. Dann passten sie besser auf und fühlten sich in die Erzählung hineingenommen.

Auch das Gefolge wurde gebeten zu bleiben; denn es hörte noch allzuviel vom alten Heidentum. Da tat das Wort der Wahrheit allen not.

Es wurde mäuschenstill, zumal der Vater unter den Kindern saß, als Hedwig begann:

„Heute will ich euch erzählen, wie Jesus sich als der mächtige Herr gezeigt hat, dem alle Gewalt gegeben ist.

Als er lange gewandert war und unterwegs viel gepredigt hatte, war er gegen Abend sehr müde und wollte gern ans andere Ufer des Sees gefahren werden, um ausruhen zu können.

Es war ein besonders schöner Abend, und das Wasser lag ganz still. Die Leute hatten ihm so gern zugehört und dachten, dem Heiland könnte ich stundenlang zuhören, so schön kann er erzählen."

Boleslaw unterbrach die Mutter:

„Und ich, wenn Ihr erzählt!"

Die andern Kinder lachten, aber der Vater hielt ihm den Mund zu.

„Jesus sagte zu Petrus und Johannes, denen das Boot gehörte: ‚Fahrt mich bitte hinüber, damit ich ausruhen kann.' Und er legte sich auf den Boden des Schiffes. Johannes, der den Herrn besonders gern hatte, gab ihm ein Kissen unter den Kopf. Der Heiland ist bald eingeschlafen, und die Apostel haben gedacht: ‚Schlafe nur ruhig, Meister, wir rudern dich schon gut hinüber.' Sie hatten ja kräftige Arme und kannten den See. Nach dem Lärm mit den vielen Leuten war es auf dem Wasser so wohltuend still. Noch andere Boote fuhren mit.

Als sie ungefähr auf der Mitte des Sees waren, stieg auf der andern Seite eine schwarze Wand auf, ganz dunkle Wolken wie oft zur heißen Sommerszeit, wenn ein schweres Gewitter droht. Die Apostel sahen es, aber ihnen war nicht bange, nur haben sie kräftiger gerudert, um schneller ans andere Ufer zu kommen. Sie setzten auch noch ein Segel auf, um den Wind zu nutzen, der aufgekommen war. Da jagte das Boot über das Wasser.

Der Heiland merkte nichts, er schlief ruhig auf dem Boden. Es störte ihn auch nicht, als der Kahn anfing zu schaukeln, wenn das Boot gewendet werden musste, weil der Wind sich drehte. Nicht einmal das Huii, Huii des einsetzenden Sturmes weckte den schlafenden Meister. Das Rudern wurde auch immer schwieriger, bald staken die einen Ruder in der Luft und die andern zu tief im Wasser. Das Boot gehorchte dem Steuer nicht mehr, soviel sich Petrus auch mühte.

Plötzlich ein großer Krach! Der Mast war gebrochen, das Segel lag im Wasser. Das Boot legte sich auf die Seite, und das Wasser drang hinein."

„Da wurde der Meister wach", rief Boleslaw aufgeregt.

„Nein, mein Sohn. Der Heiland schlief weiter. So steht es jedenfalls in der Heiligen Schrift. Der heilige Markus, der es aufgeschrieben hat, hat es vom heiligen Petrus selbst so gehört. –

Der ganze Himmel war kohlschwarz. Die Wellen schienen aus der Tiefe des Sees heraufzukommen und warfen das Boot hin und her. Einen solchen Sturm hatten die Apostel noch nicht erlebt. Mit ihrer Muskelkraft konnten sie nichts mehr ausrichten, und sie fürchteten sich sehr. Nur einer nicht, er schlief, ruhig, ganz ruhig."

„Der Heiland", ergänzte Konrad. Er hatte der Mutter Erzählung auch schon folgen können.

„Ja, mein Kind. Wovor sollte auch der Heiland Angst haben? Er fühlte sich immer geborgen in seinem himmlischen Vater.

Aber nun wurden die Apostel in ihrer Not ärgerlich, dass der Meis-ter immer noch schlief. Einige rüttelten ihn wach und schrien im Sturm: ‚Kümmert es dich denn gar nicht, dass wir untergehen?' Andere waren freundlicher und flehten: ‚Herr, hilf uns; denn wir gehen zugrunde.'

Da ist der Heiland aufgestanden. Gerade kam wieder so eine haushohe Welle, als wollte sie das Boot mit sich in die Tiefe reißen. Aber nichts geschah. Es schien sogar die Welle stillzustehen; denn der Meister streckte seine Hand gegen sie aus. Da sackte sie in sich zusammen, und das Boot schaukelte nicht mehr. Aber des Meisters Gewand flatterte vom Wind, und seine Haare wurden durcheinandergeweht. Da sprach der Heiland: ‚Schweig!' und noch einmal: ‚Sei still!' Da ist der Wind still geworden und hat nicht mehr gestürmt, nur noch ein bisschen geblasen und sich knurrend ins Gebirge verzogen. Auch die Wellen legten sich, und es war eine große Stille. Die schwarzen Wolken verzogen sich, und die Sonne schickte ihre letzten goldenen Abendstrahlen, als wäre gar nichts gewesen.

Da stand nun der Herr im ruhig dahingleitenden Boot, und die Apostel schauten ihn groß an. Ja, sie fürchteten sich sogar vor ihm und schämten sich. Der Heiland aber sprach zu ihnen: ‚Was seid ihr so furchtsam und kleingläubig!'"

Herzog Heinrich küsste seiner Gemahlin die Hand:

„Hab Dank für diese Stunde!"

Es war ganz still in der Runde, so ergriffen waren die großen und kleinen Zuhörer.

Hedwig sagte noch ein ergänzendes Wort:

„Ich habe euch diese Geschichte erzählt, damit unser Glaube wächst und wir in all unsern Nöten fest auf den Herrn vertrauen. Wer auf Gott vertraut, hat auf festen Grund gebaut!"

Nach einer Weile fragte Boleslaw den Vater:

„Woher weiß die Matka das alles?"

„Weil es so in der Bibel steht und weil sie selbst einmal auf dem Ammersee solch einen Sturm erlebt hat, als sie mit ihrem Großvater zum Kloster Dießen fuhr."

In der Klosterkirche durften die Jungen mit den Eltern zusammen die Lieder singen, die sie schon gelernt hatten, und ihre Gebete, andächtig kniend, sagen. Sie mussten für viele beten, deren Namen ihnen die Mutter sagte; denn es war ja eine Wallfahrt. Darunter war auch ein Gebet für die Tante Agnes ganz weit weg in Frankreich und für den Großvater Berthold und den Onkel Heinrich, die ins Heilige Land gezogen waren.

Der Abt unterhielt sich länger mit dem jungen Herzogspaar, als Hedwig die Kinder in guter Obhut wusste. Er hatte durch den Visitator des Klosters, den in Rom sehr geschätzten Abt Winnemar von Pforte, mancherlei erfahren.

So erzählte er vom plötzlichen Tod des fieberkranken 32-jährigen Kaisers Heinrich VI. am 28. September 1197:

„Kaiser Heinrichs Tod änderte vollends die Lage. Kein Kaiser, sondern der neue Papst übernahm die Macht; denn Cölestin starb bald nach Heinrich VI.

Mag auch Walther von der Vogelweide klagen:

‚Hilf, Herre, deiner Christenheit,
der Papst, der ist zu jung!',
der Herrgott ließ das Pendel von einem müden alten zum 37-jährigen jungen Papst ausschlagen. Schon im Anfang zeigte Innozenz III., was er wollte. Er hat den päpstlichen Hofstaat zur Einfachheit und Sparsamkeit zurückgeführt und die Habsucht und Bestechlich-

keit der Kurialbeamten mit schweren Strafen belegt. Dann hat er die durch die staufischen Kaiser stark eingeschränkte Oberhoheit des Papstes in Rom und im Kirchenstaat wiederhergestellt. Er will die päpstlichen Ansprüche auf Sizilien geltend machen, damit der Kirchenstaat nicht umklammert ist. Soviel ich hier erkennen kann, will er das päpstliche Ansehen gegenüber allen weltlichen Herrschern heben. Er vertritt die Ansicht, dass Kirche und Welt dem Papst zur Herrschaft übergeben sind, dass er deshalb die oberste Leitung auch über die Könige und ihre Reiche in weltlicher Hinsicht hat. Mag manchen auch diese Meinung irrig erscheinen, Innozenz III. ist von seiner Meinung überzeugt und wird sich durchsetzen.

Es wird nicht mehr lange dauern, dann wird es Philipp II. von Frankreich spüren, denn der Papst hat die Ehescheidung von Ingeborg durch die Bischöfe als ‚Narrenposse' bezeichnet. Sobald sich der Papst stark genug fühlt, wird er dem König Philipp, mag er sich auch Augustus nennen, mit Bann und Interdikt drohen, wenn er seine unrechtmäßige entlassene Gemahlin Ingeborg nicht wieder zu sich nimmt. Dadurch würden im ganzen Land Gottesdienste, Sakramentenspendung und kirchliche Begräbnisse untersagt. – Ich weiß ja, Frau Herzogin, wie sehr Ihr unter dem unerlaubten Verhältnis leidet."

„Deswegen bin ich mit meinen Kindern hauptsächlich hierher gewallfahrtet. Die unschuldigen Jungen haben so innig für Tante Agnes gebetet, dass ich hoffe, ihr Gebet wird erhört werden."

Es war zu der Zeit, als Heinrich von Kietlitz gegen den Willen des Domkapitels von Innozenz III. als Erzbischof von Gnesen bestellt wurde und das Bistum Breslau 24 Kirchorte zählte, da erhielten Hedwigs Kinder ein zweites Schwesterchen, das nach der Großmutter von Andechs Agnes genannt wurde.

Wieder war große Freude auf der Burg. Wenn Hedwig auch jetzt dem jüngsten Kind ihre besondere Liebe schenken musste, weil es am hilfsbedürftigsten war, so zog sie doch kein Kind dem andern vor. Sie mahnte die Heranwachsenden zur Verträglichkeit:

„Kinder, immer schön und lieb miteinander reden und spielen!"

Hatte eins gefehlt, schaute sie dem Kind tief in die Augen:

„Gott verzeihe dir, was du getan hast. Sei wieder ein gutes Kind! Du willst uns doch Freude machen."

Auch zeichnete sie wohl ein Kreuz auf die Kinderstirn und sagte:

„Der böse Trotz muss aus dem Kopf heraus."

Als Hedwig Ende des Jahres 1199 in der Geheimen Offenbarung las, dachte sie viel über den Inhalt nach, konnte ihn jedoch nicht begreifen. Wer sollte ihr auch erklären, was die apokalyptischen Reiter bedeuten? Freilich fand sie auch Troststellen, aber das Buch bedrückte sie. Nur eins erkannte sie: Wie geringfügig war doch jetzt der Übergang von einem Jahrhundert ins neue gegenüber den gewaltigen Visionen der Zukunft bis zur Wiederkunft des Herrn, bis zum letzten ‚Maranata', dem ‚Komme bald!' der immer in Wehen liegenden Mutter Kirche.

„Providentiae memor! – Denke an die Vorsehung!" hatte Petrissa oft gemahnt. Hedwig hatte Sehnsucht nach ihr. Vielleicht hätte die frühere Meisterin ihr manche unheimlich dunkle Stelle erklären können. Oder auch nicht?

Sie dankte mit ihrem Gemahl für alles, was Gott, der Herr, ihnen geschenkt hatte, vor allem für die fünf frohen Kinder, die ihre Aufgabe, ihre Sorge, ihre Freude und ihr Trost waren.

Das „Tak!" in jungen Jahren war zwar nicht immer leicht durchzuführen gewesen, aber nun freute sie sich ihres damaligen Sieges und gedachte dankbar der Magistra, die ihr den Blick für den Dienst am Herrn in Ehe und Familie, in der Sorge für ihre Umgebung, ja für das ganze Land und das polnische Volk geöffnet hatte.

Was brachte das Jahr 1200 für Hedwig? Sie wurde zum sechstenmal gesegneten Leibes. Darum verheimlichte Heinrich ihr, dass der Papst ganz Frankreich mit dem Interdikt belegt hatte und dass der König im September wehen Herzens Agnes nach vierjähriger, echter, aber unerlaubter Liebe entlassen musste. Über diese Trennung siechte Agnes vor Gram dahin.

Hedwig wollte sich ganz zurückgezogen auf ihre Niederkunft vorbereiten. Die Geschwister waren in ihren Wünschen geteilter Meinung. Die einen wollten ein Brüderchen, andere ein Schwesterchen. Hedwig lächelte dazu:

„Da lässt sich der Himmelsvater nicht hineinreden. Er schenkt die Kinder wann, wo und wie er will. Er ist der Herr über Leben und ..."

Vom Tod wollte sie den Kindern jetzt noch nichts sagen, denn die Angst um der Kinder Leben verließ sie keinen Tag. Schon die Freude der Jungen, an der nahen Oder zu spielen, gar im Winter aufs Eis zu gehen, machte ihr Sorgen. Wer kann sie einem Mutterherzen abnehmen? Ein unbedachter Augenblick oder Schritt, und schon ist es geschehen! Da betete sie viel zu den heiligen Schutzengeln und segnete ihre Kinder auf der Stirn, ehe sie hinausstürmten.

Gegen Ende des Jahres konnte Bischof Jaroslaw das sechste Kind auf den Namen *Gertrud* taufen.

Wenn auch die Freude unter den Jungen nicht mehr so groß war wie beim ersten Schwesterchen, so liebten sie das Kleine doch, allerdings mit dem Hinweis, dass die drei Jungen zuerst da und die drei Schwestern ‚nur Mädchen' waren. Bis die Mutter eines Tages sagte:

„Ich war ja auch ‚nur ein Mädchen'."

Das wollten die Jungen nicht gelten lassen; denn die Matka stand als große schöne Frau sehr in ihrem Herzen.

Allgemein hieß es auf der Burg von der Herzogin Jadwiga anerkennend:

„Sie erzieht die ihr von Gott geschenkten Kinder in der Furcht des Herrn."

„Es will in diesem Jahr gar kein richtiger Winter werden", klagten die Burgleute. Es war nasses, wohl mit etwas Schnee vermischtes Wetter, aber die Kinder konnten nicht einmal mit dem Schlitten fahren.

Die Oder stieg an. Die Kinder bekamen den Schnupfen und den Husten und wurden nacheinander ins Bett gesteckt.

Hedwig ließ Holundersaft kochen und trank ihn selbst, damit sie sich nicht zu legen brauchte, obwohl sie sich ebenso zerschlagen fühlte wie ihr Gemahl. Es war ernster als das Übliche. Oft läutete die Totenglocke des Domes; denn besonders die Alten konnten sich gegen die Krankheit nicht wehren, wenn es schon die jungen Leute schwer vermochten.

Eines Tages läutete nicht nur die Totenglocke des Domes, auch die großen Glocken hatten einen dumpfen und traurigen Klang. Herzog Heinrich kam weinend ins Krankenzimmer der Kinder:

„Mein Bruder, Bischof Jaroslaw, ist gestorben."

Die Kinder hatten den Vater noch nie weinen sehen und fragten die Mutter, was denn so Schlimmes geschehen wäre. Nun musste Hedwig den Jungen doch sagen, dass der himmlische Vater nicht nur Herr über das Kommen des Menschen ist, sondern auch über sein Gehen aus dieser Welt, sein Sterben. Sie knüpfte an bei ihren Wünschen vor Gertruds Geburt:

„Der Herr über das Leben schenkte uns ein Mädchen, ein Schwesterchen. Wir haben Tak dazu gesagt, und ihr habt es herzlich gern. Oder sollen wir die kleine Gertrud verschenken?" fragte sie, um die Kinder auf die Probe zu stellen.

„Nie! Nein! Nie! Nein!" riefen die Kinder.

„So müssen wir auch Tak zum himmlischen Vater sagen, wenn er den Onkel Jaroslaw in sein himmlisches Reich aufgenommen hat. Wir beten doch immer: Dein Wille geschehe! Jetzt beten wir alle für den Onkel Jaroslaw, dass der Herr Jesus Christus ihm ein gnädiger Richter sein möge."

Sie dachte dabei an das Trostwort:

‚Das Ende von Sünde und allem Leid,
o Gott, ist deine Barmherzigkeit!'

Nur knapp drei Jahre hatte Jaroslaw als Bischof regiert. Er hatte sich Mühe gegeben, so dass Hedwig auch Heinrich trösten konnte:

„Ende gut, alles gut! Er ist mit den Sterbesakramenten versehen worden und hat sich ganz mit dem Vater ausgesöhnt."

Unsagbar schwer war das alles für den Herzog Boleslaw, der sich trotz seines hohen Alters aufrecht hielt und Würde wahrte. Lieber wäre er selbst an seines Sohnes Statt gestorben, obwohl dieser ihm im Leben viel Kummer bereitet hatte.

Bischof Cyprian übernahm bei der Weihe den Hirtenstab aus den Händen des Konsekrators, des Erzbischofs Heinrich von Gnesen. Dieser ermahnte ihn, für die Reinheit der Sitten unter den Geistlichen mannhaft einzutreten und ein selbstloser Hirte zu sein, dem an den Schafen liegt und der jedem einzelnen nachgeht.

Im Juli musste Herzog Heinrich klagen:

„Mein Bruder Konrad ist gestorben."

Er trauerte besonders um ihn: denn seit Kindestagen war er herzlich mit ihm verbunden.

Wiederum musste Herzog Boleslaw, ‚der Alte', das Leid durchstehen. Nun konnten auch die Jungen zusammen mit den Eltern am Requiem im Dom, nicht aber an der Beisetzung in Leubus teilnehmen.

So tapfer sich der Großvater Boleslaw zeigte, er war ein geschlagener Mann. Seine Kinder aus erster Ehe ruhten nun neben ihrer früh verstorbenen Mutter Zwinislawa aus Kiew, der besonders die Tochter Alga so ähnlich gewesen war.

Und aus der zweiten Ehe hatte er jetzt den Sohn Konrad in Leubus begraben müssen. Er hatte zwar in den Kriegen erlebt, wie gute Freunde rechts und links neben ihm tot zu Boden sanken, aber hier war sein eigen Fleisch und Blut, von dem er gehofft hatte, es würde ihn überleben.

Hedwig bewunderte den Schwiegervater, dass er alles Leid so tapfer trug. Einige Tage darauf gesellte er sich unter ihre Kinder und herzte und küsste sie.

Der Tod wetzte seine Sense und mähte wie draußen die Schnitter das Korn. Von Andechs kam eine Nachricht, die Heinrich seiner Hedwig nicht vorenthalen durfte, zumal sie ja kein Kind erwartete:

„Liebe Jadwiga, deine Schwester Agnes ist am 20. Juli dieses leidvollen Jahres 1201 in Poissy bei Versailles gestorben."

Hedwig ließ ihren Tränen freien Lauf, schluchzte aber nicht.

„Sie wurde im Benediktinerinnenkloster Saint-Correntin-les-Mantes ehrenvoll begraben. Sie hinterließ die beiden Kinder Philipp und Maria."

Die andern gehörten Worte sagte er ihr nicht, dass sie den König schwärmerisch geliebt und der König von allen seinen Frauen nur die schöne Agnes wirklich geliebt hatte.

Hedwig ging in die Burgkapelle. Ihr Gemahl ließ sie gehen. Nur unter dem Kreuz konnte sie das Leid um die Schuld der zu dieser Verbindung von der Familie Andechs *Bestimmten* tragen. Alles bäumte sich in ihr auf gegen die skrupellose Familienpolitik, die lieber den europäischen Skandal auf sich nahm, als sich die ‚vorteilhafte Verbindung' mit dem König von Frankreich entgehen zu lassen. Sie betete wortlos und dachte an das Trostwort:

„All Sünd´ hast du getragen,
sonst müssten wir verzagen"

und an die Worte bei der Ausspendung der heiligen Kommunion:

„Ecce agnus Dei, qui tollit peccata mundi!"

Unter Tränen flehte sie:

„Lamm Gottes, nimm hinweg unter den Sünden der Welt auch die Sünden von Agnes, meinen Eltern und meinem Großonkel, dem Bischof Otto, denen Familienlehre und Ansehen mehr bedeutete als deine Gebote."

Sie nahm sich vor, unbemerkt noch mehr zu büßen.

Bald war wieder großes Leid auf der Burg. Der Vater weinte, und die Mutter hatte wenig Zeit, sich um die Kinder zu kümmern. Ihre Betreuerin musste immer wieder mahnen, ganz lieb und still zu sein.

Endlich hörten sie von der Mutter:

„Der himmlische Vater hat in dieser Nacht den lieben Großvater, Herzog Boleslaw, aus dieser Welt in sein himmlisches Reich abberufen. Der Herr hat ihn uns gegeben, der Herr hat ihn uns genommen, der Name des Herrn sei gebenedeit."

Sie beteten für ihn, vor dem Kreuz kniend.

„Wo ist der Vater?"

„Er hat viel zu tun, Kinder."

„Ist der Vater jetzt Herzog?" fragte Boleslaw.

„Ja, mein Kind. Bete für den Vater, dass Gott, der Herr, sein schweres Amt segnen möge!"

So schön sonst die Schifffahrt zum Kloster Leubus war, so traurig war sie dieses Mal, als die herzogliche Familie und viele Würdenträger des Herzogtums das schwarz ausgeschlagene Prunkschiff begleiteten, auf dem der Sarg, allen sichtbar, hoch aufgebahrt war. Ritter hielten mit brennenden Fackeln Ehrenwache. Von Zeit zu Zeit wurden sie abgelöst aus den begleitenden Schiffen, auf denen auch Fackeln brannten, die sich in den Wellen gespenstisch widerspiegelten.

An manchen Stellen brannten auch am Ufer Trauerfeuer, bei denen die Leute auf dem nassen Boden knieten und für den verstorbenen Herzog beteten.

Die Mönche trauerten betend um ihn, mit dem sie persönlich verbunden waren, nicht nur wegen seiner reichen Spenden. Hedwig zwang sich, beim Requiem neben ihrem Gemahl und ihren Söhnen zunächst aufrecht zu stehen und sich dann auf die eiskalten Steinfliesen zu knien. Sie musste ihrem Gemahl Beispiel geben, der nun als neuer Herzog in feierlicher Trauerkleidung neben ihr stand.

Sie waren umgeben von zahlreichen Verwandten und dem ganzen Hofstaat. Für sie alle war nun der einst so mächtige und hochverdiente Herzog, der 38 Jahre lang Schlesien regiert hatte, die arme Seele Boleslaw, für die die Mutter Kirche ebenso innig betete wie für jeden Bettler. Hedwig betete und sang mit den Mönchen:

„Et lux perpetua luceat ei. – Das ewige Licht leuchte ihm."

Sie folgte dem Trauerzug zur Einsenkung in das Stiftergrab, die ihr wie eine Vorwegnahme der in die ewige Herrlichkeit einziehenden Seele erschien:

„In paradisum deducant te angeli. – Ins Paradies mögen dich die Engel geleiten, bei deiner Ankunft dich die Martyrer empfangen und führen in die heilige Stadt Jerusalem. Der Chor der Engel nehme dich auf, und der Herr erwecke dich bei seiner Wiederkunft."

„Amen! – So soll es sein!" schied Frau Herzogin Hedwig vom Grabe ihres Schwiegervaters zur neuen Aufgabe neben ihrem nun regierenden Gemahl Heinrich I. von Schlesien.

Die erbetene Stiftung

Das Jahr 1201 war wahrlich schwer genug. Aber das Maß an Leid war noch nicht voll. Es gab nicht die üblichen Erbstreitigkeiten, denn es war klar, dass Herzog Heinrich der alleinige Erbe war. Aber Heinrichs Onkel Mesko von Racibórz/Ratisbor, der mit Heinrichs Vater einst die Verbannung geteilt hatte, riss nach dem Tode seines Bruders Boleslaw sofort das Land Oppeln an sich. Herzog Heinrich war bestürzt. Er überlegte, ob er mit Waffengewalt gegen den Friedensbrecher vorrücken sollte.

Das war bei den Wegeverhältnissen in diesem Monat Dezember nicht leicht.

Bestand wirklich Aussicht auf Erfolg?

Hedwig musste vorerst schweigen. Sie sagte sich:

‚Respektiere ganz das Herrscherrecht deines Gemahls! Man wird im Lande und auf der Burg darauf achten, ob du dich in die Regierungsgeschäfte einmischst. Andere Gemahlinnen regierender Herrscher haben es getan und zu ihrem eigenen und des Landes Schaden. Tritt in den Hintergrund! Der Notar besorgt die Regierungsgeschäfte, nicht die Herzogin. Sie darf nur raten, notfalls bitten, wenn sie gefragt wird.‘

So ging Hedwig in ihre Kemenate, ja in die eiskalte Kapelle und betete zu dem, der die Herzen lenkt wie Wasserbäche: „Du sinnst Gedanken des Friedens und nicht der Plage. Schenke Herzog Heinrich und allen seinen Ratgebern diesen Geist, du kommender Friedensfürst, den wir jetzt im Advent so sehnlich erwarten. Lass Herzog Heinrich dein Abbild sein! ...“

Da die Adventszeit sowieso die Zeit der Abtötung und des Verzichtes auf erlaubte Freuden war, fastete Hedwig noch mehr als sonst. Wurde ihr Fleisch gereicht, so zerschnitt sie es in kleine Stücke und schob es neben dem Gemüse hin und her, so dass es aussah, als würde sie es essen. Ungesättigt stand sie von der Tafel auf.

Als der Herzog sie fragte:

„Warum hast du so wenig gegessen? Du kannst doch nicht satt sein!", antwortete sie mit einem feinem Lächeln:

„Mir genügt es mein lieber Gemahl."

Endlich klagte er ihr, als sie allein waren, seine Entscheidungsnot und fragte sie um ihre Meinung.

„Für dein Vertrauen danke ich dir. Es ist nicht Frauensache, sich in die Regierungsgeschäfte zu mischen. Es ist aber Sache der Herzogin, die eine Mutter des Landes sein möchte, großes Leid von allen ihren Kindern fernzuhalten."

„Was meinst du damit, Jadwiga?"

„Die Gefahr einer kriegerischen Auseinandersetzung, Herzog Heinrich."

„Soll ich das ausgesprochene Unrecht einfach hinnehmen? Onkel Mesko handelte doch mit Gewalt."

Hedwig ging klug auf seinen Gedankengang ein:

„Sind der Herr Herzog und seine Ratgeber sich sicher, dass das Unrecht mit Gewalt beseitigt werden kann? Wenn wirklich Erfolg eintreten würde, könnte er bleiben? Würde er nicht eine Kette von Hass und Feindschaft nach sich ziehen? Wollen der Herr Herzog und seine Räte es verantworten, das Leben so vieler unschuldiger Männer und ihrer Familien auf beiden Seiten aufs Spiel zu setzen?"

Heinrich überlegte eine Weile, dann fragte er:

„Dann soll also Gewalt vor Recht ergehen? Soll meine erste Regierungstat ein Zeichen der Schwäche sein? Werden der Gewalt dann nicht noch weitere Gewalttaten folgen?"

„Das sind sehr ernste Fragen und der sorgfältigen Überlegung wert. Zur letzten Frage muss ich sagen, dass nur eine wirkliche friedliche Regelung weitere Gewalttaten ausschließt. Ich kenne mich nicht aus und will auch nicht wissen, warum einst eine Regelung erfolgte, die deinen Bruder Jaroslaw und deinen Onkel Mesko bisher so unzufrieden machte. Die Gewalttat muss ich mit meinem Herzog und seinen Räten auch verurteilen. Auf deine zweite Frage, ob deine erste Regierungstat ein Zeichen der Schwäche sein soll, kann ich nur mit Nein antworten."

Heinrich schaute seine Gemahlin fragend an. Er wusste nicht, worauf sie hinauswollte.

„Verzicht auf Gewalt muss nicht ein Zeichen von Schwäche sein. Im Gegenteil! Die Schritte zum Frieden sind oft viel anstrengender und verwickelter als die Kriegszüge. Der Sieger im Krieg ist nicht immer im Recht, er hat nur mehr Macht. Der Friedenssucher aber verzichtet auf Waffenruhm, auf Opfer von Menschenleid und große Kriegskosten, aber er erringt unter Verzicht friedliche Zeiten."

„Jadwiga, sage mir offen, wozu du mir rätst."

Sie schlug die Bibel auf und las ihm die Stellen vor, die sie in letzter Zeit betrachtet hatte:

„Schlägt dich einer auf die rechte Wange, so reiche ihm auch die linke dar.

Wenn dich einer nötigt, eine Meile mit ihm zu gehen, dann gehe noch eine zweite Meile mit ihm."

„Schöne Worte, Jadwiga, aber ..."

„Vom Herrn, Herzog Heinrich!"

„Was bedeuten sie für mich, für das Land?"

„Sie bedeuten die große Friedensbereitschaft unter Opfern."

„Was würdest du an meiner Stelle tun?"

„Verhandlungen anknüpfen mit des Vaters Bruder. Eingehen auf seine bisherigen Klagen über erlittenes Unrecht. Lieber auf das Land verzichten, als deswegen einen Krieg zu führen. Notfalls noch ‚um des lieben Friedens willen' draufzahlen. Mit tausend Mark Silber kann der Herzog keine Toten erwecken, die grausig auf dem Schlachtfeld liegen, keine Verwundeten und Krüppel heilen, keiner Familie den Sohn oder den Ernährer ersetzen!"

„Ein großes Opfer, Jadwiga, das du forderst."

„Ich fordere nichts. Die Herzogin hat nichts zu fordern.

Die Mutter unserer Kinder, die Mutter aller Kinder deines Landes, sie wurde vom Herzog um Rat gefragt. Die Entscheidung liegt voll und ganz beim Herrn Herzog, aber auch die Verantwortung. So zu raten befahl mir mein Gewissen."

Die Verhandlungen gingen hin und her. Sie waren nicht leicht. Hedwig mischte sich nicht ein. Aber sie betete unaufhörlich zum

Friedensfürsten. Sie betrachtete des heiligen Paulus Mahnung an die Philipper: ‚Solche Gesinnung habt untereinander, wie sie auch in Christus Jesus war. Er, der in Gottesgestalt war, erachtete das Gottgleichsein nicht als Beutestück, sondern er entäußerte sich selbst, nahm Knechtsgestalt an und ward den Menschen gleich.‘

Es war keine fröhliche ‚Wihenacht‘, wie jetzt das Geburtsfest des Herrn genannt wurde, aber eine richtige, mit Verzicht und Verdemütigung, damit das im Dom so schön gesungene Lied in Erfüllung ging:

„Et in terra pax hominibus bonae voluntatis! – Friede den Menschen auf Erden eines guten Willens!“

Es wurde weiter verhandelt. Das war schon ein gutes Zeichen.

Hedwig fragte nichts.

Hedwig sagte nichts.

Hedwig betete unaufhörlich:

„Non nobis, sed nomini tibi da gloriam! – Nicht uns, sondern deinem Namen gib die Ehre!“

Kinder eines Volkes sollten zueinanderfinden: das war größere Ehre als das Geprahle der ruhmsüchtigen Krieger, wenn sie von ihren ‚Kriegstaten‘ erzählten.

Endlich, endlich – solche Wartezeiten konnten zur Qual werden – war die Entscheidung gefallen.

Heinrich gab sie Hedwig bekannt:

„Schweren Herzens habe ich auf das Land Oppeln zugunsten meines Onkels Mesko verzichtet. Außerderdem zahle ich noch für die vergangenen Jahre die miteinander ausgehandelte Summe von tausend Mark Silber. Diese Abmachungen sind dem Papst Innozenz III. zur Bestätigung nach Rom übersandt worden.“

„Gott sei gedankt und dem friedliebenden Herzog Heinrich von Schlesien.“

Sie verneigte sich und küsste seine Rechte.

Frau Hedwig ging mit Demundis und zwei anderen Dienerinnen in jene Viertel, wo die Mühseligen und Beladenen wohnten, in das Psie

Pole/Hundsfeld, in die Przedniescie Olawski/Ohlauer Vorstadt und nach Zalesie/Leerbeutel. Sie war in einen schlichten Kapuzenmantel gehüllt.

Demundis ging mit ihr in die Hütten, während die beiden anderen draußen warteten. Sie trug den Beutel mit den Pfennigen, die mehr Geldwert besaßen, als das Wort aussagte. Sie schrieb auf, was die Herzogin anordnete:

„Sofia gehacktes Holz, eine warme Decke und täglich Brot und kräftige Suppe bringen. Die heilkundige Anna möge die Wunden behandeln."

Hedwig schüttelte der Kranken das Pfühl zurecht, wobei sie sagte:

„Auch ein neues Pfühl."

Als Demundis der Alten noch eine Geldgabe in die Hand drückte, wollte diese ihr die Hand küssen.

Als sie draußen waren, ordnete Hedwig an:

„Hier mögen morgen zwei Frauen säubern. Sofia ist schon so lange krank. Ich schäme mich, dass ich nicht schon früher hier war."

Sie gingen von Hütte zu Hütte den ganzen Nachmittag lang.

„Das nächste Mal nehmen wir einen Wagen, wenn wir noch Rakowiec/Morgenau, Grabiszyn/Gräbschen und ins Fischerdorf Nabitin gehen. Demundis berichtet mir täglich, wenn ich selbst nicht gehen kann, wo wir helfen dürfen und müssen.

In der Nacht stand Hedwig leise auf und lag lange vor dem Bild des Gekreuzigten.

Als Heinrich erwachte und sie dort liegen sah, wusste er aus Erfahrung, dass seine Gemahlin ein großes Anliegen auf dem Herzen hatte, das sie zuerst in tiefer Verdemüigung Gott, dem Herrn, vortrug, ehe sie es ihm sagte, wenn er sie danach fragte.

Ihn erschütterte es jedesmal aufs neue, wenn er sie so mit ausgestreckten Armen fast regungslos auf dem Boden liegen sah. Er rief sie leise beim Namen. War sie eingeschlafen? Oder war sie wieder in ihre Gesichte versenkt?

Als sie endlich aufstand, hatte sie einen unsagbar durchgeistigten Gesichtsausdruck und unbeschreiblich schöne Augen. Sie trat zu ihrem Gemahl, warf sich vor ihm auf den Boden und wartete.

„Jadwiga, meine Gemahlin, was wünschst du von mir?"

Jetzt durfte sie reden. Sie hob nur ein wenig den Kopf, aber ihre glanzvollen Augen ließen etwas von der Glut ihres Innern in seine Seele dringen.

Heinrich wusste, dass er diesen Augen nicht widerstehen konnte, obwohl der Mund noch nicht gesprochen hatte. Er überlegte zum wiederholten Mal, wo er vor Zeiten einmal solche Augen gesehen hatte. Aber er entsann sich nicht.

Andere Frauen hatten manchmal richtig böse, begierig lauernde Augen, aber Hedwig nie. Ihre Augen ließen ihn ein wenig ahnen, um was sie so innig gebetet hatte.

„Jadwiga, sage mir, um was du gebetet hast, ja was du erflehtest."

Sie antwortete in demütig bittender Weise:

„Alle guten Gaben kommen vom Vater durch seinen geliebten Sohn, den Herrn, im Heiligen Geist. Ich wage meinen Herrn Gemahl, den Herzog, der mir Abbild Jesu Christi ist, zu bitten, das Friedenswerk fortzusetzen und dem Lande das zu schenken, was es schon seit langem entbehrt."

„Was meinst du, Jadwiga?"

„Im ganzen Land gibt es Männerklöster verschiedener Art, aber es gibt kein Frauenkloster für die Töchter des Landes, ob reich, ob arm, und zur Ausbildung unserer eigenen Töchter. Was ich selbst dankbar als großes Geschenk in Kitzingen erhielt, möchte durch die Hand und Gnade des Herzogs Heinrich als seine Stiftung entstehen, wie der verstorbene Vater Boleslaw Leubus als seine Stiftung gründete und betrachtete. Ich weiß, dass ich soeben im Gebet sehr viel vom Herrn erfleht habe, und ich wage, trotz aller Schwierigkeiten meinen geliebten Herzog anzuflehen, *seine Stiftung* zu beginnen."

Er hatte die Bitte gehört, legte seinen Kopf auf das Kissen und hielt nur Hedwigs Hand. Er musste seine Gedanken klären. Durfte er seine vor kurzem begonnene Regierungstätigkeit jetzt schon damit belasten? Er sah voraus, ja, er wusste, dass seine Berater ihm widersprechen würden. Erst vor kurzem hatte er das Land Oppeln und tausend Silbermark hergegeben. Er musste wirklich überlegen, ob er solch ein großes Vorhaben auf eigene Kosten wagen könnte. Das war das Zehnfache von dem, was seine Gemahlin als Mitgift bekommen hatte.

Er fragte kurz:

„Warum wünschst du, dass ich es *allein* stifte?"

„Weil du dich als ein friedliebender und frommer Herzog von Anfang an erweisen möchtest. Es geht ganz um dich, Herzog Heinrich, nicht um mich. Ich kann nur bitten und, falls du es wünschen solltest, beim Werk aus meinen Kitzinger Erfahrungen raten."

„*Bitten und raten*, das ist es, Jadwiga."

Er richtete sich auf und bat sie aufzustehen.

Er machte sein morgendliches Kreuzzeichen, sie auch.

„Im Jahr des heiligen Kreuzes wollen wir heute, am 13. Januar 1202, beginnen. Ich werde sofort ..."

Hedwig schaute ihn an. Er verstand sie und fügte hinzu:

„... sofort nach der heiligen Messe mit Gottes Hilfe beginnen und alles mit dem Notar Lorenz besprechen. Es müssen vom Vater her noch Pläne vorliegen, die aber in seinem Alter liegengeblieben sind. Hattest du ihm nicht einmal den Gedanken nahegelegt?"

„Als wir das erstemal nach Leubus wallfahrteten und Kindersegen erflehten."

Er küsste ihre Hand:

„Gott hat uns reich gesegnet durch dich, Matka Jadwiga."

„Es ist das schönste Geschenk, das eine Frau ihrem Gemahl geben kann."

Sie küsste seine Rechte.

Als der Priester in der Kapelle betete:

„Es ist in Wahrheit würdig und recht, billig und heilsam, dir, Gott, für alles Dank zu sagen!",

dankte Hedwig tiefgebeugt für die große Huld, die sie soeben erfahren hatte. Sie hätte am liebsten vor Freude das Magnifikat gesungen. Mehr als ein Jahrzehnt hatte sie um dieses kommende Kloster gebetet, ja im Stillen geopfert. Wie sie vor dem ersten Kind mit Gott gerungen, so hatte sie inmitten des reichen Kindersegens den himmlischen Vater unablässig um dieses kommende Kloster, von dem sie noch nicht wusste, wie und wo es erstehen könnte, angefleht. Sie blieb nach dieser heiligen Messe auch noch in der nächsten. So konnte sie die Besprechungen zwischen ihrem Gemahl und dem Notar mit ihrem Gebet begleiten. Es war ihre Gewohnheit, an jeder heiligen Messe in der Burgkapelle teilzunehmen, so viele es auch sein mochten.

Der fromme, hilfsbereite Notar Lorenz hatte bald die Unterlagen gefunden, die seinerzeit unter Herzog Boleslaw einem Klosterplan dienen sollten. Darin war vom Güterkomplex des Herzogs in Trzebnica/Trebnitz die Rede, das nur eine Tagesreise entfernt war. „Allerdings muss noch mancher Güteraustausch vorgenommen werden."

„Reiten wir noch heute hin!" entschied der Herzog.

Er ging zu Hedwig und teilte ihr mit, dass er mit dem Notar zur Besichtigung des vorgesehenen Platzes fortreiten wollte. Zurückgekehrt, berichtete er seiner Gemahlin:

„Trebnitz ist ein altes Rodungsgebiet, wie der Name besagt. Es kam schon zu meines Großvaters Zeiten durch Güteraustausch in unsern Besitz. Es war früher ein Marktflecken mit einer Peterskirche. Der Markt aber wurde zugunsten des hiesigen Domkapitels nach Cerkwica/Zirkwitz verlegt. Durch Trebnitz führte die von Böhmen kommende Straße über Klodzko/Glatz, Bardo Slaska/Wartha, Niemcza/Nimptsch, Breslau, Zirkwitz und Milicz/Militsch. Auf dieser Straße ist 1124 schon der heilige Bischof Otto von Bamberg bei seiner Bekehrungsfahrt zu den Pommern gezogen.

Auch die Leiche des 997 von den Preußen ermordeten und zwei Jahre später heiliggesprochenen Bischofs Wojciech/Adalbert wurde 1038 feierlich über diese Straße geleitet. Deshalb sind hier bei uns und in Nimptsch und Militsch zu seinen Ehren Kirchen gebaut worden. Im Ort selbst wird von den Leuten eine heilkräftige Quelle verehrt. Ich sah, wie sie Münzen und Gefäße hineinwarfen.

In diesem meinem praedium, meinem Großgrundbesitz, hat sich eine rege Siedlungstätigkeit entfaltet durch eingeborene und zugewanderte Familien."

„Die beiden Heiligen mögen dir, Herzog Heinrich, beistehen, dass du in dem begonnenen Werk gut vorankommst."

„Ich hoffe es auch! Notar Lorenz hat schon die Dörfer und Zehntleistungen zusammengestellt, die ausgetauscht werden sollen, um ein möglichst geschlossenes Klostergebiet zu schaffen. Auch muss der Markt von Trebnitz wiederhergestellt werden. Ich will zum herzoglichen Großgut noch andere Dörfer überweisen und hoffe, dass noch andere Grundherren das kommende Kloster beschenken werden. Wenn du uns demnächst hilfst, den Klosterbezirk auszusuchen, werden die Grundsteine gesetzt, damit der Klosterbezirk mit den notwendigen Gebäuden, wo der Konvent zunächst bescheiden beginnen kann, ungestört bleibt und die kirchliche Abgeschlossenheit gewährt ist. Auch sollen die notwendigen Wirtschaftshöfe außerhalb des Klosters festgelegt werden, die dann die Hörigen bearbeiten, weil die Nonnen ja das Kloster nicht verlassen dürfen."

„Wie vorsorglich mein herzoglicher Gemahl schon alles bedacht hat!"

„Diese notwendige wirtschaftliche Seite wird gut vorangehen, wenngleich sie ihre Zeit braucht, bis alles urkundlich festgelegt ist."

Hedwig schaute ihren Gemahl an. Er schaute sie fragend an:

„Was fehlt denn noch?"

„Die Frauen, für die das Kloster errichtet wird. Welcher Orden ist geplant? Woher sollen die Nonnen kommen? Welche Verhandlungen sind notwendig?"

„Ich denke natürlich an den ‚Grauen Orden', an Zisterzienserinnen, die am besten vom Kloster Leubus geistlich betreut werden können. Hattest du einen anderen Wunsch, Jadwiga?"

„Die Wahl der Zisterzienserinnen ist sehr gut. Es kommt natürlich alles auf die Nonnen und auf die Äbtissin an."

„Freilich! Welche Vorschläge machst du mir?"

„Meine Schwester Mechthild ist in Bamberg im Kloster Sankt Maria und Theodor, das ursprünglich ein Benediktinerinnenkloster war, dann aber die strengeren Gewohnheiten von Citeaux annahm."

„Möchtest du gern deine Schwester Mechthild hier als Äbtissin haben?"

„Ich glaube nicht, dass das im Plan der Familie Andechs liegt. Aber ich denke an meine frühere Magistra Petrissa."

„Ja, richtig! Wenn sie hierher käme, das wäre freilich ein großer Gewinn. Du hast mir schon soviel von ihr erzählt.

Möchtest du ihr schreiben und einen Boten senden?"

„Dem Herzog Dank für dieses Angebot. Aber da besteht eine Schwierigkeit: der Wechsel von einem Orden in einen andern bedarf der kirchlichen Genehmigung vom Bischof oder gar dem Papst. Allerdings ist diese leichter zu erhalten, wenn ein Übertritt zu einem strengeren Orden erfolgt. Das wäre bei Magistra Petrissa der Fall; denn in Kitzingen sind Benediktinerinnen."

Sie überlegte einen Augenblick und fuhr dann fort:

„Petrissa müsste zunächst von Kitzingen nach Bamberg zu den Zisterzienserinnen überwechseln, um dort den Geist kennen und lieben zu lernen und sich so auf ihre hohe Aufgabe in Trebnitz vorbereiten."

„Könnte das nicht dein Bruder Ekbert in die Hand nehmen? Der ist doch dafür geeignet."

„Sicherlich! Die Familie Andechs hatte schon durch den verstorbenen Großonkel eine enge Beziehung zum Bamberger Kloster. Da dieses aus einem dem Domkapitel gehörenden und dem heiligen Theodor geweihten Hospital hervorgegangen ist, übt der Bischof mit dem Domkapitel die Aufsicht und die geistliche Herrschaft aus."

„Nimm du, Jadwiga, bitte in meinem Namen die Verbindung mit Magistra Petrissa und dem Kloster in Bamberg durch deinen Bruder Ekbert auf, am besten unter Mitwirkung von Bischof Cyprian. – Nimm die besten Reiter und sende sie alsbald aus!"

„Dem Herrn Herzog sei gedankt für diesen Auftrag!"

Freilich wurde alles auch mit dem Abt von Leubus besprochen. Er konnte noch ergänzen:

„Die Stelle eines Vaterabtes aus dem Zisterzienserorden für das Kloster Sankt Theodor in Bamberg ist noch unbesetzt, so wird also der Bamberger Bischof die Angelegenheit entscheiden können."

Hedwig schrieb die Briefe. Sie erinnerte ihre geliebte Magistra an das beim Abschied gegebene Versprechen und bat sie, das schwere

Opfer zu bringen, zunächst in den strengeren Orden in Bamberg einzutreten, wozu ihr der Bischof sicherlich verhelfen würde, sich dann dort mit Genehmigung der Äbtissin zwölf Freiwillige auszusuchen, die es wagen wollten, hier das erste Frauenkloster zu gründen.

Sie erinnerte auch an die heilige Thekla und versprach, mit ihr den Himmel zu bestürmen, dass alles sich so erfüllen möchte, dass des Herzogs erste Stiftung SOLI DEO, allein Gott, zur Verherrlichung dienen würde.

Dann berichtete sie von der Lage des vorgesehenen Klosters und den eifrigen wirtschaftlichen Bemühungen des Herzogs.

Zum Schluss berichtete sie von ihren Kindern und bat um das Gebet des ‚geliebten Konvents zu Kitzingen', dem sie unsagbar viel zu danken hatte.

Den hochwürdigsten Bruder, Dompropst Ekbert in Bamberg, bat sie um seine Vermittlung beim Bischof für den Eintritt von Magistra Petrissa und die Erlaubnis der Aussendung von zwölf Freiwilligen. Zum Schluss bat sie um sein Gebet und um seinen Segen für das vom Herzog so tatkräftig begonnene Werk.

Nachdem ihre Briefe vom Herzog und seinem Notar Lorenz für gut befunden waren, beauftragte Hedwig mit Einwilligung ihres Gemahls den Kaplan Wunhild mit der Überbringung der Briefe.

Wunhild war sehr erstaunt, dass ihm ein so ehrenvoller Auftrag zuteil wurde. Hedwig erläuterte ihm den Sachverhalt, gebot aber Stillschweigen gegenüber seinen Begleitern.

„Für das große, unverdiente Vertrauen bin ich der Frau Herzogin zu großem Dank verpflichtet. Ich werde mich bemühen, den Auftrag auf schnellstem Wege so behutsam und so klug wie möglich durchzuführen."

Als der Schnee geschmolzen war und die Wege wieder gut befahren werden konnten, fuhren frühzeitig der Herzog, die Herzogin und der Notar mit dem Zisterzienserabt und auf Wunsch Hedwigs auch der älteste Sohn Boleslaw zur Festlegung der geplanten Klosteranlage. Berittene begleiteten sie.

Nach mehreren Stunden kamen sie im Katzengebirge an. Das Volk nannte es so, wiel die hügeligen Berge wie Katzenbuckel aus der Ebene herausragten.

Die Verwalter der Gutsbezirke waren mit Knechten und Fuhrwerken vor der Petrikirche versammelt und huldigten dem Herzogspaar. Gewohnheitsgemäß besuchte die Herzogin zunächst die Kirche. Sie betrachtete es als ein besonderes Zeichen, dass Magistra Petrissa hier unter dem Schutz ihres Namenspatrons Petrus – weshalb die verehrte Magistra in Kitzingen auch manchmal Petrussa genannt wurde – wirken sollte.

Nach einem Imbiss, dem Hedwig fernblieb, wurde zunächst die vorläufige Unterkunft in einem ansehnlichen Gutsgehöft besichtigt, das später vor der eigentlichen Klosteranlage für die Gäste ausgebaut werden sollte.

Hedwig begutachtete ein kleines Gebäude, das vorerst als Kapelle dienen konnte.

Sie schaute zusammen mit dem Abt nach, wo in dem großen Haus das Refektorium, der Schlafraum, die Küche und andere notwendige Räume hergerichtet werden könnten, und machte praktische Vorschläge.

Boleslaw blieb immer an der Mutter Seite. Zwischendurch erklärte sie ihrem Ältesten, wozu die Anlage dienen sollte. Der Knabe fragte viel und bekam stets liebe und klare Antworten.

Der Abt legte Wert darauf, dass die Abgrenzung des ganzen Gehöftes sofort unübersteigbar ausgebaut würde, damit die vom Generalkapitel geforderte strenge Absonderung von der Außenwelt, ‚der verschlossene Garten', von Anfang an vorhanden war und die Schwestern sich sicher fühlen konnten.

Als es zu einer Meinungsverschiedenheit kam, wieviel Zeit zu allem benötigt würde und wann der Einzug der Nonnen möglich wäre, meinte der Herzog:

„Ich hoffe doch sehr, dass alles in einem Jahr fertig wird."

Der Abt schüttelte energisch den Kopf und gab zu bedenken, dass sein Kloster zwischen Gründungsakt und Einzug eines Konventes von 1163 bis 1175, also volle 12 Jahre, gebraucht hatte.

„Es muss doch alles auch in Rom genehmigt werden!"

Hedwig dachte: ‚Deus providebit!' und freute sich, mit welcher

Kraft ihr herzoglicher Gemahl sich für eine beschleunigte Durchführung seiner Anordnungen einsetzte:

„Wir müssen uns heute und morgen klarwerden, wo das Kloster zu liegen kommt und wie groß der ganze Klosterbezirk werden soll."

Die Verwalter des Gutsbezirkes hatten mit dem Notar Lorenz schon vorläufige Zeichen in die Erde gerammt. Nun fuhren alle zusammen von einem zum andern. War einer für gut befunden worden, so wälzten die Knechte einen schweren Felsbrocken auf die Stelle. Andere mussten verrückt werden, weil die Herzogin wünschte, dass wegen des für ein Zisterzienserkloster notwendigen Baches diese und jene Bachkrümmung mit einbezogen wurde.

Bis zum Abend – die Knechte mussten die Laternen anzünden – wurden 17 Grenzsteine errichtet und vom Notar mit der ortsüblichen Bezeichnung durch die Gutsverwalter schriftlich festgehalten.

Nach der Frühmesse, die der Abt am andern Morgen in der Peterskirche feierte, fuhren sie zu den in Aussicht genommenen Vorwerken.

Alle wunderten sich, wie sachkundig die Herzogin das eine als Speichervorwerk auswählte, in den andern die Viehunterbringung beurteilte und bemägelte, dass die Euter der Kühe nicht sauber gewaschen waren.

Sie unterhielt sich auch mit den dort arbeitenden Frauen und fragte sie nach ihren Familien. Sie sagte nicht nur freundliche Worte, sie spendete auch unbemerkt von ihren Pfennigen.

Als sie nach dem Mittagsmahl den höchsten Berg beim Ort bestiegen hatten, schauten sie beim leuchtenden Sonnenschein auf die ganze werdende Anlage. Der Herzog überlegte noch vielerlei mit dem Notar und dem Abt. Über Hedwig kam eine solche Glut der Dankbarkeit, dass sie dem Gespräch nicht mehr folgte. Bis jetzt hatte sie alles in nüchterner, herber Art besprochen, nun war es ihr, als wäre sie wieder im gesegneten Zustand. Dieses Mal aber so ganz anders; nicht wie sonst, wenn der Mutterleib das werdende Kind umschloss und das mehr und mehr wachsende Kind ganz in sich gekehrt im Schoß geborgen war.

Jetzt war es ihre gesegnete Seele, die hier auf dem alles überragenden Berg in den sonnigen Vorfrühling leise das:

‚Hoch preist meine Seele den Herrn!‘ sang.

Sie hatte in der Zeit, da sie ihre leiblichen Kinder erwartete, in heiliger Hoffnung auf den Knien gesungen. Jetzt überkam es sie viel gewaltiger; denn nun ging sichbarlich ihre seit der Ankunft gehegte Sehnsucht nach einem ‚Kitzingen‘ in Schlesien-Polen endlich, wenn auch ganz klein, in Erfüllung.

Die Männer um sie herum sprachen nur vom Tun.

Der Herzog gründete.

Die Befehlsempfänger führten aus.

Es war alles so sachlich, so kühl, so berechnend. Es musste so sein!

Ihr ging es um das heiß ersehnte und erbetete geistige Kind des Landes, um das Eigentliche, was sie dem Land bringen wollte. Mit Recht würde man nach Jahren, vielleicht nach Jahrhunderten sagen:

„Herzog Heinrich hatte ganz aus eigenen Mitteln dieses Frauenkloster erbaut.“

Das bejahte Hedwig voll und ganz. Aber es kam ihr eine Geschichte in den Sinn, die Petrissa einmal im Unterricht erzählt hatte.´:

„Ein König wollte einen großen Dom bauen. Niemand durfte helfen. Als er fertig war, ließ der König eine große Gedenktafel aufstellen, auf der zu lesen war, dass er ganz allein, aus eigenen Mitteln, den Dom erbaut hatte.

Am andern Tage aber stand nicht mehr der Name des Königs auf dem Gedenkstein, sondern der eines armen Weibleins. Erzürnt ließ der König es vor sich kommen und fragte höhnisch: ‚Was hast du zum Bau des Domes beigetragen?‘ Die Antwort war für den König beschämend: ‚Was soll ich arme alte Frau denn schon hinzugetan haben? Ich hatte Mitleid mit den Rossen, die so schwere Steine den Berg hinauf ziehen mussten, da habe ich ihnen einen Bündel Heu gebracht. Mehr nicht, mein König!‘ –

Da hatte Gott, der Herr, des Scherflein der Witwe höher angerechnet als den ganzen Reichtum des Königs.“

So hatte auch sie nichts hinzugetan als das Krüglein voll Tränen, das sie seit ihrer Ankunft in stillen Gebetsstunden für dieses geistige Kind ihrer Liebe randvoll gefüllt hatte.

Nein, Hedwig war wirklich nicht die Stifterin und Gründerin. Da aber die Mutter Kirche und in ihr die einfältigen Gläubigen, zu denen manchmal Künstler gehörten, die mehr mit dem Herzen als mit dem Verstand zu arbeiten gewohnt sind, so ganz anders denken, werden sie in zukünftigen Darstellungen nicht dem alleinigen Stifter, Herzog Heinrich, das Modell einer Kirche oder des Klosters in die sorgfältig umfassende Hand geben, sondern der Herzogin Hedwig, die nichts dazugetan hatte als das Bündelchen Gebet, das vor den Menschen nur wie eine Handvoll Heu sein kann, das Gott aber schwerer wiegen lässt als viele Beutel mit 30 000 Mark Silbergeld.

Plötzlich wurde sie herausgerissen aus ihrer inneren Schau, weil Boleslaw sie fragte, ob die Matka wieder ein Kindchen erwartete, weil sie so hintersinnig dreinschaute wie sonst, wenn ein Brüderchen oder Schwesterchen unterwegs war.

„Nein, mein Kind!"

Sie küsste ihren so heiß erflehten Erstgeborenen auf die Stirn. Dann wies sie den Herzog und den Abt auf den besonnten Südabhang des Berges hin und sagte:

„Hier könnte ein Weinberg entstehen. Petrissa könnte Reben aus dem Maingau mitbringen."

Dann war sie wieder abwesend und betete:

„Herr, wir danken dir für die Frucht des Weinstockes ...

Lass sie werden das kostbare Blut unseres Herrn und Erlösers Jesus Christus."

„Der wird aber sauer werden", meinte der Abt, doch Hedwig verstand nicht, was er sagen wollte.

Bevor sie nach Breslau zurückfuhren, ging die Herzogin allein zur Quelle. Sie hatte beim Plebanus 13 Kerzen gekauft.

Mit 13 Jahren hatte sie das erstemal empfangen.

Am 13. Januar hatte sie des Herzogs „Tak!" zur ersehnten Klostergründung erhalten.

Sie stellte 13 Kerzen um den uralten Brunnen und zündete sie an.

Hier mochten heidnische Urbewohner an der Quelle des Lebens gebetet und von dem reinen Wasser getrunken haben. Hier mochten Mütter sich Kraft getrunken haben für die schweren Stunden, die ihnen bevorstanden. Hier mochten weise Frauen heimlich, wie in den Tempeln der Götter, ihre rätselhaften Sprüche gemurmelt haben. Jetzt war Hedwig den einsamen Frauen zugezählt, auf die der Geist fiel, die in ihrem Innern um die verborgenen Gotteskräfte wussten, wenn sie auch vom Schöpfergott noch keine klare Kunde hatten wie die Christen.

Hedwig hatte Ehrfurcht vor diesem klaren Brunnen. Er sollte geheiligt werden. Er sollte aus dem Sehnen der Vorzeit in das kommende Gotteshaus eingeholt werden als fruchtbares Wasser, das die Kirche in der Osternacht besang.

Hedwig kniete vor der Quelle ehrfürchtig wie vor einer uralten Ahne. Sie wusch sich mit dem kühlen Wasser das Antlitz, nahm ein Krüglein als Zeichen des Gefäßes, das gleichsam alle ihre von den heiligen Engeln um dieses ersehnte Kloster gesammelten Tränen enthielt, und senkte es in den Brunnen, wo es in der Tiefe verschwand. Sie trank das gute Quellwasser, das ihr besser schmeckte als Wein. Dann nahm sie ihr Madonnenbild, das Petrissa ihr zum Abschied umgehängt hatte, und senkte es vorsichtig in das Quellwasser. Sie betete dazu:

„Quelle aller Freuden!"

Sie zog es heraus, küsste es dreimal und legte es sich wieder um. Als Frauen hinzutraten, erhob sie sich und reichte den Erstaunten Silberpfennige. Was diese damit machten, war ihr gleichgültig.

Dann lauschte sie in der Peterskirche der Vesper des Abtes und des Plebanus. Sie sang die Psalmen in ihrem Herzen mit:

„Preiset den Herrn, ihr Berge und Hügel von Trebnitz!
Preise den Herrn, was immer hier wächst!
Preiset den Herrn, ihr Quellen alle!
Lasset uns preisen Vater und Sohn mit dem Heiligen Geist!"

Unter dem Schein der gespensterhaft in den Buchenwäldern leuchtenden Fackeln fuhren sie zur Burg zurück.

Boleslaw lag müde, aber zufrieden und wohlgeborgen in den Armen seiner heißgeliebten Matka.

Reiter auf schnellen Rossen brachten die Nachricht:

„Mieszko III., Herzog von Großpolen und Krakau, ist im hohen Alter gestorben."

Herzog Heinrich überlegte mit dem Notar Lorenz, mit dem Bischof Cyprian und zog auch seine Gemahlin hinzu:

„Mieszko, den sie ‚den Alten' nannten, ist der Halbbruder meines Großvaters und ein Sohn der schwäbischen Salomea von Berg. Mit seinem Tode wird wohl die 1194 bereits durchbrochene Senioratsverfassung der piastischen Länder vollends erlöschen. Er hat seit Mitte des vergangenen Jahrhunderts die Ereignisse in Polen maßgeblich beeinflusst. Soll ich eilends nach Krakau reisen?"

„Es ist immer gut, zu einem Begräbnis zu eilen, auch wenn der Verwandtschaftsgrad entfernt ist", sagte Bischof Cyprian.

Der Notar fügte hinzu:

„Gerade weil mit diesem Tod die Unabhängigkeit Schlesiens von den andern piastischen Ländern noch stärker in Erscheinung tritt, tut es not, die verwandtschaftliche und nachbarliche Verbindung zu betonen. Das Band, das alle piastischen Fürsten noch eint, bildet die Zugehörigkeit zur gleichen Familie und zum gleichen Erzbistum Gnesen. Ich bezweifle auch, dass Mieszkos Nachfolger, Herzog Lesko von Sandomir, den alten Führungsanspruch durchsetzen wird. Die Wiederherstellung der einst so mächtigen Königreiches wird vorläufig wohl ein Traum bleiben.

Wir müssen froh sein, wenn es gelegentlich noch zu colloquia, zu Beratungen, kommt."

Herzog Heinrich schaute seine Gemahlin fragend an.

„Da Erbstreitigkeiten nicht zu befürchten sind, ist ein Treffen mit den Verwandten immer gut. Vor allem aber gebührt dem hochbetagt Verstorbenen die Ehre durch den Herzog von Schlesien und Polen und seiner Seele die gemeinsame Fürbitte aller von weit her Herbeigeeilten. Nach allen Zwistigkeiten und Entfremdungen ist ein ehrfurchtsvolles Beisammensein im Angesicht der Majestät des Todes angetan, die Maße des irdischen Tuns und der Regierung der einzelnen Länder im Lichte der Ewigkeit zu betrachten. Darum rate ich dem Herrn Herzog, eilends fortzureiten."

„Ich werde dem dreifachen Rat folgen. In meiner Abwesenheit wird der Notar die Regierungsgeschäfte führen. Für alle die neue Klostergründung betreffenden Angelenheiten sollen der hochwürdigste Herr Bischof, meine Gemahlin und der Abt von Leubus hinzugezogen werden. Die Klostergründung darf keinen Verzug erleiden!"

Bald ritt Herzog Heinrich mit seinem Gefolge über die Brücke der Ostrów Tumski/Dominsel davon.

Die Herzogin betete in dieser Zeit unaufhörlich für die werdende Stiftung. Sie flehte zur allerseligsten Jungfrau Maria, zum heiligen Bartholomäus, dem die Kirche geweiht werden sollte, der auch der Lieblingsheilige des Herzogs war. Sie besuchte viele Arme und Kranke und bat um deren Gebet in einem wichtigen Anliegen.

Schwierigkeiten, Missverständnisse und Verzögerungen blieben nicht aus. Die gehörten dazu. Damit hatte Hedwig gerechnet. Sie sprach nicht darüber, jedoch deutete sie es in ihrer Art als das Wirken des Diabolus, des ‚Durcheinanderwirblers', dem wahrlich nichts an diesem entstehenden Gotteswerk gelegen sein konnte.

Das heilsame Warten, das damit verbundene Vertrauen auf die göttlichen Fügungen, das demütige Sichbeugen gehörten wie bei jeder leiblichen Geburt zur freudigen Hoffnung der erwartenden Mutter und Herzogin für des Herzogs Land.

Es reifte alles der Ernte entgegen, Kraut und Unkraut, köstliche Frucht auf den Halmen und auf den Bäumen, aber auch in leuchtend schreienden Farben das Unkraut, dazu das vielfältige Ungeziefer, welches das schönste Obst faulend zu Boden fallen ließ.

Wunhild brachte gute Botschaften aus Kitzingen und Bamberg.

Hedwig las die Briefe auf den Knien, so erschauerte sie, nun daraus Gottes Willen – ja oder nein – zu erfahren. Sie erhielt die freudigen Zusicherungen, dass alles mit großer Gelassenheit und möglichst schnellem Nacheinander dem ersehnten Ziel zustrebte. Petrissa freute sich, nun unter der Herzogin Leitung – „Die einstigen Schülerinnen wachsen der alten Lehrerin über den Kopf", schrieb sie

– als Senfkorn in das Land Schlesien, für das sie täglich gebetet hatte und das ihr geistig schon zu eigen geworden war, gesenkt zu werden.

Der alte Drang aus Liobas und Theklas Zeiten war über sie gekommen, die ‚Pilgerschaft' in das Land, das der Herr ihr zeigen würde. Sehnsüchtig erwartete sie den Tag, an dem sie sagen dürfte:

„Procedamus in pace!"

Die Gründung des Klosters war in der ersten Hälfte des Jahres beschlossen und rechtlich erfolgt, wenn auch die bischöflichen und herzoglichen Urkunden erst nach schwierigen juristischen Formulierungen erfolgen konnten.

Die übliche Bitte um ‚Inschutznahme' konnte für Rom aufgesetzt werden. Der bei der römischen Kurie einflussreiche Abt von Pforte, Winnemar, war über alles genau unterrichtet und hatte die Form der Schreiben mit dem Abt von Leubus besprochen und ein eigenes Schreiben an die ihm in Rom bekannten Kardinäle aus dem Zisterzienserorden beigefügt:

„Zuerst sollen sich die Mönche, die Bittschriften überbringen, an den Kardinal Jordan von Ceccano, einen Italiener, oder an den Kardinal Guido von Paré, einen Franzosen, wenden. Da die Zahl der Kardinäle gering ist, meistens etwa ein Dutzend, haben diese zwar viel zu tun, aber auch einen erheblichen Einfluss an der Kurie.

Freilich müssen sich die Mönche gedulden. Das wird ihnen beim Besuch der vielen heiligen Stätten in Rom nicht schwerfallen. Da die Römer ja wissen, dass die Mönche noch vor dem Winter über die Alpen zurück müssen, rechne ich damit, dass die Urkunden gegen Mitte November ausgestellt werden.

Die Reise nach Rom beträgt gewöhnlich 5-6 Wochen. Wenn alles klar ist, könnten die Antworten zum Christfest hier sein."

Da der Bischof auch einige Gesuche hatte und der Herzog noch die päpstliche Bestätigung seiner Abmachungen mit Herzog Mesko – nach alter Tradition der Verbindungen Polens mit den Päpsten – wünschte, hatte der Notar viel zu tun, diese Eingaben so gut auszufertigen, dass für geschulte Kirchenrechtler an der römischen Kurie – seiner Meinung nach – keine Widerhäkchen darin zu finden waren. Hedwig bat ihren Gemahl, den reisenden Mönchen ihren Kaplan Wunhild mitgeben zu dürfen, weil er sich in der Pflege der Pferde gut auskannte und als Reisebegleiter zuverlässig war.

Hocherfreut nahm Kaplan Wunhild diese Auszeichnung an. Er wusste ja nicht, dass die Herzogin hoffte, seine priesterliche Frömmigkeit würde durch diese Reise zur heiligen Stadt auf den sieben Hügeln wachsen.

Das Herzogspaar besuchte oft die Baustätten.

Die Herzogin pflegte zuerst lobend anzuerkennen, ehe sie ihre Bitten und Änderungswünsche vorbrachte. So milderte sie, was der Herzog manchmal schroff tadelte.

In dieser Zeit stieß Hedwig bei ihren Schriftlesungen auf die Stellen, in denen von Gefangenen die Rede war. Es ergriff sie sehr, dass Paulus in Philippi, als er in den Block gesperrt war, Loblieder gesungen hatte. Am meisten traf sie die Mahnung im Brief an die Hebräer:

„Gedenket als Gefangene der Mitgefangenen, derer, die Ungemach erdulden!"

Sie hatte schon immer an die Gefangenen in den schrecklichen Turmverliesen denken müssen und litt darunter, dass sie ihnen nicht helfen konnte. Die Angst vor dem ‚Höllenschlund' war ihr von Kindheit an in entsetzlicher Erinnerung.

Wie konnte sie den Gefangenen, den zum schrecklichen Tod am Galgen Verurteilten helfen? In diesem Bereich des Herzogs war sie machtlos. So wollte sie der Armen wenigstens im Gebet gedenken und gegen alle Hoffnung auf die gute Stunde hoffen, die Gott, der Herr, ihr schenken konnte, wenn er ihre Bitten aus flehendem Herzen erhört hatte.

Monate vergingen. Endlich kamen vorauseilende Boten und kündeten die baldige Ankunft der Äbtissin Petrissa mit den zwölf Zisterzienserinnen aus Bamberg.

Jetzt hatte Hedwig Mühe, ihre Gelassenheit zu wahren, sich zu zwingen, als würde sie das ebenso ruhig und kühl aufnehmen wie sonstige Alltagsnachrichten. Dabei jubelte und dankte es in ihr. Sie konnte es nicht erwarten und musste doch warten. Aus Freude musste sie Gutes tun, reichlicher Almosen spenden, noch mehr Kranke aufsuchen, Bittgesuche noch großzügiger genehmigen.

„Unsere Matka ist so froh wie vor der Heiligen Nacht!" sagte Heinrich zu seinen Geschwistern.

Am liebsten hätte Hedwig die Burg schmücken lassen. Sie konnte sich aber nur kümmern um das Gästehaus, in dem die 13 Nonnen vorerst auf der Burg wohnen sollten ‚wie in einem Kloster'.

Endlich wurde die Ankunft angemeldet! Hedwig legte ihr herzogliches Gewand an, das ihre schlanke Körperform etwas durchscheinen ließ. Es war von der Art, wie es auch sonst an andern Höfen getragen wurde mit den besonders auffälligen, fast bis auf den Boden reichenden weiten Hängeärmeln. Sie trug es nicht aus Prunksucht, sondern um Petrissa und die Nonnen mit allen Ehren in heiliger Freude aufzunehmen.

Zum gebührenden Empfang gehörte auch, dass die Herzogin, zumal ihr Gemahl an diesem Tage nicht auf der Burg war, von ihrem Hofstaat umgeben, die Ankommenden ehrenvoll in den Festsaal geleiten ließ. Als die Wagen in den weiten Burghof fuhren, erklang die Glocke der Burgkapelle. Hedwig hatte Bischof Cyprian gebeten, dass zur Erhöhung der Festfreude dann auch die Glocken des Domes einsetzen möchten. Gern hatte er zugesagt.

Nach alter Gewohnheit der in ein fremdes Land einziehenden Missionare trug eine Nonne das Kreuz voran. Petrissa, nun Ende der Vierziger, hatte als Zeichen ihrer Äbtissinnenwürde ein schönes, von Hedwigs Bruder Ekbert geschenktes Kreuz auf der Brust. Sie war lebendig und frohgemut wie sonst und einst, trotz der Reise. Ihr folgten die elf andern Schwestern, zuerst zwei mit der Priorin in der Mitte, dann zwei und zwei, die das Loblied ‚Benedicite' sangen.

Sie reichte Petrissa die Harfe, und diese stimmte an:

„Te Deum laudamus!“

Da vereinte sich im Festsaal auf der Burg die kleine, vor der Welt so unbedeutende Schar mit der Frau aus der Welt und sang:

„Dich preist über dem Erdenrund die heilige Kirche ...

Dich bitten wir denn:

Komm uns zu Hilfe und segne dein Erbe!

An jedem Tag benedeien wir dich

und loben in Ewigkeit deinen heiligen Namen!“

Das war gleichsam der gemeinsame heilige Schwur für Jahrhunderte. Nun stieg die Herzogin von den Stufen herab und begrüßte zunächst die geliebte Äbtissin Petrissa mit der kirchlichen Umarmung, ‚Pax‘ genannt, dann ebenso die Priorin und alle Schwestern bis zur schüchternen Martha.

Ihr sagte sie das liebe Wort:

„So jung an Jahren und schon als Gottesbotin in die Fremde!“ Da wagte die Kleinste und Jüngste zu sagen:

„Frau Herzogin war noch viel jünger, als sie in dieses Land zog.“

Mochte auch die Priorin etwas entsetzt sein über die kindliche arglose Antwort, die Äbtissin freute sich. Hedwig sagte zwar nichts dazu, aber eine Träne an der Wimper verriet der kleinen Martha, dass sie der Frau Herzogin ins Herz gesprochen hatte.

Auf einen Wink wurden nun die Kinder hereingeführt. Hedwig sprach zu ihnen polnisch und deutsch und stellte sie namentlich der Äbtissin und dem Konvent vor. Jedes Kind machte eine Verneigung und küsste, wie die Frau Matka sie geheißen hatte, allen die Rechte.

Nur die zweijährige Gertrud konnte das noch nicht, sie griff zutraulich nach der Harfe. Die Äbtissin schlug einige Saiten an und zeigte der Kleinen, wie sie zupfen musste. Gertrud plapperte viel und hatte Freude an dem großen Spielzeug.

Hedwig wollte sie zu sich nehmen, doch Petrissa bat, das Kind noch bei ihr zu lassen. Sie erkannte in Gertrud das jugendliche Gesicht der kleinen Hedwig wieder. Schließlich fragte sie die Herzogin:

„Wird sie wohl in einigen Jahren zu uns kommen?“

„Ich möchte es hoffen. Aber Ihr wisst ja, ich habe nicht zu bestimmen.“

„Deus providebit!“ sagte Petrissa wie einst in Kitzingen.

Dann wurden die Schwestern in den Speisesaal geführt. Beim Mahl bediente die Herzogin sie in demütiger Freude.

Die Schwestern hatten nach Vorschriften der Zisterzienserordnung bei ihrer Aussendung von Bamberg die notwendigen liturgischen Bücher mitbekommen. So konnten sie sofort im Gästehaus der Burg ihre gewohnten Tageszeiten einhalten. Hedwig nahm sich immer Zeit dafür, lebte doch in ihr noch der oberste Grundsatz der benediktinischen Regel:

„Dem Gottesdienst darf nichts vorgezogen werden!“

Dieser war ja nicht zu ihrer persönlichen Erbauung, sondern nur zur Huldigung des Allerhöchsten auf die sieben Zeiten des Tages verteilt. Es war keine Zeitverschwendung, keine Verminderung für die Aufgaben in dieser Welt. Von der Huldigung an den Schöpfer und Erlöser, an den Herrn und Lebendigmacher floss täglich jedem Maß zu, das der Einzelne und der ganze Konvent notwendig brauchten nach dem Satz des Herrn:

„Euer himmlischer Vater weiß ja, wessen ihr alles bedürft.“

Diese von Kitzingen her erlebte Form hatte sich Hedwig freiwillig, ohne Gelübde, in ihrer Hingabe an die Welt, an ihre täglichen Pflichten, ja mehr als das, an die Sorge um die andern, an das Weiterplanen, verbunden mit dem Horchen auf Gottes heiligen Willen, zur Lebensnorm gemacht, die sie ihren Kindern weiterzugeben versuchte mit dem einfachen Vers:

„Mit Gott fang an, mit Gott hör auf,
das ist der beste Lebenslauf!“

Andere staunten, wieviel in dieser heiligen Gelassenheit geschafft wurde. Hedwig selbst brauchte nur an Kitzingen zu denken, wieviel dort an Kultivierung des Bodens, des Hauses, des Wissens, des Mehrens der geistigen Güter, vor allem aber der Entfaltung der Herzensgaben gleichsam ‚nebenbei‘ wurde.

Solch ein Kloster hatte sie sich vorgestellt für die Mädchen, für die Frauen. Es tat so not! Es war wie bei der Schöpfung. Es musste den Männerklöstern wenigstens dieses eine Frauenkloster ‚als Gehilfin‘ zur Seite gestellt werden. Die Kirche durfte nicht nur eine Männerkirche sein. Die ecclesia, die Kirche, war auch Mutter und Herrscherin, die lehrte und wehrte, die fruchtbar und entsagend, betend und leidend, ordnend und versöhnend war. Die Mutter Kirche war schmerzlich hi-neingestellt in den Kampf der Gewalten, tief gezeichnet von Tod, Verlust und Opfer, Abbild der jungfräulichen Mutter des Herrn unter dem Kreuz. Sie vertrat durch ihre Macht gleichzeitig Gott, den sie durch dieselbe Macht verriet, die ihren Glanz ausstrahlte und ihre Schuld büßen musste, die geliebte und zugleich geschmähte Mutter Kirche.

Die angekommenen Frauen, von denen jede einzelne wenig bedeutete, die aber im heiligen Gehorsam, im Gelübde des Verzichtes auf die innigste Lebensgemeinschaft hier auf Erden in die Fremde gekommen waren, erfüllten nicht nur eine Hoffnung der Herzogin für ihr Land, für die weite, weite Zukunft, sondern waren auch der Hort, wo sie als Frau, wahrlich mitten in der Welt ihrer Zeit, ein Stück Heimat der Seele finden würde. Hier würde sie nicht nur verstanden werden, sondern von Tag zu Tag liebend mehr und mehr erkennen, dass sie als herausgestellte Frau in der Welt Mutter, Vorbild, Sorgerin, Betreuerin, Hüterin, ja letzthin ‚Magd des Herrn' sein durfte und musste. War früher Petrissa ihre Formerin gewesen, so musste jetzt Hedwig unmerklich die geistige Formerin dieser ersten Marienzelle in Trebnitz sein ...

Das waren Gedanken, die ihr während der Abwesenheit ihres herzoglichen Gemahls in einer dankerfüllten Gebetsnacht von innen her, wo der Heilige Geist atmet, zugekommen waren.

Wie der Herr erquickt war, wenn er eine Nacht zugebracht hatte, betend und liebend vereint mit dem Vater, der ihn allezeit erhörte, und nicht müde war, so war Hedwig nicht müde, nach den Gebetszeiten mit der Äbtissin, der Priorin Benedikta, die nie übersehen werden durfte, und der Schwester Prokuratrix alles zu überlegen, was zum alltäglichen sogenannten ‚Kleinkram' einer Frau und Mutter gehörte, was aber selten geschätzt wurde.

Hedwig hatte kein Verlangen, mit Petrissa Erinnerungen über die vergangene Zeit und wie schön es in Kitzingen war auszutauschen. Sie waren beieinander, gemeinsam wie ein Paar Tiere vor den Pflug gespannt. Sie standen unter dem heiligen Joch Christi, das jeder in seiner Nachfolge auf sich nehmen musste, wenn er seiner wert sein wollte, und von dem sie spürten, dass es sanft und süß war.

„Was ratet Ihr mir, das wir hier tun können bis zum Besuch in Trebnitz?“

Hedwig schaute versonnen hinaus und sagte unvermittelt:

„Die Liebe spricht immer die Sprache des andern.“

„Das stimmt!“ sagte Petrissa und wartete auf weiteres.

„Ihr sagtet gestern: ‚jeder Sprache, jeder Zunge‘. Ihr kommt in Trebnitz in ein Gebiet mit gemischter Bevölkerung. Die älteste Siedlung im Ort heißt ‚das polnische Dorf‘. Daneben wohnen Zugezogene; denn seit geraumer Zeit haben die Herzöge Zugezogene aus Wallonien, aus dem Hessischen, dem Thüringischen und Kaufleute wie Handwerker angesiedelt. Ein Land hat ja nur Wert, wenn es kultiviert wird. Ein unbebautes Land bringt dem Herzog keinen Ertrag. Anders ist es, wenn es bebaut wird, wenn Gemeinden entstehen, die einmal Städte werden können wie hier unsere Kaufmannssiedlung, wo die weitreisenden Juden, aber auch Deutsche und andere in ihrer gewohnten Art leben. Ihr werdet von polnischen Dörfern umgeben sein, aber auch von nichtpolnischen Siedlungen. Ich bitte Euch um der Liebe Christi willen, bringt das Opfer und ...“

Petrissa, die Priorin und Schwester Elisabeth horchten auf, welches Opfer die Herzogin meinte.

„... lernt die hiesige polnische Sprache. Nutzt diese Wartezeit aus und lernt jeden Tag etwas. So habe ich es gehalten. Mein Gemahl hat es mich gelehrt, und wenn es mir im Anfang auch schwerfiel – es wäre ja sonst kein Opfer –, es hat mir viel gedient.

Ihr seid Schwestern der heiligen katholischen Kirche. Der heilige Bernhard war Franzose, ihr seid Deutsche, sogar richtige Franken. Lernt hier, allen alles zu sein! Die ersten Worte bringe ich euch bei. Es sind die einfachen Worte des täglichen Grußes. Wenn ihr zuerst die polnische Sprache sprecht und dann die deutsche, wird es euch niemand verübeln, auch nicht, wenn ihr Fehler macht. Horcht auf den Klang, das ist besonders wichtig! Wenn ihr jeden Tag eine Stunde die hiesige Sprache lernt, wie ich bei Euch, verehrte Äbtissin, die lateinische, dann werden alle, die zu euch kommen, und wenn es nur eine einzige polnisch Sprechende ist, erkennen, dass sie von euch verstanden und bei euch geborgen sind."

Dann fingen sie an, der Herzogin auf den Mund zu schauen wie die Kinder der Mutter und lernten das ABC der polnischen Sprache. Wie sehr mussten sie manchmal über ihre anfängliche Unbeholfenheit lachen.

Als Herzog Heinrich zurückgekehrt war und er den Konvent in feierlicher Audienz empfangen und begrüßt hatte, konnte Hedwig mit drei Schwestern des Konvents nach Trebnitz hinausfahren, während die andern im Gästehaus ihr Leben fast wie in Bamberg fortzusetzen suchten.

In der Erholungsstunde sprachen sie ihre geliebte fränkische und polnische Sprache durcheinander und hatten Freude an der jüngsten Schwester Martha, wie diese ihnen lachend die schwersten Wörter vorsprach.

In Trebnitz machten die Leute Augen, als sie die Frau Herzogin mit drei Frauen, wie Mönche gekleidet, in die Peterskirche gehen sahen. Einige Neugierige folgten ihnen. Sie konnten nur hinterher erzählen, wie fromm die drei grauen Frauen gebetet hätten.

Petrissa dankte Gott, durch ihren Namenspatron, den Apostelfürsten Petrus in der Herrlichkeit Gottes, für das gute Geleit und versprach, ihm darin nachzufolgen, indem sie hier auf Christi Geheiß die Netze auswerfen wollte. Mit heiliger Gelassenheit besichtigten sie die zukünftige Keimzelle des Klosters, wenn sie in den Speisesaal traten und nicht fragten:

„Was werden wir essen, was werden wir trinken?"

„Das, was auf den Tisch kommt", hatte schon vom ersten Tage an die liebe, aber auch gestrenge Novizenmeisterin gesagt.

So nahmen sie auch hier, was der himmlische Vater in seiner Güte ihnen bereitet hatte.

Sie besichtigten nun alles im Einzelnen. Da waren die drei Nonnen des Lobes voll, was für eine schöne Herberge der himmlische

Vater ihnen durch die Großzügigkeit des Herzogs und aller seiner Beauftragten bereitet hatte und noch viel schöner bereiten wollte, zumal dieser ihnen gesagt hatte:

„Ihr baut an einem Gotteswerk. Gott sieht jeden Fehler, baut gut!"

Wenn nun Petrissa, die Priorin oder die Prokuratrix etwas zu wünschen hatten auf Ermunterung der Herzogin, dann waren es nicht Dinge der Bequemlichkeit, sondern nur Notwendigkeiten für ein gutes, nach der heiligen Regel, also geregeltes Zusammenleben, damit alles zur Ehre Gottes, aber auch die Einzelne für ihren heiligen Auftrag gerüstet war.

Petrissa grüßte bald polnisch, bald deutsch die Handwerker, die Zimmerleute und Maurer, die Dachdecker und die Fuhrleute, die Untergeordneten und die Meister und dankte stets mit einem heiteren Lächeln. Sie ließ sich belehren, welche Arbeit jetzt getan und in welcher Reihenfolge sie gemacht wurde, und nickte oft verständnisvoll bejahend zu den gehörten Erläuterungen.

Hedwig ließ Petrissa fragen und half notfalls als Dolmetscherin, wobei sie Petrissa als die ‚Abbatissa' oder ‚Domina' bezeichnete, was die Leute wohl auch an dem kostbaren Kreuz erkannten.

Zwischen den Besichtigungen hielten sie die Tageszeiten in der Peterskirche, so dass wieder einige Neugierige berichten konnten: „Sie beten wie die Pfarrer, aber wir haben keine Männer bei ihnen gesehen."

Woher sollten sie es auch anders wissen, wenn landauf, landab kein Frauenkloster war. Nur einige weitgereiste Kaufleute wussten auf dem Markt zu erzählen, dass sie in andern Ländern Klöster solcher ‚heiligen Frauen' kennen gelernt hatten.

Die Priorin machte viele Notizen auf ihrem Wachstäfelchen, als sie die Vorwerke und die Ländereien besuchten. Sie stiegen auch auf den Berg, den Hedwig geeignet für einen Weinberg bezeichnet hatte. Wie freute sie sich, als Petrissa, ohne vorher ein Wort darüber von ihr gehört zu haben, die gleiche Meinung äußerte.

Es kam auch zu einer gemeinsamen Besprechung mit allen Leitenden des abgesteckten Klosterbezirkes, der noch kein ‚verschlossener Garten' war, sondern ein großer Bauplatz. Alle staunten über die sachlichen Fragen der Abbatissa und der Priorin. Als gar Petrissa auf einem Tisch mit einigen Kohlestückchen die Grundrisse aller Baulichkeiten im Gelände zeichnete, waren sie alle voll des Lobes, dass eine ‚fromme Frau' so sachkundig zeichnen und dann fragen konnte:

„Wie ist das hier geplant?"

Sie hörte sich die Erklärungen an und versuchte vorsichtig, Verbesserungsvorschläge zu machen mit der Frage:

„Könnte das vielleicht auch so gemacht werden?"

Dann erklärte sie nach bejahender Antwort:

„So können wir hier Platz sparen und dort mehr Platz gewinnen."

Als dann gar die Äbtissin von der Herzogin Geld erhielt und für den kommenden Sonntag nach dem Amt in der Peterskirche für alle in der Schenke auf dem Markt einen guten Trunk und einen fetten Braten bestellte, da waren sie voller Anerkennung.

Es folgten Besprechungen mit Bischof Cyprian und dem Vater Abt aus Leubus:

„Wir müssen die Ankunft der nach Rom gesandten Boten abwarten."

Das passte zur Adventszeit: auf den Knien harrende Frauen im Gästehaus der Burg. Sie bereiteten in ihrem Innern dem Herrn die Wege, machten gerade, was krumm war, baten einander um Verzeihung, ja, sie ließen sich zu ihrer eigenen Verdemütigung von der Frau Herzogin die Füße waschen und durften es ihr nicht wehren.

„Der Herr hat auch mir das Mandatum gegeben, euch die Füße zu waschen; denn er hat euch auserwählt, den frommen Frauen zu gleichen, die mit all ihrer Habe ihm dienten. Ja, ihr habt euch als Braut Christi ihm anverlobt. Lasst mich diese Ehrfurcht vor eurer Auserwählung ihm in euch bekunden."

Nur Petrissa hörte den Klang heraus, wie gern die Frau Herzogin selbst eine gottgeweihte Jungfrau in Kitzingen geworden wäre, nun aber durch ihre Lebensart draußen in der Welt manche Klosterfrau übertraf.

Was Hedwig tat, das geschah gründlich und mit ganzem Ernst, als sie ihre herzoglichen Gewänder ablegte, sich mit einem sauberen Arbeitskittel bekleidete, den wassergefüllten Holzbottich vor sich her schob und – nur an den Herrn im Abendmahlssaal denkend – zuerst in Petrissa den Petrus und dann allen andern sorgfältig die Füße wusch und sie nach dem zarten Abtrocknen sogar küsste.

Kein Wort war dabei zu hören.

Die Küchenleute in der herzoglichen Burg wunderten sich, wie wenig die Klosterfrauen in dieser Adventszeit an Nahrung benötigten.

„Wovon leben sie denn?"

Bis eine sagte:

„Jetzt wissen wir, wo unsere Frau Herzogin gelernt hat, so wenig zu essen und fast nur Wasser zu trinken. Jeden Tag fressen die Hunde das auf dem Teller kleingeschnittene Fleisch."

Gesänge klangen aus dem Gästehaus, lateinische Gesänge zu Ehren der jungfräulichen Mutterschaft Mariens:

„Benedicta tu in mulieribus et benedictus fructus ventris tui."

Wenn die Burgleute das vielfache Ave Maria hörten, dann horchten sie auf, weil sie es kannten. Als gar diese deutschen frommen Frauen das älteste Wiegenlied Polens sangen, da sangen alle Burgbewohner mit und freuten sich, dass auch fremde Frauen ihr Lied kannten.

Wer dachte schon an die reitenden Boten, die in diesem nasskalten Dezemberwetter wie der Sturmwind auf schnellen Rossen von Rom nach Breslau jagten?

Natürlich hatten sie an der Kurie warten müssen. Es waren eben doch noch Widerhäkchen in den sorgfältig aufgesetzten Eingaben des Notars und des Abtes. Vorsorglich stand in einer Urkunde ein etwas späterer Termin für den Einzug der Klosterfrauen in Trebnitz.

Wie beschwerlich war der Weg durch die lange regenreiche Poebene, dann durchs Gebirge den Brennerpass hinauf. Lawinengefahr, vereiste Straßen! Wunhilds Pferd stürzte, und der Kaplan trug zum Zeichen, dass er unterwegs wahrlich nicht gebummelt hatte, einen dicken Verband um den Kopf. Die Mönche, an mancherlei Strapazen gewöhnt, wären jetzt auch lieber im Kloster daheim gewesen, als Tag für Tag auf den Pferden sitzen zu müssen.

Aber wer fragte schon Boten, was sie lieber möchten! Für die Boten zwischen Rom und Breslau hieß es seit dem 26. November jeden Morgen in aller Herrgottsfrühe:

„Immer weiter, eilig, eilig, es drängt!"

Die Mönche wussten, dass im Kloster an der Oder jeden Tag für die Abwesenden gebetet wurde. Wunhild wusste es auch von der Herzogin. So schön die Herbsttage in Rom gewesen waren, so unerbittlich hart war jetzt das Dahinjagen.

Wunhild hatte ständig Kopfschmerzen. Wenn er sie am Abend durch guten Wein in mancher Burg oder Herberge zu betäuben suchte, dann brummte am andern Morgen der Schädel um so mehr.

Um die Jahreswende trafen die Boten ein. Die Eiszapfen hingen ihnen an Kopf- und Barthaaren, die Hände waren steif gefroren, die Pferde dampften.

Aus den sorgfältig verschnürten Lederhüllen wurden dem Notar Lorenz die päpstlichen Urkunden übergeben. Er hatte ein gutes Wort für die Boten und schenkte dem Wunhild und seinen Knechten einen Becher mit Wein ein zum Aufwärmen. Die Mönchsbrüder verzichteten und waren dankbar für eine heiße Suppe.

Wie ein Lauffeuer verbreitete sich die Nachricht auf der Burg:

„Die Boten aus Rom sind zurück!"

Manche fragten die durchgefrorenen Reiter fast wie zum Hohn:

„War es schön?"

Darauf konnten sie vielleicht einmal antworten, wenn sie sich von den Strapazen erholt und die vielen Unannehmlichkeiten vergessen hatten. Nicht nur die Sonntage waren ohne Ruhepausen gewesen, auch am Geburtstag des Herrn und Erlösers hatten sie auf den Rössern sitzen müssen.

Während der Notar die Urkunden durchsah, studierte und übersetzte, wobei es auf jedes Wort und die Redewendungen ankam, berichtete Kaplan Wunhild der Frau Herzogin. Sie merkte sofort, dass er erschöpft war, obwohl sie lächelte. Sie nahm ihm den Verband ab und wusch die große Wunde mit warmem Kamillenaufguss.

„Das sieht aber böse aus. Damit seid Ihr sechs Wochen lang geritten?"

„Ein bayrischer Dickschädel verträgt schon einen Brocken."

Aber sein Kopf glühte, und auch die Hände waren heiß.

Sie ließ die Mohbabe rufen. Die murmelte mancherlei Unverständliches, holte getrocknete Kräuter und braute daraus ihre Säfte.

„Hochwürden muss sechs Wochen still liegen, nix aufstehen!"

Das war für Wunhild eine härtere Buße, als sechs Wochen lang durch Wind und Wetter zu reiten.

„Sunst ganzes Läben Kopfschmerzen. Nix Wein, nein, nein!"

Die Herzogin schaute ihn gütig an. Da folgte Wunhild.

Der Notar legte dem Herzog die Urkunden vom 25. November vor, zunächst die über den Verzicht auf das Land Oppeln; dann die Urkunde über die zusätzliche Zahlung von tausend Mark Silber.

Eine versiegelte Urkunde vom 22. November war für den Bischof von Breslau bestimmt, zwei versiegelte Briefe mussten an die Bischöfe von Gnesen und Krakau weitergeleitet werden.

Der Herzog wurde unwillig:

„Und keine Urkunde über meine Klosterstiftung?"

Er suchte unter den auf dem Tisch liegenden Pergamenten und fand eine verschlossene Urkunde vom 22. November.

Er wollte das Siegel aufbrechen.

Der Notar wehrte es ihm:

„Die Urkunde ist an die Äbtissin und die Schwestern in Trzebnica gerichtet."

Der Herzog ließ sofort seine Gemahlin kommen:

„An mich, den Stifter, ist keine Urkunde gerichtet über das Kloster, nur an die Äbtissin und die Schwestern!"

„Dann werde ich die Äbtissin und ihre beiden Ratgeberinnen sofort rufen."

Petrissa kam ‚sofort' nach Beendigung des Chorgebetes, was aber dem erregten Herzog viel zu lange dauerte. Nach einer formvollen Verneigung überreichte ihr der Notar die Urkunde. Sie erbrach das Siegel, überflog den Inhalt und sagte:

„Die Urkunde ist zwar zunächst an die Äbtissin und die Schwestern gerichtet, aber auch an den Inhaber und Träger dieser bereits juristisch vorhandenen Stiftung."

Die Unmutsfalten auf der Stirn des Herzogs entspannten sich.

Petrissa sprach weiter:

„Die Schutzurkunde sagt ausdrücklich, dass der Herzog das Kloster auf eigenem Grund und Boden und mit eigenen Kosten gebaut hat."

Herzog Heinrich nickte. Er war etwas zufriedener und hörte nun auf das, was die Äbtissin vorlas:

„Das Kloster wird in den päpstlichen Schutz genommen mit allem, was *der Gründer* euch in eigener frommer Freigiebigkeit übereignet und mit sicheren Grenzen bezeichnet."

Sie las die Stelle noch einmal langsam lateinisch vor:

„Quod idem dux in proprio fundo sumpta fundavit concessit et certis limitibus terminavit."

Herzog Heinrich schaute den Notar an.

„Es ist daraus ersichtlich, dass der herzogliche Gründungsakt bereits stattgefunden hat und die sicheren Grenzen klar umschrieben sind."

Bischof Cyprian wurde herbeigebeten. Auch er beurteilte die Urkunde als durchaus günstig:

„Roma locuta, causa finita! – Rom hat gesprochen, die Sache ist klar und erledigt."

Nach einigen Überlegungen wurde die feierliche Einführung der Nonnen in Trebnitz auf den Oktavtag von Epiphanie, also auf den 13. Januar, 1203 durch den Bischof Cyprian festgesetzt.

Die Mönche konnten die Einladung an ihren Abt sofort nach Leubus mitnehmen. Petrissa kündete voll Freude die Nachricht den Schwestern. Die kleine Martha meinte treuherzig:

„Was lange währt, wird endlich gut."

Dann ging der Tageslauf wie gewohnt weiter.

„Illuminare! Auf, werde Licht, Jerusalem; denn dein Licht naht!" sangen die Schwestern immer wieder, als Bischof Cyprian und sein Domkapitel sie in das Kloster einführten und er alle Räume mit dem Dreikönigswasser zur Häusersegnung besprengte.

Waren manche Gebäude auch noch aus Holz und mit Stroh gedeckt, war noch manches wie in dem einfachen Häuschen, in das die Heilige Familie in Betlehem umgezogen war, der Stern der Kirche leuchtete über dem ersten, von Hedwig so heiß ersehnten Frauenkloster Polens.

Während der Einweihungsfeierlichkeiten drängte der Heilige Geist in Hedwig. Schon lange Zeit hatte sie um Erleuchtung gefleht und am Morgen während der heiligen Messe in aller Stille als Zeichen der Innigkeit ihres heißen Flehens Gott gelobt, lebenslang kein Fleisch mehr zu essen.

Erstaunt war der Herzog, als seiner Gemahlin beim Festmahl im Gästehaus ein schöner Fisch aufgetragen wurde.

Er fragte, weshalb es geschah.

Sie sagte lächelnd:

„Meine einstige Magistra, die Frau Äbtissin, hat uns in Kitzingen erzählt, dass der Fisch in der griechischen Sprache Christus bedeutet und die fünf Buchstaben des griechischen Wortes alles von Christus aussagen: Christus – Erlöser – Gottes Sohn – Heiland. Wenn ich also Fisch esse, dann kommt Christus auch in der irdischen Speise zu mir."

So ließ Herzog Heinrich sie gewähren.

Bischof Cyprian dankte beim Trinkspruch dem Herzog, dass er auf seinem eigenen Erbgut dieses Kloster der Nonnen vom ‚Grauen Orden' gestiftet hatte und dass nun nach Festlegung des Grundrisses der Klosterkirche mit dem Ostteil des Gotteshauses begonnen werden konnte. Ziegeleien und Lehm waren auf dem eigenen Grund vorhanden. Vor allem betonte der Bischof, dass Gott das Haus bauen muss:

„Denn baut Gott nicht das Haus, umsonst bauen die Bauleute!"

Die Becher wurden gehoben und geleert.

Der Abt hob bei seinem Trinkspruch die Freude hervor über das erste Zisterzienserinnenkloster so nahe bei der Herzogsburg und doch entfernt genug, um Stille für den ‚verschlossenen Garten' zu gewährleis-ten. Er versprach, aus seinem Kloster Konversen zu senden, die beim Weiterbau ihre erfahrene Hilfe für die Form des Kirchenbaues nach den Gewohnheiten der Zisterzienser anbieten konnten. Er wünschte dem ganzen Haus, dass es in die Länge und Breite, in die Höhe und Tiefe wachse und in Wahrheit ein *Domus Dei*, ein Haus Gottes, würde.

Unerwartet erhob sich Hedwig.

Heinrich schaute sie an. Wollte sie gegen alle Gewohnheiten auch noch sprechen bei diesem Festmahl?

Alle schauten auf die Herzogin. Ihr wurde bange vor diesen Blicken. Sie fühlte ihre Kräfte schwinden. Nein, nicht schwach werden! Es muss sein! Sie ließ sich nieder, zuerst auf ein Knie, dann auf beide und verneigte sich vor dem Herzog.

Ringsum wurde es still. Nicht einmal das Atmen war zu hören.

Hedwig sagte nichts.

Der Herzog musste fragen:

„Jadwiga, meine liebe Gemahlin, was begehrst du in dieser Stunde?"

Langsam hab Hedwig ihr zartes Gesicht zu ihm empor. Ihre Augen suchten seine Augen und fanden sie.

Heinrich wusste immer noch nicht, wo er einmal solche Augen gesehen hatte. Oder hatte er nur von ihnen geträumt?

„Sprich, Jadwiga!"

Hedwig musste alle Kraft zusammennehmen, dass ihre Stimme nicht zitterte.

Alle lauschten gespannt.

Niemand ahnte der Herzogin Wunsch.

„Herzog Heinrich, habe ich Gnade vor Euch gefunden, so bitte ich Unwürdige jetzt für die, für die ich schon lange gefleht habe ... Gott muss das Gotteshaus bauen. Gott muss es in Barmherzigkeit bauen durch Euch, ganz allein durch Euch."

Sie machte eine Pause und wandte ihm voll ihr Angesicht zu:

„Der Herr Herzog möge, während am Gotteshaus gebaut wird, nicht erlauben, dass einer, der durch das Fürsten- oder Hofgericht zum Tode verurteilt ist und wird, ganz gleich wegen welchen Verbrechens, hingerichtet wird; sondern der Herzog möge ihm das Leben schenken und ihn so lange am Bau des Gotteshauses arbeiten lassen, bis er das Verbrechen in der dafür bestimmten Zeit gesühnt hat. Heinrich der Gerechte sei auch Heinrich der Barmherzige!"

Sie küsste seine Füße.

Heilige Stille im Gästehaus.

Herzog Heinrich stand bewegt auf und erhob Hedwig:

„Fiat! – Es geschehe!"

Tiefe Ergriffenheit lag über den Festtagsgästen, als sie sich schweigend vom Tisch erhoben und in die kleine Kapelle zogen.

Hedwig jubelte im Magnifikat der Nonnen:

„Er hat in Gnaden geschaut auf seine niedrige Magd."

Ihr Herz regiert mit

Brathko saß im finsteren Verlies und schrie aus Leibeskräften trotz der mageren Gefangenenkost bei Wasser und Brot zur Jungfrau Maryja um Hilfe. Er fluchte auch manchmal vor Verzweiflung. Ein Pferd hatte er einem Ritter gestohlen. Nun drohte ihm der Galgen.

Jedesmal, wenn sich oben das Angstloch, durch das er vor Monaten auf dem Querholz unter Schlägen herabgelassen wurde, öffnete, fürchtete er, jetzt zum noch schlimmeren Hinauf, zum schrecklichen Galgentod, geführt zu werden. Da war es leichter zu ertragen, wenn Ratten auf dem faulen Stroh seine Schlafgenossen waren, über seinen Kopf liefen und sein weniges Brot fraßen.

Kälte war Tag und Nacht – es war ja immer Nacht in dem Todesloch – um ihn. Schwitzwasser tropfte von den Wänden herab ...

Jetzt öffnete sich das Angstloch, der Höllenschlund. Ein fahler Lichtschein, und die verfluchte Haspel kam herunter. Nicht Brot und Wasser. Eine Stimme von oben rief:

„Brathko, draufsetzen!“

Brathko wollte nicht. Er blieb auf dem faulen Stroh liegen und stellte sich schlafend. Da brüllte von oben die schnarrende Stimme:

„Soll ich dir Elendskerl helfen?! Mach nur, dass du nach oben kommst!“

O weh, dann gab es noch Hiebe hinzu vor der Hinrichtung!

Nach langem Hin und Her setzte er sich rittlings auf das Querholz und hielt sich mit den Händen am Strick fest. –

Ähnlich erging es dem Godislaw in seinem Verlies. Was hatte er schon angestellt? Einen Strick hatte er geklaut. Einen Strick. Ja, wirklich. Aber an dem Strick war eine Kuh gebunden, die ihm nicht gehörte. Seine eigene war krepiert. Godislaw brauchte doch eine Kuh. Die strenge, allzu strenge Gerechtigkeit wollte im Lande Ordnung schaffen. Darum wurde Godislaw zum Erhängungstod verurteilt. Nun wartete er mit Schrecken auf den unbestimmten Tag.

Armer Godislaw! Wäre doch keine Kuh an dem Strick gewesen! –

Ging es dem Lestko in einem andern Verlies besser?

Weswegen musste er denn durch das Angstloch in die Tiefe?

Ach, wenn er es selbst wüsste!

Natürlich wusste er noch, dass er einen Gewaltigen über den Durst getrunken hatte. Und dann wollte er recht haben und hat dem andern gezeigt, wie Lestko ‚in die Fresse hauen kann'. Nur war der andere des Vogtes Knecht, und Lestko hatte ein Messer in der Hand, mit dem er dem Knecht das Gesicht nicht gerade verziert hatte. Sogar ein Auge war dabei ausgeflossen!

Jetzt war Lestko nüchtern, sehr nüchtern. Wie er auf dem Querholz sitzend in dieses finstere Loch gekommen war, wusste er nicht.

Aber von Pribislaus, der mit ihm unten bei dem täglichen Kampf mit den ‚verfluchten langschwänzigen Biestern' sein ‚Tagewerk verrichtete, wusste er, dass sie beide nur noch zum Rabenfraß taugten.

Pribislaus erzählte wohl zum hundertstenmal seine Geschichte, die Lestko gar nicht hören mochte:

„Dem Steuereintreiber habe ich den Weg nach hinten gezeigt. Als er die letzte Kuh pfänden wollte, habe ich die Mistgabel genommen und sie ihm in den fetten Wanst gestoßen. Dann habe ich ihn in der Nacht in den Teich geworfen. Am dritten Tage ist er aufgebläht nach oben gekommen. Da haben sie ihn gefunden und mich auch!"

Nun heulten die beiden vor Wut über ihre Untaten. Aber der schreckliche Gang zum Galgenberg, um den jeder einen großen Bogen machte, sich davor bekreuzte und hinter sich spuckte, blieb ihnen nicht erspart! –

Der Michael, der einmal zum Siedeln mit einer großen Schar aus dem Hessischen aufgebrochen war, hatte sich sein Leben anders gedacht. Er wollte es schnell zu etwas bringen, allzuschnell! Da hat er sich verleiten lassen und einem Handelsmann aufgelauert. Er hat ihm nicht nur den vollen Beutel, den er als Geldkatze um den Leib gebunden hatte, losgemacht, er hat dem Schreienden auch noch den Mund verstopft. Wenn er nur selbst den Mund gehalten hätte! Aber er hatte in der Schenke geprahlt, andere mitzechen lassen und den großen Angeber gespielt. Einer tat, als wäre er sein Freund. Aber er hat ihn dem Hofgericht übergeben und noch Lohn hinzubekommen.

Jetzt konnte Michael vor Wut mit seinem Kopf gegen die dicke Verlieswand rennen und brüllen: „War ich ein blöder, blöder Michel! Wär' ich doch lieber im schönen Hessenland geblieben!"

Nun musste er warten. Jeden Morgen, wenn oben am Angstloch der Deckel geöffnet wurde und ein winziger Lichtschein auf die nasse Wand fiel, brach die Angst erneut auf: Jetzt muss ich zum Galgenberg! Fromm war er trotz aller Verzweiflung wieder geworden. An die Mutter hatte er gedacht, an die beim Kaplan gelernten Gebote:

‚Fünftens, du sollst nicht töten!

Zehntens, du sollst nich begehren deines Nächsten Hab und Gut!' Er hatte sie immer gut aufsagen können, aber sie zu halten, das war schon schwerer, alle die zehn Gebote.

Er hatte zur Jungfrau Maria gefleht:

„Ich weiß ja, dass ich schuldig bin. Ich habe den Tod verdient, aber gibt es denn außer der unerbittlichen Gerechtigkeit gar keine unverdiente Gnade mehr auf Erden?"

Mit letztem Aufschrei hatte er zum Angstloch hinaufgerufen:

„Zeige, dass du Mutter bist, wenn die Not am größten ist!" –

Für alle fünf kam der schreckliche Tag, als des Herzogs Boten eilends geritten kamen und an die Vögte einen Befehl überbrachten. Da öffneten sich die Angstlöcher, und widerwillig mussten alle hinaufgezerrt werden. Die Henkersknechte der Vögte sprachen wahrlich keine frommen Worte dabei. Sie fluchten und drohten.

Zitternd standen die Verurteilten vor ihrem Gerichtsherrn. Der würde jetzt den Stab über sie brechen, das letzte Zeichen: ‚Wie dieser Stab über dich gebrochen wird, so ist dein Leben verwirkt!'

Nein, es kam anders. Die Vögte entfalteten ein Pergament mit dem daran baumelnden Siegel des Herzogs. Die Vögte räusperten sich und lasen, am Richtertisch sitzend, zwischen zwei Kerzen:

„Der Herr Herzog hat auf Bitten seiner wohledlen Gemahlin aus Gnade und Barmherzigkeit dir,

Brathko, …

Godislaw, …

Lestko, …

Pribislaus, ...
Michael, ...
das zu Recht verwirkte Leben geschenkt und in eine Zwangsarbeit am Bau des Klosters Trebnitz umgewandelt."

Augen trotziger Männer glänzten feucht im Schein der Kerzen.

„Das Zeitmaß hängt von der Größe deiner Schuld und vom Fleiß ab, wodurch du deinen Willen zur Wiedergutmachung zeigen kannst."

Unter Petrissas Krummstab, der Herrin über die neuen Hörigen, trafen sich die fünf vor dem Galgentod Erretteten. Sie wurden zwar streng gehalten, aber gut gekleidet und genährt. Hier wurde nicht geschimpft und geflucht. Jeder wusste sein Strafmaß. Jeder spürte, wie wohl es tat, bei ausreichender Kleidung und Nahrung trotz der Kälte am Gotteshaus mitzubauen. Dazu gab es noch viele arbeitsfreie Sonn- und Festtage mit besonders gutem Essen im ebenerdigen Gelass mit sauberen Strohlagern, warmen Decken, Bänken, Tischen, ja sogar zwei Schachspielen.

Jeden Tag machten die Männer über ihrem Lager einen Strich an die Wand. Sie lebten hart, aber nicht hoffnungslos.

Bischof Cyprian wusste zu schätzen, dass nun in seinem Bistum ein Frauenkloster zu beten und zu sühnen begann.

Am Vinzenzfest, also kurz nach der Einführung der Nonnen, am 22. Januar 1203, hatte sein Erzbischof Heinrich bei ihm geweilt und die feierliche Bannandrohung gegen jeden Übergreifer auf das Kloster, woher er auch kommen mochte, ausgesprochen. Zum Zeichen ihrer Auslöschung aus der Kirche hatte er voller Wucht angezündete Kerzen auf den Steinboden des Domes geworfen. Da war etwas von der Kraft des Namenspatrones der Kathedrale, des „ Wehe euch, ihr Natterngezücht!" rufenden Johannes am Jordan, in ihm gewesen; denn habgierige Herren, die nach einem solchen wehrlosen Kloster lüstern waren, konnte es im Laufe der Zeit genug geben, wenngleich es beim reichen Adel als Ehrensache galt, ein Kloster zu stiften.

Er hatte auch mit seinem Suffraganbischof Cyprian über die Lage im Bistum gesprochen:

„Die Frau Herzogin hat uns die Augen geöffnet, lieber Cyprian. Sie kennt von Andechs und Kitzingen her, die ja einige Jahrhunderte vor uns christianisiert wurden, geordnetere Verhältnisse, wenngleich auch dort – wie überall – Unkraut unter dem Weizen ist. Umsonst sind ja nicht die strengeren Orden der Zisterzienser und der Prämonstratenser entstanden. Das Wort ‚Ecclesia semper reformanda' gilt auch heute. Allezeit muss die Kirche erneuert werden! Dass die Frau Äbtissin Petrissa nach 15 Jahren ihrer einstigen Schülerin hierher gefolgt ist, den Wechsel zum strengeren Orden der Zisterzienserinnen gewagt hat und hier zunächst bescheiden anfängt, können wir nicht hoch genug werten."

Bischof Cyprian hatte zustimmend genickt. Er konnte seinem Erzbischof noch anderes berichten:

„Die Frau Herzogin behandelt jeden Kleriker mit ausgesuchter Höflichkeit und Ehrfurcht, obwohl sie genau weiß: ‚Omne malum a clero!' Alles Übel kommt von uns, von der Geistlichkeit. Kein Wunder! Die Priester sind ja meistens Hörige unserer Adligen. Sie leben auf Burgen bei den Kastellanen und sind nicht nur schlecht ausgebildet, sondern sehr oft mehr Stallknechte als ‚Verwalter der Geheimnisse Gottes'. Unbekümmert leben sie im Konkubinat. Dennoch bittet die Frau Herzogin jeden Priester, der auf die herzogliche Burg kommt, eine Messe zu lesen. Sie selbst nimmt an jeder teil, so viele es auch sein mögen. Da wird manchem die Heiligkeit der Handlung aufgegangen sein."

„Eine gute Erziehungsmaßnahme!" lobte der Erzbischof.

„Es ist mehr. In der Frau Herzogin lebt ein glühender Glaube an die Eucharistie. Von dort her kommt ihre tiefe und starke Verehrung für die Ausspender der heiligen Sakramente. Sie ist auch uns Bischöfen eine lebendige Mahnung."

„Ich weiß, wie sehr alle Bischöfe darunter seufzen, dass sie allzuviel mit den Aufgaben der Welt verquickt sind und sie oft wichtiger nehmen müssen als die cura animarum. Aber zwischendurch hat es auch heilige Bischöfe gegeben, die wahrlich Hirten ihres Volkes waren."

Er hatte eine Pause gemacht und auf den vereisten Fluss geschaut. „Es ist wie jetzt auf dem Strom. Wann wird er auftauen? ...

Natürlich wenn der Frühling kammt, wenn die Liebe nicht mehr erkaltet ist, wenn mehr Herz für das Volk da ist! Unsere Pfarreien müssten vermehrt werden. Die Leute kennen ja ihre Priester nicht. Freilich ist es oft gut, dass sie manchen trägen, roh bellenden und beißenden ‚Burghund' nicht erleben."

Bischof Cyprian hatte gebeten, etwas hinzufügen zu dürfen.

Erzbischof Heinrich konnte zuhören und hatte ihm ermutigend zugenickt.

„Es ist die Frau Herzogin selbst, die mich auf den Knien gebeten hat, die Zahl der Pfarreien zu vermehren. Ich habe schon einige errichtet, aber es müssen noch viel mehr werden. Erst wenn jeder Priester, mag er nun Plebanus oder Pfarrer heißen, seinen klar abgegrenzten Bezirk hat, natürlich auch mit den ebenfalls festumrissenenen Einkünften, dann lernt er mit der Zeit, dass er für die Leute in seinem Bereich zuständig und verantwortlich ist. Dann wird das Ganze übersehbar und kontrollierbar. Auch würden die uns vorgeschriebenen Visitationen, oft verbunden mit Firmungen, sinnvoller.

Aber das kann der einzelne Bischof nicht, das muss eine Synode im Erzbistum für alle Bistümer verbindlich beschließen. Das verlangt eine zähe Beharrlichkeit. Aber die Frau Herzogin lebt sie uns vor. Sie mischt sich nicht in die Regierungsgeschäfte ein. Sie bittet den Herrn Herzog nicht, ohne gefragt zu werden, aber sie opfert und betet, wie sie es jahrelang für die Stiftung des Klosters getan hat. Dann lässt sie sich fragen und gibt eine verblüffende Antwort und gute praktische Ratschläge.

Es ist doch erstaunlich, dass sie beim Herrn Herzog die Begnadigung der zum Tode Verurteilten erreicht hat und die Umwandlung des Galgentodes in die Zwangsarbeit am Klosterbau. Wo hat es denn so etwas bei uns schon gegeben? Sie sieht nicht wie wir und die Richter nur die frevelhafte Tat. Sie sieht in dem Täter jenen, von dem der Herr sagt: ‚Ich will nicht den Tod des Sünders, sondern dass er sich bekehre!'"

Bischof Cyprian schaute seinen Erzbischof an.

„Gut! Fangen wir die mühsame Einteilung oder Aufteilung in geordnete Pfarreien an gegen die Hydra von Widersachern unter den

Herren und auch unter den wenigen Pfarrern, die um ihre Machtstellung und ihr Einkommen bangen. Kümmern wir uns um das geistige Wohl unserer Priester!"

Wenn Bischof Cyprian ausgerechnet am Ostertag, am 6. April 1203, die Bestätigungsurkunde unterzeichnete, so bekundete er damit, wie sehr ihm als Bischof die Klostergründung am Herzen lag.

Er sagte in der Urkunde zwar nichts Neues, fasste aber den Gründungsvorgang zusammen, dass der Herr Herzog Heinrich sein eigenes Erbgut mit seinem Umkreis dem Kloster übereignet hatte, und erwähnte alle Einzelheiten. Neu war darin:

„Wir haben mit Zustimmung des Papstes Innozenz und nach Beratung mit unserm Domkapitel die Zehnten von Steinau und Stuben diesem Kloster übertragen. Auch haben wir sämtliche diesem Kloster gemachte Übereignungen auf Bitten des Herzogs unter der durch Auslöschen von Kerzen erfolgten Bannandrohung bekräftigt."

Noch wichtiger schien der Herzogin, dass der Bischof ihrer Bitte entsprochen hatte, am Gründonnerstag, Karfreitag und Ostertag über die Hingabe des Herrn ‚für uns' zu sprechen, von seinem heiligen Leib, der *für uns* dahingegeben wurde, und von seinem heiligen Blut, das *für euch und für viele* vergossen wird zur Vergebung der Sünden. Den Schächer zur Rechten Christi hatte er erwähnt, dem der Herr in seiner sich verzehrenden Liebe das durch die Dornenkrone so schmerzvolle Haupt zugewandt und die Versicherung gegeben hatte, nach dem ausgestandenen Erdenleid noch am gleichen Tage mit ihm in seinem Paradiese zu sein. In der Osternacht hatte Bischof Cyprian vom aufgehenden Osterlicht auch hier in Schlesien gesprochen und ganz warmherzig gesagt, dass der Herr bei seiner Festnahme die davongelaufenen Apostel nicht getadelt und bestraft hatte, wie es hier so oft geschieht, sondern dass er ihnen den Frieden gewünscht hatte. Dabei hatte er lobend erwähnt, dass der Herr Herzog allen zum Tode Verurteilten das Leben geschenkt und sie zur Sühne zum Bau an einem gottgefälligen Werk begnadigt hat.

Die von Hedwig ausgesuchten und möglichst von ihr selbst gebadeten Frauen fuhren allwöchentlich, wie einst begonnen, mit dem Schiff ins Kloster Leubus.

Die Herzogin besuchte weiter die Alten und Kranken und überlegte betend, wie sie noch mehr helfen könnte. Sie kümmerte sich auch um ihre eigenen Leute. Konnte sie nachts nicht schlafen, dann erhob sie sich leise, zündete auf dem Gang an dem dort ständig brennenden Licht ihre Laterne an und prüfte die Kleidungsstücke, besonders das Schuhwerk ihrer Untergebenen. Sie fand manchen zerrissenen Schuh. Am andern Tag klagte sie der Besitzerin:

„Warum hast du es mir nicht gesagt? Ich bin schuld, dass du mit solchen Schuhen herumläufst."

Es waren nur ‚Kleinigkeiten', aber sie kamen in Ordnung durch die sanfte und gelassene Frau, die sich ebenso mit der alten Mohbabe um neue Heilkräuter bemühte.

In dieser Zeit betrachtete sie oftmals die Sprüche aus dem Buch Salomos über die Frau:

‚Ach, wer wird finden ein wackeres Weib?
Ihr Wert geht weit über Perlen.
Bei ihr ist getrost ihres Mannes Herz ...
Caritas übt sie an ihm ...'

Freilich hatte sie bei ihrem Gemahl anfangen müssen in jungen Jahren. Sie hatte manches erreicht, aber sie musste noch viel, viel mehr lieben.

‚Der Wolle gilt ihre Sorge, dem Flachs.
Mit freudiger Hand ist sie tätig.'

Hedwig dachte nach, wie sie Spinnstuben einrichten konnte, damit die Frauen lernten, sich selbst zu helfen.

‚Da es noch Nacht ist, erhebt sie sich schon,
weist dem Hausgesinde die Arbeit an ...
Pflanzt Weinberge an ...'

„Ja, das müsste auf dem hohen Berg beim Kloster geschehen. Bruder Ekbert mag mir Reben mitbringen, wenn er kommt", sagte sie vor sich hin und schrieb ihn an, ehrfürchtig und demütig bittend.

‚Kommt ihre Hand nur dem Rocken nah:
ihre Finger fassen die Spindel.'
„Das müsste ich viel mehr tun!"
‚Liebreich leiht sie dem Armen die Hand.
Dem Elenden reicht sie die Hände.'
„Alles viel zuwenig, was ich tu'!"

Sie sah, wen sie übersehen hatte, und überlegte mit ihren Hofkaplänen, wie sie aus ihren Eigengütern noch mehr für die Armen herauswirtschaften konnte.

Freilich bremsten sie, aber sie antwortete:

„Für mich genügt, wenn ich vom Ertrag nur ein Hundertstel erhalte. Schenken bringt Segen! Eine raffgierige, eitle und prunksüchtige Herzogin ist kein Vorbild für die vielen Mühseligen und Beladenen im Lande."

An einem andern Tage las sie:

‚Mitnichten bangt sie vor Schnee für ihr Haus:
All die Ihrigen sind doppelt gekleidet.'

Dem Lesen aus dem goldenen ABC der tüchtigen Hausfrau folgte die Tat. Am gleichen Tage noch ließ sie sich von allen, angefangen von der Mohbabe bis zu den Hütejungen und Gänseliesen, die Kleidung zeigen und ergänzte das Fehlende; denn bitter waren ihr die Anklagen aus Gottes Wort.

Nur die letzten Worte wollte sie nicht auf sich beziehen:

‚Ihre Söhne stehen da und preisen sie selig.
Ihr Mann, er spendet ihr Lob:
Viele Frauen zeigen sich tüchtig,
doch du hast sie alle übertroffen.'

Das hatte Heinrich ihr wirklich gesagt, als er einmal nachschaute, was sie las. Da hatte er ihr diese Worte vergelesen. Sie hatte abgewehrt:

„Die Heiligen haben noch viel, viel mehr getan. Es ist alles nur ein Tropfen auf den heißen Stein, lieber Gemahl. Es müsste unsagbar mehr geschehen!"

„Ich fürchte um dich, um deine Gesundheit. Du isst zuwenig, du schläfst kaum, du mutest dir zuviel zu, Jadwiga."

„Lieber Gemahl, ich danke dir für deine Sorgen. Aber ich kann mich dem, der mich im Innern lockt, mahnt, zieht und drängt, nicht entziehen, wie andere es dem bösen Geist in sich nicht können. Er, der in mir unaufhörlich spricht, ja seufzt, ist der gute Geist Jesu Chrsti, der Heilige Geist. Darf ich Ihm widerstehen, Heinrich?“

Er senkte sein Haupt und ging ohne ein Wort davon; denn er hatte berechtigte Sorge um die Gesundheit seiner abgemagerten Gemahlin. Sie fühlte sich oftmals jetzt auch nicht wohl. Hedwigs Strenge gegen sich selbst konnte ihn erregen und aufbrausen lassen. Jetzt aß sie überhaupt kein Fleisch mehr. Sie legte sich doch zeitlebens Hunger auf. Wer würde ihr denn einmal gründlich klarmachen, dass sie mehr essen und stärkenden Wein zu sich nehmen müsste, der des Menschen Herz erfreut. Er konnte es nicht leiden, dass sie lieber Wasser als Wein trank.

Er wusste, dass sie ihm geistig und in der sich einfühlenden Liebe überlegen war. Sie war die Gestalterin in ihrem Zusammenleben als Mann und Frau. Sie war ihm auch religiös überlegen. Er hatte keine Erziehung genossen wie sie in Kitzingen. Er spürte kaum etwas von dem, was sie das unaufhörliche Seufzen des Heiligen Geistes in sich nannte. Er glaubte ihren Worten, konnte sie aber nicht fassen. Hedwig war ihm in der Rennbahn, von der Sankt Paulus sprach, weit voraus. Er konnte sie nicht einholen. Im Anfang hatte er an ihrem Gesichtsausdruck bemerkt, wie bestürzt sie es zu verbergen suchte. Sie hatte ihn menschlich zu sich heraufgezogen und den rauhen, oft mit harten Worten schimpfenden Ton auf der Burg gemildert.

Heinrich wusste, dass er manchmal unbeherrscht war. –

Die Bibel war noch aufgeschlagen. Was hatte seine Gemahlin denn jetzt wieder betrachtet?

Heinrich las, was er noch nie ghört oder gelesen hatte:

‚Sprüche Lemuels, des Königs von Massa, die ihn seine Mutter lehrte:

Nicht ziemt den Königen, Lemuel, ... Wein zu trinken, …
Sonst trinkt einer und vergisst dann, was vorgeschrieben,
und entstellt die Rechtsansprüche aller Bedrückten.
Gebt das starke Getränk dem Verzweifelnden
und den Wein den Verbitterten.

Er trinke, dann vergisst er seine Armut
und denkt nicht mehr seiner Mühsal.'

Am liebsten hätte Herzog Heinrich diese Seite aus der Bibel herausgerissen, aber er musste weiterlesen:

‚Mache auf deinen Mund für den Stummen,
für den Rechtsanspruch aller Haltlosen!
Mache auf deinen Mund, entscheide gerecht,
und schaffe Recht dem Bedrückten und Armen!'

Auch Heinrich wollte ein gerecht denkender und besonnener Herzog sein, wie sich seine Gemahlin mit Eifer bemühte.

Schenkte ihm ein schlichter Bauer einen Teller mit Eiern, so nahm er sie voll Anerkennung an und bedankte sich dafür. Das galt ihm mehr, als wenn ein Reicher ihm ein prunkvolles, protziges Geschenk machte. Aber die Lebensgewohnheiten seiner Gemahlin regten ihn auf, und er beauftragte einen Diener, unbemerkt zu beobachten, ob die nun wieder genesende Herzogin an ihrer Tafel Wasser oder Wein trank. Voll Eifer kam dieser eines Tages während des Mahles und verklagte die Herzogin:

„Jetzt trinkt die Frau Herzogin schon wieder Wasser. Das viele Wassertrinken schadet ihr doch!"

Heinrich sprang vom Tisch auf und ging erregt in das Seitengemach, wo die Herzogin mit ihrem Hofstaat tafelte.

Sie schaute ihn erstaunt an. Als er dann ihr Glas ergriff, das er von der Brautnacht her kannte, ahnte Hedwig, was bevorstand. Sie sah es auch seinem hochroten Gesicht an, blieb jedoch gelassen und betete still.

Herzog Heinrich kostete, er kostete ein zweites Mal. Dann brauste er auf und brüllte dem Ankläger voll Zorn ins Gesicht:

„Dir sollten für deine Lügen die Augen ausgestochen werden!"

Die Dienerinnen, die nur Wasser eingeschenkt hatten, waren sprachlos. Hedwig aber sagte ruhig:

„Wer wird denn so grausam sein, die Augen auszustechen, wenn mir der Trank so mundet?"

Als der Herzog das Zimmer verlassen hatte, bat die Hofdame Adelheid, die Witwe des Ritters Theodor von Janowitz, auch einmal kosten zu dürfen.

Die Herzogin schätzte Adelheid, weil sie sich sehr für gute Werke begeisterte und zweimal zu den Gräbern der Apostel Petrus und Paulus gepilgert war. Frau Adelheid kostete aus dem Hedwigsglas und lobte den guten Wein. Durch diese Begebenheit wurden die Zuträger am Hofe zurückgehalten.

Hedwig erhielt den angekündigten Besuch ihres Bruders Ekbert. Er brachte die für Trebnitz erbetenen Reben wohlverpackt mit. Nun konnte aus dem herausragenden Berg ein Weinberg werden.

Ekbert war vom Propst des Gangolfstiftes in Bamberg im vergangenen Jahr zum Dompropst emporgestiegen. Er erzählte, dass er um die Wende vom Februar zum März dieses Jahres 1203 zum Bischof von Bamberg gewählt wurde.

Hedwig musste an den Großonkel denken, als sie ihren prächtig gekleideten Bruder vor sich sah. Weswegen mochte er wohl nach Breslau gekommen sein? Doch nicht nur ihretwegen! Sie spürte, wie er voller Pläne steckte. Wollte er – wie einst Oheim – Sippenverbindungen schaffen? Ging es vielleicht gar um ihre liebe kleine dreijährige Gertrud? Sollte sie ohne der Mutter Zutun *bestimmt* werden? Ihr Gemahl hatte noch keine Andeutungen gemacht.

Ekbert rückte allmählich mit der Sprache heraus. Der mächtige Papst hatte sich ‚allzu genau' an die rechtlichen Bestimmungen gehalten und seine Zustimmung zu Ekberts Bischofswahl verweigert, weil er noch nicht das vorgeschriebene kanonische Alter von 30 Jahren hatte.

„Aber das werde ich schon hinkriegen! – Wie ich es erreicht habe, dass deine Benediktinerin Petrissa in den strengeren Orden der Zisterzienserinnen eintreten und damit hierher kommen konnte, so werde ich auch den noch schwierigeren Fall lösen, wenn unsere jüngste Schwester Mechthild zur gegebenen Zeit vom strengeren Orden zum leichteren der Benediktinerinnen übertreten und damit als Äbtissin nach Kitzingen gehen soll.

Meine Gesandtschaft ist schon nach Rom unterwegs und wird die Gründe darlegen, dass nur ein Bischof aus dem Hause Andechs mit seinen vielen Beziehungen und Machtmitteln den Bamberger Dom bauen, also mit seinem Eifer und Einfluss der Bamberger Kirche helfen kann. Ich hoffe, dass ich noch im Herbst nach Rom reisen und aus der Hand des glorreich regierenden Papstes Innozenz die Bischofsweihe empfangen kann, worauf das vor 200 Jahren vom heiligen König Heinrich gestiftete Bamberg ein Recht hat. Hoffentlich auch das Pallium, das in dem so bedeutenden Bistum Bamberg an bestimmten Tagen zu tragen früher gestattet wurde."

Ekbert sprach auch von ihrer Schwester Gertrud von Andechs, die nun bald Königin von Ungarn würde. Er erzählte von der Pracht, von ihrem Gold und ließ durchblicken, dass Hedwigs Stellung damit nicht verglichen werden konnte.

„Dann ist ja Gertruds Traum in Erfüllung gegangen, Ekbert."

„Ja, sie hat es weit gebracht."

„Ich fürchte sehr um Gertrud."

„Wieso?"

Hedwig schwieg. Der Bruder würde ihre Antwort doch nicht verstehen.

Da Ekbert länger am Hofe weilte, beobachtete er, von seinem Schwager darauf aufmerksam gemacht, wie wenig sie aß. Er kannte nun schon genau ihren Speisezettel für die Woche: Sonntag, Dienstag und Donnerstag Fisch und Milchspeisen, Sonnabend und Montag trockene Hülsenfrüchte. Am Mittwoch und Freitag begnügte sie sich mit Wasser und Brot. Gewöhnlich trank sie abgekochtes, lauwarmes Wasser.

An Sonn- und Festtagen aß sie auf Drängen des Bischofs zweimal Fisch- und Mehlspeisen. Dazu trank sie Bier, wenn die bei ihr weilenden Frauen sie dazu drängten. Hedwig liebte ihren Bruder um des Amtes willen voll Verehrung, auch wie es sich geziemte, einen Bruder zu lieben.

Nach einer Woche tadelte Ekbert sie heftig und unwillig:

„Warum isst du kein Fleisch mehr? Du musst Fleisch essen!"

Gelassen antwortete sie:

„Mir genügt es."

„Das genügt nicht! Du hast Standespflichten als Herzogin."

„Ich weiß es, aber ich muss Gott mehr gehorchen als den Menschen.“

„Woher willst du wissen, dass es Gottes Wille ist?“

„Ich weiß es, Bruder Ekbert.“

„Du kannst dich irren, Hedwig. Nimm doch Vernunft an!“

„Mit Vernunft allein ist noch nicht alles getan, Ekbert. Die Kirche empfiehlt das heilige Fasten und singt von ihm in der Präfation: ‚Vita compromis, mentem elevas, virtutem largiris et praemia. – Es unterdrückt die Sünde, erhebt den Geist und spendet Tugendkraft und Lohn.‘ Wie sehr ich dich auch liebe, Ekbert, um eines Menschen willen gebe ich meinen guten Vorsatz und mein heiliges Werk nicht auf, das ich mit Gottes Hilfe begonnen habe und zu vollenden gedenke.“

„Du schädigst durch dein Gehaben das Ansehen des Hauses Andechs.“

„Das überlasse ich getrost dem Herrn, der uns alle einmal richten wird. Von ihm stammt das erschütternde Wort, dass manche bösen Geister nur durch Fasten und Beten ausgetrieben werden. Wir wissen beide, wie der Böse auch in unserer Zeit umhergeht und auch nicht mehr vor Domportalen und Klöstern haltmacht, Ekbert.“

Hedwig hörte, dass Ekberts Pläne in Erfüllung gegangen waren; denn Innozenz III. hatte ihn selbst am 22. Dezember zum Bischof von Bamberg geweiht und ihm am Heiligen Abend das Pallium verliehen. Mit dieser Sonderstellung war ein eigener Treueid verbunden mit dem Versprechen, alle zwei Jahre persönlich den Apostolischen Stuhl aufzusuchen oder einen Bevollmächtigten zu senden.

Der Bote, der Hedwig die Nachricht brachte, fügte hinzu:

„Bamberg ist das weitaus am reichsten ausgestattete Bistum des ostfränkischen Reiches. Die Reichspolitik wird zeit seines Lebens, verbunden mit dem großartigen Neubau des Doms, das Hauptfeld seiner Betätigungen sein. Der Name Ekbert von Bamberg wird weit über die meisten Bischöfe und Fürsten seiner Zeit herausragen, zumal er klug und unerschrocken für die Staufer eintritt. Dabei wird er seine Geschwister und Verwandten nicht vergessen."

„Ich werde für ihn beten", dankte die Herzogin dem Boten.

Sie wusste, warum. Die hohe Geistlichkeit kam aus dem Adel, die niedere aus den Hörigen, die ihre Kirchen zu säubern und auszubessern hatten, wie andere Hörige Falkenhorste und Biberaue zu bewachen hatten.

Mochten noch so viele Reformen von Päpsten und Konzilien ausgegangen sein, die Kirche blieb als Eigenkirche von Fürsten abhängig wie in einer Sackgasse. Diese Männerkirche hatte immer noch nicht begriffen, dass die Kirche eine mater, eine dienende, frauliche Mutter, sein musste.

Hedwig konnte nur beten und opfern, dass der Heilige Geist in der Kirche als Gegengewicht opferwillige Menschen erweckte, die das Wort bei Matthäus restlos ernst nahmen, die heilige Armut liebten und fröhlich vorlebten, um die unter dem Prunk wankende Kirche zu stützen.

Es gab außer dem Domkapitel in Breslau nur ein Kollegiatkapitel in Glogau und nur die drei bekannten Männerklöster: die um 1190 den Prämonstratensern übergebene ehemalige Benediktinerabtei St. Vinzenz auf dem Elbing bei Breslau, die Augustinerchorherren im Sandstift und die Zisterzienser.

Nun kam neuerdings ein Johanniterkonvent in Strzegom/Striegau hinzu. Die Johanniter waren einer der drei großen Ritterorden, die seit hundert Jahren eine Fremdenherberge in Jerusalem unterhielten. Herzog Heinrich besuchte mit seiner Gemahlin die pflegenden und dienenden Brüder, die einen schwarzen Mantel mit dem achteckigen weißen Kreuz, dem Johanniterkreuz, trugen. Sie waren dankbar, dass dieser weitverbreitete Orden nun auch bei ihnen die Pflege der Pilger ausübte, und machten den Brüdern reiche Geschenke.

Als Hedwig mit ihrem Gemahl im Herbst 1204 wieder einmal in Trebnitz weilte und den Fortgang der Bauarbeiten besichtigte, wurden ihnen von der Äbtissin einige Wünsche vorgetragen.

Der Herzog ließ eine Urkunde ausstellen, in der eine Reihe seiner Hörigen verpflichtet wurden, zum Bau des Klosters Dienste und Abgaben zu leisten.

Am wertvollsten war, dass der tüchtige Lehnspflichtige Dalemir aus dem Dorf Zaiecho bei Legnica/Liegnitz als cementarius zum Bau kam. In der Urkunde verfügte der Herzog, dass er mit seiner Nachkommenschaft Zement zu machen habe. Wenn er dazu nicht mehr in der Lage sei, solle er den Gästen, also den Neusiedlern, gleichgestellt werden.

Dalemir ging mit den Seinen daran, den Kalk zu brennen – denn das bedeutete das Wort cementum – und den Mörtel zu bereiten. Er war zwar kein Baumeister, aber ein fachkundiger Höriger, von denen es nicht allzu viele gab. Dringend wurde er gebraucht, weil nun die Grundmauern sichtbar wurden. Zunächst arbeiteten die Begnadigten, die sich noch um einige vermehrt hatten, an der Unterkirche, der Krypta. Andere schachteten die Gräben für die Fundamente der dreischiffigen Basilika aus, die ohne Vorhalle ein beträchtliches Ausmaß erhalten sollte (62 Meter).

Als Hedwig am See bei den Fischern von Kottwitz weilte, kam ein Eilbote geritten mit der durch Kaufleute eingetroffenen Nachricht: „Frau Herzogin, Euer Vater, Herzog Berthold VI., ist am 12. August 1204 auf Burg Andechs gestorben.

Wirnt von Gravenberc hat am Hof des mächtigen Grafen von Henneberg die Totenklage über Herzog Berthold erhoben. Er schildert die große Trauer mit folgenden Versen:

Vierzig was der vrouwen;
dar under mohte man schouwen
vil grozen jamer unde klage.
Vür war ich in ein maere sage:
ich wil gelichen dirre not
eines vil edlen vürsten tot
von Meran, da ich jamer sach
und von klage ungemach
von der werlte wunne,
ez möhte diu liehte sunne

ir schin da von verlorn han;
si sin sele in deheiner not,
da nim si uz, vil reiner Krist!

Dies lässt Euch Euer Bruder Otto I., der Herzog von Meranien, mitteilen."

Hedwig blieb gelassen. Sie hatte seit dem Besuch Ekberts jeden Tag mit einer solchen Botschaft rechnen müssen. Der dritte Kreuzzug mit dem Kaiser Barbarossa anno 1189/90, in dem sich Hedwigs Vater als Führer der dritten Heeresgruppe ausgezeichnet hatte, und im Juni 1191 das Klima in Neapel hatten ihm ebenso zugesetzt wie der Tod seiner Gattin Agnes von Groitzsch am 25. März 1195. Sie erinnerte sich der Worte, die Ekbert gesagt hatte:

„Im Streit um die deutsche Königskrone zwischen Otto IV. von Braunschweig und Philipp von Schwaben schlug er sich auf die Seite des Staufers. Zu dessen Gunsten hat er am 28. Mai 1200 in Speyer mit anderen eine entschiedene Erklärung für den Staufer abgegeben. Er hielt auch fernerhin zu ihm, obwohl Papst Innozenz III. versuchte, ihn auf die Gegenseite zu ziehen."

Das war für ihren Bruder Ekbert alles so wichtig, für Hedwig nicht. Sie kniete am See nieder und betete für ihren heimgegangenen Vater tiefversunken den Psalm ‚De profundis':

„Wenn du, o Herr, der Sünden gedenken willst, wer könnte dann vor dir bestehen?"

Sie bat Petrissa und die Schwestern, ihren Vater in ihre Gebete einzuschließen, und gab dem Priester Geld für die üblichen dreißig Seelenmessen. Hedwig zitierte dabei die Worte:

„Ein heiliger und frommer Gedanke! Schon Judas Makkabäus brachte für die Verstorbenen ein Sühnopfer dar, damit sie von ihren Sünden erlöst würden."

Sie fügte noch hinzu:

„Durch das Gebet, vor allem aber durch die heilige Eucharistie werden die Entschlafenen von den Sünden gereinigt, für die sie in einem Zwischenzustand, den wir Fegefeuer oder Reinigungsort nennen, zu büßen haben."

Es schien ihr notwendig, den Priester an den Sinn der Gabe für die Seelenmessen zu erinnern.

Hedwig hielt regelmäßig die Unterweisungsstunden über das Leben des Herrn für alle auf der Burg, die nicht anderweitig verpflichtet waren, wie für ihren Mann und ihre Kinder. Sie merkte, dass es not tat. Die ignorantia crassa, die schreckliche Unwissenheit, war groß. Sie musste den Samen der Gottesbotschaft ausstreuen. Das war sicherlich ebenso wichtig wie das Materielle, dass alle ihre Hausgenossen doppelt gekleidet waren. Sie wollte den Ihrigen ein Bild vom Herrn aus den Evangelien vor Augen stellen, dass sie ihn als ihren Kyrios erkannten, der viel höher stand als Herzöge, Könige und Kaiser hier auf Erden.

Darum betrachtete sie mit ihnen, wie überaus einnehmend und gewinnend die äußere Erscheinung des Herrn war und er einen gewaltigen Eindruck auf das Volk, besonders auf die Kranken und Sünder, gemacht hatte, die ihm aus Judäa, Jerusalem und den Küstenstädten folgten.

Sie betonte das auffallend schöne, durchgeistigte Antlitz Christi mit den die Herzen durchdringenden Augen und lehrte sie den Satz: „Das Licht deines Leibes ist dein Auge. Ist dein Auge gesund, so wird dein ganzer Leib durchleuchtet sein!“

Hedwig selbst war beeindruckt von des Herrn zündendem Blick:

„Er sah den Zöllner Levi an der Zollstätte stehen, schaute ihn an und gab den kurzen Befehl: ‚Du folge mir nach!‘ Sofort ließ Levi alles liegen und stehen und folgte ihm nach und wurde der bedeutende Apostel Matthäus.

Der greise Apostel Johannes, der Lieblingsjünger Jesu, hat es bis in sein hohes Alter nicht vergessen, wie der Herr seinen Bruder und ihn angeschaut hat, als sie ihm folgten und er sich fragend umdrehte:

‚Wen suchet ihr?‘

Ganz verlegen haben sie gestammelt:

‚Rabbi – das heißt Meister –, wo wohnst du?‘

‚Kommt und seht!'

Drei Worte nur, aber die Augen sprachen mit, die einladend, ja zwingend waren und den freien Willen des Menschen in seinen Bann zogen.

Sie folgten ihm. Es war um die zehnte Stunde, nachmittags 4 Uhr. So gewaltig hatte Christus sie angeschaut, dass Johannes nicht einmal die Stunde vergessen konnte und sie uns mitteilte, als er sein Evangelium schrieb.

Und Petrus? Er hatte so groß geredet, dass er den Herrn nie verlassen würde. Kurz darauf hat er ihn dreimal verleugnet! Als aber der gefesselte Meister an ihm vorbeigeführt wurde und er Petrus anblickte, da ging er hinaus und weinte bitterlich. So gewaltig war die Macht seiner Augen!"

Das sagte Hedwig eindringlich und wusste nicht, dass ihre eigenen Augen größer und größer wurden und alle Zuhörer in den Bann Christi zogen, der aus ihren gläubigen Augen zu ihnen sprach.

Ihr Gemahl erkannte erneut, dass es ihm unmöglich war, diesen Augen Hedwigs zu widerstehen, wenn sie ihn, glutvoll anblickend, um Schweres, ja oft Allzuschweres bat.

Noch immer konnte er sich nicht besinnen, wo er diese Augen einmal geschaut zu haben meinte.

Als Hedwig wieder einmal bei Petrissa weilte, ergab es sich, dass sie bei Besichtigung der Bauarbeiten mit einem der vor dem Galgentod Begnadigten ins Gespräch kamen. Es war der kranke Pribko, den sie auf seinem Lager, einem mit Stroh gefüllten Sack, in der vergitterten ebenerdigen Kate besuchten. Vor dem Tor stand ein Wachposten, ein zweiter im Innenhof.

Sie traten ein und fanden einen sauber gekälkten Raum. Hedwig setzte sich zu Pribko. Sie ließ ihn über das Stechen in seinen Seiten klagen.

Mit Petrissa überlegte sie dann, welche Heilkräuter helfen könnten. Sie schenkte ihm einen Becher guten Weines ein und fragte im Laufe des Gespräches nach der Beschaffenheit des Verlieses, in dem er gefangengehalten worden war. Nach seiner frevelhaften Tat fragte sie nicht.

„Rede bitte ganz offen. Du brauchst nicht zu fürchten, dass dir Schaden erwächst aus dem, was du uns berichtest."

„In jedem Verlies ist es schrecklich, Frau Herzogin. Das erzählen alle zehn ehemaligen Gefangenen immer wieder. Es ist finster. Wenn wir das Poltern der Mannschaften über uns nicht gehört hätten, hätten wir nie gewusst, ob es Tag oder Nacht war. Das Stroh war verfault; denn wir mussten ja auch unsere Bedürfnisse in dem Loch verrichten. Wenn wenigstens eine Abflussrinne nach außen und ein zugedeckter Kübel vorhanden gewesen wäre! Ich will gar nicht von den Ratten sprechen, die gierig nach unserm wenigen Brot waren und uns in dem wenigen Schlaf, den wir fanden, störten. Am schlimmsten war das Ungeziefer. Nicht wir hatten die Läuse, die Läuse hatten uns! Kein Wunder; denn wir hatten immer die gleiche Kleidung an und konnten uns nicht waschen. Die Haare waren von dem Ungeziefer verfilzt. Wir konnten auch nur stehen oder liegen, und niemals setzen, es sei denn auf dem verfaulten Stroh."

Hedwig schenkte ihm nochmals ein, um ihm Mut zu machen weiterzusprechen. Sie sagte zu ihm:

„Pribko, ich will alles ganz genau wissen. Vielleicht kann ich doch einmal dafür sorgen, dass die Gefangenen nicht mehr so menschenunwürdig in Gewahrsam gehalten werden. Man lässt mich ja nicht in die Verliese. Aber ich weiß, dass die Öffnung oben ‚Angstloch', ja ‚Höllenschlund' genannt wird."

„Es ist wirklich ein Höllenschlund, Frau Herzogin. – Hier sind wir auch Gefangene, aber wir büßen unsere Strafe ab. Wir hausen hier nicht, wir wohnen hier. Die Arbeit ist schwer, aber wir schaffen sie. Wir haben unser gutes Essen, wir haben Sonn- und Feiertage. Das haben wir wohl der Herrin, der Frau Äbtissin, zu verdanken. Sie lässt uns fragen, woran es uns fehlt. Unsere Wäsche wird gewaschen, und statt eines zerrissenen Hemdes bekommen wir ein ausgebessertes, ja ein neues. – Vor allem wissen wir, dass wir an einem Gotteshaus bauen. Wir arbeiten gern, dann geht die Zeit herum.

Doch zurück zum Verlies. Das Schlimmste ist natürlich die ständige Angst vor dem Galgen. Wir mussten jede Nacht damit rechnen, dass wir im Morgengrauen geholt werden. Kein Priester kam, um uns darauf vorzubereiten. Wir hörten nichts von unserer Familie. Sie hungern und darben, weil wir für sie nicht arbeiten können.

Alle Begnadigten erzählen hier, welche Angst sie ausgestanden haben, als das Querholz heruntergelassen und von oben gebrüllt wurde, sie sollten sich darauf setzen ... Ich darf es jetzt ja sagen, was ich gemacht habe."

Hedwig und Petrissa horchten gespannt.

„Ich habe das Querholz festgehalten und aus der Schlinge losgemacht.

Aber dann brüllten und schimpften die Wächter oben und gossen mit einen Kübel Unrat auf den Kopf. Zwei kamen herunter und haben mich verdroschen und auf das Querholz gesetzt. Ich habe Todesangst ausgestanden, Frau Herzogin! ... Und dann kam die Botschaft, ich wäre zur Bauarbeit begnadigt. Ich wollte es gar nicht glauben. Ich hätte es auch nicht geglaubt, wenn man es mir von oben heruntergerufen hätte. Den Wächtern hätte ich überhaupt nichts mehr geglaubt."

Erschöpft legte Pribko sich nieder.

Hedwig wischte ihm den Schweiß von der Stirn.

Petrissa erklärte:

„Pribko, du bist jetzt, solange du noch ein Gefangener bist, Höriger des Klosters. Ich habe die Pflicht, für die Hörigen des Klosters zu sorgen. Du bleibst so lange hier, bis du wieder gesund bist. Du darfst offen sagen, was dir fehlt. Hast du genug Decken? Hast du einen Wunsch?"

„Ich schwitze soviel. Ich möchte so gern mein Hemd wechseln."

Sie ging hinaus und bat Schwester Martha, Hemden zu holen.

„Auch werde ich deiner Familie Nachricht geben und ihr berichten, wie es dir geht. Wie lange dauert noch deine Strafe, Pribko?"

„Noch fünf Jahre, drei Monate und sechzehn Tage."

„Wenn du gesund bist, bekommst du zunächst leichtere Arbeit."

„Und ich werde versuchen, deine Strafzeit abzukürzen, Pribko", sagte die Herzogin und schaute ihm tief in die Augen.

„Bete bitte jeden Tag zu Maryja, der Trösterin der Betrübten, dass es mir gelingen möge."

Gertrud, die prachtliebende Königin von Ungarn, wurde ob ihres Glanzes gefeiert. Sie vermehrte diesen Glanz, indem sie kostbare Geschenke versandte. So erhielt die Nikolauskapelle zu Andechs ihr Krönungsgewand. Dem Kloster Sankt Theodor sandte sie sechs Mark Gold zur Anschaffung eines Gutes, damit ihrer Seele für alle Zeiten gedacht wurde. Auch nach Breslau kam ein Bote und berichtete von den Krönungsfeierlichkeiten Andreas' II. von Ungarn mit Gertrud von Andechs am Pfingstfest, dem 29. Mai 1205.

Nachdem Andreas' Vater, Béla III., von 1172 bis 1196 regiert hatte, war ihm sein Sohn Emmerich bis zum 30. November 1204 gefolgt. Er war mit einer Verwandten Herzog Heinrichs, einer Enkelin seiner Tante Richza, der Konstanze von Aragon, vermählt.

Obwohl Emmerichs Sohn, Ladislaus III., kurz vor dem Tod seines Vaters zum König gekrönt worden war, folgte der Bruder Emmerichs, Andreas, als König.

Konstanze, die 20-jährige Witwe, aß nun mit dem gekrönten, aber verdrängten Knaben Ladislaus, dem Sohn Emmerichs, das bittere Brot der ‚Einstigen' am Tisch der ‚Jetzigen'.

Der Bote überreichte dem Herzogspaar eine wertvolle goldene Krone der Königin und erklärte:

„Die Frau Königin möchte sich der Breslauer Kirche gegenüber edel und freigiebig erzeigen und hat den Wunsch und Willen, dass aus dieser Krone, die sie an Festtagen zu tragen pflegte, ein goldener Kelch angefertigt wird."

Gebührend wurde die Krone bewundert und dem Boten aufgetragen, der edlen Königin für diese Gabe zu danken.

Hedwig freute sich, dass ihre Schwester Gertrud nicht nur nach Gold verlangte, sondern auch Gold verschenken konnte. Aber es gefiel ihr nicht, dass Gertrud zu jenen Frauen gehörte, die versuchten, großen Einfluss auf die Regierung zu gewinnen. Sie hatte nämlich aus Berichten erfahren, dass Gertrud ihre deutschen Landsleute – zum Missbehagen des ungarischen Adels – bevorzugte und sich dadurch unbeliebt machte.

Weiter hieß es in einem Brief:

„Gertrud hatte bei ihrem königlichen Gemahl durchgesetzt, dass ihr jüngster Bruder, Berthold, Kanonikus zu Bamberg, 1205 zum Erzbischof von Kalocsa gewählt wurde und schon die Einkünfte bezog, obwohl der erst 25-jährige noch nicht geweiht war.

Der energische Papst Innozenz III. ist sehr streng, ehe er einen Gewählten zum Bischof weiht. Leider sammelt dieser ‚Gewählte' gern goldene Werte.

Die Königin Gertrud hat überall ihre Hände im Spiel. Aber dieses wurde erkannt, weil sie die Schwachheit des Königs Andreas zuungunsten des ungarischen Reiches missbraucht."

Hedwig musste manchmal sorgenvoll an die böse Königin in den Märchen denken, von der ihr die Mutter auf Burg Andechs erzählt hatte. Da sie Gertrud dennoch als ihre Schwester liebte, betete und büßte sie viel für sie, dass Gott auch auf sie in Gnaden herabschauen, vor allem die Leidenschaft der Mutter in ihren kommenden Kindern zum Guten lenken möchte.

Der Namenstag des Klosters, das Fest des heiligen Bartholomäus am 24. August stand hervor.

Bartholomäus war der Lieblingsheilige des Herzogs. In der Urkunde vom 28. Juni 1203 hatte er ausdrücklich betont, dass er das Kloster, ... zum Seelenheil meines Vaters, meines eigenen, und meiner übrigen Teuren, zu Ehren Gottes und des heiligen Bartholomäus' gegründet hat. Diese Vorliebe hing zusammen mit dem darauffolgenden Todestag seiner Mutter Adelheid von Sulzbach. Bartholomäus galt als Patron der Sünder und in Polen als Patron der Bienenwärter, der Zeidler.

Hedwig wandte sich an den Notar Lorenz und überlegte mit ihm, wie sie dem schwerkranken Gefangenen Pribko helfen könnte.

„Ich will ein persönliches Opfer dazu bringen."

„Dann gibt es nur den Weg des Loskaufes."

Sie nannte die Zeit, die Pribko noch zu verbüßen hatte. Der Notar rechnete aus, bedachte dabei, dass Pribko wohl nie wieder arbeiten könnte, und nannte der Herzogin eine immerhin beträchtliche Summe.

Bald brachte Hedwig ihm den Betrag, bat aber, dass ihr Name dem Herzog nicht genannt würde. Er möchte nur sagen, er käme von einer Wohltäterin des Klosters.

Es war am Vortag des Bartholomäusfestes. In der Vorfreude auf den Festtag war der Herzog mit der Summe und dem Loskauf einverstanden.

Frau Hedwig reiste noch in der Nacht zum Kloster mit ihrer Begleitung und wohnte in der Frühe der heiligen Messe in Trebnitz bei. Sie hatte nur ein wenig im rumpelnden Wagen geschlummert. Sie dankte dem Erlöser für die erbetene Freilassung Pribkos. Ihr war zumute, als hätte sie diese für eines ihrer eigenen Kinder erwirkt.

Nach der Messe besuchte sie mit Petrissa und dem Klostervogt, dem die Gefangenen unterstanden, den kranken Pribko. Sie streichelte ihm über den blassen, abgemagerten Kopf.

Pribko erkannte sie:

„Frau Herzogin?"

„Du hast fleißig gebetet zur Mutter Maryja."

„Ja!" hauchte er.

„Die Mutter Maryja ist die Trösterin der Betrübten. Sie hat dir geholfen."

Hedwig entfaltete die Urkunde und las ihm vor, dass er auf Bitten einer Wohltäterin des Klosters losgekauft und nun frei von aller Strafverbüßung war. Sie zeigte ihm, Petrissa und dem Vogt die Urkunde mit des Herzogs Siegel.

Pribko konnte sich vor Freude nicht fassen. Er schluchzte und betete:

„Gott sei Dank und der heiligen Jungfrau Maryja!"

Die Wächter brachten eine Trage. Petrissa und Hedwig betteten ihn darauf und folgten dem Befreiten in das Gästehaus des Klosters, wo ein kleines Festmahl mit vielen Kerzen und Blumen auf den Tischen bereitstand.

Vor Freude konnte Pribko von den erlesenen Speisen nur wenig genießen. Aber er trank den guten Wein und meinte:

„Wenn das meine gute Frau Bertha und meine Kinder wüssten!"

„Sie werden bald kommen und dich heimwärts fahren!"

Petrissa öffnete die Tür. Sie verließ mit der Herzogin den Raum und ließ dafür Bertha und ihre Kinder eintreten.

Erst nach einer Weile kamen sie wieder herein und bedienten die Glücklichen mit den Gaben des reichgedeckten Tisches.

So glücklich die Familie war, so glücklich auch Petrissa, am glücklichsten war die Herzogin. Zum erstenmal hatte sie einen Gefangenen freigekauft. Dieser Weg konnte in Zukunft noch häufiger beschritten werden. Dann brauchte sie ihren herzoglichen Gemahl nicht so oft zu belästigen. Sie konnte größere Bitten für günstige Stunden aufsparen.

Das Bild des heiligen Bartholomäus in der Kirche erhielt eine dicke Kerze als äußeres Dankeszeichen. Er war heute wahrlich ein Patron der Sünder geworden!

An Pribkos Stelle kam Stanislaus, der vor seiner Begnadigung die Angst vor der Hinrichtung ebenso überstehen musste wie die andern, die ihn jetzt zu trösten versuchten.

In dieser Zeit weilte Hedwigs Bruder, Otto I., der regierende Herzog von Meranien, in der Umgebung des deutschen Königs Philipp von Schwaben. Er hoffte, bei ihm sein Glück zu machen und nicht bei dem Welfenkönig Otto, dem Sohn Heinrichs des Löwen. Beide Könige bemühten sich um die Anerkennung durch die Kurie und um die Kaiserkrönung.

Otto von Meranien hielt also zum Stauferkönig, dem Bruder des 1198 verstorbenen Kaisers Heinrich VI., dessen kleiner, Weihnachten 1194 geborener Sohn Friedrich als des Papstes Mündel in Palermo elternlos eine klägliche Jugend erlebte. Seine frühverstorbene Mutter Konstanze von Neapel hatte für ihn die Regentschaft in Sizilien geführt. Nun stand er seit dem Tod der Mutter unter der Lehnshoheit des Papstes. Er konnte nur auf sein Mündigwerden im vierzehnten Lebensjahr hoffen, wenn es in die Pläne seines mächtigen Vormundes Innozenz III. passte.

Innozenz III., durch und durch Politiker, entschied sich nach langem Hin und Her für den Welfenkönig Otto.

Manche Fürsten waren in diesem jahrelangen Kämpfen um die Kaiserkrone mal auf dieser, mal auf jener Seite zu finden. Am bittersten litt darunter das Volk.

Lag all dieses Geschehen auch weitab von der Herzogin Hedwigs Wirkungsbereich, so konnte es eines Tages durch die plänemachenden Brüder und wegen der Glorie des Hauses Andechs Bedeutung gewinnen, Gutes oder Böses bringen.

Sie konnte in diesen Dingen nur mit dem Gebet des Herzens und der unaufhörlichen Buße in der Liebe mitregieren. –

Herzog Wladislaw Laskonogi, Dünnbein genannt, bedrängte den Erzbischof Heinrich Kietlitz von Gnesen. Ihm passte der eifrige Erzbischof nicht, den Innozenz III. gegen den Willen des Domkapitels bestellt hatte. Der Erzbischof verteidigte gegen ihn mutig Recht und Freiheit der Kirche. Außerdem setzte er sich auf Drängen des Papstes gegen Priester und Kanoniker ein, die öffentlich als Verheiratete auftraten, und ließ Verheiratete nicht zu geistlichen Würden zu, auch wenn sie vom Herzog dazu ‚empfohlen', dem Erzbischof also ‚befohlen' wurden.

Schließlich musste der Erzbischof flüchten. Er fand längere Zeit herzliche Annahme bei Herzog Heinrich und Bischof Cyprian und galt bei der Herzogin als Bekennerbischof.

Herzog Wladislaw Laskonogi wurde gebannt und floh nach Poznan/Posen.

In dieser Zeit starb Bischof Cyprian und wurde von seinem Erzbischof, mit dem er auf dem Krankenlager noch viele Gespräche über die Reform der Kirche in Polen geführt hatte, beerdigt. Fünf Jahre lang hatte er mühselig das Seinige getan.

Nun ging das Rätselraten an, wer Nachfolger von Bischof Cyprian würde. Einige meinten, es könnte der Domherr Magister Martin werden, der drei Jahre lang Kanzler des Herzogs war. Andere nannten den Scholastikus Ägidius, wieder andere den Domherrn Lorenz, der seit 1204 Bischof von Lebus zwischen Oderbruch und Spreewald und trotzdem Notar des Herzogs geblieben war.

Die vielen Hofkapläne kamen wohl kaum in Frage, weil sie meistens nur kurze Zeit am Hofe weilten. Sie konnten im günstigten Fall Domherren werden.

Erzbischof Heinrich weihte Laurentius zum Bischof, der ebenso wie sein Vorgänger Cyprian ein Pole war.

Erzbischof Heinrich war mit dem Nachfolger Cyprians sehr einverstanden und erörterte mit ihm die vom Papst verlangten Reformpläne, besonders die von Bischof Cyprian eingeleitete Vermehrung der Pfarreien.

Bald konnte der neue Bischof Augustinerchorherren in Kamieniec/Kamenz an der Neiße einführen.

Zu Herzogin Hedwig kamen Boten und überbrachten Grüße der Geschwister.

Ihre Schwester Gertrud, die Königin von Ungarn, hatte auf der Burg Sárospatak an der Bodrog, unfern der Tokajer Berge, einem Mädchen das Leben geschenkt, das in der Taufe den Namen Elisabeth erhielt.

Hedwig schrieb der Schwester und versprach, für ihre liebe Nichte, die Königstochter Elisabeth, viel zu beten. Auch sandte sie durch den Boten Geschenke.

Fahrende Sänger kamen auf die Burg und sangen um der Gunst der Herzogin willen einige Verse des berühmten Tannhäusers über Bischof Ekbert:

„Von Bamberc bischof Egebrecht,
den wil ich gerne gruezen;
er was an allen Tugenden recht,
er kund wol kumber burzen."

Die Herzogin nahm das nicht wörtlich. Tannhäuser musste wohl die Gunst des bischöflichen Bruders erfahren haben.

Es war die Zeit gekommen, da überall das Gequieke der Schweine zu hören war, von denen der Volksmund sagte:

„Mir soll es nicht so gehen wie den Schweinen,
von denen hat man nichts, bevor sie nicht tot sind.“

Wohl dem, der wie Ratislaw ein gut gemästetes Schwein im Stall hatte! Für Ratislaw war das Schweineschlachten ein Freudenfest, auch wenn das dicke, mit großer Liebe gemästete Schwein sich nicht fesseln lassen wollte und beinahe den Schlächtern entwischt wäre. Nun aber hing es, von oben bis unten sorgfältig geteilt, auf zwei Leitern und kühlte in der Nacht aus, ehe es am nächsten Morgen fachgerecht verarbeitet werden sollte.

Als der Morgen graute, war zum Entsetzen aller Beteiligten nur noch ein halbes Schwein auf einer Leiter. Die andere Seite war ‚gemaust‘ oder geklaut oder gestohlen.

Nur war Wenzeslaus, der Nachbar, den auch nach Schweinebraten, guten Würsten und dickem Speck gelüstete, nicht schlau genug dabei vorgegangen. Blutstropfen und die Spur eines Wägelchen verrieten ihn und die unter dem Stroh versteckte andere Hälfte des Schweins. Der Bösewicht wurde trotz des frühen Morgens sofort vor den Herzog gezerrt, dem das viele Stehlen im Lande gar nicht passte. Er hielt es für notwendig, ‚ein Exempel zu statuieren‘ mit seinen erregten Worten:

„Das Stehlen muss in meinem Lande aufhören!“

Er wollte den Bewohnern der Stätte um seine Hauptburg augenscheinlich vorführen, dass solche offensichtliche Frechheit todeswürdig war. Darum befahl er in seiner Erregung die sofortige Hinrichtung durch den Strang. Die Nachricht sollte nicht erst bis vor das Ohr der Herzogin gelangen.

Durch diese Eile wollte er verhindern, dass sie den Übeltäter befreite.

Die Richter steckten dem gefesselten Wenzeslaus einen Knebel in den Mund, dass er nicht schreien konnte, und brachten ihn eilends zum Galgenberg.

Das empörte die Verwandten und Bekannten des Wenzeslaus. Nicht nur, weil sie das Todesurteil für ein gestohlenes halbes

Schwein für zu hoch hielten, sondern weil sie wussten, dass die Frau Herzogin für die zum Tode Verurteilten die Begnadigung zum Bau am Frauenkloster erwirkt hatte; denn das hatte sich im ganzen Land schnell herumgesprochen. Sie wunderten sich, dass der sonst als gerecht geltende Herzog jetzt so unerbittlich hart war.

Die Sippschaft eilte in die Kirche und bestürmte heulend und wehklagend die betende Frau Herzogin, die sofort erkannte: Das in Gefahr schwebende Leben eines Menschen geht dem Beten vor!

„Betet, betet! Ich werde versuchen, euch zu helfen!"

Hedwig eilte zu ihrem Gemahl. Sie warf sich ihm zu Füßen und bat flehentlich. In dem demütigen Flehen fehlte nicht der Vorwurf, dass er wegen eines so geringfügigen Vergehens ein Menschenleben vernichten wollte.

Herzog Heinrich passte es nicht, dass Hedwig bat. Er erwiderte kühl:

„Ich glaube, der Kerl ist schon aufgehängt. Aber wenn er noch am Leben ist, dann gebe ich ihn frei."

Hedwig sagte im Aufspringen ihr: „Danke!" und gab ihrem diensttuenden Ritter Heinrich, der vor der Herzogstür wartete, den Befehl, im allerschnellsten Galopp zur Richtstätte zu jagen und den zum Tode Verurteilten zu retten, ja notfalls mit dem Schwert zu befreien. Der aus Hessen stammende Ritter Heinrich jagte mit seiner Begleitung davon. Ihm machte es nichts aus, dass schnatternde Gänse und kreischende Weiber vor ihm flüchten mussten. Es kam auf jeden Augenblick an!

Der arme Wenzeslaus flehte um sein Leben. Er durfte sich noch niederknien und einige Gebetsworte stammeln, aber dann wurden die Henkersknechte ungeduldig und legten ihm den Strick um den Hals.

Sie sahen zwar von weitem Reiter heranstürmen, sie hörten auch Rufen und Schreien, aber Befehl war Befehl, auch wenn er noch so ungerecht hartherzig war.

Sie versuchten, ein Ende des Strickes über den Galgen zu werfen, aber der Strick fiel wieder herunter. Erst beim drittenmal lag er über der Mitte des Galgenarmes. Nun zogen sie mit vereinten Kräften am Strick.

Dem armen Wenzeslaus schnürte es die Kehle zu. Er wurde hochgezogen und fuchtelte noch mit den Armen.

In diesem Augenblick zückte Ritter Heinrich sein scharfes Schwert, und zum Entsetzen der Henkersknechte durchhieb er den Galgenstrick. Der Gehängte fiel auf den Rücken eines der rohen Gesellen, so dass dieser stürzte und der Gehängte auf ihm lag.

„Befehl vom Herzog! Der Mann ist frei! Strick lösen!"

Wenzeslaus lag betäubt am Boden.

Der Ritter sprang vom Pferd und hob den Kopf des Todgeweihten auf. Er rieb ihn und versuchte, ihm etwas Wein einzuflößen.

„Macht mir den Mann ja wieder lebendig! Sonst wehe euch!" brüllte er die Henkersknechte an.

Sie waren nun sehr darauf bedacht, dem Wenzeslaus durch Reiben und Massieren die Lebensgeister zu wecken. Es dauerte eine Weile, doch ohne Erfolg. Da kam einer auf den Einfall, dem Gehängten einen kräftigen Tritt in sein Hinterteil zu geben. Da stöhnte Wenzeslaus auf!

Gerettet!

Sanfter bearbeiteten sie ihn nun weiter. Der Ritter wusch sein Gesicht mit Wein, massierte den geschwollenen Hals und die Herzgegend unter dem zerrissenen Hemd. Schließlich brüllte er den Wenzeslaus in seiner Erregung an:

„Mensch, mach, dass du wieder auf die Beine kommst! Die Frau Herzogin hat dich beim Herzog frei gebeten."

Das Wörtchen ‚frei' tat langsam seine Wirkung. Seine Rechte tastete zum schmerzenden Hals: der Strick war fort!

Die Henkersknechte halfen ihm auf die Beine, aber er konnte nicht allein stehen. Da ranzte ihn einer an:

„Mach bloß, dass du von hier fortkommst! Wir haben Befehl, dich aufzuhängen. Danke dem Ritter, der dich befreit hat."

Wenzeslaus wurde auf das Pferd des Ritters gehoben und mit dem Galgenstrick festgebunden.

Der Ritter Heinrich setzte sich hinter ihn und tröstete ihn:

„Dir geschieht nichts, Wenzeslaus. Die Frau Herzogin hat für dich beim Herrn Herzog flehentlich um Gnade gebeten."

Die Henkersknechte aber maulten:

„Den Rest aus der Flasche hätte er uns wenigstens hierlassen können."

„Wir haben unsere Arbeit getan, aber es ist noch sehr fraglich, ob die Pfennigfuchser in der herzoglichen Gerichtskasse den verdienten Henkerslohn auszahlten."

„Da hast du recht, Jansky. Die werden sagen: ‚Ihr habt ihn ja nicht vom Leben zum Tode befördert!'"

„Ja, ja, Kadlubek, seitdem die Herzogin mitregiert, bleiben die Galgen leer."

Langsam trug das Pferd des Ritters Heinrich den Wenzeslaus durch die Gassen. Die Leute schauten auf das traurige Bild. War er tot? Oder schlief er vor Erschöpfung?

Ritter Heinrich ritt in die Burg, wo die Frauen mit der Herzogin noch auf den Knien lagen und um seine Lebensrettung beteten. Da führte der hessische Ritter seinen Rappen mit dem Geretteten in die Burgkapelle und hob ihn vor den Augen der Erstaunten vom Pferd. Wenzeslaus sackte zwar noch zusammen, aber seine Frau und die Verwandten kümmerten sich unter der Leitung der Herzogin so lange um ihn, bis alle Grund genug hatten, dem Herrgott für die Rettung im letzten Augenblick zu danken.

Der Ritter Nikolaus von Würben hatte nicht nur die Aussendung des Ritters Heinrich erlebt, sondern war auch jetzt Augenzeuge, wie der noch benommene Wenzeslaus der Frau Herzogin sein „Danke, danke!" stammelte und alle Verwandten der Herzogin dankten, die aber abwehrte:

„Gott allein ist der Herr über Leben und Tod. Danket Ihm!"

Ein frommer Mönch schrieb darüber in seinen Aufzeichnungen, was er von den Rittern gehört hatte, mit der Nutzanwendung:

‚Es war keinem zweifelhaft, dass die göttliche Allmacht den genannten Verbrecher aus der Hand der Henker deshalb vor dem Tode bewahrt hatte, um die Verdienste seiner Dienerin den Gläubigen zu offenbaren und den Sündern wegen der Gerechtigkeit der Fürsprecherin Gelegenheit zu Buße zu geben.' –

Herzog Heinrich fühlte sich den ganzen Tag über nicht wohl. Er hatte sich von seinem Unmut über den Diebstahl übermannen lassen. Es sprach sich zudem überall herum, was mit Wenzeslaus geschehen war. Herzog Heinrich ging in sich und fragte seinen Notar, ja seinen

Beichtvater um Rat. Dann wartete er nicht lange und suchte seine Gemahlin auf.

Da kniete sich doch wahrhaftig der Herzog vor der schweigenden Herzogin nieder und bat sie um Verzeihung wegen seiner Hartherzigkeit und der ungerecht befohlenen höchsten Strafe.

Sie neigte sich zu ihm:

„Möge dir Gott verzeihen, mein lieber Gemahl."

Sie hob ihn auf und drückte ihn an sich.

Er stand vor ihr und sagte leise:

„Jadwiga, ich will für alle Zeiten den angerichteten Schaden wiedergutmachen."

Sie schaute ihn an, wagte aber nichts zu sagen und zu fragen.

„Jadwiga, du sollst in Zukunft meine Mitregentin sein in der Sorge um die Gefangenen. Ich habe durch den Notar anordnen lassen, dass dir überall die Gefängnisse und Arbeitshäuser geöffnet werden. Auch sollen die Gefangenen, wenn du sie besuchst, von ihren Fesseln befreit werden und volle Bewegungsfreiheit haben. Du darfst also jeden Kerker betreten und den, den du mit deinen guten Augen als verbesserungsfähig erkennst, frei bitten. Als oberster Richter gebe ich dir die außergewöhnliche Erlaubnis, an Gerichtstagen teilzunehmen und Urteile durch von dir geschulte Geistliche vollstrecken zu lassen, damit die Armen mit Nachsicht behandelt werden und ihre Herzen sich wandeln."

Nun kniete Hedwig vor ihrem Gemahl und dankte unter Tränen für das ihr als ein Wunder erscheinende Privileg, bei den Straffälligen Schuld und Unglück auf der Waage der gerechten Liebe auszugleichen und in Buße zu gemeinnützigen Werken umzuwandeln.

Leid und gelobter Verzicht

Der erhaltene Auftrag war groß, allzu groß. Wie sollte Hedwig ihn ausführen? Sie fing ganz unten an und erkundigte sich beim Notar nach den Verhältnissen im Lande, wovon sie schon vieles wusste. Sie hörte von den 53 Kastellaneien, die sie zum großen Teil kannte, da der Hof oft von Burg zu Burg zog, schon wegen der notwendigen Nahrungsmittel, die eine Burg allein nicht aufspeichern konnte. Der Notar erklärte ihr die Vielzahl der Schichten des Volkes, die sich von der Herrenschicht der Adeligen abhob.

Da waren zunächst die nicht vollkommen freien Leute, die Kmeten, deren Zahl durch die Ansiedlung von Kriegsgefangenen im Laufe der Zeit angewachsen war.

Zu ihnen wurde auch ein Teil der Szlachta, des kleinen, immer mehr verarmten Landadels, heruntergedrückt.

Der Großadel allein war der freie Stand und besaß seine Güter als wirkliches Eigentum wie die Fürsten und die Kirche. Allerdings musste er neben dem Kriegsdienst Pflugsteuer und gewisse öffentliche Dienste für den Hof leisten.

Hedwig fiel es schwer, die Lage des Volkes zu erkennen, das hinter diesen drei Grundherren zurücktrat. Sie unterschied zwei Klassen von Bauern: Kmeten und Hörige.

Beide standen insofern einander gleich, dass sie kein volles Eigentum an dem Grund und Boden besaßen, den sie bebauten, und jeder zu Zins und Dienst an den Grundherren verpflichtet war.

Die Kmeten waren persönlich freie Leute und nicht gezwungen, unbedingt auf dem Gut des Herrn zu bleiben. Sie hatten ein gewisses Erbrecht an ihrem Hof und auch weniger Dienste zu leisten als die Hörigen. Sie waren die eigentlichen Bauern.

Die Hörigen dagegen wurden zu besonderen Diensten gebraucht. Um für ihren bescheidenen Lebensunterhalt sorgen zu können, waren sie mit einem geringen Maß von Acker ausgestattet. Sie hatten ihren Namen von den besonderen Verrichtungen, die sie für ihren Herrn als Koch, Brauer, Bäcker, Fleischer, Beutelmacher, Drechsler, Böttcher, Ziegelstreicher, Kämmerer, Zeidler, Gärtner, Pflüger, Fischer, Waldhüter, Jäger, Falkner, Bewacher der Biberbauten, Biberfänger, Hundeführer und Pferdehüter zu leisten hatten.

Natürlich mussten sie auch Getreide, Honig, Hühner, Eier, Käse und Geld geben, widrigenfalls sie hohe Strafen bekamen. Sie standen immer mit einem Bein im Verlies.

Sie waren zum Bau von Burgen und Brücken und zu deren Ausbesserung verpflichtet, mussten Gräben ziehen, Wälder aushauen, in den Burgen und Höfen Wache halten, dem Fürsten und seinen Beamten Pferde und Fuhren, Wegweiser und Geleitmannschaft stellen und Jagddienste leisten.

Die Leber der geschlachteten Tiere musste zur Fütterung der Falken abgegeben werden.

Der Grund und Boden, der nicht urkundlich Privatbesitz war, gehörte dem ‚Herrn', auch jeder Ertrag aus Jagd und Fischereien.

Zollrechte, Münze und Salzverkauf waren Vorrechte der Grundbesitzer. Einkünfte von Märkten und Gerichten flossen in ihre Kassen. In den Burgen und in größeren Bezirken, den Kastellanien, vertrat und verwaltete der Kastellan in allem die Rechte der Fürsten. Er bot die Szlachta und Kmeten zum Kriege auf und führte Aufsicht über die in seinem Bezirk liegenden Güter und Einkünfte des Herrn.

Niedere Beamte unterstützten ihn dabei.

Der Kämmerer sammelte die Steuern ein, lud vor Gericht, pfändete die Säumigen und war bei Grenzberichtigungen maßgebend.

Daneben verwalten der Jagdmeister, der Wachtherr, der Zöllner und Münzer ihren Bereich.

Der Kastellan, oder unter seiner Aufsicht der Schlossrichter, übte die Gerichtsbarkeit aus. Es gab auch Unterrichter in den kleineren Bezirken. Der Notar, der Richter und der Unterrichter bildeten die rechtsprechende Behörde.

Eidhilfe, Gottesurteile durch Zweikampf mit dem Schwert und Knüttel, glühende Eisen, siedendes oder kaltes Wasser galten als Rechtsmittel. Strafen waren: Köpfen, Hängen der Diebe, das Rädern der Gottesfrevler, das Verbrennen der Fälscher, die Verstümmelung an Händen und Füßen.

Hedwig schauerte es bis ins Mark hinein, als sie alles dieses in so nüchterner Weise vom Notar erfuhr. Dass ihre zukünftige Aufgabe schwer sein würde, hatte sie gewusst, aber dass sie so schwer sein würde – der Angeklagte hatte keinen Anwalt –, hatte sie nicht geahnt, und das machte sie zutiefst verzagt.

Was konnte sie als Frau schon machen gegen die uralten Sitten, Menschen von Menschen zu unterscheiden?! Das widersprach doch ganz dem Evangelium, in dem alle Menschen Ebenbilder Gottes und in Christus Brüder sind.

Sie fastete und betete viel um Erleuchtung, wo sie ansetzen könnte. Einen Fingerzeig bot ihr der kleinste Brief der Bibel, der Brief Pauli an Philemon.

Nach einigen Tagen rief sie die Burggemeinde wieder zu einer religiösen Unterweisung zusammen. Sie hatte einen Tag ausgewählt, an dem auch ihr Gemahl und alle seine Hofleute, Notar, Kapläne und auch die Ihrigen bis zur Mohbabe dabei waren, ihre Kinder natürlich auch.

Spannend erzählte die Herzogin die fast allen unbekannte Geschichte von dem entlaufenen Sklaven Onesimus, der irgend etwas angestellt hatte. Sie ließ die Geschichte beinahe in Schlesien spielen.

„Was wird er schon angestellt haben? Vielleicht hatte er das Lieblingshündchen seines reichen Herrn Philemon nicht richtig versorgt, oder es wurde krank, wie bei uns hier die Welpen auch erkranken und verenden. Da wird nicht nach Recht oder Unrecht der Anklage gefragt. Der Onesimus, der Sklave, hat das Tier verenden lassen und kommt dafür ins Verlies.

Auch bei uns ist schon mal so ein armes ‚Dreckschwein', wie man hier Menschen nennt, ausgerissen. Dem Onesimus hätte man das Flüchtlingszeichen, das F, auf die Stirn gebrannt, wenn man ihn gefangen hätte. Er hat sich aber durchgeschlagen bis in die Weltstadt Rom, wo allerlei sogenannte Taugenichtse untertauchten."

Alle hörten gespannt zu. Selbst der Herzog fragte sich, was seine Gemahlin mit dieser Geschichte sagen wollte.

„Eines Tages traf der Onesimus in Rom den heiligen Paulus. Freudig erregt rief er ihn an; denn er kannte ihn aus dem Hause des Philemon. Paulus nahm ihn wie einen Bruder auf, unterrichtete ihn in der christlichen Lehre, taufte ihn und machte ihn zu seinem Mitarbeiter im Dienste des Evangeliums. Onesimus wurde dem Paulus eine wirklich Hilfe."

Hedwig machte eine kleine Pause, damit ihre Zuhörer alles überdenken konnten.

„Eines Tages kamen dem heiligen Paulus wegen Onesimus Bedenken, denn nach römischem Recht war ein Sklave keine Person, kein Mensch, sondern – es ist schrecklich, aber wahr – eine Sache. Und von einer Sache hieß es im römischen Recht: ‚Res clamat ad dominum. – Die Sache schreit nach ihrem Herrn.'

Schweren Herzens sagte Paulus dem Onesimus: ‚Ich darf dich nicht länger behalten, obwohl ich dich gut gebrauchen kann. Du musst zu deinem Herrn zurück!' Der Arme war entsetzt und sagte: ‚Schicke mich überallhin, aber nicht zu Philemon zurück!' ‚Gerade das ist Gottes Wille', antwortete Paulus. ‚Aber sei getrost, ich gebe dir einen Brief mit.'

Onesimus durfte den Brief selbst schreiben und weinte vor Freude, als Paulus ihn darin ‚meinen Sohn, dem ich in meinen Banden das Leben gegeben habe', nannte, ‚Einst war er dir unnütz, jetzt aber ist er für dich und mich von großem Nutzen. Ich sende ihn dir zurück; nimm ihn auf wie mein Herz.'

Im Vertrauen auf diesen Brief reiste Onesimus den weiten Seeweg zu seinem Herrn zurück. Vielleicht wurde er anfangs als Flüchtling in den Kerker geworfen und dann vor Gericht gestellt. Welche Überraschung, als er dem Bischof Archippus den Paulusbrief übergab und dieser ihn vorlas:

‚Vielleicht trennte er sich gerade deshalb eine Zeitlang von dir, damit du ihn auf immer erhältst, nicht mehr als Sklaven, sondern statt des Sklaven als vielgeliebten Bruder. Nimm ihn auf wie mich selbst!'

Philemon erfüllte den Wunsch des heiligen Paulus und nahm ihn in sein Haus auf und behandelte ihn wie einen Bruder.

Was soll uns diese Geschichte?“

Die Herzogin schaute ihre Kinder an, besonders Sophie und Agnes, die sie selbst unterwies, und drückte Gertrud herzlich an sich. Dann wagte sie einen Blick zu ihrem Gemahl.

„Paulus hat die Sklaverei nicht abschaffen können. Bis heute noch werden Menschen verkauft wie die Tiere. Das ist sehr, sehr bitter! Zwölfhundert Jahre nach unseres Herrn Geburt! Auch bei uns werden manche Menschen nicht wie Brüder Christi behandelt. Sie werden mit gemeinen Tiernamen beschimpft. Ich schäme mich, sie euch zu sagen: ‚du blödes Kalb, du räudiger Hund, du elender Wurm, du falscher Fuchs, du stinkende Kröte‘. Dabei haben die so Angeredeten den Taufnamen eines Heiligen. Vor Gott sind wir alle gleich, auch die Taugenichtse, ja sogar die Sünder. Gott will, dass wir Achtung und Ehrfurcht haben vor jedem Knecht, jeder Magd, jedem Hörigen, ja Verantwortung tragen für jeden Gefangenen und Verurteilten. Sie sind Menschen und keine Tiere, schon gar keine Sachen. Wenn wir sie verachten, können wir nicht verlangen, dass sie uns achten.“

Es war lautlos still um Hedwig. Solche Worte waren bisher auf der Burg noch nicht gefallen. Die Herzogin musste den harten Boden der uralten rechtlichen Unterscheidungen der Menschen weiter auflockern, mehr konnte sie vorerst nicht tun. Sie gab zwar schon ein Beispiel, indem dreizehn Arme an ihrem Tisch von ihr vornehmer bewirtet wurden als manche Ritter. Es war nur ein Zeichen, aber ein spürbares, das sich überall herumsprach, Anerkennung und Kritik herausforderte.

„Woher kommt all das Elend bei uns?

Die unterdrückten Hörigen, ja auch die Bauern sind einfach in allem überfordert. Sie haben kaum das Lebensnotwendigste. Sie ziehen ihren hölzernen Pflug, weil ihnen der eiserne verboten ist, oft ohne Ochsen oder Pferde. Der Viehbestand ist gering. In einem Dorf fand ich 12 Ochsen und 2 Pferde, aber nur 3 Kühe. Wovon sollen ihre Kinder leben? Die Leute werden bis aufs Blut ausgepresst und sind immer schuldig.

Hört, was Paulus dem Philemon schrieb:

‚Hat Onesimus dir einen Schaden zugefügt oder ist er dir‘ – Hedwig blickte den Herzog an –, ‚etwas schuldig, so schreibe es auf meine Rechnung.'"

Sie legte die Hand auf die Brust und wandte sich ihrem Gemahl zu: „Ich will es bezahlen!"

Herzog Heinrich schaute sie erstaunt an.

„Es heißt: Gebt dem Kaiser, was des Kaisers ist, also auch dem Herzog. Die Kämmerei soll nicht zu kurz kommen. Das Elend rührt daher, weil jeder Kastellan viel abliefern will, damit er bei den herzoglichen Hofämtern gut angeschrieben ist. Dabei wird das überforderte Volk – unsere Brüder in Christus Jesus – ausgesaugt und kommt in die entsetzlich stinkenden, voller Ungeziefer starrenden dunklen Verliese, bis alles bezahlt ist. Ich komme in Zukunft für diese Schulden auf, und wenn meine Morgengabe Lähn und anderes ganz draufgehen sollten. Ich esse kein Fleisch, das von der Falkenbeize stammt. Ich esse kein Fleisch, das dem Ärmsten aus dem Stall gepfändet wurde. Ich trage keinen Biberpelz, wenn mein armer Bruder für ein Versäumnis bestraft wird. Ich bin Anwalt aller vor Gericht Stehenden; denn sie haben keine Verteidiger, und ihren Worten glaubt man nicht; denn es sind ja nur ‚Elende, Dreckige, Stinkende', aber keine Menschen. Ich bitte den Herrn Herzog, dass mir alle Gerichtstage bekanntgegeben werden, damit ich selbst hingehen oder von mir Geschulte hinsenden kann. Dem Herrn Herzog danke ich erneut für die große Aufgabe, die er mir huldvoll als Privileg übertragen hat. Die Rechtlosen sollen in mir, der schwachen Frau, ihren Rechtsbeistand bekommen. Dafür bin ich Gott dereinst für jeden Einzelnen Rechenschaft schuldig."

Dem Herzog war unbehaglich zumute, mit welchem heiligen Ernst die Herzogin die so leichthin ausgesprochene Übertragung der Sorge für die Gefangenen nahm. Was hatte seine Jadwiga getan? Ihn vor den Kindern und den Burgleuten angeklagt? Seine immer so taktvolle, so verehrungswürdige Gemahlin?

Was hatte sie jetzt noch zu sagen?

„Auch hier im Hofe habe ich etwas in aller Namen gutzumachen. Dort sitzt unsere gute alte Kräuterfrau. Sie ist im Laufe der Zeit mit vielen hässlichen Namen belegt und lächerlich gemacht worden. Wohl jeder hier hat ihre Hilfe und hervorragende Kräuterkenntnis in all den Jahren an sich erfahren. Sie heißt von jetzt ab auf der Burg ‚*Mutter Anna*'. Ich will keinen andern Namen mehr hören. Zum Zeichen der Dankbarkeit umarme ich sie und küsse ihr die runzeligen Hände."

Die Alte weinte vor Freude und kniete vor der Herzogin nieder. Hedwig hob sie auf, verneigte sich vor ihrem Gemahl und ging, innerlich bebend, mit Gertrud in die Kapelle.

Immer wieder mühte sich Hedwig, die Nöte und Sorgen der Gefangenen zu erfahren. Sie besuchte sie und sah ihre zerlumpten Kleider und die Wunden an den Beinen, die durch die Ketten verursacht worden waren. Sie nahm an den Gerichtssitzungen teil und versuchte, den viel zu hart Verurteilten zu helfen, indem sie selbst die Strafsumme zahlte, damit sie wenigstens wieder in ihre armseligen Hütten zurückkehren konnten. In dieser Zeit traf sie sehr hart die Verfügung des Herzogs über ihr Kind, die so sehr geliebte Gertrud. Der Herzog sagte:

„Gertrud habe ich *bestimmt.*"

Hedwig hielt sich tapfer, aber es war ihr wie damals, als der Großonkel die Entscheidung des Familienrates mitteilte und sie nur noch stammeln konnte:

„Mir ist schlecht!"

Musste ihre so ganz anders geartete Gertrud, von der sie im Stillen träumte ... Sie zwang ihr Herz. Eine Herzogin hat nicht zu träumen, deine Mutter nicht, du nicht! Du musst verzichten!

„Gertrud habe ich mit dem Pfalzgrafen Otto von Wittelsbach verlobt. Sein Vetter ist seit 1180 der mächtige Herzog von Bayern. Gertrud kommt also später in deine Heimat. Es ist eine ausgezeichnete Verbindung."

Hedwig war zumute wie einem verurteilten Hörigen, der keinen Rechtsbeistand hinter sich hatte. Das war also die unwiderrufliche Entscheidung der seit Bruder Ekberts Besuch insgeheim eingefädelten Verbindung der Piasten mit dem berühmten Dynastengeschlecht der berühmten Wittelsbacher aus dem berühmten Stamm der Luitpoldinger!

O diese Männerentscheidungen!

Kein Wort darüber, ob dieser mächtige Otto III. von Wittelsbach zu der seelisch so zarten und feinen Gertrud passte.

Hedwig schwieg.

Herzog Heinrich wunderte sich.

Sie fragte nicht.

Jede Frau eines Kmeten konnte in solchen Angelegenheiten mit ihrem Mann gemeinsam überlegen. Die Herzogin nicht. Sie stand bei aller Liebe, bei allem bisher erlebten Vertrauen unter dem Herzog, zu dem sie aufschauen musste, wie sie es bei der Hochzeit mit ihrem Tak gelobt hatte. In dieser Not fiel ihr ein beim heiligen Paulus gelesenes Wort ein, das ihr dem Balken für einen Ertrinkenden glich: ‚Gegen alle Hoffnung an die Hoffnung glauben!‘

Der Herr Herzog hatte bestimmt.

Gott auch?

Es war nicht die einzige Verlobung, die sie hinnehmen musste. Wurde ihr Gertrud genommen, die sie nun noch fester als bisher an die Hand nahm, wenn sie ihr und den beiden Schwestern Unterricht gab oder mit ihr und der Mutter Anna in den Gemüsegarten ging, so wurde ihr eines Tages ein liebes dreijähriges Kind geschenkt.

Es sprach anders, aber die Liebkosungen der Frau Herzogin verstand die kleine Königstochter Agnes aus Prag recht gut. Nur wusste sie nicht, was der ‚große Mann‘ Boleslaw sollte, dem sie mit einem Ring anverlobt wurde.

Gertrud freute sich über Agnes, auch wenn sie ihre böhmische Sprache nicht verstand. Aber sie fanden sich als Kinder zueinander. Ja, sie wurden zusammen mit Sophie und Agnes von der Matka Herzogin nach Trebnitz gebracht; denn nun waren die Nonnen soweit eingerichtet, dass sie bescheiden die Klosterschule beginnen konnten.

Die Äbtissin Petrissa nahm sie herzlich mit ihrem mitgebrachten Puppen in Empfang und erleichterte ihnen das Einleben.

Als Hedwig mit der Äbtissin allein war, bat sie, von Sophie und Agnes nicht zuviel zu verlangen, weil sie oft krank waren. Petrissa sah die Mutter an, dass sie wegen der beiden größeren Mädchen in Sorge war.

Dann erklärte die Herzogin den Zusammenhang der Verlobungen:

„Die kleine Agnes ist die Tochter des böhmischen Königs Przemysl Ottokar I. mit seiner zweiten Frau Konstanze, der Tochter des Königs Béla III. von Ungarn. Es geht um die gut nachbarlichen Beziehungen, wie immer. Auch soll ihre vierjährige Schwester Anna mit meinem Sohn Heinrich verlobt werden. Ihr wisst ja, dass der Weg von Schlesien ins Reich auch über Böhmen führen kann; denn der Böhmenkönig gehört zu den Reichsfürsten."

Sie sagte nicht, was sie dachte: Der Herzog will sich für die Ausweitung seines Machtbereiches nach Norden und Osten den Rücken frei halten.

„Verehrte Petrissa, betet um den Frieden! Ich ahne Unheil."

„Werft alle Eure Sorgen auf den Herrn! Denkt an Euren Lebensweg!"

Die Herzogin hatte nun in der nächsten Zeit soviel in Trebnitz zu tun und zu sorgen, dass der Herzog lächelte, sie nicht nur gewähren ließ, sondern mitfuhr. Er wollte nämlich dem Baumeister des Klosters, dem Magister Jakob, die Hälfte des von ihm erworbenen Dorfes Panglowo schenken und dem Kloster den andern Teil bis zum Bach.

Die Freude über die Schenkungen war bei allen groß. Hedwig fühlte sich bei der Sorge ihres Gemahls um seine Stiftung selbst wie beschenkt und betrachtete froh den zügigen Fortgang der Bauten durch die Konversen aus Leubus.

Ein Gottesgeschenk für Trebnitz war der Eintritt zweier Töchter des Wizlaus und zweier Töchter des Janissus als Novizinnen, die als Mitgift das Dorf Ranzki und ihr Erbteil mitbrachten.

Anfang März 1208 konnte Hedwig ihrem Gemahl nach acht Jahren wieder sagen:

„Concepi."

Heinrich streichelte sie und sagte sanft:

„Jetzt musst du dich aber schonen, damit wir ein frohes Geburtsfest des Herrn begehen können."

Sie bat ihn, nach Ostern mit kleinem Gefolge nach Lähn ziehen zu dürfen.

Sie fuhr in den schönen Frühling hinaus. Die besorgte Mutter Anna hatte ihr noch warme Decken zugesteckt:

„Nix verkühlen, Frau Herzogin!"

Im rumpelnden Wagen zu sitzen, war alles andere als eine Erleichterung. Da sie allein war, konnte sie sich legen und still die betenden Gedanken an sich vorüberziehen lassen. Sie hatte der Majestät Gottes soviel vorzutragen und brauchte nicht zu warten, bis sie gefragt wurde. Sie spürte, dass etwas in der Luft lag. Sie ahnte ein Unheil. Sie konnte sich täuschen, sich aber nicht dagegen wehren.

Gibt es Mütter, die sich keine Sorgen um ihre Kinder machen? Kleine Kinder, kleine Sorgen; große Kinder, große Sorgen. Nur um Heinrich machte sie sich keine Sorgen, der war ausgesprochen lieb zu ihr und hatte ihr noch nie Kummer bereitet.

Es bedrückte sie, dass sie sich jetzt nicht so der Gefangenen annehmen konnte, wie sie es sich vorgenommen hatte. Aber in ihrem eigenen Bereich Lähn wollte sie sich sofort um sie kümmern. Gutes tun lenkte nicht nur ab, sondern war sicherlich auch von Nutzen für das Kindchen unter ihrem Herzen, zu dem sie vor Gott von ganzem Herzen ihr Tak gesagt hatte.

Konrad machte ihr zur Zeit die meisten Sorgen, weil er so ungestüm auf der Jagd war. Der Vater lachte nur darüber und meinte:

„So muss ein heranwachsender Sohn sein! Was du dir nur wieder für Sorgen machst!"

In der herzoglichen Eigenpfarrei lernte Hedwig einen neuen Priester kennen. Er wurde nur ‚Heinrich der Bayer' genannt. Sie zog ihn ins Gespräch und ließ sich aus der Heimat erzählen. Die Sprache tat ihr wohl. Heinrich war erstaunt, wie ehrfurchtsvoll ihn die Herzogin behandelte. Sie ließ einmal das Wort ‚Wittelsbacher' fallen, da wurde der bayrische Heinrich gesprächig:

„Von dem habe ich gehört. Der sollte die Tochter des Königs Philipp von Schwaben als Braut erhalten. Aber da muss etwas dazwischengekommen sein, dass der König die beabsichtigte Verlobung löste."

„Wisst Ihr den Grund, Hochwürden?"

„Wissen ist zuviel gesagt, aber ich kann ihn mir denken, Frau Herzogin."

„Was vermutet Ihr? Ich werde schweigen, Hochwürden."

„Ich hörte, der König hätte mit dem Papst Frieden geschlossen. Eine der Bedingungen, so wird erzählt, wäre gewesen, dass der König seine Tochter einem Neffen des Papstes zur Frau geben würde. Das soll den Wittelsbacher maßlos geärgert haben. Er ist halt unbändig wild und rachsüchtig, wenn er sich in seiner Ehre gekränkt weiß."

„Ich danke Euch, Hochwürden, und schweigt bitte!"

Dann übertrug sie ihm die Aufgabe, in ihrem Namen den Gerichtsverhandlungen beizuwohnen und stets auf gütlichen Ausgleich bedacht zu sein:

„Sorgt dafür, dass die Gefangenen aus den elenden, menschenunwürdigen Kerkern herauskommen! Ich zahle alle Bußen."

Kurz darauf überreichte ihr ein schneller Bote einen Brief ihres Bruders, des Bischofs Ekbert, aus Bamberg. Darin teilte er ihr und dem Herzog in aller Form mit, dass der älteste Bruder, Otto I., Herzog von Meranien, der viel in der Umgebung des Königs Philipp von Schwaben weilte, sich am 21. Juni zu Bamberg mit Beatrix, der Nichte des Königs und Erbin der Pfalzgrafenschaft Burgund, in Gegenwart des Königs vermählen würde.

In dem Brief hieß es weiter:

‚Für das Haus Andechs bedeutet diese Verbindung nicht nur einen Aufstieg zur Pfalzgrafenwürde, sondern auch die Aufnahme in die Familie der Staufer. Die Verwandtschaft wird dazu nicht nur herzlich eingeladen, sondern auch erwartet.'

„Diesen Tag des Aufstiegs der Familie Andechs mitzufeiern, verbietet mir mein unter dem Herzen sich lebendig zeigendes Kind", sagte sie lächelnd dem Boten als Antwort an ihren Gemahl.

Hedwig beging den Hochzeitstag ihres Bruders und seines ehrenvolles Aufstieges auf ihre Art. Bei soviel Ehre für das Haus Andechs musste sie aus innerem Drängen heraus besonders demütig sein.

Der Kastellan sträubte sich zwar gegen den vorgebrachten Plan der Herzogin, aber sie ertrug keinen Widerspruch. Er musste ihr das Angstloch des Verlieses öffnen. Sie ließ zunächst ein Licht hinunter, dann folgte ein Behälter mit warmer Suppe und einem Laib Brot. Sie neigte sich über das Angstloch und sah, wie die beiden zum Tode Verurteilten, Massel und Pajecno, gierig die heiße Suppe mit dem eingebrockten Brot löffelten. Dann setzte sie sich auf das Querholz und wurde von den Wächtern durch den Höllenschlund hinuntergelassen. Der Kastellan musste ihr folgen. Die Herzogin schenkte jedem Gefangenen einen Becher Wein ein. Als der Kastellan unten war, eröffnete er den beiden:

„Der Herr Herzog hat euch auf Bitten der Frau Herzogin zu fünf Jahren Bauarbeit am Kloster begnadigt."

Er zeigte auf den Brief mit dem Siegel des Herzogs.

Die beiden Gefangenen wurden nach oben gezogen.

Schweren Tadel traf den Kastellan, als er mit der Herzogin unten um Verlies allein war:

„Gott verzeihe Euch, dass Ihr die Gefangenen in einem solch elenden Loch der Verzweiflung preisgegeben habt! Soll ich Euch zur Strafe auch nur einen Tag hier allein lassen, Kastellan?"

Da fiel der Gemaßregelte auf das faulende Stroh nieder und bat um Verzeihung.

„Hier wird eine Abflussrinne geschaffen und ein gedeckter Kübel aufgestellt! Jede Woche frisches Stroh!"

Der Kastellan versprach es. Dann durfte er nach der Herzogin heraufgezogen werden.

Die Gefangenen wurden auf Kosten der Herzogin mit warmer Kleidung versehen und konnten sich gründlich waschen. Am gleichen Tag noch erließ die Herzogin zwölf Angeklagten die verhängten Geldbußen.

Derweil wurde im Bamberger Dom die Hochzeit in Gegenwart des Königs und vieler Gäste mit allergrößter Pracht begangen. Ekbert fühlte sich auf der Höhe seines Ansehens. Der König führte selbst die Braut im glänzenden Schmuck zum Altar. Er blieb nicht lange an der großen Festtafel sitzen, weil er von den Strapazen ver vergangenen Tage ermüdet war. Er begab sich in den Bischofshof, um der Ruhe zu pflegen. Es waren bei ihm nur der Truchsess Heinrich von Waldburg und der Bischof von Speyer, Konrad von Scharfenberg.

Gegen drei Uhr kam der bayrische Pfalzgraf Otto von Wittelsbach mit einer Anzahl Bewaffneter zum Bischofspalast, hieß diese zurückbleiben und ließ sich beim König anmelden. Er wurde vorgelassen und betrat mit dem nackten Schwert, mit dem er dem König schon manches Kunststück vorgeführt hatte, das Gemach.

Der König verwies ihm das vermeintliche Spiel:

„Diesmal ist dein Spiel nicht am Platze! Hier ist kein Ort zum Fechten!"

„Gerade ist es am Platze", schrie Otto, „damit du deine Treulosigkeit büßt."

Damit sprang er auf den König zu und versetzte ihm einen Stich in den Hals. Der dem Rasenden sich entgegenwerfende Truchsess erhielt von ihm eine Wunde am Kinn. Der König tat einige Schritte nach vorn und brach entseelt in seinem Blut zusammen. Der Bischof hatte sich rasch versteckt. So gelang es dem Mörder, unaufgehalten zu entkommen.

Die Hochzeitsfeierlichkeiten wurden auf die schreckliche Kunde hin jäh unterbrochen. Die Königin eilte zum Schreckensort und sank an der blutigen Leiche ihres Gemahles nieder. So endete der 32-jährige Hohenstaufe!

Da der Mord des Königs, der wie ein Vatermord angesehen wurde, in der bischöflichen Residenz geschehen war, wurden Ekbert und sein Bruder Heinrich der Mitwisserschaft verdächtigt. Sie flohen deshalb eiligst zu ihrer Schwester Gertrud nach Ungarn. Der Schein sprach durch die übereilte Flucht gegen sie.

Während die Leiche des Königs nach Speyer gebracht wurde, um in der Kaisergruft bestattet zu werden, suchte die unglückliche Königin eine Zuflucht auf der alten Stammburg der Hohenstaufen. Zwei Monate darauf starb sie vor Schmerz und Gram, nachdem sie kurz zuvor noch ein Kind geboren hatte, das zugleich mit ihr in dem nahen Kloster Lorch begraben wurde. Einst war sie von Walther von der Vogelweide als die ‚griechische Maria', die ‚Rose ohne Dorn', die ‚Taube sonder Galle' besungen worden. Der Mörder und seine Helfer wurden geächtet, ihre Güter eingezogen.

Keine Burg, keine Stadt, kein Kloster nahm den von Gewissensbissen Gequälten auf. Friedlos irrte er durch die winterlichen Wälder.

Herzog Heinrich verbot, der schwangeren Herzogin Hedwig diese Nachricht mitzuteilen. Trotzdem sickerten die Gerüchte über den Königsmord – wie Regenwasser in Tropfen durch ein undichtes Dach – bis nach Lähn durch. Es genügten einzelne Worte wie ‚Königsmörder – Bamberg – Wittelsbacher – verhängte Acht'.

Die Gerüchte kamen natürlich nicht so an wie die Berichte an Innozenz III. Jeder Erzähler malte die Geschichte auf seine Art aus. Ein Zeichen, wie sehr die Junitat in Bamberg weit über des Reiches Grenzen die erschütterten Menschen bewegte.

Die Herzogin Hedwig war, als sie die volle Wahrheit erfuhr, bis ins Innerste aufgewühlt. Was hatten der ehrgeizige, plänemachende Bruder Ekbert und ihr Gemahl mit der Verlobung Gertruds eingefädelt? Niemand vermochte zu sagen, welches der wahre Grund zum Mord an König Philipp gewesen war. Die einen sprachen von Privatrache, andere vermuteten ein großes Komplott, weil die Andechser geflohen waren. Es hieß sogar:

„Der Bischof von Bamberg muss doch etwas gewusst haben. Ohne sein Mitwissen wäre die Untat schwer möglich gewesen."

Auf Hedwig lastete dieser Skandal der hoch hinauf wollenden Andechser Familie. Sie hörte nichts aus Ungarn oder von anderer Seite über ihre Brüder. Klares Wissen wäre für die erwartende Mutter besser gewesen als diese Unsicherheit und die Unmöglichkeit, mit jemandem darüber zu sprechen. Ihr Gemahl hatte zur Zeit andere Sorgen, richtige Männer- und Fürstensorgen: die glänzende Tauffeier des noch nicht geborenen Kindes zur heiligen Weihnacht in Glogau. Es sollte ein Friedensfest unter den so oft entzweiten Piastenfürsten werden.

Der unter besonders schweren körperlichen und seelischen Umständen geborene Knabe lag an der Brust der geschwächten Mutter und wurde bald für die große Tauffeierlichkeit herausgeputzt; denn Herzog Heinrich wollte mit seinem jüngsten Sohn Staat machen.

Viele Besprechungen waren notwendig mit dem Notar, seinen Grafen und Rittern, um die hohen Gäste mit aller Zuvorkommenheit und ihrem Rang entsprechend in die vorgerichteten Unterkünfte der Burg Glogau zu geleiten.

Als Taufpate war auserkoren der zwanzigjährige Wladislaw Odoniz, Herzog von Kalisch, der Sohn des Herzogs Odon (Otto) von Posen und Kalisch. Aber höher im Rang stand Herzog Wladislaw Laskonogi von Großpolen mit seiner Gemahlin Luzia, natürlich auch der taufende Erzbischof Heinrich und die andern geladenen Bischöfe: Arnold von Posen, Laurentius von Breslau, Lorenz von Lebus und der Abt Günther von Leubus. Auch die erschöpfte Herzogin durfte bei diesem mit so großem Aufgebot zu feiernden Versöhnungsfest nicht fehlen.

Das Zeremoniell verlief genau nach dem vorher ausgearbeiteten Protokoll, nur der Täufling weinte wegen der ungewohnten Aufregung nach der stillen Geborgenheit bei seiner Matka.

Bei einem reichlichen Festmahl wurden herrliche Worte der Versöhnung gesprochen. Ob die Tat solchen Reden folgen wird? Zwei Urkunden für die Lieblingsklöster der Herzogspaares, Trebnitz und Leubus, wurden vom Taufpaten ausgestellt, in denen die Frau Herzogin mit ihren Söhnen Konrad und Heinrich eigens erwähnt wurde. In der Urkunde für Trebnitz wurde ihr Name ‚Heduiga', in der für Leubus ‚Eduiga' geschrieben.

Besprechungen über die Zukunft des Täuflings schlossen sich dem Festmahl an. An alles wurde gedacht, nur eines war vergessen worden, der Nachwelt zu überliefern, wie der kleine ‚Benjamin' hieß. So konnte es von ihm nicht heißen:

„Nomen est omen. – Der Name ist ein Vorzeichen."

Er war der Anlass des Festes, für die Mutter die Hauptsache, aber für die Nachwelt der Namenlose.

Wie lange der so festlich beschworene Friede halten würde, das hing von den Maßgeblichen ab, ob sie guten Willens waren oder nicht.

Auf Freude folgte Leid. War die Mutter zu geschwächt gewesen? Die Aufregung des Tauffestes für den Säugling zu groß? Der kleine ‚Benjamin' wurde von Tag zu Tag weniger, und kurz nach dem Fest der Unschuldigen Kinder musste ihm die weinende Mutter das prachtvolle Taufkleidchen wieder anziehen, ein grünes Kränzchen auf sein Köpfchen legen und mit der traurigen Familie beten:

„Der Herr hat es gegeben, der Herr hat es genommen,
der Name des Herrn sei gebenedeit!"

Nun hatte die Familie einen Fürsprecher im Himmel, den lieben kleinen *Benjamin*.

Solch eine Wunde vernarbte bei der Mutter nicht. Hedwig war in diesem ersten Leid der Hingabe eines ihrer Kinder an Gott ergeben. Aber es schien ihr ein Zeichen zu sein. Sie hatte dem Piastenhaus die Kinder geschenkt, sie hatte gegenüber der Sippe mehr als ihre Pflicht getan. Sie liebte ihre Kinder, wie nur eine Mutter es vermag. Außerdem war sie mehr und mehr Mutter aller Bewohner des Landes geworden. Sie betete viel um Erleuchtung, was der himmlische Vater ihr mit dem Tod ihres jüngsten Kindes sagen wollte.

Ihrem Gemahl gegenüber sprach sie nicht davon.

Heinrich deutete ihr vermehrtes Beten und Schweigen als Trauer über den Verlust des Jüngsten.

Brach in ihr die alte Sehnsucht nach dem Klosterleben durch? Das nicht! Sie wollte ganz in der Welt bleiben, für die sie bestimmt war und für die sie ihr Tak gesagt hatte. Nicht Lebenseinengung war ihr Ziel, vielmehr Lebenserweiterung, frei werden für Größeres, keine Bindung an ein Kloster, obwohl sie bei Petrissa und dem wachsenden Konvent gern weilte und sich weiterhin um ihn kümmerte. Dort hätte sie ein leichteres Leben als am Hofe mit den vielen Verpflichtungen. Nicht Nonne oder Reklusin wollte Hedwig sein, sondern die Mutter der Kirche darstellen als demütige und mit dem Herzen mitregierende Herrin und Regentin. Sie konnte mit ihrem Besitz, mit ihrem Reichtum, auf ihren Reisen und durch ihre Werke mehr tun, als wenn sie in den ‚verschlossenen Garten' eintreten würde. Sie hatte ja noch Gatten- und Mutterpflichten in der eigenen Familie, erst recht für die kommende Generation.

Und doch musste nun – wie es ihr schien – nach Gottes Willen Neues geschehen. Ein Trennungsstrich musste gezogen werden. Ein Zeichen musste gesetzt werden, ob es beachtet würde oder nicht, ob es gutgeheißen oder verspottet würde.

Hedwig und Heinrich standen beide in der Blüte ihrer Jahre. Hedwig hatte seit der Hochzeitsnacht bewiesen, wie sehr sie ihren Gemahl liebte und sich ganz ihm hingab bis auf die von beiden Seiten freiwillig eingehaltenen Enthaltungszeiten.

Nun wollte sie keine leiblichen Kinder mehr. Es war nicht Ekel vor dem Eheleben, aber die größere Aufgabe verlangte ganze Enthaltsamkeit. Die Kirche brauchte das Beispiel von Laien, dass mit Gottes Gnade möglich war, was viele Kleriker im Lande trotz wiederholter päpstlicher Mahnungen für unmöglich hielten. Hedwig wollte beweisen, dass sie nun freiwillig die zweite Hälfte ihres Lebens neben ihrem Mann wie Bruder und Schwester zu leben vermochte. Gott konnte den Verzicht als Opfer von zwei Laien annehmen; vorausgesetzt, dass sie ihren Mann dazu führen konnte. Sie musste deswegen viel um Klarheit beten und opfern.

Vielleicht war für ihn der Verzicht auf die leibliche Gemeinschaft schwerer als für sie. Konnte und durfte sie ihm das zumuten?

Ein Gutes hatte das gemeinsame Schlafgemach: dort war sie nicht dem Zeremoniell des Hofes unterworfen wie am Tage. In der Öffentlichkeit durfte sie den Herzog nicht um etwas bitten. Aber wenn sich die Tür ihres Schlafgemaches geschlossen hatte, dann war Heinrich ihr Gemahl und sie seine Gemahlin. Da durfte sie das Gespräch beginnen und versuchen, ihn allmählich zu ihren Gedankengängen hinaufzuziehen. Sie war ihm dankbar, dass er sich von ihr hatte formen lassen, dass sie seine Bildnerin sein durfte, dass er bereit gewesen war, mit ihr gemeinsam, in dem Fleische gegen das Fleisch zu ringen', das so ungestüm, wild und verderbenbringend sein konnte, wenn es nicht wie Wildpferde gezähmt wurde zum heiligen Dienst. Die nächtlichen Gespräche des herzoglichen Paares waren Liebesgespräche zweier Menschen, die sich achteten und ehrten. Keiner wollte den andern ‚überwinden'.

Heinrich wusste, dass er ihr nicht widerstehen konnte und wollte.

So oft schon hatte er über Hedwigs Augen nachgedacht, die ihn beim Kerzenschein oder in den frühen Morgenstunden, wenn sie betend gewacht hatte, so unsagbar leuchtend und tief anschauten; die ihn regierten, obwohl sie ihm wahrliche diente mit allen ihren Kräften wie eine Magd des Herrn.

Eines Tages fiel es ihm ein, als er nicht daran dachte: Es mochte wohl etwa zwei Jahre vor seiner Vermählung gewesen sein. Damals war er mit den Kaufleuten nach Kiew in die Stadt der einstigen russischen Großfürsten gezogen. Es war eine Wallfahrt gewesen, die er auf Drängen seines Herzens unternommen hatte. Der heilige Wladimir hatte dort ein Bistum gegründet, das bald zur kirchlichen Metropole erhoben wurde. In dem berühmten Höhlenkloster unter den Katakomben, in den Sandstein des steilen Dnjeprufers eingebaut, hatte er in der Maria-Himmelfahrts-Kathedrale eine außergewöhnliche Ikone gesehen. Diese hatte es ihm angetan. Unbefangen hatte er vor ihr gekniet und aufgeschaut zur Gottesmutter. Das Herz war ihm dabei warm geworden.

Nach längerem Sichhineinversenken war leise ein alter Mönch zu ihm getreten und hatte ihm zugeflüstert:

„Diese Augen gibt es auf keiner Ikone weit und breit zu sehen. Ein alter Mönch hat sie gemalt. Die unsichtbaren Engel müssen ihm die Farben gemischt haben. Vom langen Beten und Fasten und Versunkensein in durchwachten Nächten waren seine Finger dünn und zart geworden. Es mag wohl der Engel Gabriel selbst gewesen sein, der in die Augen der Gebenedeiten geschaut hatte, der dem alten demütigen Mönch die Finger führte, die den hauchdünnen Pinsel hielten, damit sie nicht zitterten. So entstanden diese Augen ‚voll der Gnade' als ein Spalt in die uns allen unbekannte Welt der von Gott geschenkten Heiligkeit, die so viele Besucher hier auf die Knie zwingen. Es sind Menschen darunter, die gierige Augen frecher Dirnen, ja böser Herzoginnen und Königinnen gesehen haben, die hier erfahren, wie Gott sich den Menschen dachte, als er Adam und Eva in ihrer Herzensreinheit nackt erschuf, ohne dass sie sich voreinander schämten."

Herzog Heinrich war beglückt über diese Erinnerung. Wie konnte er sie nur vergessen haben?

Von diesen Augen war er immer wieder zu seiner Jadwiga entflammt, gemahnt, getadelt, geläutert und umgewandelt worden. Wenn diese Augen ihn ansahen, dann ‚erkannte er in der Liebe', nicht so sehr mit dem Verstande, dass ihre beiderseitige Enthaltsamkeit vom den Eheleuten nicht nur Erlaubten, sondern auch vom Gottgewollten, allmählich ein Heilmittel werden konnte gegen die Opferscheu fast aller Priester im Lande.

„Sie werden die Köpfe schütteln, ja an uns Ärgernis nehmen. Es gibt eben viele, die es nicht fassen können. Unser Gelübde darf nur mit vollständiger gegenseitiger Einwilligung erfolgen, wenn dein Herz es erfasst hat und mit der Gnade Gottes Tak für das ganze Leben gesagt hat."

Nach einer Weile erklärte Hedwig es ihm mit andern Worten, ja mit noch leuchtenderen Augen:

„Die Kirche ist ein Leib. Was ein Glied tut oder nicht tut im heiligen Verzicht, wirkt sich einmal auf die ganze Kirche aus. Da ist es wie mit einem Senfkörnlein. Die Welt muss unser Beispiel und Vorbild erleben, ohne dass wir reden, dass das, was sie für unmöglich hält, mit der Gnade Gottes möglich ist. Das Böse ist stark in der Welt. Da muss es in der Kirche immer wieder Opfer zum Guten für das Ganze geben. Denke an die Bemühungen des Erzbischofs Heinrich und unseres Bischofs Laurentius um die Kirchenreform und die von Papst Innozenz III. verlangte Durchführung des Zölibats. Ich weiß, wie es bei den Klerikern aussieht. Ich habe gehört, dass im Dom zu Prag vor etwa zehn Jahren ein Tumult unter den Geistlichen ausbrach, als der päpstliche Legat die Forderung stellte. Nicht durch Befehle wird Reformation allein, sie kommt durch freiwillige Opfer und Letzthingabe. Wir haben Kinderwillen bewiesen. Wir sind ein Leib geworden und bleiben es auch, wenn es nicht mehr wie bisher in der so schönen Verschmelzung zum Ausdruck kommt. Du weißt, dass ich mein Tak bei der Trauung immer wahrzumachen versucht habe, auch wenn ich dabei fehlte. Es geht nicht um Niedriges zwischen uns, sondern um Schönes, auf das wir mit leuchtenden Augen täglich den Verzicht als Gottes Kraft in der Schwachheit leisten."

Nach geraumer Zeit, als Heinrich mehr als sonst gebetet und sich mit seinem Beichtvater besprochen hatte, schaute er bewusst in Hedwigs Augen, in ihr durch Leiden und Mühen mit Falten durchzogenes, aber im Leid gereiftes Antlitz, in diese demütigen und zugleich glanzvoll hoheitsvollen Augen.

Ihre ganze, von Gott erfüllte Seele sprach ihn an.

Da sagte er leise, aber klar:

„TAK! – JA!“

Scheu küsste er den Rücken ihrer rechten Hand und ihren Ehering.

Herzog Heinrich hatte schon seit längerer Zeit nach der höfischen Mode anderer Fürsten sich den Bart abnehmen lassen und das glattrasierte Gesicht gepflegt. Nun sollte es als Zeichen einer inneren Umwandlung wieder anders werden.

Bischof Laurentius war ergriffen, als er wegen des bevorstehenden Gelübdes um seine Meinung gebeten wurde. Er ging mit sich selbst zu Rate und kam nach langer betrachtender Überlegung zu einer Erkenntnis, die er aber vor dem Herzogspaar nicht aussprach, weil alles noch so zart im Anfang war.

Es schien ihm wie der leise Frühlingshauch des Heiligen Geistes für sein Bistum, als er im Gebet erkannte: Das Böse ist so stark in der Welt, dass mediocritas, also Mittelmäßigkeit, nicht dagegen aufkommt. Es muss Menschen geben, und wenn es hier vorerst nur zwei sind, die den Mittelmäßigen durch ihre sogenannten Übertreibungen Ärgernis geben. Das sind die vom Heiligen Geist ganz Erfassten, die wahren Glieder seines geheimnisvollen Leibes, *die Heiligen.*

Zum Heiligkeitsideal seiner Zeit gehörte die Entsagung, der Verzicht auf die eheliche Hingabe, die in den Klöstern gelebt oder nach der wenigstens gestrebt wurde.

Laien, die schwere Rodungsarbeit im freiwilligen Joch als Christi Hörige – im Gegensatz zu den oft mit der Peitsche zu den Zwangsarbeiten getriebenen Hörigen – in heiliger Freude auf sich genommen hatten, hießen *Conversi*, also Bekehrte. Sie trugen als äußeres Zeichen die besondere Haar- und Barttracht, darum wurden sie auch die *Bärtigen* genannt.

In einem feierlichen Akt vor dem Bischof Laurentius legte das herzogliche Paar vor wenigen Zeugen in betontem, vollem gegenseitigem Einverständnis das Gelübde des *immerwährenden Verzichtes auf die eheliche Hingabe* ab, also eine fast wunderbar erscheinende Enthaltsamkeit. Nicht aus eigener Kraft, sondern unter dem Segen der Kirche, dargestellt durch den Bischof, der Gottes Kraft aus der Höhe vom Heiligen Geist herabrief mit dem Gebet:

„Der Du uns das Wollen gegeben hast, schenke uns auch das Vollbringen. Wir vermögen alles in dem, der uns stärkt!"

Herzog Heinrich ließ sich nun den Bart wieder wachsen, der nicht bis auf die Brust wallte, vielmehr mäßig beschnitten wurde. Dazu ließ er sich auf dem Haupt die weithin sichtbare runde Tonsur schneiden. Von nun an war er als ‚Enthaltsamer' gekennzeichnet wie die am Klosterbau in Trebnitz schwer arbeitenden Laienbrüder aus dem Kloster Leubus.

Herzog Heinrich hieß jetzt überall: *„Brodaty – der Bärtige"*.

Die Herzogin war fortan mit höchster Sorgfalt darauf bedacht, dass der Schmuck ihrer Enthaltsamkeit nicht durch einen falschen Verdacht, durch Anstoß von Kleinigkeiten, in den Herzen der Schwachen belastet und durch verleumderische Zungen verunglimpft wurde. Freilich wollte sie das alles ertragen, und sie bat ihren Gemahl, niemanden zu bestrafen, der unwahre oder hässliche Worte darüber verlor. Sie konnte wahrlich das Wort sagen:

„Vergib ihnen; denn sie fassen es nicht, und sie wissen wirklich nicht, was sie tun!"

Hedwig mied die Gesellschaft und Unterhaltung mit ihrem Gemahl. Sie suchte ihn nur auf und sprach mit ihm in Gegenwart von wenigstens zwei Personen von gutem Ruf, wenn sie wegen Trebnitz ein Anliegen hatte oder sie sich für ihre Armen und besonders die Gefangenen einsetzte.

Für den Fall einer Krankheit hatte sie mit ihm ausgemacht, dass sie ihn in Gegenwart anderer Frauen besuchen und pflegen wollte.

Herzog Heinrich mühte sich, der verehrten Gemahlin auf den Spuren der Demut und Enthaltsamkeit, soweit sich dies ermöglichen ließ, nachzufolgen. Wenn sie auch dem Gesetz nach ihm untertan war, so wurde sie ihm Führerin auf dieser Bahn der von der Kirche so erstrebten Tugend und Frömmigkeit.

Er hatte sich seit der Vermählung an die große Selbstzucht und Liebestätigkeit Hedwigs gewöhnen müssen, so dass er seinem Beichtvater sagen konnte:

„Zuerst ließ ich es zu. Als ich durch Jadwiga frömmer geworden war, übersah ich es, weil ich mich daran gewöhnt hatte; schließlich erlaubte ich es und ließ mich von ihr immer tiefer in das Gebetsleben einführen. Da sie mich von allen Menschen am meisten liebte, war es das Ziel ihres Strebens, dass ich meinem Schöpfer und Gott ebenfalls mit demütigem Herzen zu dienen versuchte."

Der Beichtvater erkannte darin der Herzogin ungeheure persönliche Übermacht in dieser Ehe, aber auch des Herzogs große Liebe zu ihr und sagte sich:

‚Sie gingen auseinander, freiwillig, als Liebende, nicht als Geschiedene; denn sie wissen, dass sie auf ewig verbunden sind. Sie kennen beide die Schuld in ihren weitverzweigten Familien. Gewiss wollen sie die Schuldverflechtung der Sippen büßend tragen und Gott stellvertretend Sühne anbieten. Ehre des Einzelnen adelt den ganzen Stamm, Schande trifft die weitverzweigte Familie und belastet die Kirche, mit der sie durch Klöster und geistliche Würdenträger eng verbunden sind. Da tut es gut, dass Gott Sühne angeboten wird im geheimnisvollen Leibe Christi. Sie können Gott nur bitten, dass er sie zunächst als Liebeszeichen gnädig ansehen, dann aber annehmen wolle und dorthin lenken, wo er sie als Heilmittel für die Wunden Christi in der Kirche braucht.'

In Hedwigs Schlafgemach zogen Arme und Kranke ein, auch einmal ein Aussätziger zum Entsetzen der Burgbewohner. Sie fürchtete sich nicht vor einer Ansteckung. Es kam ihr nicht einmal ein solcher

Gedanke; denn aus großem Mit-Leiden nahm sie die Kranken auf und schien deren Schmerzen am eigenen Leib zu spüren.

Die Leute des Hofstaates nahmen nicht daran Anstoß, dass die Herzogin die Armen und Kranken liebte, aber wie sie dieselben liebte und bediente, verurteilten sie. Sie hatten noch nicht erkannt, dass ihre Herrin in ihnen Christus liebte. Sie wussten im Grunde wenig von der Glut ihres Herzens und kamen aus den Gedankengängen ihrer Umwelt nicht heraus. Sie aber ließ sich nicht irremachen. Sie ging ihren Weg, obwohl sie die Niedrigkeit um sie herum sehr schmerzte. Sie trug das Kreuz des Unverstandenseins.

In Trebnitz war sie nicht unverstanden, ganz im Gegenteil! Äbtissin Petrissa schaute in Hedwigs Augen und spürte, dass sie nun innerlich freier wurde für die Ganzhingabe an das Land und viele Einzelne. Dabei blieb sie ganz Herzogin. Wie sie auf ihrem Siegel abgebildet war, so erschien sie, wenn es sein musste, in vornehm schlichter höfischer Gewandung, wie sie auch an andern Höfen üblich war.

Auf ihrem Siegel stand ihre Bestimmung geschrieben:

Hadewigis Dei gracia Zlesie Ducissa. Das war sie ganz, mochte sich unter ihrem faltenreichen Kleid auch ein Bußgewand verbergen und ein Leib, der bei genügsamster Nahrung und dem Schlafentzug kaum das Notwendigste erhielt und dennoch das Herz anspornte, sich noch mehr zu verschenken,

Hedwig war wahrlich eine herzogliche Gestalt, anmutig in ihren Bewegungen und liebreich anzuschauen, wenn sie bei festlichen Anlässen den hellblauen Mantel trug und das kleine Zepter mit dem dreizackigen Blattornament in der Rechten. Unter dem leichten weißen Schleier war ihr gepflegtes Haupthaar etwas zu erkennen. Meistens senkte sie die Augen und schaute gleichsam in sich. Wenn sie aber mit jemandem sprach, dann war der Glanz ihres Antlitzes so eindrucksvoll, dass jeder Angeblickte spürte, dass die Herzogin von Schlesien letzthin um Gottes willen die Erfüllung ihrer Befehle verlangen musste und keinen Widerspruch dulden durfte. Sie ließ sich von ihren in nächtelangen Gebet erflehten, notabwendenden Plänen und Aufgaben nicht abbringen.

So war sie auch im Kloster ganz Herzogin und stand jetzt über ihrer einstigen, so verehrten und geliebten Magistra Petrissa.

Die Äbtissin war in Zusammenarbeit mit der Herzogin um Novizen aus ganz Schlesien bemüht, ohne einen Unterschied in Nationalität oder Stand zu machen. Gaben wohlhabende Eltern beim Eintritt ihrer Tochter eine Mitgift in Form einer Land- oder Zehntschenkung, dann konnten auch Minderbemittelte aufgenommen werden. Niemand machte gegenüber den polnischen Schwestern Gozlawa, Razlawa oder Wenzeslawa eine Bemerkung, dass sie weniger mitgebracht hatten als Adelheid, Elisabeth und Jutta.

In dieser fraulich klösterlichen Welt des täglich erneuten Bemühens, wie ein Herz und eine Seele zu leben, wuchsen und blühten die Schülerinnen, darunter die drei Töchter der Herzogin, und Boleslaws junge Braut Agnes kindlich fromm und fleißig auf; denn Petrissas frohmachende Art sprach die Kinder ebenso an, wie sie einst Hedwig in Kitzingen wohlgetan hatte.

Nun musste die Mutter ihrer Tochter Gertrud sagen, dass die Verlobung mit Otto von Wittelsbach gelöst war; denn durch Heinrich den Bayer, der die Stifte und Klöster seiner Heimat besucht hatte, war die Kunde zu ihr gekommen, dass der Geächtete in einer Scheune zu Oberndorf bei Kelheim den Todesstoß erhalten hatte. Das Grauenhafte des Geschehens sollte das empfindsame Kind aber nicht erfahren, so hatte die Herzogin es mit ihrem Gemahl und der Äbtissin besprochen.

Die Äbtissin führte Gertrud selbst zu ihrer Mutter und blieb dabei, als die Herzogin schlicht sagte, dass der Herrgott ihren Bräutigam unerwartet zu sich genommen hat.

Beide waren erstaunt, wie Gertrud es aufnahm und kindlich treuherzig erklärte:

„Dann werde ich für ihn beten, dass der Herr ihm ein gnädiger Richter sein möge."

Nach einigen Gesprächen über ihr Befinden und die Fortschritte im Lernen fragte die Mutter:

„Mein Kind, möchtest du, dass dein Vater und ich uns um einen anderen Bräutigam für dich umsehen?"

Gertrud schüttelte den Kopf:

„Ich hatte mich darauf eingestellt, einmal in die Heimat meiner Mutter zu kommen. Aber nun, da Otto gestorben ist, möchte ich vorerst lieber hierbleiben. Noch habe ich ja drei Jahre Zeit, bis ich mich entscheiden muss."

Hatte sie in den Augen der Mutter gelesen, dass diese sie lieber in dem vom Vater gestifteten und von der Mutter erbeteten Kloster sehen würde?

„Zu gegebener Zeit sprechen wir noch darüber, Gertrud. Ich freue mich, dass du dich hier ebenso wohlfühlst, wie ich mich im Kloster Kitzingen bei Magistra Petrissa und allen lieben Schwestern wohlgefühlt habe und die Jahre dort als die schönsten meiner Jugend betrachte."

Dann kamen Sophie und Agnes hinzu, zwischen ihnen die liebe kleine Agnes aus Prag. Sie zeigte der Frau Herzogin, wie schön sie schon schreiben konnte. Sophie und Agnes brachten ihre Handarbeiten mit, die die Mutter zur Freude der Kinder bewunderte. Sie lobte alles, auch das mit den kleinen Unvollkommenheiten, und ermunterte sie zu weiterer fleißiger Arbeit. Sie nahm mal das eine, dann das andere Kind, drückte es herzlich an sich und küsste verstohlen die Wangen.

Petrissa nahm ihre Handharfe, und die Kinder sangen zur Freude Hedwigs dieselben Loblieder, die sie dereinst in Kitzingen gelernt hatte, dann auch ein polnisches Lied zu Ehren Mariens.

Die Herzogin wartete besorgt auf eine Nachricht aus Ungarn, aber sie hörte nichts von den beiden geflohenen Brüdern, Bischof Ekbert und Heinrich. Ihr ältester Bruder, Otto von Meranien, ließ durch einen Boten wissen, dass er sich dem Welfenkönig Otto von Braunschweig angeschlossen hätte, um die andechsischen Hausgüter zu retten.

‚Ich werde ihn auch zur Kaiserkrönung nach Italien begleiten', hieß es in dem Schreiben.

Bald nach dieser eingetroffenen Nachricht hielt Erzbischof Heinrich in Gnesen eine Provinzialsynode ab, an der alle polnischen Bischöfe teilnahmen. Er deckte schonunglos die Gebrechen der Geistlichkeit auf und wies darauf hin, dass schon vor Jahren der päpstliche Legat, Kardinal Peter, während einer Synode zu Krakau auf die Ehelosigkeit der Priester gedrängt hätte, aber ohne Erfolg. „Nun ist es endlich an der Zeit, sich mit Entschiedenheit der Reform zuzuwenden! Und zwar jeder von uns!"

Er schaute die Bischöfe einzeln an.

Dann verlas er ein Schreiben des Papstes:

„Da kraft unseres Amtes der Eifer um das Haus des Herrn Uns verzehrt, so gebieten Wir Dir, hinfort keine solche, die Weiber haben, zu kirchlichen Würden zu befördern. Diejenigen, die solche besitzen, sollst Du von denselben trennen und den Söhnen und Stiftherren keine Pfründe an denselben Kirchen mit ihren Vätern geben; denn es ist ungeziemend, dass der gesetzwidrige Sohn dem unreinen Vater am Altar diene, auf welchem der eingeborene Sohn dem ewigen Vater zum Heile des Menschengeschlechtes geopfert wird."

Noch ein anderer Satz geißelte die eingerissenen Missstände:

„Die Gewohnheit der Possenspiele rotte dergestalt aus, dass Du Dich als Eiferer um den Gottesdienst und die geheiligte Feier bewährst."

Der Erzbischof betonte:

„Wir müssen uns alle bemühen, die strengere Disziplin geltend zu machen unter den Geistlichen. Deshalb kommt es vornehmlich darauf an, die höheren Stellen nur mit Männern zu besetzen, auf deren Gesinnung und Tüchtigkeit wir uns verlassen können. Um so dringlicher ist es für uns, dass wir uns geschlossen mit allen Mitteln von den weltlichen Eingriffen in die kirchlichen Angelegenheiten befreien."

Erzbischof Heinrich hatte einen Anfang gemacht und die weltlichen Herrscher gewarnt. Wegen des Zölibats war er sich klar, dass erst eine neue Generation von Priestern, Domherren und Bischöfen heranwachsen musste, ehe die Priesterehe in Polen und Schlesien aufhören würde. Der entschiedene Wille zur Reform war gemacht.

Der Herzog und die Herzogin wollten durch ihr Gelübde, durch Opfer und Leiden zur beginnenden Erneuerung beitragen. Das war nicht leicht, es musste täglich erbetet und durchlitten werden und wurde zu einem Kreuzweg, als sie ihren Ältesten, den in Leubus so heiß erflehten, im jugendlichen Alter von 18 Jahren im Kloster Leubus begraben mussten. Sie spürten, wie sie mit dem Herrn entäußert wurden. Das Leid schüttelte ihren Lebensbaum, aber er hielt stand; denn er war in Gott gegründet.

Die liebe kleine Agnes musste nach Prag zurückkehren und wurde dem Kloster der Prämonstratenserinnen Doxan in Böhmen zur weiteren Erziehung übergeben. Auch das war für das Herzogspaar ein Verlust; denn sie hatten das Kind als zukünftige Schwiegertochter sehr lieb gewonnen.

Diese Hingabe an den Willen des Vaters war für sie schwerer als der Verzicht durch ihr Gelübde. Sie mussten beide im Leid reifen.

Landesmutter

Der Kaufmann Salomo breitete mit seinen Söhnen Moses und Elias in der Burg seine Waren aus.

Die Herzogin kaufte Kleidung für den Hofstaat, auch kostbare Stoffe für Messgewänder und Altarbehänge und feingewebtes Linnen für priesterliche Alben und Altartücher.

Demundis bat noch um Decken und Leinen sowie Schuhwerk für die Armen. Hedwig ging sofort darauf ein:

„Kaufe reichlich, was du brauchst."

Salomo erzählte während des Aussuchens von seiner Reise. Er hatte schon mancherlei Nachricht von Hof zu Hof gebracht:

„Nach einem schrecklich harten und langen Winter in Thüringen, in dem viele Tiere und auch Menschen erfroren, kam von Ungarn her eine lange Wagenreihe mit Geschenken für Landgraf Hermann von Thüringen. Dazu als kostbarste Gabe das vierjährige Königskind Elisabeth, Eure Nichte, Frau Herzogin."

Der Kaufmann vom Neumarkt schien gut unterrichtet zu sein; denn er sprach von silbernen Schätzen, welche die prunkliebende Königin Gertrud aus den reichen ungarischen Silberminen hatte anfertigen lassen.

„Trinkgefäße, Haften, Kränze, Kronen, Ringe, Spangen, ja tausend Mark in feinem Silber, sogar einen silbernen Badekübel."

Hedwig hörte zu. Der Kaufmann wollte ihr mit seinem Bericht eine Freude machen:

„Königin Gertrud ließ den Landgrafen bitten, die kleinen Aufmerksamkeiten nicht zu verachten. Sie werde, wenn Gott ihr das Leben erhalte, in Zukunft noch reichere Gaben senden."

Die Herzogin nickte, sie kannte ihre Schwester von Jugend auf nicht anders.

„Der Landgraf hatte seine Leute vom Hof und angesehene Bürger von Eisenach eingeladen, mit ihm das Königskind am Georgentor in

Empfang zu nehmen. Hier nahm er die kleine Elisabeth auf seine Arme, drückte sie an seine Brust und dankte Gott für dieses Kind, das seinem Sohn Hermann anverlobt werden sollte."

Die Herzogin schien ganz vertieft zu sein in das Aussuchen der kostbaren Stoffe für den Gottesdienst; denn sie fragte den Kaufmann Salomo nichts weiter.

Doch nur, um ihre Erregung zu verbergen, ließ sie Tuche, Spitzen und Kordeln durch ihre Finger gleiten. Die ‚Bestimmung' der kleinen Nichte bedrückte sie: Fremd ist für das Kind das Land, fremd die Burg, fremd die Umgebung, fremd die Sprache, die Gewohnheiten, die Spiele, ja alles.

‚Armes, der Heimat entrissenes Kind! Ich will viel für dich beten. Ich vertraue dich der Gnade Gottes an und hoffe, dass du nicht der Mutter Art geerbt hast', seufzte sie in ihrem Innern.

Bevor der Kaufmann mit seinen Söhnen ging, verneigte er sich vielmals dankend für das gute Geschäft, das er auf der Burg gemacht hatte. Als Demundis die gekauften Sachen ordnete, stellte sie verwundert fest:

„Salomo hat zehn Decken kostenlos hinzugegeben."

„Gott wird es ihm lohnen."

Als Hedwig die Halle verließ, stürzte der Kämmerer vor ihr nieder:

„Frau Herzogin, Frau Herzogin!"

„Steh auf, Chawizlaus, nur vor Gott fallen wir auf die Knie. – Was ist geschehen?"

„Die drei prächtigen silbernen Becher sind nirgends mehr zu finden."

Schweren Herzens gestand er es und fürchtete Vorwürfe oder ihren berechtigten Unwillen. Wie staunte er, als Hedwig ruhig sagte:

„Geh und suche genauer, ob du die kostbaren Stücke nicht zu finden vermagst, die du durch deine Unachtsamkeit verloren hast!"

Sie blickte ihn dabei so ermutigend an, dass Chawizlaus nachdachte, wo er die Becher zuletzt gesehen hatte. Dann suchte er mit besonderer Sorgfalt, aber nicht mehr aufgeregt. Es dauerte zwar geraume Zeit, bis er sie fand und sie der Herzogin freudig zeigen konnte. Hedwig lächelte:

„Ob klein oder groß, unsere Geduld und Beharrlichkeit können viel besiegen."

Ob der Kämmerer sie verstand? Jedenfalls fühlte er sich so unverdient beschenkt, dass er die kleine Begebenheit jedem erzählen musste.

Herzog Heinrich und seine Gemahlin sorgten sich jetzt darum, was aus ihrer nun zwölfjährigen Tochter Gertrud werden sollte. Sie hatten sich dazu entschlossen, das nun rechtsfähige Kind selbst entscheiden zu lassen.

Sie fuhren mit ihren Begleitungen nach Trebnitz und fragten sie in Gegenwart der Äbtissin nach ihren Wünschen.

„Ich habe viel gebetet zur Erleuchtung. Wenn es die Eltern erlauben, dann möchte ich gern hier eintreten und ganz Gott dienen."

Hedwig schaute einen Augenblick Petrissa an, weil sie sich selbst in Gertrud wiedererkannte, und beide erinnerten sich, wie schwer es Hedwig damals gefallen war, sich ihrer ‚Bestimmung' zu beugen. Herzog Heinrich blickte seine Gemahlin an. Da gab er gern seine Zustimmung.

Gertrud ging beglückt hinaus, um ihre beiden Schwestern Sophie und Agnes zu holen.

Inzwischen musste die Äbtissin den Eltern sagen, dass die beiden Mädchen fast immer kränkelten. Da entschied die Mutter:

„Wenn es dem Vater recht ist, dann nehmen wir die beiden Mädchen wieder zu uns. Ich werde sie selbst pflegen. Das gemeinsame Leben in der Klosterschule ist für die beiden zarten Geschöpfe vielleicht zu anstrengend."

Petrissa stimmte ihr zu:

„Wir haben zwar beide sehr liebgewonnen, aber es ist besser, Ihr nehmt sie wieder heim."

Herzog Heinrich war immer gern bereit gewesen, den Wunsch seiner Gemahlin zu erfüllen, so auch jetzt:

„Dann nehmen wir sie am besten gleich mit nach Wroclaw = Breslau zurück."

Da kamen auch schon die beiden, Gertrud in ihrer Mitte. Welch ein Unterschied! Die rotwangige Gertrud zwischen den bleichen, abgezehrten Schwestern, die fast in den Armen ihrer Mutter zusammenbrachen.

Die Herzogin und auch ihr Gemahl mussten sich zusammennehmen, um ihre Erschütterung vor den Kindern zu verbergen.

Hedwig sprach ihnen mütterlich gut zu und fragte:

„Möchtet ihr wohl mit uns wieder heim? Wir hätten euch so gern wieder bei uns."

Als Antwort brachen beide in Weinen aus. Da gab die Herzogin ihrem Gemahl und Gertrud einen Wink mit den Augen, sie möchten hinausgehen und sie mit den beiden allein lassen. Auch Petrissa folgte ihnen.

Hedwig umarmte die kranken Kinder, dass sie der Mutter Liebe und Geborgenheit bei ihr spürten, die in der Klosterschule nicht möglich war.

Hedwig rang mit Gott um ein tröstendes Wort, das aber nicht Lüge sein durfte; denn sie erkannte, dass sie auch mit ihrer Mutterliebe das dahinfliehende Leben dieser beiden Kinder nicht aufhalten konnte.

„Wenn ihr wieder auf der Burg seid, dann werde ich euch wie früher in den Schlaf singen, und ihr werdet gut aufgehoben sein."

Da wurden Sophie und Agnes ruhiger und waren bereit, das Kloster zu verlassen, wo sie so gern geweilt hatten. Die Mutter ging mit ihnen hinaus, um den Vater und die Äbtissin davon in Kenntnis zu setzen. Der Herzog hatte inzwischen mit der Äbtissin wegen Gertruds Mitgift überlegt. Petrissa wagte zu sagen:

„Der Herr Herzog hat uns mit der Gründung schon reichlich beshenkt."

„Das ist etwas anderes. Gertrud soll ein gute Mitgift bekommen, damit das Kloster auch andere ohne Mitgift aufnehmen kann."

Gertrud wartete geduldig, ob sie zu einem Dienst oder Bescheid gerufen würde.

Da kam die Mutter und winkte:

„Wir nehmen Sophie und Agnes wieder mit uns heim, damit ich

sie pflegen kann. Bitte hilf ihnen, ihre kleinen eigenen Sachen zusammenzuschnüren. Ich gehe, dem Vater und der Frau Äbtissin Bescheid zu sagen."

So nahmen Sophie und Agnes Abschied von Gertrud und den Mitschülerinnen und fuhren mit der Mutter heim, während der Herzog noch die Siedlungen aufsuchen wollte.

Hedwig pflegte mit aller Hingabe ihre kranken Töchter. Auch der guten alten Mutter Anna Arzneien aus Wegerichkraut gegen Lungenleiden halfen nichts. Sie stand ohnmächtig und ratlos vor dieser ‚Auszehrung'.

Bitteres Kreuz war es für Hedwig, zusehen zu müssen, wie die Mädchen mehr und mehr dahinsiechten. Sie flehte inständig zum Vater im Himmel, Er möchte diesen Kelch an ihr und ihrem Gemahl und den Geschwistern vorübergehen lassen, fügte aber tapfer hinzu:

„Nicht mein Wille geschehe, sondern dein Wille!" – Eilboten jagten durchs Land, um Herzog Heinrich eilends zurückzurufen.

Als er in der Burg eintraf, sah er betrübte Gesichter und in der Kemenate die beiden aufgebahrten Töchter. Da konnte er, ohne die Worte zu gebrauchen, klagen:

„Aus der Tiefe schrei' ich auf zu Dir!" –

Nach dem Begräbnis in Leubus berichtete der Abt, um das Herzogspaar von dem großen Schmerz abzulenken:

„Der mächtige Papst vermählte sein Mündel, den achtzehnjährigen Friedrich, mit der um zehn Jahre älteren Konstanze, der Tochter des Königs von Aragonien, der Witwe des Königs Emmerich von Ungarn, die es bei ihrer Nachfolgerin, Königin Gertrud, wahrlich nicht leicht gehabt hatte."

Hedwig durchzuckte ein neuer Schmerz. Der Abt hatte wohl nicht bedacht, dass die Königin ihre leibliche Schwester war.

„Friedrich ließ sich mit Unterstützung des Papstes und des französischen Königs als Gegenkönig aufstellen. Schon nach drei Monaten wurde der junge, in Sizilien aufgewachsene Staufer von zahlreichen Fürsten in Gegenwart des päpstlichen Legaten und französischen Gesandten zum König gewählt und in Mainz als Friedrich II. gekrönt. Für Euren Bruder, Frau Herzogin, Herzog Otto von Meranien, wird es Zeit, sich von Kaiser Otto zu lösen und wieder die alte Familienpolitik zur Unterstützung der Staufer zu betreiben."

Die Herzogin schwieg. Diese ‚Familienpolitik' widerte sie an, dieses Drehen der Fahne nach dem Wind, dieses Streben nach Macht und immer mehr Macht.

‚Ich muss büßen und sühnen, auch für meine Geschwister', kam es ihr in den Sinn. ‚Ob der Herr mir deshab die Kinder wieder genommen hat?' fragte sie sich.

Bald erkannte sie bei ihren Besuchen in den Gefängnissen und in den Arbeitshäusern, ja auch bei den Gerichtsverhandlungen, dass es noch ein größeres Leid gab, als dass der himmlische Vater den Eltern die Kinder nahm und sie zu sich in sein Reich holte.

Hedwig half, wo sie konnte. Den Gefangenen sandte sie heimlich Geld, dass sie damit abzahlen konnten. Dasselbe tat sie mit denen, die ihrem Gemahl etwas schuldig waren. In ihr Herz drang täglich das Klagen aller, die in Not waren. Viele erlebten durch der Herzogin Güte das Dankgebet:

„Du tust deine milde Hand auf und erfüllest alles, was da lebt, mit Segen."

Sie erkannte immer mehr, wie schrecklich vieles war, was mit dem Strafrecht, mit Angeklagten, Schuldnern und Kriegsgefangenen zusammenhing.

Ging es in den Klostergefängnissen schon hart zu, dann war es draußen in der Welt nicht milder. Sie klagte es dem Notar Nikolaus, der als Domherr zugleich der Erste in der Leitung des Landes unter dem Herzog war:

„Es fühlt sich niemand verpflichtet, für den Unterhalt und die Reinigung der Gefangenen zu sorgen. Sie müssen sich aus eigenen Mitteln verpflegen oder das Mitleid von Freunden und Nachbarn anflehen."

„Der Herr Herzog hätte Euch nicht die außergewöhnliche Gunst erwiesen, solche Stätten aufzusuchen, wenn er nicht wüsste, dass die ‚Gerechtigkeit' unerbittlich ist. Es gilt immer noch der Grundsatz: ‚Auge um Auge, Zahn um Zahn!' Die Hand, die ein Unrecht begangen hat, wird abgehauen. Die Strafen, wenn einem Gotteslästerer die Zunge ausgeschnitten und einem, der das Fastengebot übertreten hat, die Zähne ausgeschlagen werden."

„Wir leben doch nicht mehr im Alten Testament!" sagte die Herzogin erregt. „Strafen für Untaten müssen sein. Die Hände sollen aber nicht abgehackt werden, sondern zur Buße harte Arbeit leisten für das Gemeinwohl. Außerdem fallen die Verstümmelten und Geblendeten andern noch zur Last. Diese grausame Justiz schadet uns mehr, als dass sie dem Lande nützt. Die Strafe soll den Schuldigen bessern, auch er hat noch ein Anrecht auf eine gerechte Strafe."

„Es gibt noch schärfere Straftaten: das Brandmarken, das Peitschen, das Schinden und Scheren. Diese Pein müssen oft Diebe erleiden. Meistens aber wurden sie gehenkt; jetzt nicht mehr, seitdem Ihr die Umwandlung erbeten habt, wahrlich etwas sehr Großes!

Die Hinrichtungen geschahen in aller Öffentlichkeit. Die Verurteilten wurden auf dem Schinderkarren durch den Ort geführt, beschimpft und mit Kot beworfen. Hauptgrund war die Abschreckung, Das wurde am deutlichsten, wenn Verräter gevierteilt und die Teile an vier Toren aufgehängt wurden."

„Furchtbar, Herr Notar! Wenn es hier soweit kommen sollte, ich würde dem Herzog hundertmal zu Füßen fallen, bis ich den Verurteilten frei gebeten hätte."

Dann lenkte sie ab und sagte:

„Mir ist zu Ohren gekommen, dass ein vergnügter Bauer aus Neid von den Dorfgewaltigen verfolgt wurde. Der Kastellan beschuldigt ihn, Getreide gestohlen zu haben. Der Förster verklagte ihn, er hätte seine Rinder auf fremde Weiden getrieben, und der ungebildete Pfarrer verkündete den verhängten Bann über ihn. Die drei ließen ihn in Ruhe, nachdem er ein großes Lösegeld gezahlt hatte. Wie aber ergeht es dem Armen, der kein Lösegeld zahlen kann?"

Nach dieser unbeantworteten Frage ging sie mit der Bemerkung:

„Jetzt werde ich mich um die Arbeitshäuser kümmern."

Die Arbeitshäuser waren zum Spinnen da. Sie waren gegenüber den Verliesen für Männer gewissermaßen harmlose Abschreckungsgebäude, aber alles andere als eine ‚Besserungsanstalt'. Wer die Scheußlichkeiten des Lebens noch nicht kannte, der lernte sie dort, wo man lernen musste zu ‚spinnen', sich unterzuordnen unter die geschriebenen und ungeschriebenen Gesetze dieser Vollzugsanstalten, die ‚graues Elend' genannt wurden.

Weil die Herzogin Hedwig etwas von den Zuständen dort wusste, mehr noch ahnte, erschien sie eines Tages in schlichter Kleidung im ‚Elend' und verlangte Einlass. Sie hatte Demundis bei sich und eine Wache, die inzwischen den Hausvogt, seine Schindluder treibenden Helfershelfer und die drangsalierenden Weiber in Schach halten mussten.

Zwar hatte der Hausvogt den gefangenen Frauen noch zugebrüllt: „Aufstehen, die Frau Herzogin kommt!", aber die Tür wurde vor ihm geschlossen.

Die Herzogin sagte ruhig:

„Spinnt weiter, ich besuche euch alle und jede einzeln."

Da surrten zwar die Spinnrädchen, aber die Augen verfolgten die in einen grauen Mantel mit Kapuze gehüllte Herzogin, von der sie schon einiges Gute gehört hatten.

Hedwig fragte nach der Länge der Arbeitszeit und dem Maß der zu erfüllenden Pflicht. Sie griff nach dem Flachs und prüfte mit Kennerblick des Gesponnene.

Wenn sie sich nach der Länge der Haft und der begangenen Untat erkundigte, wusste sie, dass sie nicht immer die reine Wahrheit hörte. Aber sie hatte einmal von einem Priester das milde Urteil gehört:

„Die Lüge ist die Waffe der Armen."

Hedwig fand alte und junge Frauen. Sie blickte jeder in die Augen. Bei mancher entdeckte sie eine Verderbtheit von Jugend auf, bei andern spürte sie die Scham. Einigen standen Tränen in den Augen. Als sie bei einer jungen Frau unter dem zerrissenen Hemd geschwollene rote Streifen am bloßen Arm entdeckte und danach fragte, bekam sie keine Antwort.

„Das sind doch Striemen von einer Peitsche!“

Die Angeredete senkte den Kopf.

Hedwig legte ihre Hand auf den Spinnrocken. Dann führten sie und Demundis die Frau in ein Nebengelass. Dort sahen sie noch mehrere solcher Striemen. Die Arme zitterte am ganzen Leibe. Endlich gestand sie, dass ein Wärter sie geschlagen hatte, weil sie ihm nicht willig gewesen war.

„Ich dachte es mir schon. Fürchte dich nicht, Barbara!“

Hedwig ließ sich noch andere nennen, denen es ebenso ergangen war. Sie wurden von Demundis gerufen und zur Herzogin geführt.

„Setzt euch hierher. Ihr braucht nichts zu befürchten. Meine Dienerin holt euch Öl und Leinen zum Verbinden.“

Und zu Demundis gewandt:

„Einer von der Wache soll den Hausvogt hereinbringen.“

Die Herzogin ging ihm in der Spinnstube entgegen. Auf ihr Handzeichen hin standen alle Rädchen still.

Hedwig herrschte den Hausvogt vor allen Frauen an:

„Ich habe Striemen an Gefangenen gesehen. Schafft sofort sämtliche Peitschen und Ruten auf den Hof, und zwar alle! Ich werde nachsehen, und wehe Euch, wenn ich noch ein einziges Marterwerkzeug finde!“

Der Hausvogt musste gehorchen. Wie ein geprügelter Hund ging er hinaus. Einige Frauen grinsten, die meisten schauten die Herzogin dankbar an.

„Holt schweigend eure Trinkbecher! Ich möchte kein Wort dabei hören.“

Lächelnd fügte sie hinzu:

„Ihr werdet nachher schon merken, warum ich euch danach schicke.“

Als alle mit ihrem Becher wieder an den Plätzen waren und Demundis die Peitschenwunden verbunden hatte, führte Hedwig die Frauen hinaus und stellte sie um den Haufen mit Ruten, Besen, Peitschen und Stricken. Sie ließ den Hausvogt an ihre Seite treten und verkündete laut:

„Im Namen des Herrn Herzogs: Am Nachmittag vor Sonn- und

Feiertagen wird nicht gearbeitet, da wird die Wäsche gewaschen. Die Sonn- und Feiertage selbst sind zum Beten und Ausruhen da. Ich schicke einen meiner Priester, der euch die heilige Messe feiert und euch unterweist."

Sie schaute des Hausvogts Helfer und die Aufsicht führenden Weiber mit ihren durchdringenden Augen an:

„Es ist streng verboten, die Gefangenen zu schlagen. Das geht euch alle an!"

Sie befahl dem Hausvogt:

„Zündet die Marterwerkzeuge an!"

Als alles verbrannt war, erklärte die Herzogin weiter:

„Das Essen wird verbessert. Wer arbeitet, soll auch essen. Wählt drei von euch als Köchinnen aus und drei, die abwechselnd das Geschirr spülen!"

Es war ihr nämlich geklagt worden, dass die dicke Köchin zu faul war, die Essenkübel zu spülen, so dass anderntags der Schaum auf der ständigen Kohlsuppe ohne Fett und Fleisch stand. Die Köchin wurde abgesetzt und zur Feldarbeit bestellt.

„Wenn eine von euch durch Ungeschicklichkeit einen Napf zerbricht, so wird sie nicht bestraft. Habt ihr mich verstanden, ihr da hinten?"

Die Frauen sahen dorthin, wo Hedwig die ‚Weiber' streng anblickte. „Sorgt überall für Ordnung und Sauberkeit. Jeden Tag werdet ihr zweimal ins Freie geführt. Jede von euch bekommt eine zweite Decke und Wäsche zum Wechseln. Jeden Monat ist einmal Badetag."

Hedwig schickte Demundis mit zwei Frauen zum herzoglichen Wagen, um Brot und Wein zu holen. Sie selbst verteilte jeder nach gleichem Maß die Gaben, die fast gierig gegessen und getrunken wurden.

„Ich komme eines Tages unerwartet wieder und möchte dann ein ordentliches Haus sehen und euch in sauberen Kleidern. Ich werde euch weiterhelfen. – Ihr könnt doch noch singen?"

Sie stimmte selbst ein Lied an, das erst zaghaft, dann immer kräftiger zur Mutter Maria mitgesungen wurde.

„Von jetzt an wird jeden Abend vor dem Schlafengehen gesungen!“

Hedwig schickte die Frauen wieder ins Haus:

„Heute wird nicht mehr gearbeitet!“

Dann hielt sie Gericht mit dem Hausvogt und seinen Leuten: „Gott verzeihe euch für dieses Mal! Aber der Hausvogt zahlt eine hohe Geldbuße.“

Sie schärfte ihnen noch einmal die neuen Vorschriften ein.

„Die von euch Misshandelten sind von mir begnadigt und kommen sofort auf die herzogliche Burg. Ich will gutmachen, was ihr an ihnen schändlich verbrochen oder zu verbrechen versucht habt.“ –

Ihr Kaplan Krisan untersuchte bald jeden ‚Fall‘ und konnte viele Frauen durch die Gelder der Herzogin aus diesem Arbeitshaus lösen. Bald zog durch Hedwig auch in die andern elenden Arbeitshäuser ein Hoffnungsschimmer ein. Ausgewählte begnadigte Frauen wurden Aufseherinnen und angewiesen, das Unrecht gutzumachen.

Es war ein gutes Zeichen für den Ordensnachwuchs und den Ruf des erst zehn Jahre bestehenden Klosters Trebnitz, dass Herzog Wladislaw von Kalisch auf die Burg nach Breslau kam, um dort in Gegenwart des Herzogspaares mit der Äbtissin Petrissa und dem Abt von Leubus und besonders mit Abt Winnemar von Pforte, dem Trebnitz unterstand, in Verbindung zu treten, um eine Tochterniederlassung in seinem Gebiet vorzubereiten.

Der Abt erklärte zunächst die Rechtsverhältnisse:

„Es gibt keinen eigenen Orden der Zisterzienserinnen. Sie bleiben der weibliche Zweig der Zisterzienser. Anfänglich gaben die Generalkapitel noch zu verstehen, dass ihnen an der Aufnahme und Betreuung von Frauenkonventen nichts lag, aber jetzt haben die Äbtissinnen in ihren Konventen die gleiche Hausgewalt wie in den Männerklöstern die Äbte. Sie nehmen mit Zustimmung des Vaterabtes Kandidatinnen auf und dürfen sie einkleiden, aber nicht die feierliche Ablegung der Ordensgelübde entgegennehmen. Das ist dem

Vaterabt vorbehalten. Ein von ihm bestimmter Priestermönch, Prior genannt, betreut den Konvent. Es können auch mehrere Priester sein. Strenge Abgeschlossenheit von der Welt und das feierliche Gotteslob bestimmen den Tagesablauf von den Nachtgebeten und der heiligen Messe zwischen 4 und 6 Uhr bis zum Schlafengehen nach der Komplet gegen 8 Uhr abends."

Sie besichtigen gemeinsam das ausgesuchte Gelände am Olobok, dem linken kleinen Nebenfluss der Prosna, etwa drei Wegstunden südlich von Kalisch. Es war schon mit Feldsteinen umgrenzt.

Als Petrissa nach Trebnitz zurückgekehrt war, berichtete sie dem Konvent von den Sumpfgebieten des Bartsch-Bruches und dem Wunsch des Herzogs von Kalisch.

Das unwirtliche Gelände konnte die Töchter des heiligen Bernhard nicht hindern, sich für den Plan zu begeistern. Sie liebten die Täler in den Urlandschaften.

Als die notwendigen Verhandlungen abgeschlossen waren und der Vaterabt seine Zustimmung gegeben hatte, wurde im Kapitelsaal des noch nicht vollendeten Mutterklosters beschlossen, nun die Neugründung vorzunehmen.

Die Nonnen wurden gefragt, wer freiwillig zum Auszug und Neubeginn bereit wäre. Es meldeten sich viele, vor allem die tatkräftige Martha, die allzeit frohgemute und in allen hauswirtschaftlichen Zweigen des Klosterlebens umsichtige und bewanderte, einstmals Jüngste. Sie wurde zu ihrem eigenen Entsetzen zur neuen Äbtissin erwählt. Nach feierlicher Umarmung, der kirchlichen Pax, zogen dreizehn Nonnen unter Vorantragen eines hölzernen Kreuzes lobsingend hinter dem Planwagen her, der die ersten Habseligkeiten der gelobten Armut trug und von kräftigen Ochsen gezogen wurde, über Militsch durch den sumpfigen Bruch in drei Tagesreisen dem neuen Kloster Olobok zu. Dort fingen sie ebenso mutig und noch auf vieles verzichtend an, wie sie vor zehn Jahren im Mutterkloster Trebnitz begonnen hatten.

Erzbischof Heinrich weihte die kleine Kirche.

Nach diesem Freudentag schufteten sie unentwegt in heiterer Freude und Gelassenheit, bis sie am Abend in der Komplet sangen:

„Dein Glanz, o Herr, erstrahle uns,
wenn unser kleines Licht erlischt.“

Das kleine Licht von Olobok erstrahlte von Tag zu Tag um ein Kerzenlicht heller zur Freude der Äbtissin Petrissa, die ihre werdende kleine ‚Tochter‘ gern besuchte und mütterliche Gaben mitbrachte. Heimgekehrt, berichtete sie in Anwesenheit der Herzogin:

„Ich kann mich nur über die junge Äbtissin Martha wundern, wie vorzüglich sie alles schafft. Mit nüchternem Blick ordnet sie an. Sie besitzt die Gabe des mütterlichen Regierens.“

Als die alte Äbtissin mit ihrer einstigen Schülerin allein war, in ihr Antlitz schaute und die zuckenden Mundwinkel bemerkte, wagte sie, der Frau Herzogin ein gutes Wort zu sagen. Sie blickte sie dabei aber nicht an, um ungehemmt wie einst in Kitzingen zu ihr sprechen zu können:

„Frau Herzogin, ...“

„Nennt mich wie einst: Hedwig!“

„Hedwig, ich weiß schon lange, dass Ihr leidet, und ich ahne auch den Grund. Es ließ sich bisher nicht machen, dass wir in Ruhe und allein miteinander sprechen konnten. Darf ich es heute?“

Die Herzogin neigte ihr Haupt als Zustimmung.

„Ihr leidet, weil Ihr für die Umwelt nicht zu begreifen seid. Der Verstand begreift, was ihm entspricht, aber ein Erkennen in der Tiefe geschieht nur in Ehrfurcht und Liebe. Der Verzicht des Herzogspaares im feierlichen Gelübde war nicht, wie ich manchmal hörte, eine trübsinnige Abneigung gegen eine unerfüllte Ehe. Nein, Hedwig, eine schmollende Frau sieht anders aus. Euer damaliges Gebet um Erleuchtung der Sinne hat Euch auch den tiefen Sinn der ehelichen Freuden erschlossen. Ihr habt Liebe mit voller Hingabe geschenkt und empfangen.“

Nach einigem Schweigen und stillem Gebet sagte die gütige Äbtissin:

„Ihr wart wahrlich mit Herzog Heinrich so verbunden, dass ein Verzicht möglich war, um die Mutterschaft in der Familie zur Mutterschaft am ganzen Volk als göttliche Berufung zu erhöhen.“

Ganz leicht nickte Hedwig dazu.

„Mutterschaft aber bedeutet immer, wie Ihr wisst, die Leiden für das

Werdende zu verbergen, sie nach außen hin lächelnd zu ertragen. Vor dieser alles Natürliche überhöhenden Sendung wäre eigentlich Ehrfurcht am Platze. Aber kein in die Wolken ragender Berg wird von einem Maulwurfshügel erkannt, wie auch kein die Alpen Überquerender von einem behaglich daheim Gebliebenen begriffen werden kann."

Noch tiefer senkte die alte Petrissa ihr Haupt, als sie nach langem Sinnen flüsterte:

„Unbegreiflich bleibt auch den meisten Euer verborgenes, aber wegen der wenigen Worte so wirksames Gebet. Im Grunde lebt Ihr als Schülerin des heiligen Bernhard vor dem Antlitz Gottes ständig in Seiner Gegenwart."

Hauchleise fügte sie hinzu:

„Eng verbunden mit dem starken Drang nach Sühne. Mir scheint, dieser Drang ist verbunden mit einer fast unbestechlichen Ahnung, ja heiligen Witterung, wo diese am notwendigsten ist."

Hedwig sank vor der alten Magistra in die Knie.

„Dieses sühnende Beten ist mehr als die Tat. Alles andere wird Euch vom Vater hinzugegeben, weil er ja weiß, wessen Ihr bedürft, um Mutter aller zu sein, Hedwig."

Schweigend legte sie ihre zitternden Hände Hedwig aufs Haupt. Dann stand Petrissa auf, verneigte sich vor ihr und ging hinaus.

Im Herbst 1213 fühlte sich die Herzogin wieder einmal besonders zum Sühneleiden gedrängt. Sie verzichtete auch den Schlaf und las im Alten Testament den erschütternden Bericht vom Dulder, der eine Hiobsbotschaft nach der andern erhielt.

Hedwig las die Worte nicht nur, sie spürte, dass sie vorbereitet wurde, von irgendwoher eine solche zu erhalten. Sie war darauf durch ihren Drang nach Sühne innerlich gefasst. Irgendwo musste sie mithelfen, wiedergutzumachen, was geschehen war.

Darum sah sie sofort am Blick des von Ungarn kommenden Boten, der nicht recht mit der Sprache heraus wollte, dass er einer von jenen Boten war, von denen sie in der Bibel gelesen hatte:

‚Ich allein bin gekommen, es euch zu berichten.'

„Redet ohne Umschweife, ich ertrage die Wahrheit!"

Ihre hervordringenden Augen zwangen den Ritter Vargas unerbittlich, sachlich zu berichten:

„Eure Schwester, die Königin Gertrud von Ungarn, ist am 28. September während einer Jagd im Pilisgebirge ermordet worden."

Hedwig schaute den Ritter starr an, als er schwieg.

„Redet weiter!" befahl sie.

„Palatin Bánk stand an der Spitze der verschworenen Adeligen. – Darf ich offen reden, Frau Herzogin?"

„Ihr sollt es!"

„Angeblich war er in seiner Gattenehre von einem Bruder der Königin beleidigt worden, weil dieser seine junge Frau entehrt haben soll. Aber der tiefste Grund war die Abneigung gegen die Königin Gertrud und ihre deutschen Helfer. Auch die luxuriöse Lebensweise der deutschen Günstlinge erregte überall Verbitterung.

Euer und der Königin Bruder, der junge Erzbischof Berthold von Kalocsa, erst im vorigen Jahr geweiht, erhielt schon seit Jahren die Einkünfte des erzbischöflichen Sitzes. Er wurde sogar Banus von Kroatien, ohne dort tätig zu sein, und dann Wojewode von Siebenbürgen. Die Königin hat ihn verweichlicht und, wie sie selbst golddgierig war, zum größten Landbesitzer gemacht."

Hedwig nickte ein wenig. Das konnte bedeuten, dass sie das alles wusste. Oder war es für den Ritter ein Zeichen fortzufahren?

„Als König Andreas in Galizien kämpfte und Euer Bruder Berthold auch noch Reichsverweser wurde, kam es zu einem erneuten Aufstand. Der König sollte gestürzt und der kleine Béla gekrönt werden. Während einer Jagd in den Wäldern des Pilisgebirges zu Ehren des Herzogs von Österreich wurde die deutsche Gruppe umzingelt und niedergemacht.

Herzog Leopold konnte fliehen. Euer Bruder, Erzbischof Berthold, wurde verwundet und entkam. Graf Miska von Vasvár rettete den kleinen Béla und nahm ihn in seine Obhut."

„Und die Königin, wie wurde sie ermordet?"

„Muss ich das Grausige berichten?"

„Ja, Gott will es!"

„Die Königin war allein in ihrem Prunkzelt. Palatin Bánk drang mit seinem Schwiegervater Peter dort ein. Die Königin streckte flehend ihre Arme aus. Die Mörder schlugen die ausgestreckten Arme ab und hieben sie gänzlich in Stücke."

Hedwig verbarg ihr Antlitz in den Händen. So hatte sie es, vom sühnenden Gebet erschöpft, im Traum geschaut, genau so!

„Die mit dem Königshaus verbundenen Zisterzienser von Pilis, zwischen Esztergom und Buda-Pest, setzten nach der sofortigen Rückkehr des Königs die Ermordete in der Krypta des Klosters bei." *(1972 wurden Bruchstücke des Grabes bei Ausgrabungen im Kreuzschiff freigelegt.)*

„Lasst mich erst beten, dann berichtet weiter."

Hedwig betete still für die Schwester den Psalm:

„Wenn du, o Herr, der Sünden gedenken willst,
wer könnte dann vor dir bestehen?
Doch bei dir ist Vergebung!
Lass sie, Gott, Erbarmen finden!"

„Erzbischof Berthold wurde ausgepeitscht, konnte jedoch mit einem bedeutenden Schatz von Gold, Silber und edlem Gerät im Wert von 7000 Mark Silber Ungarn verlassen. – Der König hielt Gericht. Den Grafen Peter, der des Mordes angeklagt war, ließ er hinrichten. Viele Verschwörer waren geflohen. Der König verfolgte sie nicht. Palatin Bánk blieb ohne nennenswerte Strafe. Der König muss wohl überzeugt worden sein, dass die Mitregierung der Königin Gertrud und ihres Bruders Berthold die tiefsten Gründe der Verschwörung waren."

„Ritter Vargas, Ihr habt mir offen und ehrlich berichtet. Dafür danke ich Euch und gebührt Euch auch ein Botenlohn."

Sie reichte ihm ein goldenes Brustkreuz mit kostbaren Steinen:

„Nehmt es und betet für die arme Seele meiner Schwester Gertrud, dass Gott, der Herr, ihren grausigen Tod als Sühne nehme. Kommt bitte morgen zu den Seelenmessen für meine Schwester und die hingerichteten Verschwörer."

Zitternd schwang Hedwig das kleine Glöckchen. Ihr Hofkaplan Krisan erschien und geleitete den Ritter ins Gästehaus. Ritter Vargas war erstaunt über die ehrenvolle Aufnahme eines Unglücksboten. Das war nicht überall so an Herrscherhöfen.

Hedwig kam nicht zur Ruhe. Sie wartete geradezu auf die nächste Unglücksbotschaft und fastete noch mehr als sonst, was den Scholas-tikus Ägidius, der selbst ein Mann von großer Strenge war, zu einem ernsten Verweis veranlasste.

Hedwig antwortete kurz:

„Ich esse, was mir genügt!“

Das Jahr war noch nicht zu Ende. Die Jäger lockte es, in den Wäldern zu jagen. Es war so beglückend, mit stolzer Jagdbeute heimzukommen. Für die zur Jagd befohlenen Hörigen weniger, die statt Anteil an der Beute Schimpfen und Brüllen über sich ergehen lassen mussten.

Hedwig lag in ihrer Kemenate auf den Knien, betete wortlos und wartete. Ein Bote musste kommen, das wusste sie, aber was er bringen würde, das war ihr noch unbekannt.

Es waren nicht die nasskalten Dezembertage, die schwer auf ihrem Gemüt lasteten, sondern das geahnte Unheil. Hedwig wusste, dass der Tod so unsagbar viele Ursachen hat und meistens unerwartet kommt. Selbst wenn die Angehörigen meinen, er müsste jeden Augenblick eintreten, dann kommt er nicht. Holen sie aber dem Dürstenden einen Labetrunk, dann hat er in den wenigen Augenblicken bis zur Rückkehr den letzten Atmenzug getan, so dass der Labetrunk vor Schreck verschüttet wird.

Der Tross der Jagdleute brachte nicht nur das erlegte Wild, sondern auch auf einer mit Reisig zugedeckten Bahre einen Toten:

„Wir bringen schlimme Nachricht. Euer Sohn Konrad ist auf der Jagd tödlich verunglückt.“

Sie wollte nicht wissen, wie es geschehen war. Das war ihr unwesentlich. Es mochte wohl sein Ungestüm gewesen sein, das ihr schon seit seinen Kindestagen Sorge bereitet hatte.

„Tragt ihn in die Kapelle!“

Dort betete sie mit ihrem Gemahl und wachte an der Leiche, bis sie auf Gertruds Wunsch im Kapitelsaal zu Trebnitz begraben wurde.

An der Kirche zu Trebnitz war nun der erste Bauabschnitt beendet, und hohe Gäste wurden zur Weihe der Unterkirche oder Krypta eingeladen: der zum päpstlichen Legaten für Polen und Preußen ernannte Erzbischof Heinrich von Gnesen, die Bischöfe von Breslau und Leubus, Abt Winnemar von Pforte, Abt Günther von Leubus und Herzog Heinrich mit seiner Gemahlin.

Die Äbte hatten zwar zu bemängeln, dass die zisterziensische Bauweise nicht eingehalten wurde, und verlangten für den zweiten Bauabschnitt, die Fertigstellung des Hochchores und die Höherführung des Gesamtbaues, die Beachtung der strengen Bauvorschriften von Cîteaux. Das beeinträchtligte aber nicht die Festtagsfreude. Sogar Äbtissin Martha war mit zwei Schwestern von weit her gekommen und berichtete heiter, wie sie die Anfangsschwierigkeiten überwunden hatte:

„Die Vögel müssen auch viel umherfliegen, bis sie ihr Nest gebaut haben. Wir sind doch keine Kuckucke, die ihre Eier in fremde Nester legen. Im größten Dreck haben wir uns lachend gefragt: ‚Wie wird uns der himmlische Vater morgen weiterhelfen?‘

Er hat uns Spatzen nicht vergessen!“

Abt Winnemar berichtete der Herzogin aus Kitzingen:

„Eure Schwester Mechthild wurde durch den mächtigen Einfluss Eures Bruders, des Bamberger Bischofs, aus einer Zisterzienserin eine Benediktinerin und Äbtissin in Kitzingen.“

„Da hat die Kurie in Rom wohl ein Auge zugedrückt, dass Mechthild aus dem strengeren Orden der Zisterzienser in den milderen Orden der Benediktiner übertreten durfte“, meinte Hedwig. Ihr missfiel diese ‚Familienpolitik‘ ihres Bruders, und sie sorgte sich um die geistliche Führung des Konventes, dem sie sich noch immer verbunden fühlte.

Petrissa beruhigte sie:

„Mechthild wird es schon gut machen.“ –

Nach den Feierlichkeiten klagten auf der Rückfahrt die Hafkapläne Nazlaus, Vitalis und Nankmar dem Domherrn Nikolaus im schaukelnden Reisewagen:

„Alles schön und gut, was die Frau Herzogin für die Armen tut, aber das geht doch zu weit! Sie bildet sich buchstäblich einen Hofstaat! Sie hat diese Armen nicht etwa zu ihrer Bedienung, das möchte noch angehen. Sie bedient sie, als wären die Armen der Herzogshof und sie die Dienerin aller."

„Sie soll sogar diese oft sehr zweifelhaften und anrüchigen Armen – neulich hat sie welche aus dem Arbeitshaus mitgebracht – auf den Knien mit den ausgesuchtesten Speisen und Getränken bedient haben, ja ihnen die Füße gewaschen und geküsst haben. Das geht doch wahrlich zu weit!"

„Unsere jungen Ritter spotten schon, sie möchten lieber am Tisch der Armen essen und deren Wein trinken als an der herzoglichen Tafel sitzen."

„Zum Entsetzen aller holt sie sogar Aussätzige in die Burg. Die müssen doch sonst gemieden werden. Womöglich werden wir noch alle angesteckt. Nein, das ist nicht mehr normal, das ist geradezu verrückt!"

Domherr Nikolaus unterbrach die Hofkapläne nicht. Es war ja nicht das erste Mal, dass er solche Klagen hörte. Als sie dann schwiegen, sagte er ruhig:

„Richtig! Was geschieht, ist buchstäblich verrückt. Ich habe absichtlich das Wort getrennt. Die Frau Herzogin hat nämlich etwas von der einen Seite auf die andere Seite verschoben oder verrückt. Wir müssen es nur richtig sehen. Sie verrückt alles aus dem Zwielicht der Welt in das hellgleißende Licht der Frohen Botschaft aus der Heiligen Schrift. Ist euch schon ein Fall bekannt, dass jemand angesteckt wurde?"

„Nein!"

„Dann haben bisher alle Vorsichtsmaßnahmen, um die ich die Frau Herzogin bat, genützt."

Nachdem die Kapläne ihren Unwillen wie letzte Pfeile verschossen hatten, lauschten sie den Worten des ehrwürdigen, besonnenen Domherrn Nikolaus:

„Es ist wohl allen klargeworden, dass die Frau Herzogin nicht sich selbst sucht. Nicht irdische Geschäftigkeit ist es, was sie unermüdlich drängt und treibt. Ihr Name soll nur selten in den Urkunden stehen. Sie will nicht gelobt werden, das ist ihr sogar peinlich. Mit ganzem Ernst und mit großem Zeitaufwand führt sie ein betrachtendes inneres Leben, die vita contemplativa. Das gilt unserer Zeit als der Gipfel der Vollkommenheit im Leben von Ordensleuten. Frau Herzogin lebt wie eine Ordensfrau in der Welt, ja, sie übertrifft noch viele in den Klöstern. Was ein Mensch in der Welt denen nachzuahmen vermag, das tut sie. Wir wissen, wie sie fastet und sich kasteit. Die hellen Ärmelenden ihres Hemdes verraten nichts von dem härenen Bußhemd, das sie am Leibe tragen mag, auch wenn sie dem Stande nach wie eine Herzogin gekleidet erscheinen muss. Wer sie ein wenig verstehen will, muss um den Einfluss des vor vierzig Jahren heiliggesprochenen Bernhard von Clairvaux wissen. Von daher ihr langes Beten, die tägliche Betrachtung, die häufige Mitfeier der Eucharistie und Verehrung des Leidens Christi und ihre Marienverehrung. Kein Wunder, dass mir jemand berichtete, dass ihr Antlitz beim Lesen der Heiligen Schrift, beim heiligen Opfer und beim Kommunionempfang ganz von Tränen überströmt ist. Das sind keine üblichen Weibertränen; nein, das ist ein Ergriffensein von Ihm, von dem wir Priester doch viel mehr ergriffen sein sollten als sie. Darf ich es euch sagen? Für die Frau Herzogin Hedwig ist Christus von jeher der ‚Geliebte' oder der ‚Bräutigam'. Ihn sah sie in dem ihr von der Familiensippe, im Letzten aber von der Vorsehung des himmlischen Vaters bestimmten Gemahl, dem sie in dieses Land folgte, das wahrlich nicht von Milch und Honig fließt. Sie hat Tak gesagt, obwohl ihr das Land ganz fremd war – genauso wie die kleine fröhliche Äbtissin Martha zu Bruchland."

Die Hofkapläne schwiegen nicht nur, sie fingen an umzudenken, als der ruhige Bußprediger ihnen ein wenig die Augen öffnete.

„Ich habe auch einmal ähnliche Gedanken gehegt und Missbilligungen geäußert, wie ihr es jetzt getan habt. Auch heute fasse ich noch nicht alles, was die Frau Herzogin tut, aber ich beobachte es in Ehrfurcht, weil sich Gott, wie mir scheint, ihrer bedient. Sie dient in dem Stand der Armen, der so oft übersehen und verachtet wird, Christus, dem Herrn. Einen Herrn bedient man und lässt sich nicht von ihm bedienen. Darum der eigene Hofstaat der Armen, die sie wie ihresgleichen betrachtet und ihnen jeweils mit voller Hingabe dient. Das ist nicht Übertreibung einer Überspannten, die sich in ausgefallenen Handlungen wichtig tun will. Die ‚Handlangerin der Armen' steigt ins Tal der Demut hinab. Hat es Christus, der Herr, anders gesagt und getan? So lebt die Frau Herzogin zur vita contemplativa die vita activa. Dazu kann ich euch etwas verraten: Schon lange bedrückt es die Herzogin, dass nahe der Burg manche Kranken leben, denen die Pflege fehlt. Mit Abt Witeslaus vom Sandstift hat sie überlegt, ob es nicht möglich wäre, ein Spital zu errichten, natürlich mit Hilfe des Herzogs. Abt Witeslaus konnte ihren bittenden Augen nicht widerstehen, und nun ist es schon so weit, dass der Herzog den Grundstein für dieses erste Hospital in Schlesien gelegt hat. Es wird zwischen Ohle und Odrzyca errichtet zu Ehren des Heiligen Geistes. Der Herzog hat die Dörfer, die er diesem Spital schenkte, von allen Lasten befreit. Erbaut wird es aus den Einkünften der Abtei ‚St. Maria auf dem Sande'. Auch der Bischof hat versprochen, einige Dörfer dem Spital zu übereignen.

Ihr seht also, dass durch die Frau Herzogin etwas geschieht, was schon lange hätte geschehen sollen. Wenn sie ‚Mutter der Armen' genannt wird, dann ist das eine Ehrung, viel wertvoller als alle weltlichen Ehrungen zusammen. Darum habt Ehrfurcht vor ihrem ‚Hofstaat'. Ich habe schon oft die Stelle im Brief des heiligen Jakobus gelesen, die mir Aufschluss gab. Ich kann sie auswendig: ‚Hört, meine lieben Brüder! ... Hat nicht Gott die, welche vor der Welt arm sind, zu Reichen im Glauben und zu Erben des Reiches auserwählt, das er denen verheißen hat, die ihn lieben?'

Liebe Brüder, lasst uns schweigen und betend darüber nachdenken!" –

Hedwigs Gefolge von Armen und Kranken war den Burgleuten nicht nur ein Ärgernis, es bedeutete auch eine Belastung.

Eine eigene Küche musste eingerichtet werden, in der die feinsten Speisen zubereitet wurden. Der Kellermeister seufzte, weil er den besten Wein für sie herausgeben musste. Die kostbaren Becher und Schüsseln waren der Herzogin gerade recht für ihre besonderen Freunde, die Ärmsten der Armen.

Kaplan Vitalis, der jetzt alles mit Staunen beobachtete, äußerte einem unwilligen Diener gegenüber:

„Die Frau Herzogin fühlt eine solche Zuneigung zu den Armen, dass sie am liebsten mit jedem vom gleichen Teller essen möchte, wenn dieses schicklich wäre und ohne Murren geschehen könnte."

„Das würde gar nicht gehen", meinte der Diener, „mit so wenig Speise wie die Frau Herzogin kann nicht einmal ein Bettler auskommen, und so feine Sachen, wie die Armen aufgetischt bekommen, rührt sie gar nicht an."

Eine weitere Belastung für des Herzogs Leute war, dass die besonderen Lieblinge Hedwigs auch auf den häufigen Fahrten zu den andern Burgen mitgenommen werden mussten. Die Fuhrleute hatten einen Ingrimm, wenn sie in den bequemsten Wagen nicht Fürsten und Herzöge, sondern dieses ‚Armeleutegesindel' fahren mussten.

Kamen sie dann in Glogau oder auf des Herzogs Gütern in Zewina oder Jauer an, dann sorgte Hedwig zunächst für ihre Armen und Kranken, brachte sie selbst zur Ruhe und sprach mit ihnen das Abendgebet. –

Bei Gelegenheit einer solchen Reise nach Jauer bat Hedwig den Verwalter Ludolph um Nachsicht, Milde und Geduld bei seinen ihr ungerecht scheinenden Forderungen und Abgaben, die die Hörigen zu leisten hatten.

Doch schon ihr Erscheinen mit dem ‚armseligen Hofstaat' brachte den Verwalter in Wut.

„Die besten Räume für das ‚Gesindel', die ausgesuchtesten Speisen für die ‚Lumpen' und den ältesten Wein!" polterte er hinter dem Rücken der Herzogin.

Später stellte er mit Entsetzen fest:

„Auf den Knien hat sie diese verwöhnten Nichtstuer bedient!"

Damit nicht genug. Hedwig erschien anderntags in Ludolphs Gerichtsraum, wo viele straffällige Hörige sie um Hilfe anflehten. Sie erkannte bald, dass nicht Bosheit, sondern Unvermögen infolge Krankheit oder Viehseuchen die Ursache war, dass die Hörigen ihren Verpflichtungen nicht nachgekommen waren. Sie versprach ihnen, nach besten Kräften zu helfen.

Als es dann zur Gerichtssitzung kam, gingen Ludolph und seine Richter in gewohnter Strenge vor und kannten kein Erbarmen. Hedwig hörte aufmerksam zu, sprach aber nicht in das Urteil hinein:

Dem Bauer Goczlak wurde wegen unpünktlicher Ablieferung des Zehnten eine Mark Strafe zuerkannt.

Der Hörige Oleiniczak sollte drei Wochen lang Frondienste tun, weil ihm ein Bienenstock davongeflogen war.

Der Bauer Balczak hatte keine Hühner abgeliefert und musste auch eine Mark Strafe zahlen.

Der Kmet Zupan wurde, weil sein Vieh auf die Weide der Herzogin ausgebrochen war, mit drei Mark Strafe belegt.

So ging das den ganzen Morgen fort. Jeder Verurteilte klagte den draußen Wartenden sein Leid.

„Hat denn die Frau Herzogin nichts dazu gesagt?"

„Nein! Sie hat nur genau zugehört und die Richter traurig angeschaut."

Hedwig rechnete die Strafen zusammen. Es waren etwa 30 Mark, sehr viel Geld! Als die Verhandlung beendet war, stellte Hedwig den Verwalter allein zur Rede:

„Gott verzeihe Euch Eure unerbittliche Herzenshärte, Ludolph!"

Dieser widersprach:

„Ihr kennt dieses faule Gesindel nicht, Frau Herzogin. Wenn ich als Verwalter nicht so folgerichtig nach dem üblichen Strafmaß gerecht urteilen würde, dann würde Euer Gut bald so vernachlässigt sein, dass es keinen Ertrag mehr brächte."

Was sehr selten geschah: die Frau Herzogin verhüllte ihr Angesicht; weil sie so bestürzt war, dass ihr die Tränen kamen. Sie flehte Ludolph an:

„Seid doch milde und quält die Untergebenen nicht mit Euern harten Forderungen."

„Das geht nicht, Frau Herzogin!"

„Das muss gehen, Ludolph! Ich muss es von Euch verlangen."

„Dann geht das Gut Jauer zugrunde."

„An Gutestun geht nichts zugrunde."

„Ich muss Rechenschaft ablegen von meiner Verwaltung beim Hofamt, das auch der Herzogin Gut kontrolliert."

„Richtig! Ihr müsst Rechenschaft ablegen; ich auch und zwar am Jüngsten Tage."

„Noch sind wir nicht soweit."

„Das stimmt. Aber wir kennen weder den Tag noch die Stunde. – Ich erlasse in eigener Verantwortung alle heute verhängten Strafen."

„Das darf nicht sein, Frau Herzogin. Wohin käme das Gericht!"

„Das überlassen wir Gott."

Sie öffnete die Tür:

„Die Strafen sind erlassen!"

Sie sagte es laut den draußen Klagenden und Weinenden.

„Sorgt dafür, dass ihr in Zukunft pünktlich seid in euren Verpflichtungen."

Das versprachen alle und versuchten, der Herzogin Hände zu küssen, was den Verwalter Ludolph anwiderte.

„So geht es nicht, nein, so nicht!" schimpfte er wütend, als die Herzogin mit ihrem ‚Gefolge' abgereist war.

Die Herzogin ermunterte mehrfach zu neuen Klostergründungen im Lande. Im Kastell Naumburg am Bober hatte sie einigen Gerichtsverhandlungen beigewohnt und die verhängten Strafen durch Zahlungen aus eigenen Mitteln oder Bitten bei ihrem Gemahl mildern können.

Heinrich weilte gern in diesem Kastell, weil die dortige Eigenkirche seinem Lieblingspatron, dem heiligen Bartholomäus, geweiht war. Dieses Kastell schien Hedwig für eine Klostergründung geeignet. Nach Rücksprache mit Bischof Laurentius, dem auch sehr daran gelegen war, reiste das Herzogspaar in Begleitung des Abtes vom Breslauer Sandstift und dem üblichen Gefolge dorthin, um die nächsten Schritte zu überlegen. Sie fanden dort Brüder vom Orden des heiligen Augustinus, die eine Propstei beginnen wollten.

Der Herzog war sofort bereit, ihnen das Dorf Popowitz bei

Sagan und alles, was ihm auf der rechten Seite des Schloßberges gehörte, zu schenken, um eine klösterliche Gemeinschaft zu gründen. Er versprach ihnen noch 120 Hufen Waldland für deutsche Siedler ‚iure teutonico', nach deutschem Recht, und andere Einkünfte, wenn er in den Verhandlungen mit Bischof Laurentius und dem Domkapitel erreicht hätte, dass das Bistum auf den Zehnten aus diesen Gebieten verzichten würde.

Als der Abt des Sandstiftes die Herzogin kurz allein sprechen konnte, dankte er ihr für diesen neuen Beginn:

„Einst wird man sagen, dass die Frau Herzogin die Propstei gestiftet und errichtet hat."

„Nein, es ist ganz das Werk des Herzogs, Herr Abt. Danket Gott, der unser armseliges Gebet erhört hat."

Sie wollte nicht genannt und gelobt werden. Nur das Lob Gottes und die Sorge um die Seelen lagen ihr am Herzen.

So opferte und betete sie auch inständig um die Errichtung neuer Pfarrbezirke, damit die Seelsorge ihrer Landeskinder geordnet wurde. Da waren viele Schwierigkeiten zu überwinden, besonders wenn es galt, auf den Zehnten eines ertragreichen Gebietes zu verzichten, um eine neue Pfarrei zu gründen.

Wie glücklich war die Herzogin, als auf ihren Vorschlag hin Heinrich der Bayer sofort bereit war, auf den Zehnten der zur Burg Lehnhaus gehörenden herzoglichen Eigenpfarrei zu verzichten zugunsten der neuen Pfarrei Neukirch an der Katzbach. Bischof Laurentius stellte schon bald die Urkunde aus und nannte darin ‚dux Henricus cum domina ducissa Hadeuige'.

Hedwig konnte nicht verhindern, dass neben des Bischofs und des Herzogs Siegel auch ihr Siegel geheftet wurde mit der Umschrift: ‚Had(e)wi(igis) (D)ei gracia (Zlesie) ducissa'

Oft gingen solche Rechtsübertragungen nicht so einfach vor sich; da kam es wegen der Zehntpflicht zu Streitigkeiten. Die Herzogin riet immer wieder zu Vermittlungsgesprächen, mischte sich selber aber nicht ein. Nach langen nächtlichen Gebeten kam sie zu der Erkenntnis, dass für solche Fälle ein unparteiischer Schiedsrichter hinzugezogen werden müsste. Sie unterbreitete es demütig ihrem

Gemahl und schlug ihm den ehemaligen Bischof von Halberstadt vor, den aus der Meißener Gegend stammenden Konrad von Krosigk, der jetzt als einfacher Zisterziensermönch im Kloster Sittichenbach bei Eisleben nur noch Gott in der Zurückgezogenheit dienen wollte. Oft war er aber schon aus dieser ersehnten Stille herausgerissen worden, um im päpstlichen Auftrag Streitigkeiten unter den Piastenfürsten zu schlichten.

Herzog Heinrich besprach sich mit Bischof Laurentius, und beide baten den bescheidenen und rechtskundigen Mönch um seine Hilfe bei den Auseinandersetzungen um die Zehntpflicht besonders der angesiedelten Deutschen.

Als die Herzogin ihm für seine Bemühungen dankte, winkte er ab:

„Danket Gott, dass wir tausend kleine Schritte für den Frieden tun durften."

In der Bischofsburg sprach man in sehr gespannter Erwartung:

„Was wird das von Papst Innozenz ausgeschriebene XII. Konzil im Lateran zu Rom bringen?"

Die alten Bischöfe wussten noch etwas vom letzten Konzil vor 36 Jahren, anno 1179, als es unter Alexander II., dem ebenbürtigen Gegenspieler Barbarossas, für die Papstwahl Zweidrittel-Stimmenmehrheit verlangte und des Mitspracherechtes des Kaisers überhaupt nicht mehr gedachte.

Vor über 1200 geistlichen Würdenträgern und Gesandten eröffnete der Papst das Konzil mit den Worten des Herrn:

„Mit Sehnsucht habe ich danach verlangt" und stellte der hohen Versammlung zwei Aufgaben: die Wiedergewinnung des Heiligen Landes und die innere Reform der Kirche.

Was konnte daheim in der herzoglichen Burg oder auf den vielen Reisen die Herzogin für das Konzil tun?

„Die Frau hat in der Kirche zu schweigen!" hatte Sankt Paulus gemahnt. In der Kirche, ja! Vor Gott aber nicht! Da flehte Hedwig um die allzeit notwendige Reform an Haupt und Gliedern. War dieses auch nur wie ein Fünklein unter der Asche, der wehende Wind des Heiligen Geistes konnte diesen Funken erfassen und daraus irgendwo in der Kirche einen Liebesbrand entfachen.

Die Herzogin sagte sich in ihrem unerschütterlichen Vertrauen:

„Der allmächtige Gott weiß in seiner Liebe schon, wohin er das armselige Opfer seiner unwürdigen Dienerin lenkt. Wenn er will, kann es sich auch einmal hier bei uns auswirken."

So betete, sühnte und opferte sie gleichsam ins Ungewisse hinein zusammen mit ungezählten andern, die von den Bischöfen, Äbten und Prioren vor ihrer Abreise nach Rom darum gebeten waren. Nicht so sehr aus Sorge um die Gefahren durch Flüsse, Schnee oder auch Räuber, sondern für die Gesamtheit der heiligen Kirche.

Die aktiv am Konzil Beteiligten spürten manchmal den Segen des Gebetes und Opfers, wenn Streitigkeiten entstanden, wenn Gelehrsamkeit triumphieren wollte und sich wichtiger nahm als die Sorge um die Seelen. Dann schlug unerwartet durch einen schlichten Sprecher, einen gar nicht mit Sprachgewalt Begabten, das Steuer um, und die erlauchte Konzilsversammlung horchte auf; denn hier hatte ein Beter gesprochen, der im Namen all der unbekannten Beter auf Drängen des Heiligen Geistes sich zum Wort gemeldet hatte.

So wurden nah und nach für die Reform der Kirche, die Reinerhaltung des Glaubens und die Besserung des sittlichen Lebens 70 Dekrete erlassen und in Kapitel zusammengefasst.

Der katholische Glaube wurde gegenüber den Irrlehren der Zeit fest umrissen; denn:

„Wir sind alle Kinder unserer Zeit und angesteckt von den Irrlehren unserer Zeit."

„Der Papst auch?" wagte einer still zu fragen.

„Nicht in Glaubens- und Sittenlehren", erklärte ihm ein Bischof, „aber in seinem Machtstreben; denn das Reich Gottes ist nicht von dieser Welt. Was nützt es ihm und der Kirche, wenn er viele Herrscher unter seine Lehnshoheit bringt? Wenn der König von England sich ihm unterwirft? Das alles vergeht. Aber was der Papst über die Verwandlung von Brot und Wein verkündet hat, das wird die Verehrung der heiligen Eucharistie ebenso heben wie die Anordnung, dass jeder gläubige Christ wenigstens einmal im Jahr zu beichten und zu kommunizieren hat. Ich betone das Wort ‚wenigstens'. Es ist doch eine Schande, dass manche Bischöfe und Priester kaum viermal im Jahr am Altar stehen und so nur selten das Gebot des Herrn erfüllen: ‚Tut dies zu meinem Andenken!'"

„Trotz seiner persönlichen und politischen Fehler glaube ich, dass Innozenz III. einmal der ‚Verwandler unseres Jahrhunderts' genannt werden kann", meinte ein anderer Bischof.

Viele Bischöfe kamen in Rom zu privaten Gesprächen zusammen, auch Erzbischof Heinrich mit seinen Bischöfen, darunter der Zisterzienser Christian aus einem Kloster in Polen, der, gerade jetzt zum Missionsbischof ernannt, noch 1215 in Rom geweiht und unmittelbar dem Heiligen Stuhl unterstellt wurde.

Ihnen lag besonders die Bekehrung der Preußen am Herzen. Es hatte sich nämlich gezeigt, dass ohne Hilfe der weltlichen Großen die dortige Mission schutzlos war.

Als Bischof Laurentius nach Breslau zurückkehrte, verkündete er den Gläubigen die Pflicht zur Beichte und Osterkommunion. Mit Herzog Heinrich besprach er die Christianisierung der nördlich von Polen wohnenden Preußen. Es gingen viele Greuelgeschichten über die ‚verteufelten Preußen' im Lande um, die den Hass schürten. Für die Herzogin eine neue Sorge, die sie nächtlich betend Gott vortrug. Sie opferte ihre Schmerzen und ihre ständige Müdigkeit auf, weil sie gehört hatte, dass die ‚Kreuzfahrer' durch eigennütziges Vorgehen der Mission in Preußen schadeten. Sie beschwor ihren Gemahl:

„Zwangsbekehrte Preußen fallen wieder ab und hassen uns Christen um so mehr. Ich glaube nicht an alle Geschichten, die von ihnen erzählt werden. Es ist nur natürlich, wenn sie den christlichen Glauben von Unterdrückern nicht annehmen wollen."

Während der vielen Überlegungen wegen eines ‚Kreuzzuges' gegen die Preußen starb der unermüdliche Innozenz III. Sein Nachfolger wurde der greise Honorius III. Er ermächtigte den Missionsbischof Christian in einem Schreiben, gegen alle ‚Kreuzfahrer', die durch gewalttätige Handlungen das Fortschreiten der Christianisierung hemmten, mit geistlichen Strafen vorzugehen. Der alte Papst ermahnte alle ‚Kreuzfahrer', die nach Preußen ziehen wollten, mehr auf Bekehrung als auf Unterjochung der Nichtchristen bedacht zu sein. Die Herzogin erfuhr von diesem Schreiben. Da sowohl Bischof Laurentius als auch ihr Gemahl ein gewichtiges Wort mitzureden hatten, wies sie unter vielen Bitten darauf hin, dass diese Mahnungen des Papstes sorgfältig beachtet werden müssten. –

Seit einiger Zeit hatte am herzoglichen Hof der vertriebene Markgraf von Mähren, Diepold III., mit seiner Gemahlin Adelheid, der Schwester Herzog Heinrichs, Zuflucht gefunden. An beide wandten sich die Herzogin mit der Mahnung, nicht eitlen Ruhm zu suchen, als sie erfuhr, dass der Markgraf mit Bischof Laurentius und ihrem Gemahl ‚Kreuzfahrer' gegen Preußen werden wollte, sobald mit den andern Bischöfen und Fürsten der Zeitpunkt vereinbart wäre. Erneute Sorge für ihr bedrücktes Herz, die sie dem empfahl, der dem Petrus gesagt hatte:

„Stecke dein Schwert in die Scheide!"

Welche Beweggründe mochten ihre machthungrigen Brüder, Herzog Otto und Bischof Ekbert, gehabt haben, dass sie am Kreuzzug des Ungarnkönigs Andreas ins Heilige Land teilnahmen? Sie wagte nicht, den Domherrn Nikolaus, dem sie viel Vertrauen schenkte und der durch seine Stellung als Notar des Herzogs ihre Brüder bestens kannte, danach zu fragen; denn er hatte ihr erst kürzlich die Nachricht gebracht:

„Euer Bruder, Erzbischof Berthold, ist unter Zutun des Kaisers zum Erzbischof von Aquileja gewählt worden, und Papst Honorius hat diese Übertragung des reichen Bistums mit 16 Unterbistümern gebilligt. Seit Jahrhunderten ist mit diesem Erzbistum der Titel ‚Patriarch' verbunden, so dass Euer Bruder nächst dem Papst die höchste geistliche Würde bekleidet."

„Wo ist Aquileja?" hatte Hedwig gleichgültig gefragt.

„Zwischen Venedig und Triest, leider in einer ungesunden Gegend."

Während der Domherr noch einige hervorragende Unterbistümer aufzählte wie Padua, Verona, Vicenza, Trient und Mantua, dachte Hedwig daran, dass ihr Bruder in Ungarn ausgepeitscht worden und mit einem bedeutenden Schatz entwichen war.

„Seit Mitte des zehnten Jahrhunderts ist Aquileja einer der Hauptstützpunkte der kaiserlichen Macht in Oberitalien. Darum wird sich der neue Patriarch neben seinem Erzbistum auch den Geschäften des Reiches zuwenden müssen."

Hedwig erschauerte innerlich bei diesen Worten, weil sie fürchtete, dass das Erzbistum für Bertholds prunkvolles Auftreten und die ständigen Auseinandersetzungen zwischen Kaiser und Papst bluten müsste. Der Domherr unterbrach der Herzogin sinnendes Schweigen:

„Er gilt als ein schöner Mann", sprach aber nicht davon, dass Berthold schroff, Kompromissen abhold und von zäher Beharrlichkeit war.

„Ich bitte Euch, Domherr Nikolaus, betet oft für ihn den Psalm ‚Miserere'; denn die Seele eines so schönen Mannes und hochgestellten Kirchenfürsten ist in vielerlei Gefahr."

Er versprach es. Sie aber vermehrte ihre Bußübungen für den ‚armen' Bruder Berthold.

Zu den stillen Freuden der Herzogin gehörte das Wachsen des geliebten Frauenklosters Trebnitz. Hedwig spürte, dass dort Glühen mehr geschätzt wurde als Wissen, wenngleich dieses wahrlich nicht vernachlässigt wurde.

Die Schule begann zu blühen. Auch hatte sich aus einstigen Schülerinnen ein Kern von nun verheirateten Frauen gebildet, die im Lande wie Sauerteig wirkten. Andere hatten die Klostergemeinde verjüngt.

Auch nach außen hin wuchs das Kloster sichtbar. Der Hochchor ging seiner Vollendung entgegen, und der Gesamtbau war bis zur Kapitellzone der Hauptschiffwölbung fast fertig. Freilich war alles noch ein großer Bauplatz. Viele neue Gefangene nahmen die Arbeit am Klosterbau auf. Sie waren dem Tod entronnen und wurden hier zwar als Bestrafte, aber nicht als Verbrecher angesehen und behandelt.

Abt Winnemar von Pforte und Abt Günther von Leubus waren nun zufrieden mit der strengen zisterziensischen Bauweise. Die geschulten Konversen wussten um die rechten Maße, die in ihrer einfachen Klarheit und damit Schönheit die geistige Haltung der Zisterzienser zum Ausdruck brachten, die überall zu spüren war, wo Graue Mönche und Nonnen wirkten.

In den vergangenen sechzehn Jahren war das hier so bescheiden begonnene Klosterleben erstarkt und versprach, ein großer Konvent von hundert Nonnen zu werden.

Welche Freude, als die Einladungen zur feierlichen Einweihung hinausgingen! Um darzustellen, dass es das Werk des Herzogs war, der allein die großen Kosten und Schenkungen getragen hatte, wurde dazu das Fest seines Lieblingsheiligen Bartholomäus gewählt.

Natürlich sollte die Kirche zunächst der allerseligsten Jungfrau Maria geweiht werden, wie es der Marienverehrung des heiligen Bernhard von Clairvaux entsprach, dann aber dem Apostel Bartholomäus. Heinrich der Bärtige konnte zusammen mit der Herzogin und seinem Sohn Heinrich an diesem Festtag sechs Bischöfe begrüßen:

Bischof Laurentius von Breslau, Paul von Posen und Lorenz von Leubus, die aus seiner Kanzlei hervorgegangen waren und mit denen er freundschaftlich verbunden geblieben war, dann den Bischof von Wloclawek und Christian von Preußen, dazu den ehemaligen Halberstädter Bischof und jetzigen Mönch Konrad von Krosigk.

Der Nachfolger für den verstorbenen Erzbischof Heinrich von Gnesen war noch nicht ernannt.

An diesem Tag wurde besonders der Baumeister und Steinmetz, Magister Jakob, geehrt und für seine Leistungen mit Grundbesitz beschenkt. Als er gefragt wurde, wie lange es wohl noch bis zur Fertigstellung des Kirchenschiffdaches dauern würde, meinte er:

„Fünf Jahre werden wir noch aufnehmen müssen. Ich hoffe doch, dass uns die Konversen bei der Anfertigung der notwendigen Bleiplatten helfen.“

Er sprach auch vom Dachreiter und dem von Herzog Heinrich gewünschten Westturm mit Glocken. Das entsprach zwar nicht der zisterziensischen Bauweise, aber der Wunsch des Stifters wurde von den beiden Äbten respektiert, zumal er niedrig und auf kleiner Grundfläche geplant war.

Alles in allem war der Festtag Ausdruck der Freude und Dankbarkeit gegen Gott, der die Stiftung so reich gesegnet hatte. Durch die Einweihungszeremonien wurde heute alles – behauene Steine, Mörtel und Kalk, der Fleiß der Konversen, der Facharbeiter, der Hörigen und Gefangenen, die ohne Ketten in sauberer Kleidung teilnahmen – einbezogen in das von der Welt ausgesonderte, geheiligte Haus Gottes.

Hedwig erkannte an der Art, wie die Nonnen – unter ihnen auch die geliebte, nun neunzehnjährige Tochter Gertrud – die Lob- und Dankgebete im Wechselchor sangen, deren inneren Jubel, diesem Konvent angehören zu dürfen, der Tag und Nacht nicht aufhörte, Gott zu loben und zu preisen. Ein Verdienst nicht zuletzt der ehrwürdigen Äbtissin Petrissa, die es meisterhaft verstand, die ihr Anbefohlenen in den Geist des heiligen Bernhard einzuführen.

Die Herzogin dankte in der abendlichen Vesper mit dem Chor der Nonnen:

„Mein Geist frohlockt in Gott, meinem Heiland!"

Sie kehrte beglückt zu ihren vielen und schweren Aufgaben als Landesmutter auf die Burg zurück. –

Die nächste große Fahrt für Hedwig und ihren Gemahl war die Vermählung ihres einzigen noch lebenden Sohnes Heinrich mit Anna, der Tochter des Königs Przemysl Ottokar I. von Böhmen, wohin das Herzogspaar mit großem Gefolge fuhr.

Auschlaggebend für diese Verbindung waren für den Herzog wohl auch politische Gründe wie zuvor bei der Verlobung des verstorbenen Sohnes Boleslaw mit dem lieben, drei Jahre in Trebnitz erzogenen Kind Agnes, der Schwester von Anna. Denn ein gutes Einvernehmen mit dem Nachbarland Böhmen machte Herzog Heinrich frei für die erstrebte Ausweitung seines Machtbereiches im Norden und Osten.

Hedwig erfuhr in Prag von mancherlei Heiratsplänen des Königs für seine Tochter Agnes. Als sie die Vierzehnjährige einmal allein sprechen konnte, sagte diese ganz offen:

„Ich möchte gar nicht heiraten. Helft bitte beten, dass ich dem Herrgott dienen kann und nicht den Eltern zu folgen brauche, auch wenn ich vorerst an den Babenberger Hof nach Wien muss."

Hedwig versprach es. Sie liebte Agnes sehr und hätte sie gern als Schwiegertochter gesehen, nun wurde ihr die neue Schwiegertochter Anna geschenkt. Sie hatte viel gebetet für die zukünftige Frau ihres Sohnes. Sie konnte ihr sagen:

„Mein Sohn Heinrich hat mir noch nie Kummer bereitet."

„Dieses gute Wort macht mich glücklich, Frau Herzogin."

„Nenne mich bitte Mutter, wenn wir unter uns sind, Anna."

Dazu war die Königstochter gern bereit:

„Ich danke dir, Mutter. Das erleichtert mir den Anfang unserer Ehe in Breslau.

Sie fanden zueinander, und keine Spur von Eifersucht war in Hedwig, dass sie den ihr so ans Herz gewachsenen Sohn Anna lassen musste. Sogar eine dankbare Freude wuchs in ihr über das keimende Lebensglück des jungen Paares. Hedwig gelobte Gott am Altar:

„Anna soll bei mir die Geborgenheit finden, die ich im Anfang meiner Ehe in Breslau vermisst habe. Lass mich eine gute Schwiegermutter sein!"

Zehnmal Großmutter

War das ein Gejauchze im Gemach, als die Babcia, die Großmutter, Herzogin Hedwig, ihre Enkelkinder badete! Sie hatte es von Anfang an so gehalten. Ihre Schwiegertochter Anna hatte nichts dagegen einzuwenden, dass die Frau Herzogin, die bei Tisch höher saß als die Königstochter aus Böhmen, ihren Kindern diente. Bei den vielen Gesprächen, die Anna mit der Mutter unter vier Augen geführt hatte, war ihre Bewunderung vor dieser großen Frau immer mehr gewachsen, die die Grundhaltung der Liebe, des Dienens und des Friedenbringens täglich verwirklichte. Hedwig hatte sie auch in das eheliche Leben eingeführt und sie an dem großen Schatz der Erfahrungen teilnehmen lassen, die sie selbst vor gut dreißig Jahren gemacht hatte.

Fünfmal war Anna seitdem Mutter geworden. Wahrlich, sie liebte ihren Gemahl. Er hatte auch ihr wie seiner Mutter Hedwig noch keinen Kummer bereitet. Sie war so gern seine Gattin, wusste aber auch, wie wohltuend die freiwillig überlegten Trennungszeiten waren, weil sich in ihnen die Sehnsucht und Liebe zueinander erneuerten. Jedes ihrer Kinder hatte sie in aller Zurückgezogenheit freudig erwarten dürfen.

Da waren sie nun beisammen im großen Zuber des geheizten Raumes und ließen sich von der geliebten Babcia im schäumenden Bad abreiben.

Hedwig schaute voll Freude auf sie. Ihr zu Ehren hatten die Eltern ihre Älteste Hedwig genannt. Es war damals eine schwere Zeit gewesen. Die Oder und Ohle waren weithin über die Ufer getreten, Tiere und sogar Menschen ertranken. Die Burg war ein großes Lager der Obdachlosen. Tag und Nacht hatte sich die Herzogin um die Klagenden gekümmert, ihnen geholfen und Mut zugesprochen.

Ähnlich machte es jetzt die kleine Hedwig, als sie sich mit der zweiten, Agnes, um die dritte Konstantia, und die vierte Elisabeth, liebevoll kümmerte, während die Großmutter die Jüngste, Gertrud, in einem kleinen Zuber besonders badete.

Es war ein Stimmengewirr. Die Kinder sprachen Polnisch, Deutsch und Böhmisch durcheinander, ja sogar einige Brocken Mährisch, die sie von der vertriebenen Tante Adelheid aufgeschnappt hatten. Die Worte quirlten fröhlich durcheinander, weil sich die Kinder im warmen Wasser wohl fühlten.

Hedwig schaute auf Elisabeth. Sie war benannt nach der jungen Gemahlin des Landgrafen Ludwig von Thüringen, der liebreichen Tochter ihrer so grausam ermordeten Schwester Gertrud.

Beim Anblick von Agnes wurde die Herzogin erinnert an Annas Schwester, die sie so gern als Schwiegertochter gehabt hätte und für die sie viel betete, damit deren Herzenswunsch, dem Herrn als Braut Christi zu dienen, trotz aller Heiratspläne der königlichen Eltern in Erfüllung gehen würde. Die Enkelin Agnes wurde zu der Zeit geboren, als Herzog Heinrich I. mit Konrad von Masowien gegen die Preußen ins Kulmer Land gezogen war und Kloster Leubus das Tochterkloster Mogila an der Weichsel gründen konnte.

Blickte Hedwig Konstantia an, dann wurde sie an die schreckliche zweite Überschwemmung erinnert und die dabei entstandene Hungersnot in ihrem Vorwerk Zewina. Da hatte sie auf dem Markt verkünden lassen:

„Alle Bedürftigen sollen zum Vorwerk kommen und sich um Gottes willen eine Gabe holen!“

Ach, wie hatte der Verwalter gejammert, dass er alles Getreide verteilen musste! Als noch mehr Bittsteller kamen, hatte die Herzogin befohlen:

„Schlachtet das Vieh und verteilt das Fleisch, aber gerecht!“

Als auch das noch nicht genügte, musste der Verwalter gegen seinen Willen den ganzen Vorrat an Käse herausrücken. Zu guter Letzt ließ Hedwig noch Fett und Salz zur Bereitung des Gemüses verteilen. – Sie hatte damals Gott gedankt, dass sie geben durfte und dass kein nennenswerter Streit bei der Verteilung entstanden war.

Gertrud erinnerte sie an ihre damalige Angst und Not, weil Herzog Heinrich die alte Senioratsvorherrschaft an sich reißen wollte und acht Tage vor Krakau lagerte.

Hedwig gestand sich ehrlich ein, dass sie seine ehrgeizigen Pläne jetzt nicht mehr so beeinflussen konnte wie vor dem feierlichen Gelöbnis.

Sie wurde aus ihrem Sinnen herausgerissen, weil Katharina warmes Wasser aus der Küche heraufschleppte. Dieses Kind hatte ihr Gemahl vom Preußenzug mitgebracht. Es hatte weinend im Burghof gestanden, als Heinrich beutebeladen heimgekehrt war! Da hatte Hedwig ‚ihre Beute' erspäht, das verschüchterte Kind an ihr Herz gedrückt, es gebadet und bekleidet und seitdem immer um sich gehabt. Katharina gehörte ihr jetzt wie eine Tochter. Hedwig hatte sie in der christlichen Lehre unterrichtet und auf die Taufe vorbereitet. Wie hatten ihre Augen bei der feierlichen Handlung geleuchtet und als sie mit strahlendem Weiß bekleidet wurde! Dieses Kind hatte die Sprache der Liebe schneller verstanden als die fremden Worte, die sie nur mühsam, aber mit viel Geduld der Herzogin erlernte. Nun war sie zutraulich und froh, der Babcia helfen zu dürfen.

Und die Großmutter empfand es so wohltuend, mitten im Fragen und Antworten der Enkelkinder an manches zu denken, was es Kleines und Großes in der Burg gegeben hatte.

Mit feinem Lächeln erinnerte sie sich an die damalige Begebenheit, als der Beichtvater ihr Schuhe schenkte, weil er nicht wollte, dass sie barfuß ging. Sie tat es nämlich, weil sie auf der Burg Meißen gehört hatte, dass der eifrige Seelenhirte Bischof Eid barfuß durch den Schnee gegangen war. So wollte sie seinem Vorbild folgen. Aber der Beichtvater hatte ihr im heiligen Gehorsam befohlen, die Schuhe stets zu tragen. Als Gertrud geboren wurde, war er unverhofft gekommen und hatte sie ernstlich wegen ihres Ungehorsams getadelt, da er sie wieder barfuß umhergehen sah. Sie aber hatte ihren alten Mantel ein wenig zur Seite geschoben und ihm die Schuhe gezeigt, so neu, wie sie dieselben empfangen hatte, ohne eine Spur von Abnutzung, und dabei demütig gesprochen:

„Mein Vater, ich war gehorsam. Hier sind die Schuhe. Ich habe sie oft getragen."

Als dann ein neuer Beichtvater kam, bat die Schwiegertochter Anna ihn, die Herzogin zu nötigen, die Schuhe auch anzuziehen;

denn Hedwig bekleidete ihre Füße wohl mit Strümpfen, aber die Schuhe trug sie weiter unter dem Arm.

Endlich erreichte Hedwig durch dringliches Flehen bei diesem neuen Beichtvater, dass er ihr um der Liebe zu den Armen willen erlaubte, mit bloßen Füßen einherzugehen, wenn nicht öffentliche Pflichten verlangten, als Herzogin aufzutreten.

Damals war bis zur Burg die Kunde gedrungen vom Tod des fröhlichen, freiwillig armen Franziskus von Assisi und seinem Wort:

„Brüder, aus einer Hütte steigt man leichter zum Himmel empor als aus einem Palast. Lasst uns also dem Herrn dankbar sein!"

Es wurde auch erzählt, dass der Herzogin Nichte, Elisabeth von Thüringen, während der Kreuzfahrt ihres geliebten Gatten Ludwig als Regentin im Hungerjahr alles Einkommen zur Speisung der Armen verteilte, sehr zum Ärger ihres Schwagers Heinrich Raspe. –

Fünf Mädchen, frisch gebadet und bekleidet, waren um die Herzogin, als die Matka Anna eintrat und von allen jubelnd begrüßt wurde. Die Älteste hängte sich der Mutter an den Hals und fragte ganz leise:

„Matka, Mama, bekommen wir auch mal ein Brüderchen?"

Da lächelte die Mutter ihre Hedwig an. Es war ja auch der große Wunsch ihres Gatten; denn wenn dieses Piastengeschlecht ohne Manneserben bleiben würde, dann könnte Herzog Heinrich der Bärtige seine Zukunftspläne jetzt schon begraben.

„Wir wollen den himmlischen Vater zusammen darum bitten."

Die andern hatten etwas aufgeschnappt und fragten:

„Um was denn, Matka?"

„Um ein Brüderchen."

Als alle sogleich stürmisch damit anfingen und die kleine Gertrud dazu „Amen!" sagte, meinte die Mutter scherzhaft:

„Vielleicht kommen nach den fünf Mädchen noch fünf Jungen."

Da tanzten die Mädchen vor Freude. Herzogin Hedwig trug wiegend die fröhlich mitkrähende Gertrud auf ihren Armen, während Katharina geschäftig alles aufräumte.

Anna nahm der Großmutter die Kleine ab, weil sie wusste, dass die Herzogin sich jetzt um ihre Armen kümmern wollte. Es warteten nämlich schon viele Bittsteller im Burghof. Die größeren Mädchen ermahnte sie:

„Lauft, der Herr Hofmeister wartet schon auf euch zum Unterricht!"

Die Ehrfurcht der jungen Herzogin Anna vor der Großmutter ihrer Kinder wurde oft in den frühen Morgenstunden erneuert, wenn sie bei der Messfeier in ihrer Nähe kniete. Hedwig verbarg sich bei der Mitfeier der heiligen Geheimnisse des Glaubens unter dem Schleier, den sie nur etwas öffnete, wenn sie der geliebten Anna den vom Altar empfangenen Friedensgruß weitergab. Manchmal war das Antlitz der Begnadeten mit Tränen überströmt, zuweilen waren sie sogar blutig. An andern Tagen konnte das Angesicht der in Andacht versunkenen Beterin wie von Licht umstrahlt sein, als wäre sie nicht von dieser Welt. Dann war die Schwiegermutter und Großmutter, die einen praktischen Blick hatte in der Sorge um die Enkelkinder und alle ihr Anbefohlenen, eine andere. Dann weilte sie bei Ihm, den sie liebte und in dem sie alle liebte als die Glieder seines Leibes. Scheu und ehrfürchtig kniete Anna auf dem Boden neben ihr und suchte nicht einzudringen in das, was der himmlische Bräutigam seine Braut offenbarte. Sie gedachte vielmehr des Wortes aus dem Hohenlied:

„Weckt sie nicht auf! Lasst meine Braut nicht zum Erwachen kommen, bis sie selbst es will."

Da Liebe eine größere Erkenntnisquelle ist als der nüchterne Verstand, erkannte die junge Herzogin Anna tiefer als andere ihrer Umgebung die Frömmigkeit ihrer herzensguten Schwiegermutter, die ihr das Einleben auf der fremden Burg erleichtert hatte.

Eines Tages hörte sie von Ritter Kosmas, der in Diensten der Herzogin stand:

„Es ist schon oft vorgekommen, dass ich in mancherlei Geschäften vor ihr stand, während meine Gebieterin dem Gebet oblag. Dabei war sie so versunken in ihrer Andacht, so ihren Sinnen abgestorben, dass sie mich nicht hatte kommen hören. Ja, es dauerte geraume Zeit, bis sie wieder zu sich kam."

„Ich danke Euch, Ritter Kosmas, dass Ihr es mir berichtet habt, aber schweigt bitte vor andern darüber. Sie könnten sonst über das, was sie nicht verstehen, spotten."

„Ich weiß es, Herrin. Sogar einer ihrer Kleriker, der mit den andern über den langen Altardienst unwillig war, verfasste den Spottvers:

‚In sola missa	‚Nicht hat mit einer Messe
non est contenta ducissa.	die Herzogin genug.
Quotquot sunt presbyteri	So viele Priester sind,
missas tot oportet habere.'	so viele Messen wünscht sie.'"

„Es ist traurig, Ritter Kosmas, wenn Priester die heilige Messe nicht so schätzen wie die Frau Herzogin, die nicht einmal eine Klosterfrau ist. Wer so wie sie den heiligen Geheimnissen beiwohnt, möchte sich von ihnen nicht lösen. Daher auch ihre Liebe zu allem, was damit zusammenhängt. Weil sie die Zierde des Hauses Gottes liebt, sucht sie dieses ‚thalamus Dei', dieses Brautgemach Gottes, zu schmücken. Wieviel hat sie für Kirchen und Altäre an Schmuckgegenständen und kostbaren Paramenten gestiftet! Aus eigenen Mitteln hat sie die Gewänder für die Priester, die Leviten und die Altardiener herstellen lassen, ja selbst angefertigt. Die Frauen ihres Gefolges hat sie angeleitet, wie sie es im Kloster Kitzingen gelernt hatte, feine Arbeit in Goldfäden und kostbarer Seide anzufertigen."

„Ich weiß es, Frau Herzogin, aber viele sehen alles als übertrieben an und spotten darüber."

„Übertreibt die Liebe nicht sehr oft? Nur wer liebt, wer Ehrfurcht vor der Liebe hat, begreift, dass Liebe nie genug tun kann."

„Freilich, Frau Herzogin, nur verstehen viele nicht, dass die Frau Herzogin die Priester, ja jeden Kleriker mit außergewöhnlicher Ehrfurcht behandelt. Wir kennen doch manche, die es nicht verdient haben."

„Ritter Kosmas, es geht der Frau Herzogin nicht um Verdienste. Sie kennt genau die Schwächen der Geistlichkeit. Aber für sie steht der ‚Klerus' – das Wort bedeutet Auserwählung von Gott – höher als die Armseligkeit der Menschen, die Gott zu seinem heiligen Dienst berufen hat. Denkt nur an Kajafas, der wahrlich kein Vorbild eines Hohenpriesters war."

„Frau Herzogin, ich denke jetzt besonders an einen gewissen Gallikus, einen Kleriker, der mit den Siedlern aus Wallonien gekommen ist. Er hat die Kirche, der er dienen soll, bestohlen. Ich weiß nicht was, vielleicht goldene Gefäße. Er sitzt im Gefängnis. Ich weiß nicht, ob er schon zum Tode verurteilt ist oder noch darauf wartet."

„Ich weiß darum, Ritter Kosmas. Ich weiß auch, dass die Herzogin darunter leidet und auch wohl büßt, weil ein Gottgeweihter solch todeswürdiges Verbrechen begangen hat. Aber sie sieht wie bei den andern Gefangenen nicht nur die Tat, sondern den Täter, der erbarmungswürdig bleibt. Wie Ihr wisst, hat sie schon viele vom Galgen errettet."

„Müsste ein Geistlicher nicht strenger bestraft werden als ein anderer Verbrecher, der aus Not gestohlen hat?"

„Wenn es nur nach der Gerechtigkeit ginge, ja! Aber unsere Frau Herzogin sieht in Petrus, der seinen Herrn verleugnete, und in Judas, der ihn verriet, dennoch die auserwählten Apostel. So sieht sie auch in Gallikus, dem Wallonen, die heilige Würde, die er nie verliert. Sie hat sich für ihn schon an die Richter gewandt und hört nicht auf zu bitten, und wenn sie auf den Knien betteln muss, bis sie auch diesen Schuldigen befreit und auf den guten Weg zurückgeführt hat."

Herzog Heinrich II. trat hinzu. Da musste sich Ritter Kosmas entfernen.

Anna erzählte ihrem Gemahl von dem Gespräch.

„Ich weiß um der Mutter Anliegen.. Sie hat auch mich gebeten, beim Vater für ihn vorstellig zu werden."

„Wirst du es tun, Heinrich?"

„Kann ich denn den bittenden Augen meiner Mutter etwas abschlagen?"

Wochen des Bangens gingen dahin, bis Gallikus auf das inständige Bitten der Herzogin unversehrt aus der Haft entlassen wurde. Er wurde ins Kloster Leubus gesandt, um dort bei harter Rodungsarbeit seine Untat zu büßen und durch das Beispiel der frommen Mönche zu einem Leben für Gott und mit Gott zurückzufinden.

Hedwig sang auf den Knien das Te Deum laudamus und erklärte ihrer Umgebung:

„Gott will nicht den Tod des Sünders, sondern dass er sich bekehre."

Die Freude trieb sie am Abend hinaus. Beim Anblick der Sternenpracht und des gewaltigen Himmelsgewölbes entflammte ihr Geist in heiliger Sehnsucht nach dem himmlischen Vaterland. Mit dem Auge der Beschauung drang sie durch die unzähligen Sternenbilder bis vor den Thron der Herrlichkeit Gottes und fühlte sich von hellem Licht umflossen. So sehr war sie von ihrem inneren Glanz erfüllt, dass sie im nächtlichen Gebet dankte:

„Vater, ich weiß, dass du mich allezeit erhörst. Schenke Gallikus mit dem geretteten Leben auch deine Gnade! Du hast ihn zum heiligen Dienst auserwählt. Mache ihn dazu wieder bereit und heilig, damit er dir in Ewigkeit danke."

Hedwig litt unter dem ständigen Hin und Her der Auseinandersetzungen ihres Gemahls mit den andern Piastenfürsten, konnte ihn aber nicht mehr wie früher beeinflussen. Auch vermochte sie die politischen Verschiebungen nicht klar zu durchschauen. Ihre Macht war das Gebet. Wenn sie andere bat, mit ihr inständig um den Frieden zu beten, dann begründete sie es damit:

„Die Welt allein kann den Frieden nicht geben. Er ist eine erbetene Gnade."

Der Zankapfel schien in Krakau zu sein, das nach altem Piastenbrauch dem Ältesten des Fürstengeschlechtes zustand. Nach dem Tode Mieszkos, des Großfürsten von Polen, war diese Senioratsvorherrschaft durchbrochen worden, weil er seinem Neffen Lesko von Sandomir Krakau verliehen hatte; denn sein eigener Sohn Wladislaw Laskonogi hatte sich wegen seiner Zerwürfnisse mit der Geistlichkeit dort nicht halten können. Er erhielt nur die großpolnischen Lande, auf die aber Wladislaw Odoniz Anspruch erhob, der Sohn seines älteren, verstorbenen Bruders.

Auch Konrad von Masowien spielte in dem Streit eine Rolle, weil er jetzt der älteste Piast war und seinem Bruder Lesko den Besitz von Krakau neidete.

Mit Hedwig beteten und opferten die Nonnen in Trebnitz und die Mönche in Leubus, damit es nicht zu einem Feldzug kommen möchte.

Auf einem Landtag in Großpolen sollte ein Verhandlungsversuch für eine gütliche Verständigung gemacht werden. Lesko hatte dazu Heinrich den Bärtigen als Berater eingeladen. Auf Hedwigs inständige Bitten hin erklärte sich der Herzog bereit, an der Beratung teilzunehmen. Er hatte ihr verschwiegen, dass schon ein Kriegszug gegen Odoniz vorbereitet wurde, weil er mit seinem Schwager Swantopolk gemeinsame Sache machte, der sich seinen Vasallenpflichten gegenüber Lesko entzog.

Zu den Verhandlungen in Gonsawa bei Trzemeszno in Großpolen im November 1227 stellte sich auch der Pomerellenfürst Swantopolk ein. Sie nahmen einen guten Verlauf, so dass die Einigung ganz nahe zu sein schien.

Da kam der 23. November, an dem Swantopolk – wohl mit Wissen seines Schwagers Odoniz – die beiden Fürsten Lesko und Heinrich überfallen ließ. Lesko entkam durch die Flucht, wurde aber in Mareinkowo nahe bei Gonsawa von Swantopolks Leuten ereilt und niedergehauen.

Eine andere Schar suchte Herzog Heinrich. Er hatte sich zu einem Bad zurückgezogen, und sein Ritter Peregrin von Wiesenburg hielt vor der Tür Wache. Als er den Mannen den Zutritt verwehrte, wurde er niedergemacht und erlag bald darauf seinen Wunden. Heinrich der Bärtige wurde ernsthaft verwundet, kam aber mit dem Leben davon, weil Swantopolk seine Leute zurückrief und Herzog Heinrich sagen ließ, dass der Überfall nur Lesko gegolten hätte.

So durfte Herzog Heinrich mit der Leiche seines Getreuen davonziehen.

Boten jagten zur Herzogin und brachten ihr die Nachricht. Sofort eilte Hedwig mit zwei Frauen ihrem verwundeten Gatten entgegen, um ihn auf der Burg, wo sie ihn antraf, in Gegenwart der Frauen so lange zu pflegen, bis er nach Breslau zurückkehren konnte, wo die steinalte Mutter Anna dem Verwundeten mit ihren Heilkräutern wertvolle Hilfe leistete.

Dem Ritter Peregrin von Wiesenburg wurde im Kloster Leubus ein ehrenvolles Begräbnis bereitet, an dem Hedwig mit ihrem Sohn teilnahm. Herzog Heinrich bedachte Peregrins Söhne mit reichen Geschenken. In diesen Wochen der Trauer und ängstlichen Sorge um den Verwundeten brachte Herzog Heinrich II., der inzwischen die Regierungsgeschäfte für den Vater führte, ihm eine frohe Botschaft ans Krankenlager. Auf seinen Armen trug er ihm mit leuchtenden Augen das sechste Enkelkind zu:

„Ein Sohn, Herzog Heinrich!"

Heinrich der Bärtige legte dem Kleinen die Hände auf:

„Herr, ich danke dir, dass unser Mannesstamm nicht erlöschen wird", und er fragte:

„Wie soll er heißen?"

„Wie der Großvater ihn benennen möchte."

„So soll er den Namen seines Urgroßvaters Boleslaw tragen."

Die Mädchen jubelten, und Anna war stolz:

„Endlich ein Sohn!" –

Als Herzog Heinrich genesen war, brachte der Kaufmann Emil vom Markt die Nachricht aus Eisenach:

„Frau Elisabeth auf der Wartburg hat einem dritten Kind das Leben geschenkt."

Hedwig schaute den Kaufmann durchdringend an:

„Ihr wisst mehr! Berichtet!"

„Ja. Die Nachricht ist bitter. Erst nach der Niederkunft wagte man, Eurer zwanzigjährigen Nichte mitzuteilen, dass ihr Gemahl Ludwig vom Kreuzzug nicht zurückkehren würde."

„Was ist ihm zugestoßen?"

„Er erlag zu Brindisi dem Fieber."

„So ist wahr, was ich betend schaute", klagte Hedwig vor sich hin, dem Kaufmann nicht verständlich. Laut fragte sie:

„Wie nahm Elisabeth die Nachricht auf? War sie gefasst?"

„Ihre Niedergeschlagenheit war übergroß, anfänglich auch die Trauer auf der Burg. Aber Ludwigs Nachfolger, Heinrich Raspe, vertrieb bald die Schwägerin mit ihren Kindern, und niemand in Eisenach durfte sie aufnehmen. Nachdem sie an vielen Türen vergeblich angeklopft hatte, wies man ihr bei einer öffentlichen Herberge einen halbzerfallenen Stall an."

„Wo ist sie jetzt?"

„Eine Zeitlang weilte sie bei Eurer Schwester Mechthild im Kloster zu Kitzingen, ging dann zu Eurem Bruder Ekbert nach Bamberg. Dort wohnte sie auf der Felsenburg Pottenstein und wartet auf die Leiche ihres Gemahls. Er soll im Hauskloster Reinhardsbrunn beigesetzt werden."

Als der Kaufmann Emil schwieg, befahl die Herzogin:

„Redet weiter! Ihr wisst noch mehr."

„Wissen ist zuviel gesagt. Es gehen Gerüchte um, dass der beim Kaiser angesehene Bischof Ekbert sie wieder vermählen will."

Hedwig witterte Unheil, sie kannte ihren plänemachenden Bruder.

„Mit wem?"

„Es sind nur Gerüchte."

„Nennt sie!"

„Ich habe sagen hören, mit dem verwitweten Kaiser Friedrich selbst."

„Gott verzeihe meinem Bruder!"

Der Kaufmann schaute sie verständnislos an und wurde entlassen:

„Ich danke Euch für die Nachricht."

In der Kapelle betete Hedwig lange vor dem Kreuz und wiederholte oft:

„Herr, lass es nicht zu! Verzeihe meinem Bruder! Er kennt diese zarte, tapfere, selbstlose Frau nicht. Gib ihr die Kraft, allen Verlockungen dieser Welt zu widerstehen und entschieden Nein zu sagen. Es geht nicht um Ruhm und Ehre. Gib ihr die Kraft, dir auf dem Weg des Kreuzes zu folgen! Du kennst ja das bittere Los der Witwen. Hilf ihr, du starker Gott! Amen."

Die Freude über die Geburt des zweiten Enkelsohnes, Heinrich, wurde belastet durch neue Auseinandersetzungen wegen Krakau. Leskos Witwe übertrug Heinrich dem Bärtigen die Regentschaft für ihren erst 17 Monate alten Sohn Boleslaw und überließ ihm Stadt und Land Krakau, so dass er Ende August 1228 als Herzog von Schlesien und Krakau urkundete. Herzog Heinrich übernahm dafür auch den Schutz über das Herzogtum Sandomir.

Konrad von Masowien neidete ihm den Besitz von Krakau und die Vormundschaft über Leskos Sohn Boleslaw und zog gegen Heinrich in den Krieg. Die Verwüstungen des Landes brachten neues Elend und keine Befriedigung, als Konrad von Masowien besiegt war.

Hedwig ahnte neues Unheil und versuchte, ihren Gemahl durch Bitten zu bewegen, Konrad von Masowien entgegenzukommen. Sie fastete besonders streng, obwohl sie sich auch sonst nie satt aß, und sie flehte unaufhörlich zu Gott um Hilfe, aber Herzog Heinrich blieb allen Vorstellungen gegenüber taub und fühlte sich in Krakau sicher. Er entließ sogar sein Heer und schickte seinen Sohn nach Breslau zurück.

So verging der Winter.

Um ihrem Gemahl ein sichtbares Zeichen zu geben, dass sie mit seiner Machtausdehnung nicht einverstanden war, änderte Hedwig ihr Siegel als Herzogin von Schlesien nicht.

Als sie ihren Frauen am Gründonnerstag mit besonderer Hingabe die Füße gewaschen hatte, bat Ritter Kosmas dringend, die Herzogin sprechen zu dürfen. Es musste schon etwas Wichtiges sein; denn Ritter Kosmas achtete sehr die Andachtsübungen seiner Herrin.

Hedwig zwang sich zur Gelassenheit, als sie in sein ernstes Gesicht schaute und forderte:

„Sagt mir alles!“

„Ihr wisst, dass der Herr Herzog sein Heer entlassen hatte und den Krakauern vertraute. Aber er wurde getäuscht. Als er in Spytkowice an der Weichsel, etwa eine Stunde von Krakau entfernt, dem Gottesdienst beiwohnte, drangen bewaffnete Krakauer in die Kirche ein, verwundeten Euern Gemahl, rissen ihn hoch, fesselten ihn und schleppten ihn eilends fort.“

Hedwig hörte den Ritter an, als sagte er ihr nichts Neues.

„Es waren Konrad von Masowiens Häscher, die ihn schon lange bespitzelt hatten und ihn nun in dessen Burg Plock brachten, wo er in sichere Gewahrsam, wenn nicht gar im Verlies sitzt, Herrin."

Hedwig sprach voll Sanftmut:

„Hoffentlich wird ihn der Herr bald befreien und ihm völlige Genesung von seinen Wunden schenken! – Weiß mein Sohn darum, Rittes Kosmas?"

„Ja, Herrin. Er ist schon unterwegs, um ein Heer zu seiner Befreiung zusammenzurufen."

„Ich danke Euch, Ritter Kosmas, dass Ihr es mir sogleich berichtet habt. Bitte geht jetzt. Ich muss alles versuchen, um noch Schlimmeres zu verhüten."

Ritter Kosmas verneigte sich und ging. Er schätzte seine Herrin und wusste, wieviel Unheil sie schon hatte verhindern können. Aber hier war nur Gewalt möglich. Was konnte eine schwache Frau schon gegen Konrad von Masowien ausrichten!

Als nach Osten viele aufgebotene Mannen in der Burg und im Ort lagerten, tagte ein Kriegsrat. In der großen Halle standen die Berater um Herzog Heinrich II. Wie staunten sie, als die Herzogin mitten unter sie trat und ihren Sohn fragte:

„Was plant ihr?"

„Mutter, nachdem unsere Verhandlungsangebote abgelehnt wurden, müssen wir den Vater mit Gewalt befreien."

„Frau Herzogin, Konrad von Masowien hat Euren Gemahl frevelhaft in der Kirche überfallen und fortschleppen lassen. Das können wir nicht ungestraft hinnehmen. Wir haben dem Herzog Treue und Gefolgschaft gelobt."

„Ihr wollt der heimtückischen Gewalt mit Gewalt begegnen?"

„Wie anders sollen wir ihn befreien, Frau Herzogin?"

„Wir sind stark genug. Das ganze Land folgt uns gegen Konrad, den Friedensbrecher."

Hedwig ließ alle reden und schwieg vorerst.

Heinrich schaute sie verwundert an.

Sie blickte ihm in die Augen.

Er senkte sein Haupt, als sie in gewohnter Weise mahnte:

„Du hast mich nie betrübt, Heinrich. Betrübe mich auch jetzt nicht! Der Vater wird nicht durch einen Feldzug befreit."

„Wie denn sonst, Mutter?"

„Widersprich mir nicht, Heinrich!" verlangte sie leise. „Der Herr hat in der Nacht, da er verraten und gefangen wurde, dem Petrus gesagt, als er dem Malchus das linke Ohr abhieb: ‚Stecke dein Schwert in die Scheide; denn wer das Schwert ergreift, wird durch das Schwert umkommen!' Ich will kein Blutvergießen. Es ist schon allzuviel Blut geflossen. Ich selbst werde meinen Mann lösen!"

„Du, Mutter?"

„Unmöglich!" riefen alle.

„Ihr kennt Konrad von Masowien nicht!"

„Ich kenne ihn. Er war lange Zeit mit dem Herzog Heinrich verbündet."

„Jetzt geht es aber nicht um gemeinsame Feinde, sondern um den Besitz von Krakau."

„Ich weiß alles. Ich werde zu ihm gehen und mit ihm verhandeln."

„Ihr wollt Euch in die feste Burg Plock wagen?"

„Den weiten Weg, Mutter, willst du bei deiner angegriffenen Gesundheit machen?"

Ein Blick genügte, und der Sohn wagte keine weiteren Einwände.

„Was starke Männer nicht vermögen, muss eine schwache Frau wagen. Niemand wird mich zurückhalten können von diesem Friedensgang."

„Aber, aber ... Eine starke Begleitung wird die Frau Herzogin benötigen."

„Das stimmt, aber nicht eure, ihr Getreuen des Herzogs."

Hedwig blickte die Männer ernst an und fragte:

„Kennt ihr nicht das Wort: ‚Gott hat seinen Engeln befohlen, dass sie dich begleiten auf allen deinen Wegen?'"

„Allein?"

„Kennt ihr nicht die Macht der Machtlosen?"

Sie wussten nichts zu antworten.

„Bringt mich mit einem Wagen ohne Waffenbegleitung an die Grenze von Masowien. Von dort gehe ich zu Fuß."

„So wollt Ihr Euch vor Konrad von Masowien verdemütigen, Frau Herzogin?“

„Nicht vor ihm. Ich werde mit ihm verhandeln, ich bettle nicht. Ich will viele tausend kleine Schritte um den Frieden tun. Keine Gewalt darf hinter mir stehen, sonst bin ich ohnmächtig vor ihm.“

„Wie wollt Ihr mit ihm verhandeln?“ fragte besorgt der Notar.

„Darum betet, wie auch ich bete, dass mir die Gedanken und Worte geschenkt werden, die notwendig und klug sind, wenn ich vor ihm stehe.“

Sie dachte an des Herrn Wort, dass die Jünger die Worte nicht überlegen sollten, wenn sie vor Statthaltern und Königen ständen.

„Die Piasten sind eine Familie. Seit meinem zwölften Lebensjahr gehöre ich zu ihnen. In einer Familie gibt es Meinungsverschiedenheiten. Solche dürfen nicht mit Gewalt, mit Hass, Hader, Zank und Streit ausgetragen werden.

Wir müssen alles tun, um miteinander zu reden und Auswege zu finden aus den schwierigsten Lagen. Auf Heimtücke antworten wir mit unbewaffneter Offenheit, auch auf die strittige Frage des Vormundschaftsrechtes. Ich trete für meinen Gemahl mit der ganzen Kraft einer schutzlosen Frau ein und komme mit nüchternen und handfesten Vorschlägen, bis wir zu einem Vertrag kommen.“

„Den wird er wieder brechen, wie wir Konrad von Masowien kennen“, rief Heinrich ärgerlich dazwischen.

„Dann wird der befreite Herzog entscheiden. Jetzt entscheide ich für ihn. Ich muss diesen Weg gehen.“

Heinrich fragte:

„Wann gedenkst du zu reisen, Mutter?“

„Sobald das Heer entlassen ist.“

Da murrten einige.

„Jeder Tag, an dem das Heer versammelt bleibt, verlängert des Herzogs Haft.“

„Es ist schwierig, ein so starkes Heer wieder zu entlassen.“

Hedwig blickte den Sprecher ernst an:

„Versteht Ihr nicht, dass ich nur als schutzlose Frau, ohne ein aufgebotenes Heer, mit Konrad von Masowien verhandeln kann? Ich würde doch umsonst zu ihm gehen, wenn er mich fragen würde: ‚Und was bedeutet das Heeresaufgebot?‘ Oder meint ihr, dass seine Späher ihm noch nicht von dem geplanten Feldzug berichtet haben?“

Sie stand noch eine Weile still dabei, als sich die Hauptführer besprachen. Dann sagte sie unmissverständlich:

„Entlasst die aufgebotenen Leute zur Friedensarbeit. Sie ist notwendiger als nutzloses Blutvergießen.“

Damit wandte sie sich um und ging zum Herrn in die Kapelle, um seine Hilfe zu erflehen für ihren Alleingang. –

Es kostete den jungen Herzog Heinrich Mühe, der Mutter unabänderlichen Willen gegen die Herrführer durchzusetzen. So konnte sie erst nach einer Woche mit dem Wagen abfahren. In Trebnitz bat sie Petrissa und Gertrud um ihr Gebet. Sie versprachen, mit dem ganzen Konvent besondere Nachtwachen zu halten, damit der Wohltäter ihres Klosters bald befreit würde. Dann reiste die Herzogin eilig weiter auf Kalisch zu. Da sich das Kalischer Gebiet noch weithin jenseits der dreiarmigen Prosna erstreckte, konnte sie einen großen Teil des langen Weges im Wagen zurücklegen. So hatte es ihr vorsorglicher Sohn gewollt.

Die Mutter hatte eigentlich den ganzen Weg als Bußgang zu Fuß machen wollen, aber um die Zeit der Gefangenschaft abzukürzen, hatte sie schließlich eingewilligt zu fahren.

Hedwig betete unterwegs ihre Psalmen und überdachte nüchtern und sorglos die kommenden schweren Verhandlungen. Am Grenzort ließ sie den Wagen bis auf einen umkehren. Dann ging sie in ihrem schlichten Mantel barfuß auf dem Weg nach Plock, der alten Hauptstadt Masowiens, weiter.

Als sie eine Weile gegangen war, kam ein Gefährt an ihr vorbei und hielt. Der Kaufmann Moses und sein Sohn begrüßten die Frau Herzogin und fragten nach ihrem Ziel. Als sie erfuhren, dass sie nach Plock wollte, sagten sie erstaunt, dass sie ebenfalls dort zu tun hätten. Sie luden die Herzogin ein, den Wagen zu besteigen:

„Ein kommendes Unwetter droht die Wege zu verschlammen. Und Ihr kommt mit uns schneller an Euer Ziel.“

Hedwig sah es als eine Fügung Gottes an und dankte für die Hilfe

‚von oben‘, zumal sie den ihr bekannten Kaufleuten vertrauen konnte. Merkwürdig erschien ihr nur, dass soviel Platz im Wagen war, der doch sonst bis oben hin voll Ware steckte.

Die Kaufleute hatten gute Pferde, und so kamen sie schnell voran. Sie schwiegen während der Fahrt durch das ebene Land mit seinen vielen Schafherden und sprachen nur die notwendigsten Worte mit der Herzogin. Dass sie ihren Plan, der Herzogin zu helfen, besonders gut überlegt hatten, verschwiegen sie wohlweislich.

Als sie am jenseitigen Weichselufer Plock liegen sahen, wiesen sie auf die Kathedrale und fragten die Herzogin, ob sie dort aussteigen möchte.

„Gern. Und ich danke herzlich für die freundliche Mitnahme."

Sie öffnete ihren Beutel und wollte Moses eine Entlohnung geben. Der winkte energisch ab:

„Es war uns eine Freude, die Frau Herzogin sicher nach Plock geleiten zu dürfen."

Hedwig betrat die Kathedrale und betete dort lange. Dann ging sie zur Burg hinauf.

Die Wächter wollten ihr nicht glauben, als sie sich als Herzogin von Schlesien vorstellte und den Herzog von Masowien zu sprechen verlangte. Sie wurde von oben bis unten gemustert.

Da sagte sie in ihrer einfachen, aber unmissverständlichen befehlenden Art:

„Meldet mich dem Herzog! Er weiß, worum es geht."

Hedwig musste warten. Das ist das Los der Bittsteller. Auch das gehörte zur freiwillig gewählten Ohnmacht.

Konrad von Masowien war betroffen, als ihm die Ankunft der Herzogin von Schlesien gemeldet wurde. Wie sollte er sich verhalten? Der Überfall in der Kirche bei einem Gottesdienst des Landtages zu Spytlowice war ein Sakrileg, das gegen ihn zeugte. Andererseits musste es jetzt auf Biegen oder Brechen in der Krakauer Frage und der strittigen Vormundschaft zu einer Entscheidung kommen.

Seine Späher hatten ihm berichtet, was sich in Breslau ereignet hatte. Auch er hatte sich schon auf einen Kampf gerüstet, und die Burg war besetzt mit bewaffneten Mannen.

Konrad von Masowien beriet sich mit seinen engsten Vertrauten und entschloss sich, die bittstellende Herzogin höflich, wenngleich mit Zurückhaltung, zu empfangen. Ihre schlichte Kleidung wollte er nicht beachten. Es war ihm bekannt, dass sie – entgegen andern Fürstinnen – die einfache Art bevorzugte.

Die Herzogin wurde in das Innere der Burg geführt und ihr ein Sessel angeboten. Sie aber blieb stehen.

Die Tür öffnete sich, Herzog Konrad trat ein und begrüßte sie mit einer Verneigung. Mit einer Handbewegung forderte er sie auf, Platz zu nehmen. Hedwig aber blieb weiterhin stehen und schaute mit ihren glanzvollen Augen in die seinen. Das machte ihn unsicher, und er suchte nach Worten. Weil er schwieg, begann die Herzogin mit ruhiger Stimme:

„Ich komme zu Euch, um die Lösung meines Gemahls zu erbitten. Ich komme allein, ohne Schutz und Wehr. Ich komme mit noch geringerer Macht zu Euch als einst der kleine David zum Riesen Goliat. Er aber erschien im Namen des Herrn. Genauso komme ich auch zu Euch."

„Bisher habe ich alle Angebote Eures Sohnes Heinrich abgelehnt. Euer Gemahl hat zwei Feldzüge gegen mich, seinen Oheim, geführt. Sie haben uns viele Verluste gebracht. Die Krakauer waren mit ihm nicht einverstanden und haben ihn gefangengenommen."

„Die Krakauer, Herzog Konrad?"

„Ja, die Krakauer, Frau Herzogin Hedwig."

„Ihr meint wohl Eure Anhänger, die meinem Gemahl Unterwürfigkeit heuchelten und ihn durch ein Sakrileg heimtückisch überfielen, ja verwundeten. Das ist und bleibt eine Schande für Euch, Herzog Konrad."

„Ich bin verwundert, dass Ihr mit Vorwürfen kommt, um die Besprechungen einzuleiten. Ist das der Weg dazu?"

„Die Wahrheit wird uns frei machen, Herzog Konrad. Wegen dieses Unrechtes wollten meine entrüsteten Getreuen gegen Euch in den Krieg ziehen. Ich habe diesen Feldzug verhindern können und komme allein als die Gattin eines Piastenfürsten zu einem Piastenherzog, mit dem mein Gemahl zusammen gegen die ihn bedrohenden Preußen gezogen ist. Ich suche den Frieden unter den verwandten Piasten, denen ich fast vierzig Jahre angehöre."

„Ich ehre Eure Bemühungen, Frau Herzogin, aber Euren Gemahl darf ich nicht freilassen, auch wenn er mein Neffe ist. Kann ich sonst etwas für Euch tun? Darf ich Euch Speise und Trank reichen lassen?"

„Ich bin nicht gekommen, Eure Gastlichkeit in Anspruch zu nehmen. In der Burg, in der mein Gemahl verwundet und, ich weiß nicht wie, eingekerkert gehalten wird, kann ich nicht Speise und Trank, die Zeichen friedlicher Gastlichkeit, annehmen. Ich bin gekommen, Euch zu fragen, welche Bedingungen Ihr für die Freilassung stellt."

„Das werde ich mir überlegen müssen. Heute kann ich es nicht entscheiden."

„Bedenkt, dass sie so ausfallen müssen, dass mein Gemahl, wenn Ihr ihn aus dem Kerker entlasst, sie freiwillig unterschreiben kann."

„Ich werde es bedenken. Nochmals biete ich Euch an, mein Gast zu sein."

„Unmöglich kann ich hier Gast sein, wo mein Mann eingekerkert ist. Ich werde sonstwo unterkommen. Wann können die Besprechungen beginngen?"

„Morgen um die gleiche Zeit."

Sie verneigte sich vor ihm und ging. Im Hospiz bei der Kathedrale fand sie als Pilgernde bescheidene Unterkunft.

Konrad von Masowien ließ noch am gleichen Abend Herzog Heinrich aus dem Kerker holen, ihm ein Bad bereiten und ihm Haar und Bart scheren. Auch ließ er ihm ein gutes Mahl vorsetzen und ihn in ein Gemach mit einem Ruhelager bringen, allerdings unter strenger Bewachung.

Herzog Heinrich konnte sich den Wandel nicht erklären.

Hedwig besuchte am andern Morgen die heiligen Messen in der Kathedrale. Dann betrat sie die Burg. Die Herzogin fragte nicht nach dem Befinden ihres Gemahls. Sie wollte kein Mitleid.

Konrad von Masowien nannte einige Bedingungen. Der Hauptpunkt war der Verzicht auf Krakau und die damit verbundene Vorrangstellung unter den Piastenfürsten. Auch die Vormundschaft über den unmündigen Knaben, die Verwaltung des Herzogtums Sandomir für Leskos Söhne und geldliche Entschädigungen für die beiden Feldzüge fielen darunter.

„Ihr fordert sehr viel, Herzog Konrad. Ihr erpresst den Gefangenen. Ich mache einen andern Vorschlag."

Konrad horchte auf.

„Die Familien der Piasten müssen aus dem Verwandtenstreit heraus. Sie müssen sich nicht mehr als Gegenspieler, sondern als Familienangehörige betrachten, die Gemeinsamkeit wollen und alle strittigen Fragen in Verhandlungen miteinander regeln. Feldzüge und Überfälle sind die schlechtesten Friedensbemühungen."

„Was schlagt Ihr vor?"

„Ich biete Euch den Austausch von Gefangenen an und als Entgelt für das strittige Vormundschaftsrecht die Verlobung meiner Enkeltöchter mit Euren Söhnen. Dann ist für die Zukunft ein Band zwischen den Familien. Was die jetzige Generation nicht schafft, kann die zukünftige in gemeinsamer Familienpolitik erreichen."

„Ihr versucht nicht, mich mit Tränen zu rühren, gar einen Fußfall. Der hätte mich nicht umgestimmt. Aber Eure praktischen Vorschläge sind weiterer Beratung wert. Ich werde sie mir überlegen. Kommt bitte morgen wieder."

Er geleitete die Herzogin sogar hinaus und sagte ihr, dass er ihrem Gemahl inzwischen eine bessere Behandlung hätte zuteil werden lassen. Sie dankte ihm nicht, aber sie nickte kurz dazu. Dann ging sie ins Hospiz, aß ein wenig und verharrte lange betend in der Kathedrale. In der Vesper tröstete sie das Wort:

„... et exaltavit humiles - ... die Demütigen erhöht er."

Als sie am andern Morgen den Priester beten hörte, dass es recht und billig wäre, Gott für alles Dank zu sagen, überdachte sie viele empfangene Wohltaten, darunter auch, dass sie dankbar sein musste, gleich zu Anfang in Schlesien die polnische Sprache erlernt zu haben. Wie hätte sie sonst die so schwierigen Verhandlungen hier in Plock führen können?

Heute erwartete sie die entscheidende Besprechung. Sie betete, dass der Herr ihr dabei den Mund öffnen möchte:

„Nicht ich, sondern du lösest die Gefangenen."

Sie dachte dabei nicht nur an ihren Gemahl, sondern auch an die Austauschgefangenen, die schon allzu lange in Unsicherheit harrten. Als sie die Burg betrat und in des Herzogs Gemächer geführt wurde, waren seine Ratgeber schon anwesend.

Der Notar verlas die einzelnen Teile der Abmachung Punkt um Punkt. Zu einigen, die Hedwig vorgeschlagen hatte, nickte sie. Als er aber andere vorlas, in denen sie für die Zukunft eine versteckte Gefahr fürchten musste, weil sie nicht aufrichtig zu sein schienen, fügte sie kleine, aber entscheidende Worte ein. Mochte der Notar auch bemerken, dass es auf diese kleinen Zusätze nicht ankäme, sie erregte sich nicht und blieb wie immer in der Art gelassen, aber in der Sache fest.

Der Notar staunte auch, wie die so schlicht gekleidete Herzogin die lateinische Sprache beherrschte.

An einigen Stellen erschien es ihm sogar, dass die Herzogin nicht die Bittstellerin, sondern die Bestimmende war; denn ihre Friedensangebote waren handfest, nüchtern und klug gewählt.

Als es dann zum entscheidenden Punkt kam, dass der Herzog auf Krakau verzichten müsste, erklärte sie ruhig:

„Das kann die Herzogin nicht entscheiden, das muss der Herzog selbst tun."

Daraufhin gab Konrad von Masowien ein Zeichen, den Gefangenen hereinzuholen.

Hedwig benutzte diesen Augenblick und trat in eine Fensternische, schaute hinaus und betete um Kraft, ruhig und gefasst bleiben zu können.

Heinrich bemerkte sie beim Eintreten nicht. Sie drehte sich auch nicht um. Sie wollte hier keine Begrüßung.

Konrad von Masowien hatte einen strengen Tonfall, als er sagte:

„Unterhändler aus Breslau haben mit uns die Bedingungen für deine Freilassung aufgesetzt."

Herzog Heinrich, bleich und gealtert, schaute sich nach solchen um, sah aber keine.

Der Notar las die einzelnen Punkte vor.

Herzog Heinrich war so matt, dass er sich nur mühsam auf den

Beinen halten konnte. Jeder Satz war ihm wie eine erneute Demütigung nach dem hinterhältigen Überfall und der schmählichen Entführung nach Plock in eine bittere Haft.

„Herzog Heinrich von Schlesien, bist du bereit, auf die Ansprüche von Krakau zu verzichten?"

Er wusste nicht, was er antworten sollte.

War denn niemand da, der ihm riet und der ihm Kraft gab?

Schließlich stammelte er:

„Wenn es nicht anders geht, *coactus*."

Der Notar erklärte Herzog Konrad, dass Herzog Heinrich es nur *gezwungen* tun würde.

Es gab ein erregtes Hin und Her.

„Dieses Wort kann unmöglich in eine Urkunde aufgenommen werden", betonte der Notar.

Alles schien mit diesem Wort zu stehen oder zu fallen.

Da trat Hedwig aus der Fensternische heraus.

Herzog Heinrich musste sich am Tisch festhalten, als er sie in ihrem ärmlichen Gewand erblickte.

Sie begrüßte ihn nicht, aber sie schaute kurz mit ihren gütigen Augen. Dann fragte sie:

„Herzog Konrad, würdet Ihr im umgekehrten Fall anders handeln?"

Sie wartete nicht auf eine Antwort und fuhr fort:

„Muss dieses mühsam ausgehandelte Abkommen jetzt schon in einer Urkunde festgelegt werden? Können nicht weitere Friedensverhandlungen folgen, wenn die Familien zuerst einmal durch Verlöbnisversprechungen einander nähergekommen sind? Genügt es nicht, dass die Herzogin von Schlesien durch den Einfluss auf ihren Sohn dafür gesorgt hat, dass es nicht zu erneutem Blutvergießen kam und das Heer entlassen wurde?

Steht sie nicht auch in Zukunft dafür ein, dass alles auf friedlichem Wege durch Verhandlungen geregelt wird, die freiwillig unterzeichnet werden und nicht *coactus*?"

Sie nickte ihrem Gemahl zu:

„Die Bedingungen für die Lösung aus der Haft sind schwer genug,

Konrad von Masowien. Aber um des wirklich lieben Friedens willen sollen sie angenommen werden. Ich bitte auch meinen Gemahl darum, dass er Gedanken des Friedens hege und nicht der weiteren Plage, wie die Kirche am letzten Sonntag betete."

Es war erstaunlich: Konrad von Masowien und seine Ratgeber gingen auf Hedwigs Vorstellungen ein, und es wurde keine Urkunde über die Bedingungen zur Freilassung Herzog Heinrichs aufgesetzt. Es galten die mündlichen Zusicherungen in Gegenwart der Herzogin. Sie, die sonst als Fürstin zurücktrat, hatte ebenso kühn wie eigenwillig in eine Entscheidung eingegriffen und eine friedliche Beilegung durchgesetzt. Es genügten auf beiden Seiten die mehrfach ausgesprochenen Worte:

„Tak! … Tak! … Tak!"

Mochten sie ebenso Bestand haben wie diese bei der Eheschließung des Herzogspaares von Schlesien vor fast vierzig Jahren.

Nach diesen Worten erklärte Konrad von Masowien Herzog Heinrich für frei. Er ließ die Bewachung hinausgehen und erbot sich, ihn wie üblich mit einem Geleit zur Landesgrenze bringen zu lassen.

Erst dort näherte sich Hedwig ihrem Gemahl und ließ sich von ihm die Hand küssen.

„Jadwiga, ich danke dir!"

„Heinrich, ich danke dir für deine Friedensbereitschaft. – Deine Enkelkinder warten auf dich. Der kleine Heinrich kann schon laufen."

„Was macht Boleslaw?"

„Er treibt allerlei Mutwilligkeiten. Ich muss ihn oft ermahnen."

„Ach, Jadwiga, er macht nur Spaß. Hab doch Freude an seinen Einfällen."

„Mich kann er nicht täuschen, Heinrich. Ich fürchte für ihn."

„Kinder treiben Kindhaftes, Jadwiga. Sorge dich nicht! Wie geht es Anna?"

„Sie hat dir einen dritten Enkelsohn geschenkt."

„Wie habt ihr ihn genannt?"

„Wir haben auf den Großvater gewartet. Er möchte den Namen geben."

„Dann wollen wir ihn Konrad nennen zum Zeichen, dass wir es mit dem Frieden ernst meinen. Aber dass ich zum Verzicht auf Krakau gezwungen wurde, bleibt ein Unrecht."

Erschöpft bestieg er den Wagen, der ihn auf die Burg Breslau zurückbrachte.

Am Vigiltag vor Epiphanie 1230 traf der päpstliche Legat Wilhelm von Modena in Breslau ein. Bischof Laurentius berichtete ihm von neuen Klöstern und Pfarreien und dass er die Erzpriester der Archidiakonate Breslau, Glogau und Oppeln streng verpflichtet hatte, die Geistlichkeit und die Gemeinden regelmäßig zu visitieren.

In einer Urkunde von diesem Tage nannte sich Heinrich I. ausdrücklich nur Herzog von Schlesien. Er besprach mit dem Gesandten seine erzwungene Verzichtleistung auf Krakau.

Wilhelm von Modena wusste von andern Bischöfen, dass die Krakauer von der gewalttätigen Herrschaft Konrads von Masowien nichts wissen wollten, der sogar danach trachtete, das Herzogtum Sandomir seinem Neffen Boleslaw zu entreißen und es seinem eigenen Sohn, der ebenfalls Boleslaw hieß, zu geben.

Der Legat riet Herzog Heinrich, ein Gesuch an den Papst zu richten, mit der Bitte um Entbindung von dem erzwungenen Verzicht. Er legte ihm nahe, sich bis zum Entscheid in Urkunden weiterhin nur als Herzog von Schlesien zu bezeichnen.

Der Notar setzte das Bittgesuch auf, und Herzog Heinrich unterschrieb es wie besprochen.

Der päpstliche Gesandte ließ sich auch ausführlich von der Herzogin über die dreitägigen Verhandlungen in Plock berichten. Er lobte ihre Friedensbemühungen und schrieb in seinem Bericht:

„Voll Schrecken über die Verluste der sich selbst bekriegenden Christen und das Blutvergießen, wollte die Herzogin als Dienerin Christi für alle opfern. Sie trat persönlich vor den, der ihren Mann gefangen hielt. Kaum sah er die Dienerin Christi, da war er beim Anblick ihres engelgleichen Angesichts plötzlich bewegt und erschrocken, legte seine Unbeugsamkeit ab, schloss Frieden und ließ den Herzog frei."

Dann folgten die Bedingungen zur Freilassung und der erzwungene Verzicht auf Krakau.

Als die Herzogin in den Tagen darauf schwer erkrankte, suchte Herzog Heinrich sie auf und war erschrocken über ihr Aussehen. Er hatte durch ihren Sohn von der strengen Lebensweise der Mutter gehört und befahl ihr ernstlich, sich mit Fleischspeisen zu stärken.

Sie versprach zu gehorchen. Da wurden ihr aus der Küche die besten Fleischspeisen gebracht. Aber auf Befragen ihrer Schwiegertochter Anna klagte sie, dass ihr Geist von dem Fleischgenuss mehr beschwert würde als der Körper von der schweren Krankheit gepeinigt.

Anna verstand die Mutter und gab ihr den Rat, nur ein wenig von dem Befohlenen zu kosten. Sie erreichte dann bei ihrem Gemahl, dass er die Mutter nicht mehr bedrängte und ihr die gewohnte Lebensweise ließ. –

Auch noch acht Monate später, als Anna wiederum als werdende Mutter im stillen Lähnhaus weilte, urkundete Heinrich I. nur als Herzog von Schlesien.

Dann wurde es anders. Heinrich der Bärtige hielt sich nicht mehr an seine erzwungene Verzichtleistung und vermochte sich zum zweitenmal in den Besitz von Krakau zu bringen. Das kam schon nach dem Weihnachtsfest 1230 zum Ausdruck, als er in einer Urkunde seinen vierten Enkelsohn Mesko erwähnte und sich wieder Herzog von Schlesien und Krakau nannte; denn Papst Gregor IX. hatte ihn inzwischen von der erzwungenen Verzichtleistung entbunden. Er nahm jetzt die Rechte seines Schützlings Boleslaw von Sandomir wahr.

Die Leute, die gegen ihn den Überfall durchgeführt hatten, waren in des Herzogs Ungnade gefallen und eingekerkert. Hedwig hörte davon und bemühte sich sofort um die Gefangenen. Sie besprach sich mit dem Kanzler und Domherrn Thomas.

„Euer Gemahl ist erzürnt und verbittert über die Haltung dieser Männer. Sie haben damals so getan, als wären sie seine treuesten

Gefolgsleute. In Wirklichkeit waren sie bestochene Werkzeuge Konrads von Masowien. Ich glaube kaum, dass Ihr dises Mal erreicht, dass Euer Gemahl Gnade vor Recht walten lässt."

„Ich will keinen rachedurstigen Gemahl."

„Es geht nicht um Rache, sondern um Gerechtigkeit."

„Nein! Ihr sagtet selber, dass er erzürnt und verbittert ist."

Hedwig war entschlossen, alles daran zu setzen, die Gefangenen zu befreien. Das gehörte zum versprochenen Friedenswillen.

Sie reiste nach Krakau zu ihrem Gemahl. Heinrich war sehr erstaunt, dass sie zu ihm kam. Sie machte ihm ernsthafte Vorwürfe, aber er ließ sich nicht erweichen. Sie holte sich Kraft in Gebeten und Nachtwachen. Jetzt schienen ihre Bemühungen auf größeren Widerstand zu stoßen als in der Burg Plock.

Sie suchte Heinrich erneut auf und bat:

„Mach dir die ungetreuten Leute zu Getreuen! Sei großzügiger als sie! Lass Gnade vor Recht ergehen! So macht es hoffentlich dereinst Gott mit uns!"

Sie blickte ihn an, aber er widerstand ihren Augen.

Vor Konrad von Masowien musste sie dreimal erscheinen. Bei ihrem nun wieder Herzog von Krakau gewordenen Gemahl viele Male.

„Ich kann dir dieses Mal deine Bitten nicht erfüllen, Jadwiga."

„Wenn mein Gemahl mir diese Bitten nicht gewährt, dann werde ich den Vater der Barmherzigkeit so lange bestürmen, bis er sie mir erfüllt."

Noch oft versuchte sie, sich bei ihm Gehör zu verschaffen. An manchen Tagen wurde sie unter fadenscheinigen Gründen nicht zu ihm vorgelassen. Schließlich schob sie die wachhabenden Ritter einfach beiseite und trat vor ihn. Inmitten seiner Gefolgsleute warf sie sich nieder unter vielen Tränen. Sie demütigte sich vor ihm. Sie redete ihn nicht als ihren Gemahl an, sondern als Herzog von Schlesien und Krakau. Sie stand nicht auf, als er sie dazu aufforderte. Sie umschlang sein Füße und küsste sie. Schließlich rief sie laut betend zum Herrn:

„Das Stöhnen der Gefangenen dringe zu dir! ...
Befreie die Todgeweihten durch die Kraft deines Armes!"

Diese Worte aus Hedwigs Stundenbuch bewirkten, dass ihr Gemahl nachgab.

Der Herzog befahl, die in Ungnade Gefallenen vorzuführen.

Als diese voller Sorge um ihr Leben zitternd vor ihm erschienen, deutete er auf seine Gemahlin:

„Danket der Herzogin von Schlesien und Krakau! Sie hat mich in Plock losgebeten. Sie hat auch euch die Freiheit erbeten, sofern ihr mir ungeheuchelte Treue gelobt. Ihr werdet euch von unten wieder nach oben hinaufdienen müssen. Die mir von euch zugefügten Wunden erinnern mich ständig daran, dass ihr den Tod verdient hättet.

Nun aber will auch ich den Frieden, den die Herzogin erfleht hat."

Zwischen den beiden Wladislaws, dem Laskonogi und seinem Neffen Odoniz, war es noch nicht zur Ruhe gekommen.

Der Oheim nahm den Neffen gefangen. Dieser entkam der Haft und bedrängte mit seinem Schwager Swantopolk Laskonogi derart, dass er aus dem Land fliehen musste. Er starb Mitte August 1231 in Ratibor bei seinem Oheim, Herzog Kazimierz. Sein Land hatte er Herzog Heinrich dem Bärtigen vermacht.

Hedwig erkannte die großen Schwierigkeiten, seine Ansprüche gegen Wladislaw Odoniz geltend zu machen. Sie fürchtete einen neuen Krieg und beriet sich, wie so oft schon, mit dem Kanzler Thomas, der ihr darlegte:

„Herzog Odoniz ist sehr freigebig gegen die Geistlichkeit und hat deshalb einen großen Stand bei ihr und auch bei der römischen Kurie. Auch ich fürchte, dass es zu einem Krieg kommt, wenn nicht der Bischof von Posen vermittelt."

Hedwig schwieg bedrückt. Sie wusste, dass ihr Gemahl danach strebte, seinen Herrschaftsbereich für sich und seinen Sohn zielbewusst zu erweitern. Jetzt durfte sie sich nicht wieder in die Geschicke des Landes einmischen. Für sie gab es nur ihr ureigenstes Mittel: beten und büßen.

So achtete sie noch weniger als bisher auf ihre angegriffene Gesundheit und kümmerte sich um die Armen. Am meisten liebte sie die Aussätzigen. Ihnen galt jetzt ihre besondere Aufmerksamkeit. Einige aussätzige Frauen lebten in der Nähe des Ortes Neumarkt in einem neuen Hospital. Mehrmals in der Woche sandte sie ihnen Geld, Fleisch und Wildbret, auch Kleider und andere zum Leben notwendige Dinge. Die Herzogin versorgte sie wie ganz besonders geliebte Töchter. Ihre heilige Leidenschaft zum Geben konnte gerade bei diesen Ärmsten der Armen nicht genug tun.

Auch für die Enkelkinder opferte sie sich auf, soweit ihre Kräfte reichten und oft darüber hinaus, dass sie fast zusammenbrach.

Anna hatte sie früher gemahnt, sich Ruhe zu gönnen. Jetzt sagte sie es nicht mehr; denn sie hatte erkannt, dass die Herzogin Hedwig sich in Liebe und Fürsorge verzehren musste, besonders dann, wenn dem Land wieder eine Gefahr drohte. Anna hatte sogar, ihr selbst nicht bewusst, der Schwiegermutter Art angenommen und eiferte ihr nach. Sie war der Mutter innigste Vertraute und durfte sogar in der Kapelle in der Nähe sein.

Jetzt brachte Hedwig ihre Enkelinnen Konstantia, Elisabeth und Gertrud nach Trebnitz zur Äbtissin Petrissa, wo Hedwig und Agnes bereits erfreuliche Fortschritte machten. Sie bat ihre Tochter Gertrud dringend um das Gebet für den Vater.

Gertrud war die rechte Hand der altgewordenen Äbtissin, war sie doch schon fast zwanzig Jahre im Kloster.

Hedwig ließ sich das neue Tympanon am Westportal der Klosterkirche zeigen. Petrissa erklärte ihr, dass es Ähnlichkeiten hätte mit der Gnadenpforte am Bamberger Dom, den Bischof Ekbert so hervorragend schön hätte gestalten lassen.

Gertrud zeigte der Mutter, wie hier David vor der Königin Batseba die Zither spielt:

„Batseba und die Königin von Saba gelten als Prototypen für die Gottesmutter Jungfrau Maria. Darauf weist auch die Lilienkrone hin. Dieses Tympanon zeigt unsere Verbindung auf mit Eurem Bruder Otto, Pfalzgraf von Burgund, wie uns der Vaterabt erklärte, der ja die engen Beziehungen mit den Mutterklöstern in Frankreich pflegt."

Aber das berührte die Herzogin nicht so sehr.

„Ich freue mich, dass die allerseligste Jungfrau Maria hier sehr verehrt wird. Lerne du, liebe Gertrud, von ihr die Demut, Magd des Herrn zu sein."

Petrissa durfte sagen:

„Das tut sie auch, Frau Herzogin."

„Dann bin ich beruhigt, verehrte Petrissa."

Sie küsste ehrfurchtsvoll deren Rechte:

„Ich danke Euch für alles, was Ihr mir geschenkt habt. In Kitzingen und auch hier. Vor allem aber, dass Ihr meiner Bitte gefolgt seid und mit viel Mühe und Liebe Trebnitz zu dem gemacht habt, was ich wollte und was das Land brauchte."

Petrissa hatte für die Herzogin eine betrübliche Nachricht, die der Vaterabt aus Pforte mitgebracht hatte:

„Eure Nichte, die ehemalige Landgräfin Elisabeth von Thüringen, ist am 17. November 1231 vierundzwanzigjährig in Marburg gestorben. Allen Verlockungen zum Trotz hat sie an der heiligen Armut festgehalten, die sie nach dem Tod ihres Mannes gelobt hatte. Sie hat zuletzt die allerseligste Jungfrau Maria auf sich zukommen sehen und gebetet: ‚O Maria, komm mir zu Hilfe. Der Allmächtige lädt seine Freunde zur Hochzeit ein. Der Bräutigam kommt, die Braut zu holen.'"

Herzogin Hedwig war nicht traurig, im Gegenteil! Sie dankte Gott, dass er ihr eine solche Nichte geschenkt hatte. „Sie hat für ihre Mutter, meine arme Schwester Gertrud, und für uns alle gebüßt."

In einem stillen Gebet bat sie leise:

„Liebe gute Nichte Elisabeth, bete für deine armselige, sündige Tante Hedwig in der Herrlichkeit Gottes!" –

Bald darauf gebar Anna ihr zehntes Kind. Es erhielt den Namen Wladislaw. War es ein Friedenszeichen im Streit mit Wladislaw Odoniz? Einst war er Pate bei Hedwigs Benjamin gewesen.

Anna war nach diesem zehnten Kind geschwächt. Da ermahnte Hedwig ihren Sohn und seine Gemahlin:

„Ihr habt dem Piastenhaus von Schlesien und Krakau genügend Töchter und Söhne geschenkt."

Mehr brauchte sie nicht zu sagen; denn beide wussten um das Gelöbnis der Eltern vom Jahre 1209. –

Eilboten meldeten auf der Burg:

„Frau Herzogin, die Äbtissin Petrissa ist sanft im Herrn entschlafen."

Da ihr Gemahl in Krakau weilte, fuhr sie mit ihrem Sohn Heinrich zum Requiem und Begräbnis nach Trebnitz.

Hedwig dankte Gott, in heiliger Freude weinend, für diese erste Äbtissin, die fast zwanzig Jahre lang das von ihr heiß ersehnte Kloster aufgebaut und ihr selbst stets ein Stück Heimat geschenkt hatte. Vor allem hatte sie den guten Geist von Kitzingen nach Schlesien verpflanzt.

Die Herzogin hatte wahrlich allen Grund, Gott für das zu danken, was Petrissa an ihr getan hatte. Sie war Mitarbeiterin Gottes hier auf Erden geworden. Sie hatte die Zwölfjährige gelehrt, nicht nur Tak zu sagen, sondern das Wort auch zu vollziehen. Sie hatte sie gelehrt, in der Welt draußen wie eine Klosterfrau zu leben, in ihrem Gemahl Christus zu erkennen und zu lieben.

„Herr Gott, was wäre aus mir geworden ohne Petrissa? Ich danke dir, dass ich dir danken darf. Nimm diese kluge Jungfrau auf in deinen himmlischen Hochzeitssaal und lass sie teilhaben am Gastmahl des ewigen Lebens."

Nach einiger Zeit wählten die Nonnen Gertrud zur zweiten Äbtissin. Der Nachfolger des bedeutenden Bischofs Laurentius wurde des Herzogs Kanzler Thomas. Zusammen mit dem Abt von Leubus führte er die neue Äbtissin in ihr Amt ein und überreichte ihr Kreuz und Stab.

Hedwig war voll des Dankes gegen Gott, dass er das Leben ihrer jetzt zweiunddreißigjährigen Tochter so geleitet hatte. Vor welchem Los hatte der Herr ihre geliebte Gertrud bewahrt, die mit einem Königsmörder verlobt gewesen war!

Sie kniete vor der neuen Äbtissin nieder und bat sie, ihr die Hände aufs Haupt zu legen. Gertrud erfüllte den Wunsch der Mutter, musste sich aber zwingen, ebenso gelassen zu sein, wie die Mutter es stets war. –

Der Herzogin Gebet und Opfer um den Frieden waren nicht umsonst. Zwar waren die Besitzverhältnisse zwischen Herzog Heinrich und Wladislaw Odoniz noch nicht geklärt, aber der neue Bischof Thomas und Bischof Lorenz von Lebus trafen sich Anfang November mit Herzog Heinrich und Konrad von Masowien zu Friedensverhandlungen nördlich von Krakau.

Nun waren auch die Enkelinnen so alt, dass die in Plock versprochenen Verlobungen erfolgen konnen.

Nach zähen Verhandlungen wurde am 31. Dezember 1232 der Friede zwischen Konrad von Masowien und Herzog Heinrich dem Bärtigen urkundlich geschlossen. Herzog Heinrich war im sicheren Besitz von Krakau.

Ungebeugt

Boriwoj, ein Sohn der aus Mähren vertriebenen Adelheid, war am Hof von Breslau geblieben und nahm als Neffe des Herzogs an dessen Beratungen und Feldzügen teil. Auch als Vertriebener gehörte er zur Familie, ja zur Großfamilie auf der Burg. Er nannte Hedwig nur „Domina = Herrin“ und hatte Ehrfurcht vor ihrer unermüdlichen Sorge um die Armen, Kranken, Witwen und Waisen; die Dienstleute und Untergebenen, die Gefangenen, Arbeitshäusler, ja Verurteilten. Mochte sie sich im Alltag auch bewusst ärmlich kleiden, sie war für ihn die Fürstin, eine vorbildliche, ja ganz seltene Art von Herzogin. Niemand kam bei ihr zu kurz, das hatte er selbst erfahren. Er und seine Mutter waren zwar Vertriebene, aber sie wurden von ihr und dem Hof nicht wie unerwünschte Gäste behandelt oder als Familienangehörige zweiten Ranges. Sie erhielten selbstverständlich die ihrer Stellung zustehenden Diener und Hofleute, kostbare Pelze und schöne Kleider, die von der Domina in reicher Fülle ausgeteilt wurden.

Boriwoj anerkannte es dankbar gegenüber Anna:

„Die Domina richtet sich nach der Hofetikette, obwohl sie am liebsten mit jedem Armen von einem Teller essen würde, wenn es schicklich wäre.“

„Das freut mich von Euch zu hören, Boriwoj. Ich kenne aus meiner Jugend das Leben am Hofe. Eine solche Fürstin habe ich bisher noch nicht kennen gelernt. Darum bin ich ihr auch so von Herzen gern in allem untertan und gehorsam. Ich darf sagen, dass ich sie wohl von allen am Hofe am besten kenne, ja Mitwisserin vieler Geschehnisse bin, die andern verborgen sind. Wenn ich aus dem Leben heiliger Frauen lese, dann vergleiche ich sie mit der Frau Herzogin, die ich so gern Mutter nenne, wenn wir allein sind. Was sie meinen zehn Kindern als Großmutter bedeutet, ja was sie meinem Gemahl bedeutet, kann ich gar nicht aufzählen. Ich versuche immer, sie mir als Vorbild zu nehmen, aber ich kann ihr nicht folgen. Es ist etwas anderes, ob sie den Armen die Füße wäscht, oder ob ich es tue. Ich möchte mich auch in der Kleidung nach ihr richten, konnte aber bisher meine Eitelkeit noch nicht ablegen."

„Ich habe gesehen, Frau Herzogin Anna, dass Ihr vor der Herzogin zu stehen pflegt, auch wenn Ihr gesegneten Leibes wart."

„Ich will und muss ihr Ehrfurcht bezeigen, weil es am Hofe so viele Murrende gibt. Jetzt tadelten sie, dass die Frau Herzogin das Schuhwerk ihrer Dienerinnen mustert. Sie tut es doch nur, um ihnen zu helfen. Sie sind eifersüchtig auf das gefangene Preußenmädchen Katharina, weil es jetzt die Kunst erlernt, Goldstickereien anzufertigen. Die Murrenden wissen ja nicht, dass die Herzogin dabei vorsorglich denkt. Ich kann es Euch ja sagen: die Herzogin fürchtet, dass wir schweren Zeiten entgegengehen. Sie rechnet geradezu damit, dass Katharina einmal alles verlieren könnte. Dann hätte sie durch diese Kunst einen Broterwerb."

„Sieht die Domina nicht zu schwarz?"

„Darauf kann ich nur wenig sagen. Sie sieht Dinge, die wir nicht sehen. Sie weiß vieles, was wir nicht wissen. Sie schaut Zukünftiges, das sie uns nicht sagt. Ich weiß, aber ich muss schweigen ..."

Anna gedachte der Worte, die die Herzogin Hedwig von ihrer verstorbenen Magistra zu lesen bekommen hatte. Es waren Auszüge aus den Büchern der verehrten Hildegard von Bingen, die Petrissa von Kitzingen mitgebracht und ihr gezeigt hatte:

‚Grausame Kriege werden kommen. Eine Menge Menschen wird darin geschlachtet und viele Städte werden in Schutthaufen verwandelt werden ... Dann wird die Trostlosigkeit dem Troste Platz machen ... Ein in ferner Gegend wohnendes nichtchristliches Volk wird in die christlichen Länder einfallen und in siegender Stärke alles verwüsten. Man wird zur Einsicht gelangen, dass nur Gott helfen kann, und durch Bitten von Gott erlangen, dass jener Sturm aufhört und die Ordnung wiederhergestellt wird, was nicht ohne Hilfe von oben geschehen wird.‘

Anna schien in der Ferne schreckliche Dinge zu sehen; denn ihr Antlitz verfärbte sich. Plötzlich bat sie:

„Verzeiht, Boriwoj! … Ich fürchte mit der Domina die immer sich wiederholenden Feldzüge und ahne, zwar ohne Begründung, noch Schwereres. Würdet Ihr meinem Gemahl zur Seite stehen, wenn er glaubt, kämpfen zu müssen, und ihn beschützen, Boriwoj?"

Anna suchte ihre Schwiegermutter auf, um ihr von Agnes zu berichten; denn jetzt, da sie keine Kinder mehr erwartete, hatte sie die weite Reise nach Prag unternommen, um die Verbindung mit dem Königshof wieder aufzunehmen, die seit ihrer Hochzeit nicht mehr gepflegt werden konnte.

Hedwig erwartete sie schon.

„Agnes' erste Frage war nach Euch, Mutter. Sie liebt Euch innig und dankt für alles, was Ihr in den drei Kinderjahren ihr ins Herz gesenkt habt. Auch an die frommen Nonnen in Trebnitz denkt sie gern zurück."

Dann erzählte Anna von den verschiedenen Heiratsplänen ihres Vaters für Agnes.

„Hat Agnes es als Demütigung empfunden, dass die Verlobung mit dem Kaiserssohn Heinrich rückgängig gemacht und sie vom Babenberger Hof in Wien wieder nach Prag geschickt wurde?"

„Agnes nicht. Sie ist froh in ihr Land zurückgekehrt, aber der Hof war empört, und unser Vater machte dem englischen König Heinrich III. und dem inzwischen verwitweten deutschen Kaiser selbst Hoffnungen, die beide um Agnes warben. Aber sie wollte nichts mehr von irdischer Brautschaft wissen."

„Agnes widerstand", triumphierte Herzogin Hedwig.

„Der Tod unseres Vaters kam ihr zu Hilfe. Unser Bruder, König Wenzel, ließ seiner geliebten Schwester zunächst völlige Freiheit, ein Leben der Buße, der Nächstenliebe und Hingabe an Gott zu führen. Alles prunkvolle Leben am Hof wurde ihr mehr und mehr zur Pein."

Hedwig nickte verständnisvoll. Sie hatte von Agnes nichts anderes erwartet.

„Dann kam die zweite Werbung des Kaisers bei unserm Bruder Wenzel, und er bereitete die Brautfahrt vor."

„Welche Qualen für Agnes!"

„Sie hat zwar gelitten, legte aber alles vertrauensvoll in die Hände Gottes und schrieb selbst an Papst Gregor, er möchte die Ehe verhindern, weil sie sich Christus verlobt hätte. Und es gelang. Der Kaiser war zunächst über die Zurücknahme des Eheversprechens erzürnt, trat dann aber seine Agnes dem himmlischen Bräutigam ab."

„Bereitet sie sich auf den Eintritt in ein Kloster vor?"

„So kann man es nennen, Mutter. Sie trägt unter ihren reich gezierten königlichen Kleidern ein Bußgewand und fastet an der Tafel, aber so, dass es nicht oder kaum bemerkt wird. Sie geht zu den kleinen Hütten der Tschechen am Fuß der Burg und mildert so deren Erregung über die Bevorzugung der reichen Deutschen."

Hedwigs Haupt senkte sich mehr und mehr. Als Anna ihre Ermüdung sah, stand sie auf, aber Hedwig bat lächelnd:

„Erzähle weiter von Agnes, wie der Herr sie führt."

„Agnes ließ mit Einwilligung unseres Bruders die Söhne der Armen von Assisi nach Prag kommen. Sie erzählten ihr viel von Schwester Klara, der ersten der ‚Armen Frauen' im kleinen Kloster zu San Damiano bei Assisi.

Agnes schrieb an Klara, und der Bote, der den Brief in San Damiano abgab, brachte auch gleich eine Antwort zurück. Seitdem schreiben diese Gleichgesinnten sich umfangreiche Briefe. Agnes gab mir den ersten Brief zu lesen. Einen Satz daraus habe ich mir gemerkt: ‚Es ist ein großer und löblicher Tausch, Zeitliches für Ewiges zu lassen, Himmlisches für Irdisches zu gewinnen, Hundertfaches für eins zu erlangen und das ewige, selige Leben zu besitzen.'"

„Ein großes Geschenk für Agnes, eine solche Vertraute!"

„Ja, sie tröstet und stärkt Agnes, ihren Weg zu gehen."

„Wie verläuft er weiter?"

„Agnes hagt inzwischen alle ihre Wertsachen verkauft und begonnen, eine Kirche und ein Kloster zu bauen. Klara schickte zur Gründung des Klosters fünf ‚Arme Frauen'. Sie brachten ein Holzkreuzchen, einen Napf, einen Nonnenschleier und Paternosterketten mit. Anfang des Jahres wurde sie eingeführt. Der König hat sogar für dieses Kloster in einem Winkel der Moldau eine reiche Stiftung gemacht. Zu diesen Schwestern zog Agnes sich mit sieben adeligen

Jungfrauen zurück, noch nicht als Nonne; denn die Loslösung von der Welt ist wegen des königlichen Hofes nicht ohne Schwierigkeiten. Zu Pfingsten möchte alles so geregelt sein, dass sie mit den andern Jungfrauen die fürstlichen Kleider gegen das Ordenskleid der Armut eintauschen und sich dem himmlischen Bräutigam anverloben kann."

„Wie alt ist Agnes jetzt?", fragte die Herzogin nüchtern.

„Nächstes Jahr ist sie dreißig Jahre alt, Mutter."

„Dann habe ich 25 Jahre lang gern für sie gebetet, Anna. Pfingsten werde ich allein das Te Deum laudamus singen, wenn du in Prag der erhabenen Feier beiwohnst. Du wirst doch reisen?"

„Gern, Mutter!"

„Agnes wird weinen, aber mit wunderbarer Freude", sagte Hedwig vorausschauend und legte ihre Rechte auf Annas Hand.

Anna küsste sie ehrfurchtsvoll.

„Mutter, ich danke Euch in Agnes' Namen für all Eure Gebete und Opfer."

„Danke dem Herrn, der auserwählt, wen er will! Nicht mir, Anna!"

Hedwig bot Gott als Sühne für alle schrecklichen Feldzüge und Kriege ihren zerschundenen Leib an und alle ihre Armseligkeiten, wie sie ihre Sorgen als Landesmutter nannte, dass er die Herzen der Machthaber wenden möchte. Sie durfte ihren Gemahl nicht fortwährend bestürmen, die Waffen ruhen zu lassen. Es war vergeblich.

Jetzt war er mit seinem Sohn Heinrich und den Mannen gegen Odoniz gezogen. Als siegreiche Nachrichten zur Burg gelangten, bat Hedwig den Bischof von Posen in einem Schreiben dringend, den Frieden zu vermitteln.

Während sie auf Antwort wartete, kam von einer andern Seite Hilfe. Als ihr Gemahl und ihr Sohn zurückgekehrt waren, traf der erste Landmeister des Deutschen Ordens, Hermann Balk, auf der Burg ein. Er war dort kein Unbekannter. Der Hochmeister Hermann von Salza hatte diesen Mann aus einer märkischen Familie vor zwei Jahren beauftragt, die Preußen rechts der unteren Weichsel zu besiegen und dort Burgen zu errichten.

Hermann Balk rief die Piasten auf, untereinander Frieden zu schließen und gemeinsam mit ihm gegen die Preußen zu ziehen. Bischof Christian war nämlich in die Hände der Preußen gefallen, und es gab keine Möglichkeit, ihn auszulösen.

So trafen sich die einst feindlichen Verwandten, Konrad von Masowien und Herzog Heinrich, bei Chelmno/Kulm und zogen vereint mit dem Pomerellenherzog Swantopolk und Wladislaw Odoniz gegen die Preußen. Heinrich II. befehligte die schlesischen Truppen. Es kam zu einer schweren Schlacht an der in den Drausee mündenden Sorge, in der die Preußen empfindlich geschlagen wurden.

Die Folge war, dass das am Weichselübergang gelegene Kulm die sogenannte ‚Handfeste' erhalten konnte. Der Kaiser hatte dem Hochmeister des Deutschen Ordens den Besitz der eroberten Lande zugesichert.

Die ‚Handfeste' regelte Stadtrecht wie landesgesetzliche Bestimmungen. Magdeburger Recht, flämisches Erbrecht, schlesisches Goldrecht und Freiberger Silberrecht zeigten die aus andern Gebieten gemachten Erfahrungen. Das Kulmer Recht sollte fortan im eroberten Preußen gelten. So auch im gegründeten Kwidzyn/Marienwerder.

Nach diesem gemeinsamen Zug gegen die Preußen begannen Herzog Heinrich und sein Sohn neue Vorbereitungen zu einem Feldzug gegen Odoniz. Er war zwar durch die Vermittlung des Bischofs von Posen und durch die Bitte Hermann Balks abgeblasen, aber nur bis auf eine günstige Gelegenheit verschoben worden.

Hedwig konnte ihn nicht verhindern. Ihr Gemahl ging mehr und mehr seine eigenen Wege. War es eine Folge davon, dass sie sich seit 25 Jahren nicht mehr so begegnet waren wie sonst Eheleute? Hatten sie sich bei aller Liebe zueinander auseinandergelebt und sich zuviel zugemutet? Dieser gelobte Verzicht hatte sein Kreuz auch in dieser Weise. Hedwig musste ertragen, dass ihr Gemahl und ihr Sohn wieder in den Krieg zogen.

Anlass dazu gaben die Adeligen aus dem Land des Herzogs Odoniz, die mit dessen Herrschaft unzufrieden waren und bei Herzog Heinrich ‚Rat und Hilfe' erbaten. In welchem Land gab es keine Unzufriedenen? War jetzt niemand da, der zu Verhandlungen riet?

Herzog Heinrich drang zusammen mit seinem Sohn Heinrich, seinem Neffen Boriwoj und seinen Truppen vor. Sie eroberten die Gebiete von Kalisch, Peisern, Schroda und Posen und stellten das im Vorjahr von Odoniz zerstörte Schloss Bnin wieder her.

Meldereiter erklärten auf der Burg:

„Herzog Odoniz ist so bedrängt, dass er, um nicht alles zu verlieren, in eine Teilung des Landes einwilligte. Alles Land auf dem linken Ufer der Warthe tritt er ab."

Die für diesen Feldzug Begeisterten jauchzten:

„Das ist die erwünschte Abrundung des Lebuser Landes mit den Lausitzer Besitzungen."

Herzog Heinrich hatte sich noch ein Gebiet an der Warthe, an der wichtigen Biegung, ausbedungen, die Burg Srem. Dort setzte er seinen Neffen Boriwoj als Burgbefehlshaber ein, der damit das jenseitige Gebiet des Besiegten und Gedemütigten überwachen sollte.

Hedwig hörte nicht gern von diesen ‚Erfolgen'. Ihre Schwiegertochter Anna bedauerte, dass Boriwoj nicht mehr in der Nähe ihres Gemahls war, und die Mutter Adelheid bangte um den Sohn auf vorgeschobenem Posten.

Es war zwar eine Ehre, dort Wache zu halten, aber auch eine Gefahr. Deshalb pilgerte Adelheid nach Trebnitz, um sich vor dem Altar des heiligen Kreuzes Trost und Kraft zu holen.

Als sie von dort zuurückkam, empfing sie Hedwig, umarmte sie und sagte mit tränenerstickter Stimme:

„Liebste Adelheid, du kommst vom Kreuzaltar ..."

„Was ist geschehen?" fragte diese entsetzt.

„Die besiegten Kaliszer haben die Burg Srem überfallen, und dein lieber Sohn Boriwoj ist erschlagen worden."

Hedwig drückte die Klagende an sich und weinte mit ihr. Dann kniete sie nieder und zog die schmerzerfüllte Mutter zu sich auf den Boden.

Nun drohten neue Kämpfe um die Burg Srem. Dank der eifrigen

Vermittlung des päpstlichen Legaten Wilhelm von Modena, der an der Herzogin Hedwig starke Unterstützung fand, konnte weiteres Blutvergießen verhindert und der Streit endlich geschlichtet werden. Der auf dem linken Wartheufer liegende Teil verblieb Heinrich dem Bärtigen, der sich nun auch Herzog von Polen nannte. Sein Ansehen als Herzog von Schlesien und Krakau war gewachsen. Doch seine Pläne gingen weiter. Sie erstreckten sich von den Grenzen Pomerellens bis an die Abhänge des Tatragebirges. Zwar lag als selbständiges Land noch das Herzogtum Oppeln dazwischen, aber er führte schon seit dem Tode Kazimierz' die Vormundschaft über dessen unmündige Söhne. Was stand also der Abrundung seines Herrschaftsbereiches im Wege?

Bischof Ekbert hatte seinen Besuch angekündigt. Gehört hatte Hedwig mehrmals von ihm, aber gesehen hatte sie ihn schon dreißig Jahre nicht mehr.

Ekbert war ihr leiblicher Bruder, den sie bei aller Verschiedenheit liebte. Er war Priester, ja Bischof. Sie hatte Ehrfurcht vor der Weihegnade, vor der hohen Würde. Was mochte er wollen? Er machte die weite Reise doch nicht nur, um seine Schwester zu besuchen. Sie dachte an seine Pläne für die frühverstorbene Nichte Elisabeth, die Gott vor der Verbindung mit dem Kaiser bewahrt hatte.

Hedwigs Gemahl schien der Besuch sehr willkommen zu sein. Hatte er Pläne, für die er die Hilfe des angesehenen Bischofs benötigte? Neue Sorgen für Hedwigs feinfühlendes Gewissen.

Nach der offiziellen Begrüßung auf der Burg schauten sich die Geschwister minutenlang schweigend an. Beide erkannten, wie sie gealtert waren.

Ekbert hatte mit dem Wiederaufbau des Bamberger Domes viel zu schaffen und seit der Ermordung des Königs Philipp von Schwaben Schweres erlebt. Nachdem der Verdacht, er wäre am Königsmord beteiligt gewesen, aus der Welt geschafft war, stand er beim Kaiser in hoher Gunst.

„Zunächst habe ich dir, verehrte Schwester, die traurige Nachricht zu übermitteln, dass unser Bruder Otto, das Haupt der Familie Andechs, der Herzog von Meranien und Pfalzgraf von Burgund, in Besancon gestorben ist."

„Gott gebe ihm die ewige Ruhe!" sagte Hedwig gelassen.

„Er ist von mir im Kloster Langheim vor dem Hochaltar in aller Feierlichkeit beigesetzt worden. Das Kloster verdankt unserm Hause nämlich viele Schenkungen."

„Und das ewige Licht leuchte ihm!"

„Dass seine vor ihm verstorbene Gattin Beatrix eine Verwandte des Kaisers war, wirst du wissen. Unser Bruder hat fünf Töchter und nur einen Sohn, Otto II., hinterlassen. Er ist zwar erst 16 Jahre alt, aber trotz seiner Jugend bemüht, den weitverstreuten Besitz zu erhalten. Ich stehe ihm mit Rat zur Seite; denn jetzt bin ich der Senior der Familie."

Hedwig fragte nach der verstorbenen Nichte Elisabeth.

Der bischöfliche Bruder berichtete nicht von ihrem heiligmäßigen Leben und ihrer selbstlosen Nächstenliebe, sondern von dem in Rom angestrebten Heiligsprechungsproßzess:

„Obwohl die neuesten Bestimmungen darüber sehr streng sind, hoffen wir doch, dass diese große Ehre, die zugleich eine Ehrung, ja ein Höhepunkt in der Geschichte des Hauses Andechs ist, bald erfolgen wird. Nach meinen vertraulichen Nachrichten könnte es schon im kommenden Jahr der Fall sein. Wenn dann einige Zeit darauf die feierliche Erhebung der Gebeine in Marburg erfolgt, dann wird das eine Feier werden, an der sicherlich auch der Kaiser teilnehmen wird; denn er hätte sie sich ja allzugern als Gemahlin auserkoren."

„Was Gottes Vorsehung und Barmherzigkeit verhütet hat", sagte Hedwig ruhig, aber bestimmt.

Sie stand auf und ging mit Anna hinaus. Die Sorge um ihre Armen war ihr wichtiger als der kommende Glanz des Hauses Andechs. So konnte Bischof Ekbert mit seinem Schwager und Neffen ungehemmt die Pläne wegen der Annäherung des nun angesehenen Piastenfürsten an den Kaiser besprechen, die Heinrich der Bärtige gewünscht hatte.

„Ich werde von hier nach Altenburg reisen und hoffe, bald bei den Ratgebern des Kaisers die Vorbesprechungen einleiten zu können. Es wäre wahrlich wünschenswert, wenn durch dich, lieber Schwager Heinrich, Polen geeint und enger mit dem Kaiser verbunden würde. Lass mich nur machen! Ich habe darin Erfahrungen. Ich könnte mir denken, dass spätestens die großartige Feier in Marburg bei der Erhebung der Gebeine unserer heiligmäßigen Verwandten der Zeitpunkt einer Begegnung mi dem Kaiser wäre."

Sie gingen auseinander.

Bischof Ekbert feierte im Dom ein Requiem für den verstorbenen Bruder Otto. Als er danach seiner Schwester in der Halle begegnete, machte er ihr Vorwürfe:

„Du kleidest dich nicht standesgemäß, isst wie eine Bettlerin und übst Formen der Abtötung, die andere anwidern. Du musst das ändern!"

„Ich achte meinen Bruder, ich achte den Bischof. Aber ich muss meinem Gewissen mehr gehorchen als den Menschen. Verantworte dein Handeln vor Gott, wie ich dereinst das meine vor ihm, auf seine Barmherzigkeit vertrauend, darlegen muss."

Er bog das Gespräch ab:

„Liebe Schwester, ich habe ja ganz vergessen, dir eine kostbare Reliquie unserer Nichte Elisabeth zu übergeben."

Er ging in sein Gemach und überreichte ihr einen schlichten Schleier.

Hedwig fasste den Schleier ehrfurchtsvoll an und küsste ihn.

„Für diese Gabe, die mir kostbarer ist als Gold und Edelsteine, danke ich meinem hochwürdigsten Bruder von ganzem Herzen."

Sie küsste den Bischofsring, kniete vor ihm nieder und bat um seinen Segen.

Bischof Ekbert begann das Segensgebet:

„Sit nomen Domini benedictum ..."

Es war lange her, dass eine Fürstin ihn um seinen bischöflichen Segen gebeten hatte. –

Nach sorgfältiger Prüfung nahm Papst Gregor IX. schon Pfingsten 1235 Elisabeth von Thüringen feierlich unter die Heiligen auf. Ihr

Vater, König Andreas von Ungarn, erlebte noch diese Freude, starb aber bald darauf nach dreißigjähriger Regierungszeit. Elisabeths Bruder wurde als Béla IV. gekrönt.

Mitte August 1235 hatte Landgraf Konrad von Thüringen den Grundstein zur St.-Elisabeth-Kirche in Marburg gelegt. Eifrig wurde an ihr gebaut, so dass die Einladungen zur feierlichen Überführung der Gebeine der Heiligen für den 1. Mai 1236 hinausgehen konnten. Diese ‚Erhebung der Gebeine' war der äußere Ausdruck der vom Papst verkündeten Heiligsprechung und der Verordnung, dass die allgemeine Kirche jedes Jahr am 19. November ihr Fest andächtig begehen sollte. Bischöfe und Fürsten wurden von der feierlichen Erhebung der Gebeine unterrichtet und dazu eingeladen. Bischof Ekbert schickte seiner Schwester eine Abschrift des Papstwortes:

‚Gott hat uns in diesen Tagen mit einem bewundernswerten Menschen beschenkt, der sich selbst in der Glut der Nächstenliebe durch gute Werke verzehrte. Elisabeth liebte Gott so über alle Maßen, dass sie die Armen und Schwachen in Seinem Namen nährte und Christus selbst mi den drei Broten beschenkte, die ihr der himmlische Freund in der Nacht der Drangsal gewährt hatte: dem Brote der Wahrhaftigkeit, der Nächstenliebe und des Mutes. Sie ist wahrhaftig ein verehrungswürdiger Mensch, ein Werk des allmächtigen Gottes, bewunderswert in ihrer demütigen Haltung, ihrer Beherrschtheit und der Innigkeit ihrer menschlichen Hingabe, um derentwillen sie alle Zeiten ehren werden.'

Hedwig kniete nieder, küsste ehrfurchtsvoll den Schleier, der nun die Reliquie einer Heiligen war, und rief sie dankerfüllt um Hilfe an:

„Heilige Elisabeth, bitte für uns arme Sünder! Alleluja!"

Dann las sie die eindringliche Einladung des Bischofs Ekbert:

„Es möge eine Abordnung aus Schlesien und Polen kommen, denn Könige und Fürsten haben ihre Teilnahme zugesagt. Auch der Kaiser will dem Hause Andechs die Ehre erweisen und kommen. Bei dieser einmaligen Gelegenheit können wichtige Besprechungen stattfinden."

Hedwig war durchaus dafür, dass eine Gesandtschaft von Schlesien und Polen nach Marburg reiste. Da betonte sie:

„Ehre, wem Ehre gebührt!"

Aber diese Verquickung mit weltlichem Ansehen des Hauses Andechs, diese Annäherung an den Kaiser bei der Gelegenheit, das war ihr zuwider. Sie wusste ja, wie skrupellos und ehrgeizig Ekbert mit der nunmehr Heiligen auf der Felsenburg Pottenstein umgegangen war. Er hatte sie in Gewahrsam genommen, um sie für die Heirat mit Kaiser Friedrich gefügig zu machen. Da hatte die von allen verlassene Witwe noch mehr gelitten und qualvollere Zeiten durchgemacht als auf der Wartburg.

Hedwig hielt die Berichte, die zu ihr gekommen waren, für durchaus möglich, nach denen Elisabeth ihrem Oheim als Antwort auf seine Heiratspläne gesagt hatte:

„Lieber will ich mir das Gesicht verstümmeln und die Nase abschneiden!“

Hedwig bat die Heilige um Verzeihung für das, was der Bruder Ekbert ihr angetan hatte.

Jetzt sollte dieser Kaiser sie ehren? Jetzt sollten an ihrem Ehrentag Verhandlungen der Annäherung Schlesiens und Polens an den Kaiser geführt werden? Da konnte und wollte Hedwig nicht dabeisein und erklärte offen, dass sie nicht nach Marburg reisen würde:

„Ich kann nicht zehn Wochen lang, die sicherlich die Reise dauern wird, von meinen Armen und Kranken fernbleiben. Aber die Pilger aus Schlesien und Polen mögen unterwegs an allen Stätten Thüringens, in Erfurt, Reinhardsbrunn und in Eisenach, und bis hin nach Marburg die Tugenden der Demut, der geliebten Einfachheit und vor allem der selbstlosen Liebe pflegen und aller weltlichen Eitelkeit entsagen.“

So ermahnte sie die Pilger, die unter Führung ihres Sohnes Heinrich die weite Fahrt antraten.

Als die Pilger davongezogen waren, ging die Herzogin durch die Räume der Burg, sich um ihre Untergebenen kümmernd. Sie fühlte sich wie eine Mutter für alle verantwortlich. Als sie auch die Wäscherei aufsuchte, in der es wegen der vielen Burgbewohner und

Gäste, ja auch der Alten und Kranken ständig zu tun gab, hörte sie Geschimpfe. Sie blieb vor dem Waschhaus stehen und hörte mit dem aus den Fenstern herausquellenden Wasserdampf:

„Czibulka, du alte Vettel, hast wieder nicht aufgepasst!"

„Mit dir haben wir immer nur Ärger."

„Warum hast du die gute Lauge ausgeschüttet?"

„Kannst du denn gar nicht aufpassen, du Dumme?"

„Kein Wunder, dass dich dein Franzek verdroschen hat!"

Czibulka verteidigte sich:

„Franzel hat Knüppel auf Kopp geschlagen. Davon Czibulka tumm in Kopp."

Dann ging sie wieder an ihr gegrilltes Eichenholzbrett und rieb die Wäsche.

„Aber Czibulka, kannst du denn gar nicht aufpassen? Jetzt hast du ein Loch ins Hemd gerieben!"

Eine andere schrie:

„Lass die alte Vettel! Sie ist zu allem zu dumm. Sie kann ja nicht einmal das Vaterunser beten."

Dieses Wort traf die Herzogin Hedwig sehr.

„Ich sorge mich um andere, während eine von meinen eigenen Leuten, meine alte Wäscherin Czibulka, nicht einmal das Vaterunser beten kann."

Eine der Ihrigen konnte Gott nicht preisen mit dem Gebet, das der Herr seine Jünger zu beten gelehrt hatte! Sie schämte sich. Nicht Czibulka traf die Schuld. Sie selbst fühlte sich schuldig, weil sie sich nicht um die geringste unter ihren Dienerinnen gekümmert hatte. Nun kam die Anklage aus der Waschküche.

Nicht genug damit. Sie hörte, immer noch draußen stehend, dass Czibulka aufschrie. Da trat Hedwig ein.

Die freche Marischka mit dem losen Mund hatte Czibulka einen kleinen Holzkübel mit Lauge ins Gesicht geschüttet. Sie stand der Tür mit dem Rücken zugekehrt und lacht noch über die heulende Czibulka. Die andern gingen beschämt an ihre Arbeit, als sie die Herzogin eintreten sahen. Nur Marischka höhnte weiter.

„Marischka!"

Sie drehte sich um, sah in das tieftraurige Gesicht ihrer Herrin und senkte die Augen.

„Gott verzeihe dir, was du Unrechtes getan hast!"

Hedwig nahm ein trockenes weiches Tuch und wischte Czibulka das Gesicht, die Haare und das nasse Kleid ab.

„Czibulka, du kommst gleich mit mir. Marischka wird auch noch deine Arbeit übernehmen. Ihr alle aber, die ihr das Unrecht nicht verhindert habt, werdet jetzt mit mir zusammen das Vaterunser beten, das ihr der Czibulka nicht beigebracht habt."

Hedwig betete laut mit ihnen:

„Vergib uns unsere Schuld!"

„Ich selbst werde jetzt Czibulka das Vaterunser lehren. Ich hätte schon lange dafür sorgen müssen, dass sie es lernt."

„Czibulka alt und tumm, kann nix lernen, Frau Herzogin."

„Ich helfe dir, Czibulka. Jetzt bekommst du zunächst mal ein neues Kleid."

Sie legte ihren eigenen Umhang ab und ihn Czibulka um, damit sie sich auf dem Weg über den Burghof nicht erkältete.

Bald hatte Demundis sie von oben bis unten neu eingekleidet. Da lachte Czibulka aus ihrem fast zahnlosen Mund und sagte, als die Herzogin herausgerufen wurde:

„Oh, fein hier! Schöne Teppich, feine Sessel, will Czibulka auch mal aufsitzen."

Demundis wollte es hindern, aber Czibulka war trotz ihres Alters schneller:

„Oh, Czibulka faul, braucht jetzt nicht waschen, ritsche, ratsche, schuss, schuss auf Rillebrett."

Sie gähnte und streckte die Beine von sich,

„Steh auf, Czibulka! Was soll die Frau Herzogin von dir denken?"

„Frau Herzogin 'runter von Burg zu arme Leute, kommt nicht schnell wieder."

Bald schnarchte sie wohlig in dem bequemen Sessel.

So fand sie die Herzogin, als sie wieder eintrat. Sie wusste, dass die arme alte Waschfrau nicht ganz normal im Kopf war und fragte leise:

„Nun, Czibulka, ist es schön in dem Sessel?"

Erschreckt sprang Czibulka auf und warf sich Hedwig zu Füßen.

„War Czibulka tumm, hat gesitzt in Frau Herzogin seine Sessel. Nun Schläge kriegen von Frau Herzogin, und Burgmann werfen Czibulka in dunkle Turm. Oh!"

Hedwig beugte sich über die Liegende:

„Hat dich schon jemand geschlagen, Czibulka?"

„Franzek! Franzek! hat geschlagen, hat immer geschimpft: ‚Tummes faules Schwein' und hat geschlagen arme Czibulka."

„Steh jetzt auf, Czibulka."

Hedwig half ihr beim Aufrichten.

„Dein Mann ist doch schon lange tot, Czibulka."

„Arme Mann tot, liegt bei Kirchhof."

„Dann wirst du an seinem Grabe für ihn beten."

„Czibulka tumm, altes dreckiges Czibulka-Schwein."

„So sollst du nicht von dir reden. Du warst früher schmutzig. Jetzt wirst du jeden Tag sauber zu mir kommen und beten lernen."

„Kann nix bäten, Frau Herzogin. Kopp ganz leer und ganz tumm."

„Ich weiß, dass du nicht viel lernen konntest, weil du schon als Kind hast hart arbeiten müssen. Jetzt setze dich zu mir in den Sessel und schau mir auf den Mund. Höre gut zu, was ich dir sage, und sprich es mir dann nach."

Sie faltete Czibulkas Finger, so gut es ging.

„Au, Frau Herzogin! Finger steif und krumm von ritsche, ratsche auf Rillebrett."

„Das merke ich, Czibulka. Wenn du mir versprichst, dass du beten lernen willst, dann brauchst du nicht mehr zu waschen. Dann kommst du in die Wäschekammer."

„Kann schon Hände falten, Frau Herzogin."

„Siehst du, Czibulka, du bist gar nicht so dumm."

Dann sagte Hedwig ihr langsam vor:

„Vater unser im Himmel ... Du hast doch deinen Vater gekannt, Czibulka?"

„Vattr? Vattr? Nein, Frau Herzogin, nix Vattr. Hat Matka gesagt: ‚Vattr fortgelaufen mit andere Frau, nix gekümmert um Mama und Czibulka.'"

„War deine Mama gut zu dir, Czibulka?“

„O ja, serr chutt, Frau Herzogin.“

„Wenn du auch auf Erden keinen guten Vater gehabt hast, aber im Himmel, Czibulka, da wohnt ein guter, lieber Vater. Der hat Czibulka gern. Der sagt immer, wenn er vom Himmel her auf die Erde schaut: ‚Czibulka ist mein liebes Kind. Czibulka wäscht fleißig. Czibulka wäscht fleißig. Czibulka stiehlt nicht. Czibulka hat arme Kinder gern. Czibulka ist getauft und ist ein Gotteskind.‘“

„Czibulka auch manchmal biese und wütig. Dann will Czibulka alle in Fresse haun.“

„Aber das tut hinterher wieder leid, nicht wahr?“

Czibulka zuckte mehrmals mit den Schultern.

„Der Himmelsvater hat nicht gern, wenn du wütig bist.“

„Czibulka will nicht mehr wütig sein und in Fresse haun.“

„Aber das tut dir hinterher wieder leid, nicht wahr?“

Czibulka zuckte mehrmals mit den Schultern.

„Der Himmelsvater hat nicht gern, wenn du wütig bist.“

„Czibulka will nicht mehr wütig sein und in Fresse hauen.“

„Da freut sich der Himmelsvater. Jetzt bete einmal mit mir: Vater unser im Himmel.“

Czibulka versuchte es in ihrer Art.

„Jetzt noch einmal zusammen.“

Nach dem drittenmal meinte die Herzogin:

„Jetzt versuche es allein.“

„Vattr unssa im Himmel.“

„Siehst du, Czibulka, das geht schon ganz gut. Jetzt musst du das immer vor dich hin sagen.“

„Vattr unssa in Himmel, Vattr unssa ...“

„Morgen kommst du wieder zu mir, Czibulka. Dann werden wir das Beten mit der Zeit schon lernen.“

„Ja, Frau Herzogin. Czibulka nicht mehr tumm. Czibulka schöne Kleid an und in feine Sessel gesitzt.“

Sie streichelte den Sessel und ging mit vielen unbeholfenen Knicksen hinaus.

Eifriger als die Pilger gen Westen nach Eisenach und Marburg zogen, war Hedwig Tag für Tag bemüht, Czibulka das Gebet des Herrn zu lehren. Sie sollte mit ihrem Gestammel doch auch Gott loben und preisen können. Das war der Herzogin ebenso wichtig, wie es der Kaiser Friedrich für wichtig und ehrenvoll hielt, den Gebeinen der heiligen Elisabeth eine Krone aufzulegen und sie um Fürsprache bei Gott anzuflehen.

Hedwig ließ sich durch manche Rückschläge nicht entmutigen, wenn Czibulka am andern Tag wieder vergessen, was sie zuvor mühsam mit ihr eingeübt hatte.

„Czibulka heite tumm in Kopp, Frau Herzogin."

Da entschloss sich Hedwig, neben ihrem Bett ein zweites für Czibulka aufzustellen. Es war wahrlich für sie eine Buße, mit einem andern Menschen zusammen zu schlafen, aber sie sah in der Waschfrau jene, von der Christus gesagt hatte:

„Was ihr der Geringsten getan habt, das habt ihr mir getan."

Konnte Czibulka nachts nicht schlafen, dann sprach Hedwig ihr die Sätze vom Tag vorher, die so schweren Sätze, immer wieder vor:

„Geheiligt werde dein Name!
Dein Wille geschehe, wie im Himmel, so auf Erden",
bis Czibulka wieder einschlief.

Czibulka erzählte den andern Dienstleuten, wieviel Mühe sich die Frau Herzogin mit ihr gab und nie schimpfte, wenn sie wieder alles vergessen hatte. Selbst Marischka in der Waschküche bemerkte mit ehrlicher Bewunderung:

„Jetzt übt die Frau Herzogin schon die dritte Woche mit Czibulka."

Bald musste sie sagen:

„Jetzt schon die fünfte Woche!"

Hedwigs Geduld schien unerschöpflich zu sein. Sie hörte in dieser Zeit mancherlei aus dem Leben der alten Wäscherin, von Not und Elend, von Zuständen in den Elendshütten, von Ungerechtigkeit und Scheußlichkeiten im Lande, die ihr bisher, obwohl sie viel herumgekommen war, verborgen geblieben waren.

In der neunten Woche kam die Nachricht, dass die Pilger in acht Tagen zurückkehren würden.

Endlich, am Tage vor dem Eintreffen derselben, konnte die Herzogin nach zehnwöchiger Mühe und Geduld Czibulka entlassen:

„Du hast dem Himmelsvater und den Heiland, aber auch mir viel Freude gemacht, liebe Czibulka." Nun konnte die Herzogin den Psalter, aus dem sie ihr viele schöne Bilder gezeigt hatte, der allerdings auch manchen Fleck durch Czibulka bekommen hatte, wieder einschließen.

Die alte Waschfrau bekam ein schönes Gewand geschenkt, ging damit stolz in die Kirche und betete laut mit der Gemeinde ihr:

„Vattr unssa in Himmel."

Hedwig erlebte die Freude, dass überall im Lande, wo Siedler mühsam ihre Ortschaften errichteten, auch zugleich Pfarrkirchen entstanden. Ihr Landsmann Heinrich der Bayer, nunmehr Domherr, konnte ihr berichten:

„Seit dem Jahre 1200 sind die urkundlich nachweisbaren Kirchorte von 24 auf 73 gestiegen. In Wirklichkeit ist die Zahl größer und wächst noch. Das bedeutet eine mehr und mehr geordnete Seelsorge im Lande."

Er musste ihr aber auch mitteilen:

„Leider kommt es zu Klagen seitens der Domherren."

„Sagt mir offen den Grund."

„Es geht nicht um Rechtsfragen, nicht um Glaubensfragen."

„Das wäre freilich schlimmer."

„Es geht um die Immunität, also um die Befreiung der Kirche von den vielfältigen Einflüssen der staatlichen Gewalt."

„Erklärt es mir genauer, Domherr Heinrich!"

„Einige Domherren klagten, dass die Bauern in den Kirchorten durch den Herzog bedrückt werden. Auch anderswo wird geklagt, dass Piastenfürsten die Einwohner von Dörfern, die sich im kirchlichen Besitz befinden, mit verschiedenen Lasten und Abgaben bedrücken. Sie muten ihnen Aufnahme und Verpflegung ihres Gefolges auf Reisen und Jagden zu, zwingen sie zur Teilnahme an Kriegszügen und Burgenbauten und beanspruchen über sie die Gerichtsbarkeit. Das alles steht ihnen aber nicht zu."

„Ich kenne mich in diesen Rechtsfragen nicht aus."

„Es ist kein Kampf gegen die Kirche, sondern ein Kampf um die Immunität (Unantastbarkeit) der Kirchdörfer. Den müssen die Bischöfe führen, weil die Herzöge ihre hergebrachten Rechte nicht aufgeben wollen."

„Kann denn durch Verhandlungen nichts erreicht werden?"

„Möglich wäre es, aber die Angelegenheit ist sehr verzwickt. Auch steht Euer Gemahl nicht allein, er muss auf die andern Piastenfürsten Rücksicht nehmen. Andererseits sind die Bischöfe nicht gewillt, sich noch länger der herzoglichen Gewalt unterzuordnen. Es wird höchste Zeit, dass die Fragen geklärt werden. Ich weiß, dass Eingaben nach Rom vorbereitet werden, und ich fürchte, dass es hart auf hart gehen wird."

„Was heißt das, Domherr Heinrich?"

„Ich spreche es ungern aus, Frau Herzogin, aber wenn die Bedrückung der Kirchdörfler weiterhin anhält, dann könnte Rom mit dem Bann drohen."

„Ein unvorstellbarer Gedanke: Heinrich der Bärtige, der Gründer von Trebnitz und von andern frommen Stiftungen, im Bann! Ich werde mein Möglichstes tun, Domherr Heinrich. Aber Ihr wisst, dass der Herzogin in solchen Angelegenheiten die Hände gebunden sind."

„Vielleicht kann der päpstliche Legat Wilhelm von Modena vermitteln. Es betrifft ja das ganze Erzbistum Gnesen."

„Gebe es Gott; denn das sind ernste Auseinandersetzungen!" –

Als der päpstliche Legat, von Livland und Preußen kommend, sich zum Bericht nach Rom begab, kehrte er auch in Breslau auf der Burg ein und besprach mit Herzog Heinrich die strittigen Immunitätsangelegenheiten, fand aber mehr Zurückhaltung als Verständnis. So reiste der Gesandte ohne Erfolg nach Rom.

Hedwigs Einfluss auf ihren Gemahl war stets groß gewesen, aber sie war dennoch nicht die bestimmende Herzogin. An dem zielbewussten Streben ihres Gemahls zur wirtschaftlichen und militärischen Erstarkung seines Herzogtums, wozu die Heranziehung von Siedlern beitrug, nahm sie Anteil und suchte die Spannungen zu mildern. Aber an dem andern Geschehen, das seine Notare und die sonstigen Berater vom Adel ‚feingesponnene Arbeit' nannten, konnte sie nicht mitwirken.

Musste es sein, dass ihr Gemahl seine Vormundschaft über die minderjährigen Söhne Kazimierz' ausnutzte, indem er deren Land mit seinem Reich verband und der Herzoginwitwe von Oppeln, Viola, als Entschädigung dafür das dem Wladislaw Odoniz abgenommene Gebiet von Kalisch und Ruda überwies?

Freilich, nun konnte er mit seinem Großreich mit dem Kaiser in Verbindung treten, nachdem Papst Gregor IX. ihn mit seinem ganzen Besitz in den Schutz Petri aufgenommen hatte. Ihm gehörte das Prinzipat in Schlesien, Polen und Krakau, obwohl Konrad von Masowien älter war als er.

Hedwig erfuhr durch den Domherrn Heinrich, wohin das Ziel des Herzogs ging und warum Bischof Ekbert bei den Feierlichkeiten in Marburg mit dem Kaiser und der schlesischen Abordnung verhandelt hatte:

„Es ist eine Tatsache, dass Herzog Heinrich der Bärtige für sich und seinen Sohn die Königskrone erstrebt, mit Unterstützung und in Abhängigkeit vom Kaiser. Der polnische König soll nach seiner Meinung dem böhmischen König gleichgestellt werden."

„Der Herrgott sorgt schon dafür, dass die Bäume nicht in den Himmel wachsen."

„Was wollt Ihr damit sagen, Frau Herzogin?"

„Was Ihr selbst mir einmal gesagt habt."

„Meint Ihr die Klagen der Bischöfe über seine Eingriffe in die Immunität der Kirchdörfer?"

„Ja, Domherr Heinrich, obwohl ich die Streitigkeiten nicht ganz durchschaue. Die Bischöfe haben ihn deswegen in Rom verklagt. Nun tritt er inmitten dieser Konflikte an den Kaiser heran, mit dessen Unterstützung die Krone Polens, die das Land einmal besaß, wiederzuerlangen. Ich fürchte, dass er durch diesen Kaiser, der selbst gebannt war, sich so sicher fühlt, dass er meint, er wäre zu Unrecht in Rom verleumdet worden. Er ist doch sonst nicht unvorsichtig vorgegangen, Domherr Heinrich. Mir scheint, er fürchtet sein Alter. Er will nichts für sich. Es ist nicht nur Ländergier, woran so viele Mächtige kranken, es ist sein Streben nach einem geeinten Polen. Er möchte es noch vor seinem Tod wenigstens für seinen Nachfolger erreichen."

„Freilich, Frau Herzogin. Es geht wirklich nicht um einen Kampf gegen die Kirche in Glaubensfragen oder gegen ihre Einrichtungen. Vielleicht sehen seine Ratgeber und die Ratgeber der andern Piasten das Ganze als einen vermeintlichen Eingriff der Bischöfe in ihre Herrschaftsrechte.

Der Legat Wilhelm von Modena ist vom Papst beauftragt, die Angelegenheit zu regeln. Hoffentlich wird der Herr Herzog vom Kaiser nicht in seinem Verhalten gestärkt, dass er glaubt, die Schlichtung aufschieben zu können."

Hedwig dankte dem Domherrn für seine Darlegungen und die offenen Worte. Im Gebet flehte sie zu Gott um die Erleuchtung ihres Gemahls. Sie fürchtete, er würde den ihm befreundeten Legaten mit seinem Schlichtungsauftrag nicht ernst nehmen. Dann würde er sicherlich dem Bann verfallen. Das war für Hedwig ein schrecklicher Gedanke; denn ein Gebannter musste gemieden werden. Wie sollte sie ihm helfen, wenn er nun in seinem Alter krank würde?

Sie rang lange mit sich, bis sie ihrem Gemahl in Gegenwart ihres Sohnes und der Schwiegertochter sagte:

„Lieber Gemahl Herzog Heinrich, ich sorge mich seit langen um dich. Lass mich dich ermahnen, was ich in Gebeten schaute. Gehe nach Liegnitz! Bleibe dort und verlass die Burg nicht! Ich sah voraus, dass du nicht mehr lange am Leben bleiben wirst, wenn du Liegnitz verlässt."

Heinrich versprach, es zu überlegen.

Er besprach sich mit seinen Ratgebern und verließ Breslau, um nicht mit dem Bischof und den Domherren zusammen zu sein.

Es war für den päpstlichen Gesandten nicht leicht, die von der Kurie angeordnete Schlichtung durchzuführen. Er wusste, wie sehr die Kirche immer noch im schweren Kampf stand gegen die Übermacht der versippten Feudalherren, der Laien in der Kirche. Der Kampf war seit dem Investiturstreit noch nicht erloschen. Zwar bauten die Fürsten Kirchen und Klöster, aber sie verbanden damit Ansprüche. Es war wie auf einem Schachbrett. Ein unbedachter Zug konnte von Bedeutung sein, dem Streit eine Schärfe zu geben und die Reizbarkeit auf der andern Seite erhöhen.

Wilhelm von Modena lud Heinrich den Bärtigen vor sein Schlichtungsgericht. Heinrich erschien nicht.

Hedwig erfuhr nicht den Grund. Kurz darauf hieß es, der Herzog wäre krank gewesen. Dann hörte sie, er hätte die Absicht gehabt, sich selbst in Rom vorzustellen. Auf jeden Fall hatte er das Schiedsgericht des päpstlichen Legaten verschmäht oder versäumt.

Wilhelm von Modena exkommunizierte daraufhin den Herzog Heinrich. Der Bann wurde überall, auch im Dom zu Breslau, bekanntgegeben.

Einige am Hofe spotteten:

„Was bedeutet schon ein Bann wegen Verletzung der kirchlichen Immunität!“

Der päpstliche Legat berichtete die Angelegenheit nach Rom. Der Streitfall wurde nun dort vor dem Kardinal Ägidius geführt. Hedwig litt schwer:

„Mein Gemahl, in dem ich Christus gedient und geliebt habe seit meinem zwölften Lebensjahr, ist nun ausgeschlossen von den heiligen Sakramenten. Herr, lass ihn nicht im Bann sterben! Ich muss ihn jetzt meiden, und gerade jetzt möchte ich zu ihm. Ich klage es dir. Sende du ihm den Geist der Buße! Herr, sage mir, was ich tun soll.“

Söhne des Armen von Assisi, die Agnes nach Prag geholt hatte, kamen nun nach Breslau. Aus ihren Reihen wählte Hedwig sich den Bruder Herbord zum Beichtvater und fragte ihn um Rat. Aber wie konnte der Neuangekommene ihr helfen? Er konnte sie vorerst nur bestärken in dem, was sie tat.

Hedwig nahm die Schuld ihres Gatten auf sich.

Heinrichs Schuld war nun ihre Schuld.

Hedwigs Buße wurde Heinrichs Buße. Nicht vor den Menschen,

sondern vor Gott, der die beiden als eine Einheit sah, die nur durch den Tod aufzulösen war.

Hedwig betrachtete sich als Gebannte.

Hedwig lebte wie eine Exkommunizierte.

Hedwig suchte, den angerichteten Schaden der Kirche gegenüber vierfach zu ersetzen. Noch mehr: Es kam ihr wie ein Fingerzeig, dass ein Geistlicher aus dem Templerorden ihr aus frommen Beweggründen ein Säckchen überreichte.

Anna war zugegen, als die Mutter das Säckchen öffnete und etwas herauszog. Entsetzen packte die Schwiegertochter, als sie in den Händen der abgemagerten Herzogin ein grausames Instrument zum Peinigen des kraftlosen Leibes sah. Da brauste Anna auf und fuhr den Mann, der den Bußgürtel gebracht hatte, mit heftigen Worten an:

„Wie könnt Ihr es wagen, der Frau Herzogin ein solches Geschenk zu überreichen? Wieso erkühnt Ihr Euch zu solcher Tat? Sehr Ihr denn nicht, wie blass und krank sie ist? Seht Ihr nicht ihre aufgerissenen, ja blutenden Füße?"

Sie wollte der Herzogin den Gürtel entreißen. Hedwig aber blieb wie immer ruhig, legte ihre Rechte auf Annas Arm und begütigte sie mit freundlicher Stimme:

„Hör auf, meine Tochter, zu zürnen und den Mann zu tadeln; denn seine Tat entspricht dem Willen Gottes und seinem Wohlgefallen."

„Gottes Wohlgefallen, Mutter?"

„Ja, meine Tochter. Würde es dem Herrn nicht gefallen, dass ich mich dieses Gürtels zum Heile meiner Seele bediene, so hätte er nicht zugelassen, dass er mir von diesem Mann zum Geschenk gegeben wurde."

Hedwig entließ den Mann mit Gaben für den Templerorden. Sie verschwieg Anna, dass ihr bisheriger Bußgürtel, aus Rosshaar geknotet, verschlissen war. Ihre vertraute Dienerin Demundis hatte ihn, Schweigen darüber gelobend, aus dem wunden Fleisch der Lenden herausgezogen und den blutigen Eiter mit Tüchern getrocknet.

So nahm Hedwig, von Gottes Hand geschickt, wie sie meinte, den neuen Gürtel geradezu mit Freuden an. Letzten Endes trug sie ja die

Schmerzen aus Liebe zu ihrem nun auch nach strengen Kirchenrecht zu meidenden Ehegatten.

Anna verstand vieles, was ihre Schwiegermutter tat, aber dieses fasste sie nicht. Sie wusste doch, dass die Mutter infolge ihrer Abtötungen schon entkräftet war. Nun sollte noch diese Selbstpeinigung hinzukommen? Nein! Sie klagte dem Franziskaner Herbord:

„Ich befürchte, ja, ich sorge mich mit Recht, dass der Rest ihrer Lebenskraft durch derartige Martern ganz aufgebraucht wird. Das ist doch gegen das fünfte Gebot, Bruder Herbord. Ich flehe Euch an, ja, ich bestürme Euch, redet ihr ins Gewissen. Verbietet ihr dieses Marterwerkzeug aufs strengste. Veranlasst sie, dass sie Bußhemd und Bußgürtel ablegt."

Herbord versprach es. Er versuchte es mehrmals. Er gab ihr Ratschläge. Er rang mit ihr, ihren Sinn zu beugen. Hedwig beharrte bei ihrem Bußwillen und brach traurig in die Worte aus:

„Gott möge meiner Tochter Anna vergeben, dass sie mein Geheimnis preisgegeben hat! Ich weiß, wie gut es alle mit mir meinen, aber ich muss den Weg gehen, den Gott mir gewiesen hat für mich und meinen Gemahl. Ich bin trotz des Gelübdes der Enthaltsamkeit ein Leib mit ihm. Ich liebe ihn bis an mein Ende. Er darf nicht als Gebannter sterben. Ich lasse Gott nicht, bis er mich und ihn in mir segnet."

Nein, sie hörte auf keinen wohlgemeinten Rat.

Was weibliche Schwachheit sonst nicht vermochte, schenkte ihr Gottes Macht. An ihr wurde das Psalmenwort wahr:

„Krankheit, *Leiden* verwandelst du in Kraft."

Büßen wird auch Umdenken genannt. Darum betete und büßte die Herzogin für den andern Teil ihres Ichs, den geliebten Gemahl. Umdenken ist Gnade, die Gnade aber kann auf der Natur aufbauen, und rein weltliches Geschehen kann zur Sinnesänderung beitragen.

Das Gewissen Heinrichs des Bärtigen regte sich, aber niemand vermochte zu sagen, welche Gründe dabei maßgeblich waren. War es die Nachricht vom plötzlichen Tod seines Schwagers, des Bischofs

Ekbert von Bamberg? Er gehörte zu den zehn einflussreichsten Fürsten, der die Pläne des Herzogs von Schlesien, Polen und Krakau durchsetzen konnte. Diese Hoffnung war nun geschwunden. Vielleicht konnte einmal sein Sohn erreichen, Polen unter der Königskrone zu einen. Er selbst fühlte sich zu alt und zu schwach, diesen Wunsch gegenüber den andern Königen durchzusetzen. Fürstbischof Ekbert hätte es vermocht. Nun hatte der Herr ihn aus den Verquickungen von Welt und Kirche herausgerissen. Vor seinem Tod hatte der Kaiser ihn noch zum Statthalter in Niederösterreich eingesetzt, so dass er nicht einmal bei der feierlichen Einweihung *seines* Domes in Bamberg anwesend sein konnte; denn der Bauherr dieses edelsten Bauwerkes war als kaiserlicher Statthalter in Wien unabkömmlich.

„Deus providebit!" hatte die Herzogin gerufen, als sie davon hörte: „Der Mensch plant und denkt. Gott lenkt."

Es war auch möglich, dass Herzog Heinrich sich in der Hoffnung getäuscht sah, über die Zisterzienserkardinäle die maßgeblichen Richter in Rom beeinflussen zu können.

Inzwischen verlangte der Erzbischof von Gnesen die Erstattung der von ihm aufgewandten Kosten des Prozesses und die Wiedergutmachung des angerichteten Schadens.

Hedwig versuchte alles, ihren Gemahl durch Bruder Herbord zu bewegen, sich den Bedingungen der Richter in Rom zu beugen, zumal sie erfahren hatte, dass Papst Gregor IX. sich entgegenkommend zeigte. Schließlich erklärte sich Herzog Heinrich bereit, die Forderungen des Erzbischofs anzuerkennen, wenngleich er nicht wusste, wann und wie er diese Verpflichtungen erfüllen konnte.

Endlich traf durch die beauftragten Richter aus Rom die Lossprechung vom Bann ein, als Herzog Heinrich der Bärtige von Liegnitz nach Krossen in seine Burg am Einfluss des Bober in die Oder übergesiedelt war.

Hier wurde der Herzog ernstlich krank. Er fragte seinen Diener:

„Wie lange ist der Bote zur Herzogin schon unterwegs?"

„Vier Tage, Herr."

„Dann muss sie bald eintreffen ... Sie wird kommen, hörst du? ... Sie wird kommen ... Immer ist sie gekommen ... Sie pflegte meine

Wunden, sie löste mich aus dem Kerker … Immer war sie da, wenn ich ihrer bedurfte … Hörst du auch zu?“

„Ich höre zu, Herr.“

„Aber du glaubst nicht, dass sie kommt. Du glaubst es nicht … Ich sage dir aber, sie kommt! Hörst du? Es klopft. Öffne!“

Herzog Heinrich hob sich mit Mühe ein wenig von seinem Lager und horchte.

„Mönch Herbord ist da aus Breslau. Er hat Vollmacht, Euch in Todesgefahr vom Bann zu lösen, wenn Ihr bereut.“

Der Herzog sank enttäuscht in die Kissen zurück. Nach kurzer Zeit richtete er sich wieder auf und lauschte von neuem.

„Hörst du nichts? … Ich höre Hufschlag … Sie ist es! Sie kommt! Schnell, schnell, bring sie zu mir! … Was stehst du herum?“

Der Diener ging hinaus, aber der horchende Herzog verstand nicht, was draußen geschah. Dann trat der Diener mit Ritter Kosmas ein, der sich verneigte.

„Wo ist sie? Wo ist die Herzogin?“

Leise sprach der Ritter zum Herzog:

„Sie weigert sich zu kommen.“

„Sie weigert sich? Ich kann es nicht fassen … Sie kommt nicht zu mir, wenn ich sterbe?“

„Herr, sie lässt Euch sagen, sie warte draußen, bis Ihr dem Priester in Demut und Reue bekannt hättet. Die Kirche verbietet ihr die Gemeinschaft mit dem Gebannten.“

„Ich bin doch … vom Bann … erlöst!“ stöhnte er auf.

„Ruft mir den Mönch!“

Als Bruder Herbord eintrat, wies der Herzog auf die Urkunde, die auf dem schweren Eichentisch lag. Der Diener hielt ihm den Leuchter. Lange las der Mönch. Dann trat er zum Herzog:

„Ich bringe Euch im Bußsakrament Gottes Gnade und Vergebung.“

Der Ritter ging mit dem Diener hinaus.

Des gütigen Beichtvaters Wort:

„Das Ende von Sünde und allem Leid, o Gott, ist deine Barmherzigkeit“ nach der Lossprechung hörte der ermattete Herzog mit geschlossenen Augen. Dann hauchte er:

„Schickt einen eilenden Boten zur Herzogin und meldet ihr: ‚Gott hat vergeben. Ich warte auf die Herzogin.'"

Bruder Herbord antwortete ruhig:

„Euer Wunsch geht sofort in Erfüllung. Ihr habt die letzte Bedingung erfüllt. Die Frau Herzogin wartet draußen, dass ich ihr sage: ‚Es ist alles in Ordnung!' Danket ihr!"

Dann ging er hinaus, ließ die Tür weit offen und sagte laut:

„Es ist alles in Ordnung!"

Hedwig trat in die offene Tür. Sie breitete die Arme weit aus:

„Heinrich, mein herzlieber Gemahl!"

Zwei begleitende Frauen blieben im Türrahmen stehen, senkten aber die Augen, als die Herzogin vor dem Lager ihres Gatten niederkniete und seine Rechte innig küsste.

Er wandte sein struppiges Gesicht zu und flüsterte:

„Das hast du für mich erfleht, Jadwiga! Ich danke dir!"

Lange hielt er ihre Hand und schaute in die glanzvollen Augen. Da es Zeit zur Vesper war, rief Hedwig die Frauen, den Ritter und den Diener:

„Lasset uns Gott loben und preisen mit unserer Tochter Gertrud und ihren Nonnen, die Tag und Nacht für den Vater Herzog gebetet haben."

Im Lobgesang Mariens stellten sie die Mutter Kirche dar, die sich mehr freut über die Rückkehr eines Sünders als über hundert Gerechte.

Als der Herzog eine Weile geruht hatte, fragte er:

„Jadwiga, bleibst du bei mir?"

„Gott hat mich geschickt, weil du im Augenblick der bedürftigste meiner Brüder bist. Ich pflege dich, und meine hilfreichen Frauen stehen mir zur Seite."

„Wie lange, Jadwiga?"

„Solange du mich brauchst und Gott es will."

Gemeinsam empfingen sie am nächsten Morgen aus der Hand des Bruder Herbord den Leib des Herrn. Die übliche Formel klang jetzt betont innig:

„Seht das Lamm Gottes, das hinwegnimmt die Sünde der Welt!"

Aber auch das gemeinsame Gebet, das Hedwig für ihren schwachen Gemahl mitbetete:

„O Herr, ich bin nicht würdig, aber sprich nur ein Wort, so wird meine Seele gesund."

Als der Herzog einschlief, ließ Hedwig ihn gern ruhen. Sie wusste, wie es um ihn stand. Jeder Tag des Beisammenseins war ein Geschenk, war ein Auftrag an sie, der Treue in der Ehe und der Sorge um ihn zu leben, bis der Tod sie scheiden würde. Das vollzog sie mit aller Sorgfalt und Sachlichkeit, ohne viele Worte. Wenn er schlief, las sie in ihrem Psalmenbuch. Wachte er auf und schaute fragend nach ihr, so sagte sie:

„Wir sind eins. Was ich bete, das betest du mit mir, auch wenn du schläfst."

Wachte er einige Zeit, dann las sie ihm ein kurzes Gebet vor, und er fügte sein Amen hinzu.

Mehr brauchte es nicht zu sein.

Als dann die Vorfrühlingssonne lachte und sie ihm einige Schneeglöckchen in einem Becher hinstellte, sagte er leise:

„Du brauchst dich nicht zu sorgen, Jadwiga. Mit Zustimmung unseres Sohnes Heinrich habe ich dir den Gutsbezirk Schawoine als Witwengut übereignet. Da bist du nahe bei dem Kloster, Jadwiga."

„Ich mache mir keine Sorge, lieber Gemahl. Aber ich danke dir und Heinrich. Gott lohne es euch!"

Die Frauen brauten mit der Kräuterfrau Ceslawa Heiltränke für das Herz und gegen den Husten. Hedwig hob ihm den Becher Wein an den Mund; denn seine Hände waren so zittrig geworden, dass er ihn nicht mehr halten konnte.

Von Zeit zu Zeit wurde ihm die heilige Kommunion gereicht und auf Wunsch der Herzogin auch die Krankensalbung gespendet. Danach aß er besser und konnte sich mit Hilfe Hedwigs und einer Dienerin im Bett aufrichten.

Das Fenster war um die Mittagszeit geöffnet, und ein warmer Windzug drang nun ins Krankenzimmer.

„Es geht aufwärts", bemerkte eine Dienerin.

Hedwig erklärte:

„Wir kennen weder den Tag noch die Stunde. Sie sind gezählt seit Ewigkeit wie die Haare unseres Hauptes."

In der Nacht wachte sie bei ihm und durchdachte beim Schein einer Kerze ihr langes Leben mit ihm, seitdem sie ihn in Bamberg kennen gelernt und das erste polnische Wort von ihm vernommen hatte. Sie hatte versucht, den Rat Petrissas wahrzumachen, in ihrem Gemahl Christus zu sehen, in ihm Christus zu lieben und in ihm Christus zu dienen. Wie oft hatte sie sich anklagen müssen, dass sie eher in einem Armen und Fremden Christus erkennen konnte als in ihrem Gemahl. Es war doch schwer, in einem Mann, der ihr von der Sippe bestimmt wurde, den Gottgewollten zu erkennen. Aber sie hatte sich trotz aller Verzagtheit im tiefsten Innern immer wieder dazu durchgerungen. Nicht weil er ihr so liebenswürdig, so sympathisch erschien, sondern weil sie in ihm Christus sehen wollte.

Sie klagte sich auch jetzt an, da sie die Unannehmlichkeiten seiner Krankheit ertrug, dass sie nicht restlos Christus in ihrem Gemahl geliebt hatte. Sie sah soviel Schuld, so vieles, was sie falsch gemacht hatte. Sie erkannte, dass sie noch mehr für ihn verantwortlich war, als sie gemeint.

War es der böse Geist, der sie jetzt bedrängte, als sie todmüde bei ihm wachte?

„Der Richter wird die Seele deines Mannes von dir fordern!

Andern hast du geholfen, ihn hast du vernachlässigt!

Du drängtest zum Verzicht in der Ehe!

Du dachtest an dich, nicht an ihn!

Du hast ihn ehrgeizig gemacht!

Du gabst nicht auf ihn Acht!

Du hast ihn in den Bann getrieben!

Du ... Du ... Du ...!“

Sie kannte die Bedrängnisse aus mancher durchwachten Nacht. Sie ließ den Ankläger weiter drohen.

Dann schlug sie die Komplet auf und betete:

„Brüder, seid nüchtern und wachsam; denn der Satan geht umher wie ein brüllender Löwe, suchend, wen er verschlinge ...“

Heinrich erwachte. Sie reichte ihm den Becher. Er hauchte:

„Ich habe schrecklich geträumt vom Bösen, der umhergeht, Jadwiga.“

Sie stand auf und holte die zu Lichtmess geweihten Kerzen, zündete sie an, besprengte ihn und sich selbst mit geweihtem Wasser und betete:

„In manus tuas, Domine, commendo spiritum meum. –
In deine Hände, o Herr, befehlen wir unsern gemeinsamen Leib.
Wie deinen Augapfel, Herr, behüte uns
und lass uns ruhen in deinem Frieden.“

„In deinem Frieden, Herr!“

Die Augen fielen ihr zu. Ihr Haupt sank auf die Brust. Sie beugte sich tiefer und tiefer, bis ihr Haupt mit dem Schleier am Rande des Kissens neben ihrem Gemahl lag.

So fand sie die Dienerin, als sie die Herzogin in der frühen Morgenstunde ablösen wollte, damit sie zur heiligen Messe gehen konnte.

Sie musste die Herrin wecken und erschrak, als sie den Herzog mit offenem Mund tot neben ihrem Haupt liegen sah.

Hedwig erschrak nicht. Sie band ihrem Gemahl mit einem Tuch das Kinn hoch, besprengte ihn mit geweihtem Wasser und stellte die Leuchter um das Sterbelager, das sie mit einer weißen Decke belegte. Sie weinte nicht. Der Tod war wie so oft im Leben ganz leise gekommen, wie ein Dieb in der Nacht. Es war in den Frühstunden des 19. März 1238.

Die Leiche wurde in das von Heinrich dem Bärtigen erbaute erste Frauenkloster Polens übergeführt.

Groß war die Trauer der Nonnen über den Verlust dieses so mächtigen und glänzenden Beschützers. Hedwig hörte ihr Weinen und Wehklagen. Manche schienen vom Schmerz ganz überwältigt zu sein.

Da hielt die Herzogin es für ihre Pflicht, mit trockenen Augen vor die im Konvent versammelten Schwestern zu treten. Jetzt musste sie diese frauliche Weichheit zügeln. Es schienen herbe Worte zu sein, die sie aussprach:

„Was betrübt ihr euch? Wollt ihr, dass etwas gegen den Willen Gottes geschieht?“

Das Schluchzen wurde weniger.

„Das schickt sich nicht für euch, meine Teuersten! Der Schöpfer kann mit seinem Geschöpf ohne unsern Willen tun und muss tun, was seiner Güte gefällt. Sein Wirken an uns und für uns muss unser Trost sein, zumal wir seine Geschöpfe sind."

Manche meinten in ihrem Herzen, das Herz der Gattin hätte bei diesen Worten geschwiegen, und klagten es der Priorin, weil sie es der Äbtissin in ihrem Schmerz um den heimgegangenen Vater nicht sagen wollten.

Die Priorin schrieb alle diese Worte der Herzogin nieder und fügte hinzu, was sie den Schwestern erklärt hatte:

„Der Grund dieser Worte war nicht etwa, weil sie den Tod ihres Gatten herbeigewünscht hätte, den sie als einen tugendhaften und dem Volke nützlichen Mann in Gott liebte. Vielmehr war es ihr Bestreben, sich in allem dem göttlichen Willen zu unterwerfen. Sie wollte den Schwestern in der Zeit ihrer eigenen Trübsal ein Muster der Demut und Sanftmut sein."

Die Herzoginwitwe aber dankte Gott, dass ihr Gemahl durch seine Gnade echt christlich gestorben war.

Witwe

Als der Hof von den Trauerfeierlichkeiten zurückkehrte, wollten Anna und ihr Gemahl nicht, dass die Mutter bei den gemeinsamen Mahlzeiten ihren bisherigen erhöhten Sitz aufgab. Hedwig aber erklärte:

„Gott gab den Anfang, an der Seite meines Mannes zu leben, und er bestimmte das Ende. Ich achte in meinem nunmehr 42-jährigen Sohn den Herzog von Schlesien und Polen. Möge Heinrich II. recht lange segensreich regieren!

Ich ziehe mit meiner Begleitung in das mir vorsorglich vom verstorbenen und jetzt regierenden Herzog übereignete Witwengut Schawoine und bin so dem geliebten Trebnitz und meiner Tochter Gertrud nahe. Ich werde mich oft im Kloster aufhalten, bleibe aber in der Welt, um so gut wie möglich den Armen und Kranken helfen zu können."

Dann kniete sie vor ihrem Sohn nieder, huldigte ihm als Herzog und küsste ihm und seiner Gemahlin die Rechte.

Heinrich II. dankte vor allen Anwesenden der Herzoginmutter für alles, was sie dem Verstorbenen, den Kindern, den Kindeskindern, dem Hofstaat, ja dem ganzen Land bis zu den Verlassensten getan hatte, und erklärte, dass ihm jeder Wunsch der Mutter ein heiliger Befehl wäre. Er bedauerte, dass er die Mutter nun nicht mehr täglich um sich haben könnte. Auf die Frage, wie lange sie sich noch ihrer Anwesenheit erfreuen dürfen, antwortete Hedwig kurz:

„Morgen reise ich."

Das neue Herzogspaar und auch die Enkelkinder baten sie, noch länger auf der Burg zu bleiben.

„Dixi! – Ich habe gesprochen!"

Da wussten alle, dass es keinen Widerspruch gab.

Die Witwe war aus Liebe so herb. Heinrich hatte schon lange mit dem Vater zusammen, aber letzthin doch unter ihm regiert. Nun musste er allein Entscheidungen treffen. Auch Anna, die in Kürze ihre Tochter Gertrud – wie einst in der Burg Plock versprochen – mit

Herzog Boleslaw von Masowien vermählen sollte, musste nun selbständig auf der Burg schalten und walten.

Es war kurz vor der Heiligen Woche, als Hedwig mit ihrem Hofstaat und den Armen und Kranken die Burg in Breslau verließ. In Schawoine richtete sie zunächst eine Armenküche ein und beauftragte damit ihren Kämmerer Bogislaw. Sie gab ihm als Gehilfen die preußische Katharina zur Seite, weil Katharina besonders gut mit den Armen umgehen konnte.

Der Gutsbezirk lag zwei bis drei Stunden vom Kloster Trebnitz entfernt. Zu ihm gehörten mehrere Ortschaften. Es waren 400 Hufen (26.800 preußische Morgen) besten Bodens, die von der Herzoginwitwe selbständig verwaltet wurden und über deren Einkünfte sie allein verfügen konnte. Dadurch war es ihr wie bisher möglich, den ‚Hofstaat der Armen' zu halten, ihm zu dienen und noch vielen andern zu helfen.

Von Äbtissin Gertrud erbat sie sich eine einfache Zelle, um sich jederzeit zu Gebet und Betrachtung dorthin zurückziehen zu können. In der Klosterkirche suchte sie sich einen Platz, wo sie ungesehen und ungestört sich auf dem Steinboden ausstrecken oder auf den Knien liegen konnte, um in ihrer tiefen Herzenseinfalt sich vor Gott zu verdemütigen und den Staub der Erde zu küssen:

„Aus Staub hast du mich erschaffen, und zum Staub werde ich zurückkehren, wenn meine von dir bestimmte Stunde gekommen ist. Du aber, Vater der Barmherzigkeit, errette meine arme Seele!"

Als Hedwig in der Heiligen Woche ihre Armen und Kranken bei Demundis und Katharina gut aufgehoben wusste, zog sie sich nach Trebnitz zurück, um sich ganz in das Leiden des Herrn zu versenken, mit vielen Tränen hinter dem Schleier ihres verhüllten Antlitzes.

Am Gründonnerstag erfüllte ihre Tochter Gertrud an zwölf ausgelosten Nonnen das Mandatum des Herrn und wusch ihnen die Füße, während der Chor die Handlung mit den ergreifenden Worten des Apostels und Evangelisten Johannes begleitete.

Wie oft hatte die alte Herzogin ihren Armen die Füße gewaschen! Nur war es nie in gottesdienstlicher Handlung geschehen wie jetzt.

Wie erschrak Hedwig, als die Äbtissin sich auch ihr näherte, begleitet von Schwester Juliana, die die Schüssel mit Wasser und das Linnentuch trug. Die Herzoginmutter wehrte in ihrer Demut ab wie damals Petrus im Abendmahlssaal:

„Äbtissin Gertrud, du willst mir die Füße waschen?"

„Es ist des Herrn Wille."

Die Äbtissin kniete nieder und war nicht zu bewegen, sich zu erheben, bevor sie nicht auch an ihrer Mutter das Mandatum erfüllt hatte. Hedwig schämte sich wegen ihrer aufgerissenen blutigen Füße und dass nun die Tochter Mitwisserin ihrer geheimen Buße wurde.

Gertrud, im Innersten erschüttert von dem Anblick, aber nach außen hin kühl und sachlich, wusch die wunden Füße mit besonderer Liebe und tupfte sie vorsichtig mit dem Linnen ab. Am Ende küsste sie ehrfurchtsvoll die Füße derer, die nur gute Wege gegangen war.

Schwester Juliana liefen bei dem Anblick der zerschundenen Füße die Tränen über die Wangen, und nur mit äußerster Mühe gelang es ihr, das Schluchzen zu unterdrücken. –

Nach den Osterfesttagen besprach die Äbtissin mit Hedwigs Beichtvater, ob sie der Mutter raten sollte, ins Kloster einzutreten; er riet vorerst ab:

„Noch kann sie außerhalb des Klosters mehr Gutes tun für die Armen, als wenn sie zur Klostergemeinschaft gehörte. Außerdem lebt sie jetzt schon strenger als manche Ordensfrau. Es ist nicht Eigensinn oder eitler Stolz, der sie bewegt, nicht einzutreten. Nein! Sie scheint von Gott einen Auftrag erhalten zu haben wie keine andere, vielleicht noch ihre Nichte, die heilige Elisabeth. Sie muss diesen Auftrag erfüllen, den ihr niemand abnehmen kann und wofür sie dereinst Rechenschaft ablegen muss. Drängt die Mutter nicht! Es könnte auch den Anschein erwecken, als wollte das Kloster das Witwengut erwerben."

„Das sei uns ferne!" betonte die Äbtissin und dankte für den Rat.

Dennoch war die Witwe im Kloster wie zu Hause, nicht wie eine Herzogin, sondern wie die Geringste aller, und erfüllte die Bestimmungen der Hausgewohnheiten mit peinlicher Genauigkeit.

War sie außerhalb des Klosters, dann eilte sie, sobald das Zeichen mit der Glocke gegeben war, in die Kirche. Weder durch anhaltenden Regen oder stürmisches Wetter noch durch eisige Kälte und Schneetreiben ließ sie sich zurückhalten, dem Gottesdienst beizuwohnen. Da war sie ganz Tochter des heiligen Vaters Benedikt und Befolgerin seiner Regel:

„Dem Gottesdienst darf nichts vorgezogen werden."

Wenn es ihre andern Pflichten, die sie sich selbst auferlegt hatte, erlaubten, pflegte Hedwig auch in Schawoine das innerliche Gebet. Ihr Diener Bogislaw berichtete eines Tages Katharina:

„Ich wollte den Topf, in dem gewöhnlich das Trinkwasser für die Frau Herzogin abgekocht wird, aus ihrem Zimmer holen. Auf mein Klopfen bekam ich keine Antwort, meinte also, sie wäre nicht in der Kemenate. Darum trat ich ein. Sie war aber doch dort. Ich sah sie auf den Knien liegen, ganz im Gebet versunken. Du kannst es mir wahrhaftig glauben, Katharina. Ich lüge nicht. Sie war von solchem Lichtglanz umflossen, dass ich erschrocken und verwirrt das Zimmer verließ. Da rief die Herrin hinter mir her: ‚Bogislaw, komm zurück!' Ich kehrte um, nahm das Gefäß aus ihren Händen und eilte davon, noch ganz benommen von dem ungewöhnlichen Licht, das von ihr ausgegangen oder sie umflossen hatte. Ich erzähle es nur dir, Katharina. Die andern würden es mir nicht glauben."

„Ich glaube dir, Bogislaw. Ich habe noch nie eine so gute Frau kennen gelernt wie die Frau Herzogin Hedwig. Was wäre aus mir geworden, wenn sie sich meiner nicht angenommen hätte!"

Es war gut, dass die Witwe Hedwig alsbald nach Schawoine übergesiedelt war, so brauchte sie die betrübliche Nachricht nicht zu erfahren, dass der Papst in einem Schreiben vom 25. Mai 1238 ihren Sohn aufforderte, dem Erzbischof von Gnesen Genugtuung zu leisten, wie der verstorbene Herzog Heinrich es versprochen hatte, andernfalls müsste der Leichnam seines Vaters aus dem geweihten Raum der Kirche wieder ausgegraben und gegen ihn selbst mit Strafen vorgegangen werden. Diese Schande wollte der Sohn besonders der Mutter, aber auch sich selbst und dem Land ersparen. Darum trat er sofort mit dem Bischof von Breslau in Verbindung und bat ihn, Verhandlungen mit dem Erzbischof zu vermitteln:

„Ich möchte alles so schnell wie möglich geregelt haben."

„Das möchte ich auch, aber es wird seine Zeit brauchen. Entscheidend ist jetzt der gute Wille."

„Darf ich eine Bitte aussprechen?"

Der Bischof nickte.

„Ich möchte, dass meine Mutter nichts von der Androhung erfährt."

„Das ist auch in meinem Sinn."

„Ich danke Euch!" –

Die Bemühungen Herzog Heinrichs II., den angerichteten Schaden seines Vaters der Kirche gegenüber wiedergutzumachen, erfolgten im Laufe des Jahres. Als alles geregelt war, beschloss ein Festmahl den Frieden. Es wurden Trinksprüche gewechselt, und der Bischof rief nach der wiedergewonnen Eintracht:

„Ad multos annos in pace!"

Auch die Herzoginmutter weilte an diesem Tag kurz am Hofe. Sie blickte bei diesen fröhlich ausgerufenen Worten ernst auf ihren geliebten Sohn Heinrich. Und plötzlich wusste sie, dass er bald sterben würde.

Zukünftiges durch Gottes geheimnisvolle Wirkung zu schauen, das gehört zu den Belastungen des Lebens der so vorbehaltlos mit Gott verbundenen Seelen. Besonders, wenn es um den liebsten Menschen ging, den Hedwig noch auf Erden hatte. Das war ihr einziger Sohn Heinrich. Sie hatten sich beide niemals ernstlich betrübt.

Hedwig zog den Schleier über ihre Augen und tastete sich in ihre Kammer, wo sie zusammenbrach.

Sie weinte nicht. Gott hatte sie zum starken Weib gemacht.

Das Wissen um die Zukunft war schwerer als alle sieben Geburtswehen zusammen. Sie stellte in etwa ein Abbild der jungfräulichen Mutter Maria im Tempel dar, die Simeons Prophezeiung hörte:

„Auch deine Seele wird ein Schwert durchdringen!"

Während des ganzen Lebens ihres eingeborenen Sohnes Jesus

Christus hatte sie in Gottes Kraft gewartet, wann diese Stunde kommen würde. –

Nach einer Weile trat die Hedwig eng verbundene Schwester Adelheid ein und bemerkte, dass die Herzoginwitwe sich bleich und matt vom Boden erhob.

„Seid Ihr krank, Frau Herzogin?"

„Nein, Schwester Adelheid."

Sie wies zum Kreuz an der Wand. „Betet für meinen Sohn Heinrich! Er wird nicht wie ein Kranker sterben."

Hedwig hatte es stockend und mit innerer Erschütterung hervorgebracht.

„Es ist Euer einziger Sohn, Frau Herzogin. Darum beschleicht Euch Furcht, dass ihm etwas zustoßen könnte. Werft diese Furcht von Euch ab!"

Hedwig schaute ihr unbeirrt in die Augen:

„Ich habe keine Furcht, Adelheid. Aber ich weiß ganz bestimmt, dass er getötet wird."

Schwester Adelheid kannte die Herzogin so gut, dass sie wusste, dass eine solche Aussage nie leichtfertig über deren Lippen kommen würde. Da Hedwig schwieg, fragte sie nicht, woher sie es wüsste und von wem er getötet würde, sondern tat, worum sie gebeten hatte. Sie kniete neben der Herzogin nieder, die tief gebeugt unter dem Kreuz stand, bis ein Seufzer sie zu ihren Pflichten zurückrief:

„Tut's auch noch so wehe, Herr, dein Wille geschehe!"

Hedwig schwieg, weil sie die Menschen nicht erschrecken, nicht mutlos machen und keine Panik hervorrufen wollte.

„Schwester Adelheid, wir gehen jetzt zum Herzogspaar. Man wartet auf uns."

Adelheid bepackte sich mit den vielen kostbaren Stoffen, die sie mit der Frau Herzogin eingekauft hatte.

Herzog Heinrich empfing sie gelassen, wie seine Mutter sich stets zeigte:

„Wir möchten der Domkirche in Krakau ein bleibendes Andenken als Geschenk überreichen. Wir denken an einen wertvollen Ornat, reich bestickt mit goldnen Adlern, nach griechischer Art gefertigt.

Welche Stoffe habt Ihr zur Auswahl mitgebracht, ehrwürdige Schwester Adelheid?“

Die Klosterfrau legte sie aus.

Anna hielt sich lange bei einem weißen Damast auf und meinte, dieser würde am besten leuchten.

Hedwig lenkte ihres Sohnes Blick auf einen roten Wollstoff, der gerade von der Sonne beschienen wurde.

Anna fragte verwundert:

„Warum diese blutige Farbe?“

„Weil es eine ganz besondere Bewandtnis mit Krakau hat“, sagte Heinrich.

Da horchte die Gattin auf.

„In Krakau wird der zwar noch nicht heiliggesprochene, aber als Martyrer verehrte Bischof Stanislaw aus der heiligen Familie der Szczepanów sehr geliebt. Ausgebildet in Gnesen und in Paris, wurde er mit 42 Jahren Bischof in einer Zeit, als der grausame und unsittliche Boleslaw II. regierte. Es kam zu Rechtsstreitigkeiten und andern unliebsamen Vorfällen. Bischof Stanislaw mahnte den Herrscher und musste ihm schließlich den Zutritt zur Kirche verwehren. Aus Wut darüber ermordete Boleslaw selbst den Bischof am Altar der Michaeliskirche vor den Toren der Stadt am 8. Mai 1079. Ich werde alles tun, um in Rom seine Heiligsprechung zu erwirken. König Ladislaw hat die Gebeine neun Jahre später aus der Michaeliskirche in den Krakauer Dom übertragen lassen. Darum scheint mir ein roter Ornat für den dortigen Dom von besonderer Bedeutung; denn das Blut der Martyrer ist Samen der Christen.“

Hedwig nickte mehrfach zu diesen Worten und dankte ihrem Sohn mit einem kurzen Blick.

Herzog Heinrich wandte sich an Schwester Adelheid:

„Ganz unten auf dem Ornat hätten wir gern das Bild des Herzogspaares angebracht. Wir werden Euch Siegelabdrücke mitgeben.“

Auf der Rückfahrt nach Trebnitz bat Hedwig die Schwester:

„Lasst bitte Katharina, die junge Braut, an der Arbeit mitwirken. Sie hat sich in der Goldstickerei große Fertigkeiten erworben und würde sich gewiss über die Mitarbeit an diesem Ornat freuen. Sie hat es sich verdient; denn meine Armen und Kranken sind bei ihr bestens aufgehoben.

Das erste Frauenkloster in Trebnitz ging mit dem dritten Bauabschnitt seiner Vollendung und Ausstattung entgegen.

Hedwig liebte und hütete diesen von der Welt ausgesonderten Bezirk wie ihren Augapfel, obwohl sie wusste, dass dort kein Paradies auf Erden war; denn die zu Bräuten Christi auserwählten Evastöchter brachten ihre Eigenarten und Unarten ins Kloster mit. Zwar mühten sie sich eifrig, sich zu bessern, aber sie mussten sich vor dem himmlischen Bräutigam immer aufs Neue anklagen, dass sie die mitgebrachen Fehler noch nicht abgelegt hatten. Es schien ihnen sogar, je mehr sie sich plagten, eher bergab als bergauf zu gehen. Die Glieder der Kirche waren nun einmal nicht ausgesucht Beste, sondern ein Volk Gottes wie das einstmals auserwählte Volk Israel, das mit Eseln und Schafen, mit Kamelen und Böcken mühsam durch den Wüstensand trottete und obendrein noch murrte und sich gegenseitig beschimpfte, wenn es zu verdursten schien, oder sich überfraß, als Gott eine Fülle von Wachteln über ihr Lager ausschüttete. Dennoch pries es Jahwe, wenn die Priester die heiligen Lieder anstimmten, und es folgte tags der Wolken- und nachts der Feuersäule.

So gab es auch unter den frommen Frauen in Trebnitz manches, was nicht ganz mit der heiligen Ordensregel übereinstimmte. Man könnte es Kuriositäten nennen, Eigenarten, die nicht immer zu Nutz und Frommen dienten.

Was bedeutete es schon gegenüber all den Fehlern in der Kirche, die immer waren und immer sein werden, dass die kleine Schwester Gaudentia ein bisschen neugierig war?

Es war natürlich keine weltliche Neugier, keine eigentliche Gier von schamlosen Augen, aber doch eine unter dem Mantel der Frömmigkeit verborgene Neugierde. Sie meinte, sie dürfte, sie sollte, sie müsste einmal genau beobachten, was geschieht, wenn ...

Also stand sie eines Tages ohne Erlaubnis beim Mittagessen auf, tat so, als wäre ihr nicht wohl, und verließ das Refektorium. Sie hatte sogar ein heiliges Ziel; denn sie ging in die Kirche, wo nun mehr und mehr die Baugerüste verschwanden und die schönen Wölbungen der gotischen Bauweise, wie man das nannte, sichtbar wurden.

Aber zum Beten war sie nicht in die Kirche gekommen. Sie verbarg sich im Chorgestühl. Da sie ein zierliches Persönchen war, konnte sie sich gut hinter den Wangen des Gestühls verstecken und durch ein kleines Loch der Verzierung beobachten, wie die fromme Frau Herzoginwitwe betete, wenn sie sich allein glaubte.

Eigentlich ging Schwester Gaudentia das gar nichts an; denn sie selbst wurde ja auch von niemandem heimlich beobachtet, wenn sie sich zu persönlichem Gebet in die Kirche begab.

Aber wozu ließ der Herrgott dieses Unkraut der sogenannten ‚frommen Neugierde' der spähenden Schwester Gaudentia mitten unter dem Weizen wachsen? Sollte vielleicht einmal niedergeschrieben werden, was sie gesehen hatte und mit ihren Schwurfingern bekräftigen konnte? Eigentlich war es nur das, was andere schon wussten oder wenigstens ahnten, aber Schwester Gaudentia hatte es mit eigenen Augen gesehen! Die Herzoginwitwe lag ausgestreckt auf der bloßen Erde, auf den kalten, noch mit Maurermörtel bedeckten Steinplatten. Bisweilen hob sie Kopf und Brust empor, um aus dem vor ihr liegenden Buch die geschriebenen Gebete zu lesen.

Die kleine Schwester ‚pia nova videndi' musste in ihrer hockenden Stellung Buße tun; denn ehe die Frau Herzogin nicht aufstand, konnte sie auch nicht wegschleichen. So sah sie denn, dass die verehrte Herzogin sich zwar erhob, aber nicht, um hinauszugehen. Sie machte vielfache Kniebeugen zu Ehren ihres auf Erden so schmählich verspotteten himmlischen Bräutigams und küsste dazu den geweihten Boden der Kirche. Dass Hedwig diese Kniebeugen große Schmerzen verursachten, konnte Schwester Gaudentia nicht wissen. Sie hatte nämlich an beiden Knien zwei faustgroße Schwellungen, die sie ängstlich verhüllte.

Schließlich konnte die naseweise Gaudentia doch entwischen, fand aber keine Ruhe, bis sie ihre Neugierde als Rückfall in frühere Fehler dem Beichtvater geklagt hatte. Der riet ihr, das Gesehene aufzuschreiben und es bei Gelegenheit demütig der Frau Äbtissin anzuvertrauen. Diese Buße verschob Schwester Gaudentia begreiflicherweise von Woche zu Woche. Wie lange noch? –

Da war die einfältige Schwester Razlawa von anderer Art. Sie hatte eine besondere Vorliebe für Igel. Ein Tier trug sie mit sich herum in der frommen Meinung, es würde sie und andere vor Krankheiten, insbesondere vor Gicht und Fallsucht, bewahren. Oder war es ein sogenanntes ‚Seelentier', das im Haus gehalten und gefüttert wurde, weil man glaubte – war es ein Rest von Aberglauben? –, es könnte sonst schaden?

Schwester Razlawa klopfte bei der Frau Herzogin an, die sie wie eine Mutter verehrte. Statt der erhofften erbaulichen Worte hörte sie den Tadel:

„Warum, meine Tochter, trägst du etwas Unreines bei dir?"

Razlawa wusste nicht, was die Herzogin damit meinte. Sie ging also schnell wieder hinaus. Da fiel ihr ein, was sie bei sich trug. Sie nahm den stacheligen Igel aus dem weiten Ärmel heraus und setzte ihn im Paradiesgarten des Kreuzganges nieder. Dann kehrte sie zur Witwe Hedwig zurück und wurde empfangen:

„So, meine Tochter, solltest du auch das erste Mal zu mir kommen. Hüte dich in Zukunft, ein solches Tier zu tragen!"

Auch Razlawa bekannte dem Beichtvater diese Schuld. Er gab ihr denselben Rat wie der Schwester Gaudentia. Aber auch dieser gute Vorsatz der Schwester Razlawa gehörte lange zu dem unangebrochenen Packen guter Vorsätze, den wir alle irgendwo aufzuschnüren vergessen haben. –

„Tres faciunt collegium. – Drei bilden ein Gruppe."

Als Frau Herzogin krank in ihrer Zelle lag, besuchte sie Schwester Pinossa, weil es etwas Lobenswertes ist, Kranke zu besuchen. Aber sie musste den Tadel hören:

„Warum kommst du ohne Erlaubnis der Äbtissin hierher? Wenn du dies abstreiten willst, so nützt es dir nichts. Gehe also und erwirke dir für deinen Ungehorsam Verzeihung! Hast du sie erhalten, dann kehre, wenn du willst, zu mir zurück."

Schwester Pinossa erschrak. Sie hatte große Furcht vor der Oberin. Trotzdem ging sie schnell zu ihr, erzählte, was sie getan, und kam mit deren Erlaubnis zur Herzogin zurück. Frau Hedwig lag mit dem Gesicht von der Türe abgewandt im Bett und konnte Pinossa nicht sehen. Sie sagte vorwurfsvoll:

„Entferne dich, du hast die Regel deines Ordens übertreten. Gehe weg!"

Pinossa verdemütigte sich nochmals, fiel vor dem Bett nieder und bat um Verzeihung. Sie erhielt diese sogleich und den Zuspruch:

„Meine Tochter, tue von nun an nichts mehr ohne Erlaubnis, da das heilige Joch des Gehorsams sehr verdienstlich ist."

Von den andern 97 frommen Frauen im Kloster ist noch manches aufgeschrieben worden, was bemerkenswert war.

Zum Altwerden gehört auch, dass Gott der Herzogin liebgewordene Menschen zu sich rief. Es starb ihr langjähriger Beichtvater, Abt Günther von Leubus, der dreißig Jahre lang den Krummstab geführt hatte. Er war eine tatkräftige Persönlichkeit, hatte die Klöster Mogila und Heinrichau gegründet und war seit zwanzig Jahren Vaterabt von Trebnitz. Ihm hatte Hedwig zu verdanken, dass sie bis zuletzt jede Woche eine arme Frau nach Leubus senden konnte. Als die Schwestern in Trebnitz nach ihrer Meinung zu sehr über den Tod des Vaterabtes trauerten, mahnte sie:

„Es ist der Wille Gottes und für uns ein Zeichen, dass uns Gott, der Herr, Stück für Stück, nein Mensch für Mensch, von der Welt loslösen will, ja muss; denn wir sind nur Gast auf Erden."

Unrecht konnte Hedwig zutiefst erschüttern, und sie bot sich Gott zur Sühne an, aber eine Todesnachricht nicht. Auch die vielen Erzählungen und Schreckensnachrichten, die Kaufleute aus Kiew mitbrachten, schienen sie wenig zu berühren. Doch nur nach außen hin. In ihrem Innern litt sie unter der prophetischen Schau, dass großes Leid wie eine gewaltige Lawine heranrollte. Auch meinte sie, für alle Schuld büßen zu müssen, wie Christus sich ob unserer Sündenschuld entäußerte, Knechtsgestalt annahm und sich geißeln ließ. Ach, wie oft musste Schwester Viktoria in die Zelle kommen und die Herzogin geißeln!

„Wir können nicht genug büßen, Schwester. Ich kann nicht alles sagen, was uns und den nach uns Kommenden bevorsteht. Wie Menschen mit Menschen umgehen! Wie sie sich berauschen am Blut! … Schlag zu, Schwester Viktoria! ... Was zögerst du? … Der Mensch weiß immer noch nicht, was der Mensch ist … Ich rieche förmlich den widerlichen Gestank verbrannter Leichen. Riechst du nichts?"

Schwester Viktoria konnte es nur verneinen.

„Schlag zu! Ich befehle dir, schlag zu! Gott will, dass ich im voraus für alles Unrecht büße."

Schwester Viktoria rannen die Tränen über die Wangen, und ihre Arme versagten den Dienst.

Hedwig klagte nicht über sich. Hedwig klagte über das, was sie nicht verhindern konnte.

„Mir graut vor den verwüsteten Städten und Dörfern. Was kommt, wird schrecklich sein ... Was dann kommt? O ihr Armen, o ihr Verlassenen, ihr Verjagten und Heimatlosen, ihr Beschimpften, Geschlagenen und von Horden Eingepferchten!"

Hedwig hatte zuvor in ihrem Stundenbuch den Psalm gelesen, den die misshandelten Juden in ihrer verzweifelten Not zu Jahwe geschrien hatten:

„Das Stöhnen der Gefangenen dringe zu dir!

Befreie die Todgeweihten durch die Kraft deines Armes!"

Das galt auch damals, aber auch für die kommenden Tage Gottes, da ja tausend Jahre vor ihm wie ein Tag sind.

Ach, wie weinte auch Demundis nach solchen befohlenen Martern und klagte:

„Wie sollte ich nicht in Tränen ausbrechen, da ich gezwungen werde, einen Menschen bis aufs Blut zu geißeln, dessen dürre Gebeine nur noch mit Haut bedeckt sind!"

Wer es fassen kann, der fasse es!

Mochte Hedwig als Kind zurückschrecken vor dem Vers: ‚Übermorgen Lämmlein schlachten', jetzt wurde sie von heiliger Gottesliebe gedrängt, sich freiwillig Gott darzubringen, damit er ihre Buße verbinde mit dem hochheiligen Kreuzesopfer Christi, als dessen Glied sich die blutig Geschlagene wusste.

„Dass die Herzogin Armen überreich Gutes tat, dass sie sich der Verurteilten annahm, dass sie zum Tode Verurteilte zur begrenzten Arbeitsbuße begnadigen lassen konnte, dass sie Feinde versöhnte und Mutter aller wurde, das bewundern wir an ihr. Aber diese Geißelung geht zu weit", sagten und klagten manche Nonnen untereinander.

Auch der Tochter-Äbtissin war dieses Büßen und Sühnen zuviel. Wer aber kennt den rechten Maßstab? Nur wer vom Ewigen her das Leben dieser Frau betrachtet.

Hedwig, geboren am Ammersee, seit ihrem Tak eine Polin geworden, die Gemahlin, die Mutter, die Großmutter, die Landesmutter, die Beterin, die Sühnende stellte in ihrer Zeit und für ihren Raum den Einbruch des Ewigen dar.

Einige wenige, vielleicht ihre Schwiegertochter Anna am besten, ahnten, wie sehr die Herzoginwitwe alle Ordensfrauen an Frömmigkeit, Opferwillen und Ganzhingabe überragte. Vielleicht noch Demundis und Schwester Adelheid. Aber letzthin stand Hedwig allein, wie Jesus allein an der Geißelsäule gestanden hatte.

Es ging Hedwig nicht um Verstandenwerden, es ging ihr nicht um Mitleid, es ging ihr nicht um Geborgenheit im Kloster oder in der Familie. Sie wollte das Weizenkorn sein, das in die dunkle Erde gesenkt wird, um dort für neues Leben zu sterben.

Herzogin Hedwig wurde Urgroßmutter und reiste trotz ihrer angegriffenen Gesundheit zu den jungen Müttern. Sie freute sich des jungen Glücks und verschwieg, was sie erwarten mussten.

Friede lag über dem Land, und Friede war unter den Piastenfürsten. Ein friedvolles Jahr 1240 ging dem Ende zu.

Zwar hatte es hier und dort Gerüchte gegeben. Aber wer glaubte schon all den Erzählungen, die von den Kaufleuten kamen? Es klang alles so unwahrscheinlich, was sie erfahren haben wollten. Es war auch nur so dahinerzählt. Wer konnte dafür bürgen, dass es stimmte? Die Kaufleute hatten es auch nur von andern gehört und diese wieder von andern. Nur wenige wussten, was für Völker weit, weit im Osten wohnten, die Schlitzaugen haben sollten und mit leichtgebogenen Schwertern auf flinken Pferden dahinjagten.

Schon die Namen, die die Kaufleute Emil, Salomo, Moses und Elias nannten, waren schwer zu behalten und wurden durcheinandergeworfen.

Ach, die Leute hatten ihre eigenen Sorgen und Streitigkeiten. Was kümmerte sie schon, dass weit im Osten sich mongolische Stämme wie überall bekriegten? Dass einer die Stämme geeinigt hatte? Wer behielt schon dessen Namen ‚Temudschin'?

Dann kam wieder solch ein merkwürdiger Name, unter dem sich nur wenige in den Herbergen, wo die Kaufleute erzählten, etwas vorstellen konnten. ‚Dschingis-Khan' ließ er sich nennen und eroberte Nordchina. Wo lag das? Hinter Moskau vielleicht? Oder noch weiter?

Als sie dann aber hörten, dass er über Mittelasien bis Südrussland vorgestoßen war, konnten sie es nicht fassen.

Der weitgereiste und erfahrene Salomo behauptete:

„In knapp drei Jahren hat er die Mehrzahl der russischen Fürstentümer erobert. Dann teilte er sein Weltreich unter seine vier Söhne."

Als er die Namen nannte:

„Dschotschi, Dschagatai, Ögädäi und Tolui", konnte sie niemand nachsprechen, geschweige denn behalten, obwohl Salomo sie mehrmals wiederholte. Als er dann gar von der Goldenen Horde, Kiptschak genannt, erzählte und von dem ersten Groß-Khan, Ögädäi und Batu, dem Enkel des Dschingis-Khan, horchten sie auf und erschraken.

„Ist Kiew schon erobert?"

„Ich weiß es nicht. Wohin diese Horden kommen, verheeren sie alles. Ich habe es nicht nur gehört, ich habe es selbst gesehen. Mit knapper Not konnte ich entkommen. Unser Handel liegt darnieder."

Nur wenige waren von diesen Nachrichten bedrückt. Nicht einmal Papst und Kaiser sahen die große Gefahr. Aber die Herzoginwitwe Hedwig!

Da kam im Dezember eine Nachricht, die nur sie in ihrer Tragweite verstand:

„Am Fest des heiligen Nikolaus wurde Kiew erobert, und Batu jagt wie einst sein Großvater Dschingis-Khan mit seinen Leuten auf Ungarn zu!"

Heinrich II., auch der Fromme genannt, nahm die Nachrichten sehr ernst und beriet sich mit seinen Heerführern, was zu tun wäre:

„Wenn die Tataren auf Ungarn zu jagen, wollen sie auch noch weiter vorwärts."

„Die Ungarn sind tapfer und werden Widerstand leisten. König Béla ist ein tüchtiger Herrscher."

Wie das weite Russland von der ‚Goldenen Horde' überflutet wurde, so erlag auch das sich tapfer wehrende Ungarnvolk der Übermacht. In einer blutigen Schlacht auf der Heide von Mohi wurde am 11. April 1241 König Bélas Heer niedergemäht. Bis zur Donau hin wurde alles Land zu einer Wüstenei verheert und verbrannt. Béla floh nach Österreich und weiter nach Dalmatien.

Es war wahrlich eine Passionswoche, als auf flinken Rossen die Nachricht durch Polen jagte:

„Sie kommen! Sie kommen!"

Äbtissin Gertrud floh auf Herzog Heinrichs Befehl mit ihren Nonnen nach Krossen. Auch Hedwig und Anna suchten mit ihrem Gefolge dort Zuflucht.

Herzog Heinrich sammelte, so gut er konnte, alle verfügbaren Kräfte bei Liegnitz. Was zusammenströmte, war ein altertümliches Ritterheer, Fußvolk von Bürgern, Bauern und Bergknappen. Auf Zuzug der Österreicher und Böhmen wurde gehofft. Jede neu ankommende Schar wurde freudig begrüßt.

Ostern wurde im Feldlager begangen. Viele bereiteten sich durch den Empfang der heiligen Sakramente auf den Kampf vor. Herzog Heinrich gab allen ein Beispiel.

In der Osterwoche kam weiterer Zuzug. Doch soviele auch kamen – manche meinten, es wären dreißigtausend Mann gewesen –, sie blieben eine Minderheit gegenüber den von den Meldereitern berichteten einhundertfünfzigtausend Tataren! Aber niemand glaubte an eine solche Übermacht. Am Weißen Sonntag ordnete Herzog Heinrich das Heer auf der Walstatt bei Liegnitz; denn in der Ferne waren schon die Zelte der Tataren zu erkennen.

Dienstag, der 9. April 1241, war der Tag, den Hedwig vorausgesehen hatte, einer der vielen grausigen Abschlachtungstage der Weltgeschichte.

Auf der Burg Krossen ging es durch die vielen Flüchtlinge ebenso beengt zu wie auf andern Burgen. Inmitten der sich sorgenden und barmenden Frauen blieb die Herzoginwitwe wie immer gelassen:

„Wir sind alle in Gottes Hand. Er hat uns das Leben geschenkt, er hat für uns gesorgt, und er ruft uns ab, wann er in seiner göttlichen Vorsehung unsere Stunde für gekommen hält. Niemand kann seinem Leben eine Elle zusetzen."

Sie sammelte die Geflüchteten zum Gebet. Uralte Psalmworte bekamen jetzt in der Not ihre Bedeutung.

„Herr und Gott, du mein starker Helfer,
du schirmst mein Haupt am Tage der Schlacht.
Blitze den Blitz, zerstreue die Feinde und verwirre sie!
Vom grimmigen Schwert errette uns,
Befreie uns aus der Gewalt der Fremden!"

Nachrichten von der Walstatt konnten nicht kommen, aber Hedwig erlebte im Geiste den gewaltigen, aussichtslosen Widerstand der Minderheit unter ihres Sohnes Führung gegen die vielfache Übermacht der immer aufs Neue heranjagenden Tartaren. Sie sah die Walstatt übersät mit Verwundeten und Toten, ganze Knäuel erschlagener Verteidiger und Angreifer, dazwischen todeszuckende Rosse. Es war eine grauenvolle Schau, die sie erleben musste.

Die Schlacht tobte den ganzen Tag bis in die Nacht hinein, aber keine Kunde drang nach Krossen durch. Erschöpft von der Sorge um die Kämpfenden, schliefen die Geflüchteten auf der Burg.

Die Herzoginwitwe allein wachte. In ihrer Kammer schliefen die treue Demundis und die Nonne Pinossa. Hedwig weckte ihre Dienerin mit ruhiger Stimme:

„Demundis, ... Demundis, ... wisse, dass ich meinen Sohn schon verloren habe."

Erschrocken aus dem Schlaf gerissen, richtete Demundis sich auf und widersprach:

„Herrin, es ist noch keine Nachricht gekommen."

„Demundis, wie ein Vogel fliegt, so entwich mein einziger Sohn von mir. Ich werde ihn in diesem Leben nicht mehr wiedersehen."

„Herrin, wir haben doch noch nichts gehört von dem, was Ihr sagt."

Hedwig entgegnete bestimmt, aber leise, damit Pinossa es nicht hören sollte; denn sie hielt sie für schlafend:

„Es ist so, wie ich gesagt habe. Hüte dich sorgfältig, jemandem etwas davon zu entdecken, damit die Trauerbotschaft nicht zu den Ohren meiner Tochter und meiner Schwiegertochter gelangt."

Demundis wunderte sich nicht, dass ihre Herrin so ruhig blieb und sprach; denn so war sie immer gewesen. Beim Tod ihres Gemahls rann keine Träne über ihre Wangen, obwohl sie weder gefühllos noch teilnahmslos war. Sie nahm jede Art des Todes, wie bitter er auch sein mochte, aus der Hand des Schöpfers, des Herrn über Leben und Tod, demütig und ergeben an. Sie hatte wahrlich viele Todesnachrichten aus ihrer eigenen Familie erhalten und in Gottes Kraft getragen. Nun, da der grausame Tod des letzten ihr noch gebliebenen und besonders geliebten Sohnes ihr gewiss geworden, war er für sie eine Heimkehr zu Gott, die sie jetzt hatte schauen dürfen, als würde ein Vogel freudig in den Himmel fliegen, um dort Gott zu loben. Das „Ja, Vater!" hatte sie blutenden Herzens längst schon im voraus gesagt. Sich selbst etwa wegen des Verlustes zu bemitleiden, hielt sie deshalb für eine falsche Haltung vor dem heiligen Willen Gottes. Drei Tage schwiegen, beteten und warteten die drei Wissenden. Demundis und Pinossa mühten sich, ihrer Herrin in der gelassen Ruhe gleich zu werden.

Nach drei Tagen kamen Boten, das Furchtbare zu melden.

Herzogin Anna, Äbtissin Gertrud und ihre Nonnen konnten sich nicht fassen vor unendlichem Weh. Hedwig stand ohne ein Schmerzenszeichen bei ihnen und hörte die Schilderung des Kampfes. Es war alles so geschehen, wie Gott es sie hatte schauen lassen. Sie umarmte Anna und Gertrud und drückte die Weinenden an sich:

„Es ist Gottes Wille, und es muss uns gefallen, was unserm Herrn gefällt!“

Leise fügte sie hinzu:

„Herr, dein Wille geschehe!“

Sie sprach es mit für die, die der Sprache nicht fähig waren. Sie löste ihre Arme von den Weinenden und erhob sie, wie es der Priester am Altar bei der Präfation tut:

„O Herr, ich danke dir, dass du mir einen solchen Sohn gegeben hast! Er hat mich, solange er lebte, stets geliebt und in Verehrung gehalten. Nie hat er mich betrübt ... Gern hätte ich ihn noch bei mir auf Erden.“

Sie streichelte Anna und Gertrud.

„Doch gönne ich es ihm aufs innigste, dass er durch sein Blutopfer bereits mit dir im Himmel vereint ist. Flehentlich empfehle ich seine Seele dir, seinem Herrn und Schöpfer.“

In der Kapelle beteten sie gemeinsam für alle Gefallenen die Trauermetten.

Die Boten konnten weiter berichten:

„Die verlorene Schlacht gegen eine fünffache Übermacht war trotz der großen Verluste nicht umsonst. Durch den gewaltigen Widerstand sind die Tataren nicht weiter vorgedrungen. Herzog Heinrich hat ihnen sterbend Halt geboten. Sie sind nach Mähren abgezogen. Woher diese unerwartete Wendung kam, weiß niemand zu sagen. Einige Gefangene berichteten von Herrschaftsschwierigkeiten im Reiche Batus. Andere sagten aus, die Tataren hätten durch Feuerzeichen das Ableben ihres Groß-Khans Ögädäi erfahren und wären deswegen durch Mähren und Ungarn nach Osten abgezogen.“ –

Nun musste die Herzoginwitwe Anna die Regierung übernehmen, weil ihr Sohn Boleslaw noch minderjährig war. Hedwig stand ihr ratend zur Seite, und Anna war dankbar, dass sie für die ersten wichtigen Entscheidungen eine erfahrene, durch viel Leid geprüfte Frau zur Seite hatte.

„Zunächst wollen wir Heinrichs Leiche suchen. Dann müssen die Toten bestattet werden und die Notleidenden Hilfe erhalten. Die zerstörten Orte müssen wiederaufgebaut werden. – Ich öffne alle Vorratshäuser von Schawoine. Im Kloster werden sich die geflüchteten Nonnen wieder sammeln. Kehre dorthin zurück, Gertrud!“

Einen Tag und eine Nacht fuhren Hedwig, Anna und Demundis zum Schlachtfeld. Was sie auf der Walstatt bei Liegnitz an Verwesung rochen und an verstümmelten und ihrer Kleider beraubten Toten sahen, war unbeschreiblich schauerlich.

Obwohl sie todmüde waren, gingen sie – und noch viele andere Frauen – auf dem Schlachtfeld daran, die Leiche des Herzogs zu suchen. Es war ein fast aussichtsloses Unterfangen, sie unter den Massen zu finden.

Krächzende Raben stürzten sich stets aufs Neue aus den Lüften auf die verwesenden Leichen.

Demundis saß in der Abtei und berichtete. Bekümmert schaute Frau Äbtissin Gertrud sie an, zwang sich aber wie die Mutter zu äußerer Ruhe.

„Es war ein entsetzlicher Anblick. Tag und Nacht sehe ich das grauenvolle Schlachtfeld vor mir (heute Legnickie Pole mit der ehemaligen Klosterpfarrkirche rechts der E 22 Cottbus – Wroclaw). Ich werde das Bild nicht mehr los.“

„Ich danke dir, dass du die Mutter und Schwägerin begleitet hast. Berichte! Ich bin auf alles gefasst.“

„Wie zu einem Liebesgang rüstete sich die Herzoginmutter und ging wie immer barfuß neben Frau Herzogin Anna, die vor Leid wie versteinert schien. Sie beteten unterwegs unentwegt zusammen.

Wir rochen das Schlachtfeld schon von weitem, bevor wir es sahen. Ein widerlicher Giftdunst machte uns oft das Atmen schwer. Die Tataren hatten nämlich Wagen, qualmende Ungetümer, von denen sie mit Naphthatöpfen Feuer und Flammen bliesen und spien.

Auf der Walstatt mussten wir über Berge von verbrannten Leichen steigen. Wie sollten wir den Herzog erkennen, da viele ohne Häupter waren? Stundenlang haben wir entsetzlich verstümmelte Tote nebeneinandergelegt. Bei mancher Leiche fragten wir uns: ‚Ist er es, oder ist er es nicht?‘ Frau Herzogin Hedwig aber entschied jedesmal: ‚Er ist es nicht!‘ Dann aber stutzte sie.“

„Wie fandet ihr meinen Bruder, Demundis?“

„Ach, Frau Äbtissin, erspart Euch meine Schilderung dieses grässlichen Anblicks.“

„Demundis, erlass mir nichts, ich bitte dich darum.“

„Wenn es denn sein muss, Frau Äbtissin! Wir suchten den ganzen Tag ohne Speise und Trank. Leiche um Leiche haben wir beiseite gelegt. Den Herrn aber fanden wir nicht. Ich war zum Umfallen müde und sank ob der großen Atemnot mitten unter die Toten. Wie eine liebe Mutter ihr Kind tröstet, so sprach die Herzoginmutter mir zu. Da war es, als wäre nicht sie die Schmerzensmutter, sondern ich. Dann suchten wir weiter ...“

„Wo fandet ihr den Herzog?“

„Unter einem großen Haufen erschlagener Tataren. Die Leiche war über und über mit Blut bedeckt. Das Gewand war nicht mehr zu erkennen. Die Herzoginmutter sank plötzlich nieder. Ich konnte den Herrn nicht erkennen, Frau Äbtissin.“

Da Demundis weinte, zog die Äbtissin den Schleier über ihr Gesicht und weinte mit der treuen Dienerin. Schließlich fragte sie:

„Warum nicht, Demundis? Du kennst doch sein gütiges Antlitz.“

„Ach, fragt nicht so, Frau Äbtissin!“

„Sprich doch, Demundis! Du darfst mir nichts vorenthalten.“

Demundis brachte unter lautem Weinen mühsam hervor:

„Er ... war ... doch ... verstümmelt!“

Gertrud schlug beide Hände vor ihr gesenktes Gesicht und klagte:

„O Gott! O Gott!“

„Sie hatten ihm das Haupt abgeschlagen. Und doch beugte sich Eure Mutter nieder und sagte mit Bestimmtheit: ‚Es ist Herzog Heinrich!‘ Sie befahl uns, die Stiefel zu lösen. Es gelang nur mühsam. Da erkannten die beiden mit Sicherheit das Zeichen.“

„Welches Zeichen, Demundis?“

„Als Euer Bruder geboren wurde, meinten einige Frauen abergläubisch: ‚Es ist kein gutes Zeichen, dass er an einem Fuß sechs Zehen hat.‘ Die Herzogin aber hatte damals geantwortet: ‚Das wird schon zu etwas gut sein, sonst hätte der Herrgott ihm diese nicht in meinen Schoß gegeben.‘ Jetzt erkannte sie ihren Sohn an den sechs Zehen und sagte: ‚Lieber Gott, du hast ihm und uns dieses Erkennungszeichen geschenkt.‘ Sie neigte sich über den Fuß und küsste ihn. Die Frau Herzogin Anna warf sich über die Leiche und weinte den bittersten Schmerz. Ich aber verjagte mit ausgestreckten Armen die krächzenden und uns umschwärmenden Raben.“

„Teure Demundis, ich danke dir, was du Gutes getan hast!“

„Wir waren nicht die einzigen Frauen auf dem Schlachtfeld. Viele suchten verzweifelt ihre Toten, erkannten sie aber nicht. Welch ein Schmerz für sie! Einige Mannen halfen uns, den Leichnam auf einer Bahre nach Liegnitz zu bringen.“

„Und sein Haupt, wo fandet ihr es?“

Demundis schwieg.

„Rede doch, Demundis! Gewissheit beruhigt mehr als ständige Ungewissheit.“

Demundis holte tief Atem, bevor sie sagte:

„Einer der Mannen berichtete, er hätte gehört, dass die Tataren des Herzogs Haupt auf einer Stange vor die Palisaden von Liegnitz getragen und die Besatzung aufgefordert haben, sich zu ergeben. Aber der Anblick des Hauptes festigte nur den Mut der Verteidiger.“

Die Äbtissin bedeckte ihr Antlitz mit dem Schleier. So hörte sie weiter zu:

„Wir brachten den Leichnam auf die Burg. Die Frau Herzoginmutter wusch ihn und salbte seinen ‚Martyrerleib‘, wie sie ihn nannte. Dann ließ sie ihn nach Überlegung mit der Herzogin Anna nach Breslau bringen. Wir waren entsetzt über die abgebrannte Stadt. Der Prior der Dominikaner, der fromme Prediger Ceslaus, hatte die Holzhäuser abbrennen lassen. Dadurch wagten die Tataren nicht, zur Dominsel vorzudringen. So hat Ceslaus sie gerettet. Nach der Beisetzung des Leichnams in der Kirche des Franziskanerklosters sagte die Herzoginmutter zu den sie trösten Wollenden: ‚Durch den Weg des Martyriums hat er verdient, mit seinem Erlöser vereint zu werden.‘“

Äbtissin Gertrud enthüllte ihr Angesicht:

„Die Mutter hat das wahrhaft tröstende Wort gesprochen.“

Es war gut, dass Hedwig über ihre Eigentümer frei verfügen konnte. So half sie großzügig den Witwen und Waisen, den so unsagbar vielen bitterarm Gewordenen. Sie ließ sich durch keine Klagen ihrer Verwalter beirren und tat wahrlich das Ihrige, um die Trauer durch den Mut zu neuem Leben im Wiederaufbau des Landes zu überwinden.

„Es ist Gottes Wille, dass wir immer wieder von Neuem anfangen."

Sie war die stille Ratgeberin der Regentin Anna, die ihre Sorgen hatte mit dem namentlichen Herzog Boleslaw. Er war ein sonderbarer Kindskopf. Er schien nicht zu begreifen, was am 9. April geschehen war. Nun brüstete er sich als bald regierender Herzog. Durch unpassende Witze und Späße suchte er sich beliebt zu machen. Seine Art reizte seine Zuhörer zum Lachen, und das gefiel ihm. Viele aber waren empört darüber.

Die Großmutter betete und opferte für ihn und klagte eines Tages in Gegenwart ihrer Schwiegertochter gegen ihren Enkel:

„Wehe dir, wehe dir, Boleslaw! Welches Übel wirst du noch deinem Lande bereiten!"

Auch ihrem Haushofmeister Luthold sagte die klarblickende Witwe:

„Ich habe großes Mitleid mit dir, Luthold, weil dir mein Enkel, Herzog Boleslaw, viele Übel zufügen wird."

Luthold stutzte und wartete, was die in die Ferne schauende Herzogin ihm noch zu sagen hatte.

„Er wird dich und deine Angehörigen aller Habe berauben."

Luthold fasste diese Worte nicht, da er in großer Gunst bei seinem jugendlichen Herrn stand. Er antwortete unwillig:

„Möchtet doch Ihr, Herrin, immer Frieden haben! ... Ich und meine Leue werden mit Boleslaw, meinem Herrn, immer gut stehen."

Die alte Herzogin ließ sich nicht beirren. Sie sah ihm eindringlich in die Augen:

„Ich werde immer Frieden haben, aber dir wird das zustoßen, was ich dir vorhergesagt habe." –

Es waren schon längere Zeit Verhandlungen wegen der zukünftigen Gattin Boleslaws. Seine Braut war Hedwig, die Tochter des Grafen Heinrich von Anhalt. Die Hochzeitsfeierlichkeiten wurden bis in alle Einzelheiten besprochen.

Als die Braut zum erstenmal nach Schlesien kam und ihr auch das Frauenkloster gezeigt wurde, nahm die alte Herzoginwitwe sie still beiseite:

„Du bist mir als zukünftige Gattin meines ältesten Enkels und als künftige Herzogin sehr willkommen. Der Anfang Eurer Ehe wird nicht leicht sein. Sie steht unter dem Kreuz ... Du wirst von deinem Mann vieles erleiden ... Sei klug und geduldig! Ich bete für dich, dass der Herr dich stärkt."

Der jungen Hedwig traten die Tränen in die Augen.

Die alte Hedwig erkannte den Grund: auch diese junge Braut sollte durch den Willen der Sippe ebenso verheiratet werden, wie es mit ihr geschehen war.

„Hedwig, du wirst versuchen müssen, eine kluge und tapfere Frau zu werden, die einmal ihren Mann gut zu leiten weiß! ... Das wird eine große und schwere Aufgabe für dich, Hedwig."

„Seht Ihr nicht zu düster, Frau Herzogin?"

„Gebe Gott, dass du recht hast, Hedwig von Anhalt!"

Die junge Hedwig kniete vor der alten Hedwig nieder, die zukünftige vor der ehemaligen Hedwig, und bat, ihr die Hände aufzulegen.

Fest drückte Hedwig ihre alten Hände mit den dünnen Fingern auf das Haupt der ‚bestimmten' zukünftigen Herzogin Hedwig von Schlesien und Polen. Mochte etwas von ihrem Geist auf sie übergehen!

Die alte Witwe musste das Kreuz tragen, dass ihr ältester Enkel ihren Lebensabend trübte. Gebet und Buße für ihn war ihr Flehen zu Gott. –

Die Siedlung auf dem linken Ufer der Oder vor der Dominsel wurde rasch wiederaufgebaut. Der Notar beriet sich mit der Regentin Anna unter Hinzuziehung Boleslaws, dass es an der Zeit wäre, dieser wiedererstandenen Kaufmannssiedlung Stadtrechte zu verleihen.

Boleslaw hatte andere eigenwillige Narrheiten für ein spaßiges

Turnier im Kopf und hörte nur ungern zu, was alles zu einer solchen Erhebung vorbereitet werden musste. Nur als er hörte, dass sie wie in andern Städten deutsches Recht erhalten sollte, horchte er auf. Er hatte sich nämlich mit deutschen Freunden umgeben, die ihn beeinflussten. Als zukünftigen Notar hatte er sich Gerlach auserkoren, der ihm jetzt schon riet. Es war für die Regentin schwer, sich durchzusetzen.

Als Boleslaw die Regierung antrat, unterzeichnete er die Urkunde für die Stadt Breslau am 10. März 1242. Sie sollte ihren ‚Ring', den Marktplatz mit Rathaus, und später eine Elisabethkirche erhalten.

Der junge Herzog Boleslaw wollte die vom Großvater und vom Vater erstrebten Pläne weiterführen und wandte sich an Kaiser Friedrich. An den Papst konnte er sich nicht wenden; denn seit dem Tode Gregors IX. im August des vergangenen Jahres und der nur 17 Tage währenden Regierung des Greises Cölestin IV. gab es keinen Papst. Es war auch nicht abzusehen, wann der päpstliche Stuhl wieder besetzt würde.

Herzogin Hedwig besprach sich mit ihren Ratgebern. Sie wollte ihre zeitlichen Angelegenheiten regeln, solange sie noch alles klar überschauen konnte.

Am 24. August 1242 kamen zur Besiegelung ihrer Urkunde, die als ‚Testament Hedwigs' bezeichnet wurde, die Herzogin Anna, der regierende Herzog Boleslaw und Bischof Thomas zu ihr. Sie hörten die Verlesung der aus 18 langen Zeilen geschriebenen Urkunde. Darin hieß es:

„Nos Hadwigis, Dei gratia ducissa Zlesie, also: Wir, Hadwigis, durch Gottes Gnade Herzogin von Schlesien, beurkunden, dass uns von Unserm Gemahl mit Zustimmung Unseres Sohnes der Gutsbezirk Schawoine geschenkt worden ist."

Sie vermachte Schawoine dem Kloster Trebnitz. Hedwigs Muttersorge für das einzige sie überlebende Kind, die Äbtissin Gertrud, kam darin zum Ausdruck. Sie hatte die Auflage hinzugefügt, dass Gertrud zu ihren Lebzeiten über die Einkünfte frei verfügen sollte.

Hedwig ließ diese Urkunde von den Anwesenden besiegeln und hängte auch ihr eigenes Siegel daran. Es war nicht das alte, auf dem sie 1217 in ihrer überschlanken Gestalt dargestellt war, zugleich auch ein Zeichen, dass sie sich noch in ihrem Alter bei aller persönlichen, gewollt armen Lebensweise durchaus als Fürstin fühlte, getreu der Tradition ihres Hauses Andechs.

„Sie handelte klug, wie sie es stets in allen Dingen tat", bemerkte Herzogin Anna später gegenüber der Äbtissin Gertrud.

Die Herzoginmutter traf diese Vorsorge, weil sie Boleslaw misstraute. Gertrud würde die Einkünfte von Schawoine gut im Sinne der Mutter verwenden. Damit waren sie vor einem möglichen unrechtmäßigen Zugriff des regierenden Enkels einigermaßen gesichert. Hedwig äußerte ihrer Tochter Gertrud gegenüber noch eine andere Befürchtung:

„Boleslaw wird sich nicht scheuen, seine beiden leiblichen Schwestern aus dem hiesigen Kloster zu entführen, um sie seinen Heiratsplänen gefügig zu machen."

„Das wolle Gott verhüten, Mutter!"

„Du kennst ihn nicht, wie ich ihn kenne und um ihn weiß."

„Er sollte die Stiftung seines Großvaters missachten?"

„Er wird es tun! ... Betet, dass ihm nicht alles gelingt, was er Verderbliches plant."

„Was könnte geschehen, Mutter?"

„Das kann ich nicht sagen. Ich darf nur warnen. Gott weiß es, Gertrud."

Nun wagte die Äbtissin, ihre Mutter etwas ganz Persönliches zu fragen, weil sie deren fortschreitende Entkräftung sah.

„Mutter, Ihr habt Euer Testament gemacht, und ich danke Euch im Namen des Klosters und auch im eigenen Namen für die sorgfältige Regelung. Darf ich von Euch erfahren, wo Ihr begraben werden möchtet?"

„Ich wünsche, auf dem gemeinsamen Friedhof beerdigt zu werden."

Gertrud schüttelte den Kopf.

„Wenn du das nicht für gut findest, dann bitte ich dich inständig, lass mich auf dem Begräbnisplatz der Schwestern meine Ruhe finden!"

Auch damit war die Äbtissin nicht einverstanden.

„Mutter, wir werden Euch in der Kirche im Grab des Stifters und Vaters beisetzen."

Hedwig sträubte sich mit der ganzen Kraft ihrer Stimme:

„Wenn ich in der Kirche beerdigt werden soll, so beschwöre ich dich bei Gott und bitte dich, liebe Tochter: begrabe meine Leiche nicht neben meinem Gatten!"

Erstaunt schaute die Äbtissin die Mutter an.

„Ich will im Grabe nicht mit dem Toten vereinigt sein, mit dem ich aus Liebe zum Verzicht so lange keine leibliche Gemeinschaft mehr hatte."

„Nun gut, dann werde ich Euch bei meinem Burder beerdigen lassen."

„Nein! Ich will im Grabe mit niemandem Gemeinschaft haben. Wenn ihr mich durchaus in der Kirche begraben wollt, so bitte ich, setzt mich bei vor dem Altar des heiligen Täufers Johannes."

„Warum, Mutter?"

„Weil dort in der Nähe einige Enkelkinder begraben sind, deren Unschuld ich so liebe. Ich denke an des Herrn Wort: ‚Wenn ihr nicht werdet wie die Kinder, so werdet ihr nicht in das Himmelreich eingehen!'"

Auch dieser Wunsch fand nicht die Zustimmung der Tochter. Sie hatte der Mutter Willenskraft geerbt und wollte etwas, was die Mutter nicht wollte, aber ahnte.

„Wir werden Euch, liebe Mutter, vor dem Altar des heiligen Paulus beisetzen."

„Warum gerade dort, Gertrud?"

„Weil, ... weil wir Euer Grab dann immer vor Augen haben."

Erregt antwortete die sonst so gelassene Mutter:

„Wenn ihr das tut, so wird es euch in kurzer Zeit gereuen wegen der Störungen, die euch durch mein Grab entstehen werden."

Es klopfte. Der Beichtvater trat mit Schwester Adelheid ein und kündete freudig:

„Habemus papam! Seit dem 25. Juni haben wir endlich nach 18 Monaten wieder einen Papst, Innozenz IV. Er entstammt einer kaiserfreundlichen Familie aus Genua und scheint Gewähr für die Beilegung der Streitigkeiten mit dem Kaiser zu bieten."

„Wir können es nur wünschen", war Hedwigs Anteilnahme. „Ich habe eine Bitte an Euch, Hochwürden."

„Sie sei Euch im voraus gewährt, Frau Herzogin."

„Spendet mir die Krankenölung."

„Jetzt schon, Mutter?

„Soeben haben wir von meinem Begräbnis gesprochen. Meine Bitte wurde mir im voraus zugesagt."

Die ihr besonders nahestehende Schwester Adelheid fragte:

„Warum, Frau Herzogin, erschreckt Ihr damit unsere Herzen? Ihr seid doch noch gesund und nicht in Gefahr."

„Ich weiß es, liebste Adelheid, aber bedenke: da der Mensch im Abscheiden durch das Sakrament der heiligen Ölung gleichwie mit geistigen Waffen gegen die Anfechtungen der Seele gestärkt wird, deshalb müssen wir solch eine Stärkung mit größter Andacht empfangen. Bald werde ich zu den Kranken gehören. Ich muss fürchten, dass ich bei der Zunahme der Schmerzen dann diese Heilmittel nicht mit solcher Glut der Andacht empfangen kann, wie es sich ziemt für eine Seele, die zum Herrn eilt."

Sie begab sich in ihre Zelle und bereitete sich vor. Dann beichtete sie und empfing die Krankensalbung, obwohl noch keine Anzeichen des nahenden Todes zu erkennen waren.

„Nun bin ich bereit!" sagte sie zur Tochter.

Bald darauf wurde sie aufs Krankenlager geworfen.

„Zu Mariä Geburt, da fliegen die Schwalben furt."

An diesem Festtag des 8. September 1243 wachte Katharina bei der kranken Herzogin, weil alle Nonnen die feierliche Vesper in der Kirche sangen. Sie saß ruhig am Bett und stickte an einem Kirchengewand. Ab und zu schaute sie auf die schlummernde Herzogin. Dann hörte sie die

Herrin sprechen. Es klang so froh. Es war Katharina, als spräche sie mit himmlichen Besuchern; denn die Kranke erhob sich ein wenig und verneigte ehrfuchtsvoll ihr mit dem Schleier bedecktes Haupt:

„Willkommen, du meine Herrin, heilige Maria Magdalena! ...

Willkommen, heilige Katharina!"

Da stutze die ehemalige Gefangene aus dem Preußenland. Das war doch ihre Namenspatronin, die heilige Martyrin. Sie ließ ihre Arbeit sinken und schaute auf die Herzogin, die immer noch mit geschlossenen Augen lag. Katharina hörte ganz deutlich:

„Willkommen, heilige Thekla! ...

Willkommen, heilige Ursula!"

Hedwig begrüßte noch mehrere Heilige, deren Namen sich Katharina nicht merken konnte. Sie hörte die so wilkommen Geheißenen mit der Herzogin flüstern. Sie verstand auch einmal das Wort:

„In der Stunde des Abscheidens."

Nach der Vesper traten zwei pflegende Schwestern in Hedwigs Zelle, da war das eigenartge Geschehen sofort vorbei.

Katharina erzählte niemandem etwas von dem, was sie erlebt hatte, nicht einmal ihrem Mann. Es war so beglückend, mit der verehrten Frau Herzogin ein Geheimnis zu hüten.

Später, am Fest des heiligen Apostels und Evangelisten Matthäus, waren die Nonnen des Klosters in gewohnter Weise im Kapitelsaal versammelt und besprachen und berieten nach der vorgeschriebenen Lesung aus der Ordensregel die notwendigen Angelegenheiten des gemeinsamen Lebens. Zwei Schwestern wurden von der Teilnahme beurlaubt, um die kranke Herzogin zu betreuen.

Kaum waren Pinossa und Benedikta bei ihr eingetreten, da hörten sie den Befehl:

„Kniet nieder und betet!"

Sie wagten zu fragen:

„Warum denn, Frau Herzogin?"

Auch jetzt konnte die Schwerkranke keinen Widerspruch ertragen.

„Seht ihr denn nicht die heilige Magdalena und die heilige Katharina und den heiligen ...?"

Diesen Namen verstanden die Schwestern nicht. Sie knieten gehorsam nieder, obwohl sie niemanden sahen und nichts hörten.

Dann schien die Herzogin eingeschlafen zu sein; denn sie atmete ruhig, auf ihrem Antlitz lag ein Schimmer von Glanz und Freude. Da entfernten sich die beiden Schwestern für kurze Zeit. Draußen sagte Pinossa:

„Wir wollen es der Äbtissin melden. Hast du dir den letzten Namen gemerkt?"

„Den letzten Namen habe ich nicht verstanden, ich kann doch kein Latein!"

„Ich weiß ihn auch nicht", bedauerte Pinossa. –

Herzoginwitwe Anna weilte zu dieser Zeit bei ihrem Bruder, dem König Wenzl, in Prag. Sie wollte dort die ‚Kreuzherren mit dem roten Stern' bitten, das von ihr gegründete Hospital zur heiligen Elisabeth zu übernehmen. Mit ihrer Schwester Agnes besprach sie eine Niederlassung der Klarissen in Breslau.

Sie war gern für einige Zeit dem Burgleben entronnen, weil dort ein anderer, ein fremder Geist eingezogen war. Mit Boleslaw und seiner jungen Frau Hedwig kam sie gut aus, aber die beiden umgebenden Ratgeber, besonders die Spaßmacher, waren ihr zuwider.

Als Agnes nach der Mutter fragte, konnte Anna nur sagen:

„Ich glaube, sie wartet auf meine Rückkehr."

Ihre Ahnung bestätigten zwei Boten, die eilends geritten kamen, um ihr zu berichten:

„Frau Herzogin Hedwig ist sterbenskrank. Die Nonnen bitten Euch, möglichst bald zurückzukommen."

Am gleichen Tage noch machte sich Anna mit den schnellsten Pferden auf den Heimweg. Trotzdem dünkte sie die Fahrt im Reisewagen endlos lang.

Am Mittwoch, dem 14. Oktober, traf sie im Kloster ein. Es war das Fest des Martyrerpapstes Calixtus.

Um die Mittagszeit trat sie ins Krankenzimmer. Die Mutter erkannte sie und nickte ihr zu. Anna beugte sich über die verehrte Schwiegermutter und küsste sie. Nur wenige Worte flüsterte die Kranke:

„Meine liebe Anna, ich wusste, dass du kommen würdest, Danke!"

Sie reichte ihr das Marienbild, das sie immer um den Hals trug, zum Kuss, hielt es dann mit drei Fingern ihrer Linken fest umklammert und küsste es selbst mehrere Male.

Dann bat Hedwig um den Schleier ihrer heiligen Nichte Elisabeth, den sie als kostbare Reliquie in Ehren gehalten hatte. Schwester Adelheid legte ihn ihr aufs Haupt. Hedwig zog einen Zipfel vor ihren Mund und küsste ihn. Ihre Lippen murmelten:

„Eilt herbei, ihr Heiligen Gottes, kommt meiner armen Seele entgegen und führt mich zu Ihm, dem ich so gern gedient habe."

Nun wartete sie in ruhiger Geduld auf den Herrn über Leben und Tod, der sie holen würde zu der Stunde, die Er seit Ewigkeit bestimmt hatte.

Äbtissin Gertrud kam oft an diesem Nachmittag, musste aber ebenso oft wieder gehen, weil die Tagesordnung sie zu ihren Pflichten rief. Zur Abendmahlzeit, die noch bei Tageslicht eingenommen wurde, durfte sie sich durch die Priorin vertreten lassen. So kam sie zur Mutter zurück, die ihr zulächelte und die Lippen bewegte.

Gertrud wusste, dass die Mutter sagen wollte:

„Wenn gleich die Vesperglocke läutet, dann geh, meine Tochter, der Bräutigam ruft dich!"

Obwohl Hedwig nie eine Klosterfrau gewesen war, hatte ihr die Befolgung der heiligen Regel sehr am Herzen gelegen.

Die Glocke des Hauses läutete. Mutter und Tochter schauten sich noch einmal liebevoll an.

Äbtissin Gertrud erhob sich, ging in die Kirche und stimmte auf ihrem Äbtissinnensitz die Vesper an.

Der große Nonnenchor sang die Psalmen als Abendhuldigung:

„An jenem Tage benedeien wir dich
und loben in Ewigkeit deinen Namen,
ja in der ewigen Ewigkeit,
Christus!"

Als die Äbtissin den Lobpreis Mariens anstimmte, hatte die Dulderin Hedwig ihren Geist ausgehaucht. Ihre Seele sang nun vor dem Throne des Lammes Jesus Christus:

„Er hat in Gnaden geschaut auf seine niedrige Magd."

Nach der Vesper kündeten die Glocken über den Ort hinaus ihren Tod ins weite Land.

Herzoginwitwe Anna tröstete den weinenden Konvent:

„Danken wir Gott für diesen Menschen! Ich habe das Leben verschiedener Heiligen kennen gelernt, doch nie etwas Ähnliches oder Größeres an Strengheiten gehört, als ich bei ihr selbst gesehen habe."

Das bezeugten anderntags auch die Schwestern, die ihren Leichnam wuschen. Sie entfernten vorsichtig den blutigen Bußgürtel und sahen die faustdicken, aufgerissenen Schwielen an den Knien und die zerschundenen Füße. Sie bekleideten den Leichnam mit einem Bußgewand, wie Hedwig es gewünscht hatte. Das Madonnenbild war so fest von drei Fingern umklammert, dass sie es darin ließen.

Mit geziemender Ehrfurcht brachten sie den toten Körper wie eine unschätzbare Kostbarkeit in die Kirche, wo er drei Tage lang aufgebahrt blieb.

Viele strömten herbei, um die Mutter der Armen, die Pflegerin der Kranken, die Trösterin der Betrübten, die Helferin der Gefangenen, die Friedensvermittlerin, die vielgeprüfte Dulderin, das Vorbild der Frauen in der Welt im Lichte der Kerzen zu sehen und mit den Schwestern Totenwache zu halten.

Die Priorin des Klosters, Schwester Wenzeslawa, nahm der Toten den Schleier der heiligen Elisabeth ab, bevor sie am 17. Oktober mit großer Feierlichkeit in einem Holzsarg vor dem Paulusaltar, rechts vom Hochaltar, beigesetzt wurde. Äbtissin Gertrud hatte es so gewünscht, um durch diesen Schleier die Erinnerung sowohl an die Mutter als auch an die heilige Elisabeth wachzuhalten.

Das Grab wurde fest mit Steinen und Mörtel verschlossen.

Anfangs freuten sich die Schwestern, dass sie das Grab ihrer ‚Klostermutter' immer vor Augen hatten. Aber schon bald erfüllte sich, was die Verstorbene vorhergesagt hatte.

Die Schwestern wurden in ihrer Sammlung gestört durch die Menge derer, welche von nah und fern das Grab besuchten und ihre Kranken und Krüppel mitbrachten.

Mitten in das Chorgebet der Nonnen erscholl oftmals der Ruf:

„Jadwiga, Matka, bitte für uns und hilf uns elenden Armen!"

Zeittafel

1139 starb Boleslaw III., Herzog von Polen. Er bestimmte in seinem Testament, dass Polen unter seine Söhne aufgeteilt und dass der jeweils Älteste Krakau mit dem Seniorat, einer Art Oberherrschaft, erhalten sollte. Dementsprechend erbte Wladislaw II. aus erster Ehe mit einer russischen Fürstentochter Krakau (Kleinpolen) und Schlesien. Die anderen Söhne aus der zweiten Ehe mit Salomea von Berg (Schwaben) erhielten Masowien, Großpolen und Sandomir.

1146 wurde Wladislaw II. von Krakau und Schlesien mit seiner Frau und drei Söhnen: Boleslaw, Mesko und Konrad, durch seine Stiefbrüder vertrieben. Seine Gattin, Agnes von Österreich, war eine Halbschwester König Konrads III., der ihnen Altenburg als Wohnsitz anwies.

1150/51 starb die Gattin Wladislaws II., Agnes, und wurde im Kloster Pforte bei Naumburg in Thüringen begraben.

1151 starb Bertold IV., Graf von Andechs und Plassenberg. Er war vermählt mit Sophie von Istrien (gest. 1128). Ihre Kinder: Bertold V., Otto, Bischof von Bamberg, Mechtild, Euphemia, Gisela, Kunigunde.

1159 starb Wladislaw II. in der Verbannung und wurde im Kloster Pegau begraben.

1161 wurde Boleslaw I., Wladislaws II. Sohn, und Bertold V. von Andechs in einer Urkunde vor Mailand genannt. Wahrscheinlich haben damals die Beziehungen zu einer künftigen Eheverbindung zwichen den schlesischen Piasten und dem Hause Andechs begonnen.

1162 erreichte Friedrich Barbarossa die Abtretung Schlesiens an die Söhne des verstorbenen Herzogs Wladislaw II.
Boleslaw und Mesko kehrten nach Schlesien zurück, das sie nun als selbständiges Herzogtum innerhalb der polnischen Senioratsverfassung innehatten. Konrad blieb zunächst noch in Deutschland. Boleslaw erhielt Schlesien, Mesko Ratibor, Konrad Glogau.

1163 Herzog Boleslaw I. von Schlesien holte deutsche Zisterziensermönche aus Pforte nach dem Kloster Leubus, das bis dahin Benediktiner innehatten.

1163 vermählte sich Boleslaw I. in erster Ehe mit einer russischen Fürstentochter. Kinder: Jaroslaw und Alga. Aus zweiter Ehe mit Adelheid von Sulzbach waren die Kinder: Boleslaw, Konrad, Heinrich, Adelheid, Berta und Wladislaw.

1168 entstand das Augustinerchorherrenstift Zschillen (Wechselburg) durch Dedo V. von Groitsch, Hedwigs Großvater mütterlicherseits.

1168 Vermutliches Geburtsjahr Heinrichs, des Sohnes Boleslaws I. von Schlesien, mit dem Hedwig vermählt wurde.

1173 wurde der Graf von Andechs, Hedwigs Großvater, Bertold V., Markgraf von Istrien.

Zwischen 1174 und 1178 wurde Hedwig geboren. Geburtsort dürfte die 1248 zerstörte Burg Andechs am Ammersee gewesen sein. Ihre Eltern: Bertold VI. und Agnes von Groitsch

Ihre Geschwister: Otto, Heinrich, Ekbert, Bertold, N.N. (in der Erzählung Berchta genannt), Agnes, Gertrud, Mechtild. Vom fünften bis zum zwölften Lebensjahr kam Hedwig zur Erziehung in das Benediktinerinnenkloster Kitzingen zur hervorragenden Magistra Petrissa.

1180 wurde der Großvater Hedwigs, Berthold V., auch noch Herzog von Meranien. Er war vermählt in erster Ehe mit Hedwig von Bayern, in zweiter Ehe mit Luitgard von Dänemark.

Die Andechser hatten großen Besitz im Südosten. Ihre Burgen und Stützpunkte an der Italienstraße setzten die Italienpolitik der Staufer voraus.

Zwischen 1186 und 1190 wurde die 12-jährige Hedwig mit Heinrich I. vermählt. Hochzeitsreise wahrscheinlich über die Stützpunkte der Andechser, über Bamberg und Hof nach Rochlitz, dem Wohnsitz von Hedwigs Großeltern mütterlicherseits. Spätere Tradition nennt 1186 als Jahr der Eheschließung. Hedwigs Anfang auf der herzoglichen Burg war nicht leicht. Sie hat Polnisch gelernt. 14-jährig gebar sie ihren ersten Sohn, Boleslaw. Es folgten Konrad, Heinrich, Sophie, Agnes und Gertrud. Mit Gertruds Geburt haben wir die erste feststehende Jahreszahl: 1200. 1208 kam noch ein Nachzügler, dessen Namen wir nicht kennen. Er ist bald nach der Geburt gestorben. Boleslaw, Konrad, Sophie und Agnes starben nicht als Kleinkinder, wohl aber im Jugendalter.

1188 starb Hedwigs Großvater, Herzog Berthold V.

1189 starb Hedwigs Großmutter mütterlicherseits, Mathilde von Heinsberg, und wurde in Zschillen (Wechselburg) begraben.

Vor 1190 schenkte Berthold dem Stift Wilten bei Innsbruck einen kostbaren Henkelkelch (Speisekelch). Das Stift hatte den Andechsern im Austausch gegen andere Güter gestattet, ihren Markt am Inn auf das südliche, dem Stift gehörende Flussufer zu verlegen.

1190 Am 23. April heiratete eine namentlich unbekannte Schwester Hedwigs Tohu, den Sohn des Großzupans Miroslaw von Serbien.

1190 Am 10. Juni ertrank Kaiser Barbarossa auf dem Kreuzzug.

1190 Am 16. August starb Hedwigs Großvater mütterlicherseits, Dedo von Groitzsch, an einer Bauchoperation und wurde in Zschillen neben seiner Gemahlin begraben. Sein Sohn Philipp war Propst in Xanten, sein Sohn Konrad Markgraf der Niederlausitz, seine einzige Tochter Agnes war Hedwigs Mutter.

1195 Am 25. März starb Hedwigs Mutter, Agnes von Groitzsch.

1195 Am 6. Dezember nahm Hedwigs Vater, Berthold VI., zu Worms mit seinem Sohn Heinrich nochmals das Kreuz wie schon 1189/90, gelangte aber kaum noch ins Heilige Land.

1196 heiratete König Philipp II. von Frankreich Hedwigs Schwester Agnes. Er hatte seine am 15. August 1193 erfolgte Trauung mit Ingeborg von Dänemark nach knapp vier Monaten von französischen Bischöfen für nichtig erklären lassen. Rom hatte mehrfach auf die Blutsverwandtschaft hingewiesen.

Der seit dem 18. Januar 1198 regierende energische Papst Innozenz III. bezeichnete 1199 die Ehescheidung als ‚Narrenposse' und verhängte 1200 über ganz Frankreich das Interdikt. Im September 1200 musste sich der König von der sehr geliebten Agnes trennen. Am 20. Juli 1201 starb Agnes aus Gram in Poissy bei Versailles. Sie hinterließ zwei Kinder.

Geliebt hat der König von seinen Frauen nur Agnes von Andechs. Dieser Ehefall galt um die Jahrhundertwende als ‚europäischer Skandal'.

1198 wurde der Halbbruder Heinrichs I., Jaroslaw, Bischof von Breslau bis 1201.

1201 Am 8. Dezember starb Boleslaw I. und wurde wie seine Gattin Adelheid von Sulzbach und seine Kinder Boleslaw, Konrad und Alga im Kloster Leubus begraben.

Sofort entriss sein Bruder Mesko, Herzog von Ratibor, seinem Neffen, Heinrich I., dem Alleinerben des Herzogtums Schlesien, das Land von Oppeln.

1202 verzichtete Heinrich I. auf dieses Land und zahlte noch 1000 Mark Silber hinzu.

1202 erlosch mit dem Tode Mieszkos III., der Herzog von Großpolen und Krakau war, die bereits 1194 durchbrochene Senioratsverfassung der piastischen Länder. Er vermachte Krakau seinem Neffen Lesko von Sandomir. Mieszkos Sohn Wladislaw Laskonogi eignete sich die Herrschaft von Großpolen an, auf die Wladislaw Odoniz Anspruch erhob, ein Sohn seines älteren, bereits verstorbenen Bruders Otto.

Odoniz suchte Hilfe bei Heinrich I., der ihm so lange Kalisch verlieh, bis er seinen Anspruch auf Großpolen verwirklicht hätte.

1202 Im ersten Halbjahr Gründungsakt des Klosters Trebnitz durch Heinrich I., am 22. 11. schon päpstliche Schutzurkunde.

1202 wurde Hedwigs Bruder Ekbert Dompropst von Bamberg.

Am 22. Juni besuchte er seine Schwester Hedwig in Breslau.

1203 Am 13. Januar Einführung der aus Bamberg mit Äbtissin Petrissa (ehemalige Benediktinerin in Kitzingen) gekommenen Zisterzienserinnen in das von Heinrich I. im Vorjahr aus eigenen Mitteln (nicht aus Hedwigs Mitteln) errichtete erste Frauenkloster zu Trebnitz.

Heddwig erwirkte die Umwandlung der zum Tode Verurteilten zu Bauarbeiten am Kloster. Auch durfte sie Gefängnisse und Arbeitshäuser besuchen, an Gerichtssitzungen teilnehmen und das Los der Verurteilten erleichtern.

1203 starb Konrad, Herzog von Glogau, ein Bruder des verstorbenen Boleslaw I. und Meskos von Ratibor und Oppeln. Mesko war nun ältester Piast und erhob Anspruch auf Krakau, das er aber erst 1210 mit Hilfe des Papstes bekam.

1203 –
1239 Abt Günther von Leubus.
1204 wurde Domherr Lorenz, seit 1202 Notar Heinrichs I., Bischof von Leubus.
1204 heiratete Przemysl Ottokar I. von Böhmen in zweiter Ehe Konstanze, die Tochter des Königs Béla III. von Ungarn. Kinder: Anna, Agnes, Wenzel und Przemysl.
Seine erste Gattin Adela hatte er verstoßen. Sie starb am 2. Februas 1211 in der Wasserburg zu Meißen.
1204 starb Hedwigs Vater, Berthold VI. von Andechs.
1205 wurde Andreas II. König von Ungarn. Hedwigs Schwester Gertrud war seit einigen Jahren seine Gattin. Wegen ihrer Eingriffe in die Landespolitik, Bevorzugung der Deutschen und wegen ihrer Goldgier hasste sie der ungarische Adel.
1206 wurde Heinrich von Kietlitz, der Erzbischof von Gnesen, durch Wladislaw Laskonogi von Großpolen bedrängt und fand längere Zeit Zuflucht in Breslau.
1206 starb der Bischof von Breslau, Cyprian. Sein Nachfolger wurde Laurentius.
1206 wurde Herzog Wladislaw Laskonogi als Gegner der Kirchenreform gebannt und floh nach Posen.
1207 wurde Hedwigs Nichte Elisabeth, die Tochter der Königin Gertrud, in Ungarn geboren.
1207 mahnte Papst Innozenz III. den Erzbischof von Gnesen, den Zöllibat durchzuführen. Die Priester lebten meistens bei den Kastellanen. Das Landvolk dürfte seine Hirten, die wohl selbstverständlich im Konkubinat lebten, kaum gekannt haben.
1208 Am 21. Juni heiratete in Bamberg Hedwigs ältester Bruder Otto in Gegenwart des deutschen staufischen Königs Philipp von Schwaben dessen Nichte Beatrix, die Erbin der Pfalzgrafschaft von Burgund. Während der Hochzeitsfeierlichkeit wurde der König aus Privatrache von Otto von Wittelsbach ermordet. Hedwigs Brüder Ekbert und Heinrich, fälschlicherweise der Mitwisserschaft verdächtigt, flohen zu ihrer Schwester nach Ungarn.
1208 Am 11. November wurde der Welfe Otto IV. als deutscher König anerkannt.
1208 wurde Agnes von Prag, die Tochter Przemysl Ottokars I. von Böhmen und der Konstanze von Ungarn, 3-jährig mit Hedwigs

ältestem Sohn Boleslaw verlobt und kam zur Erziehung nach Trebnitz.

1208 Am 25. Dezember wurde Hedwigs jüngster Sohn unbekannten Namens mit großer Feierlichkeit in Glogau getauft und starb bald darauf. Taufpate war Wladislaw Odoniz.

1209 legten Heinrich I. und Hedwig in vollem gegenseitigem Einverständnis unter dem feierlichen Segen des Bischofs das immerwährende Gelübde der ehelichen Enthaltsamkeit ab. Heinrich nannte sich seitdam ‚Brodaty', der Bärtige.

1210 starb Konrad I., Markgraf der Niederlausitz, ein Bruder von Hedwigs Mutter Agnes. Mit ihm starb Hedwigs großelterliches Haus Groitzsch-Rochlitz aus. Der Besitz fiel an die Hauptlinie der Wettiner zurück.

1210 Provinzialsynode aller polnischen Bischöfe unter dem eifrigen Erzbischof Heinrich von Kietlitz.

1210/11 starb Hedwigs Erstgeborener, Boleslaw, und wurde in Leubus begraben. Seine 6-jährige Braut Agnes wurde den Eltern zurückgegeben.

1211 wurde Magister Paul Bischof von Posen.

1211 Am 16. Mai starb Mesko im Besitz von Krakau.

1211 Hedwigs 4-jährige Nichte Elisabeth kam zur Wartburg als Braut Hermanns von Thüringen.

1212 trat Hedwigs Tochter Gertrud ins Trebnitzer Kloster ein.

1212 Vermutlicher Tod der beiden Töchter Hedwigs: Sophie und Agnes.

1212 wurde Friedrich II. deutscher König.

1213 sandte Trebnitz Nonnen nach Olobok südlich von Kalisch.

1213 Vermutlich Hedwigs Sohn Konrad auf der Jagd verunglückt. Er wurde im Kapitelsaal zu Trebnitz begraben.

1213 Am 28. September wurde Hedwigs Schwester, Königin Gertrud von Ungarn, ermordet.

1213 Wladislaw Odoniz eroberte Gnesen, die Hauptstadt seines Oheims Wladislaw Laskonogi, und nahm den Titel Herzog von Polen an.

1214 wurde Hedwigs jüngste Schwester Mechthild Äbtissin von Kitzingen.

1214 Erster Bauabschnitt in Trebnitz beendet. Weihe der Krypta.

1215 Allgemeines Konzil im Lateran zu Rom. Bischof Ekbert von

Bamberg nahm daran teil. Der Zisterzienser Christian wurde zum ersten Bischof des Preußenlandes geweiht.

1216 Am 16. Juni starb Papst Innozenz III. Sein Nachfolger wurde Honorius III.

1216 verlangte Heinrich I. von Wladislaw Odoniz die Rückgabe von Kalisch, was aber nicht geschah.

1217 Propstei der Augustinerchorherren in Naumburg am Bober.

1217 nahmen Hedwigs Brüder Otto und Ekbert am Kreuzzug des Königs Andreas II. von Ungarn teil.

1218 Hedwigs Bruder Berthold, vordem Erzbischof von Kalosca, Banus von Kroatien und Reichsverweser, 1213 aus Ungarn verjagt, wurde Patriarch von Aquileja.

1218 Am 16. Mai ermahnte Papst Honorius III. alle Kreuzfahrer, mehr auf die Bekehrung der Preußen bedacht zu sein als auf deren Unterjochung. Zu den ersten Kreuzfahrten dorthin gehörten Bischof Laurentius von Breslau und Markgraf Diepold III. von Mähren, ein Schwager Heinrichs.

Etwa 1219 heiratete Hedwigs Sohn Heinrich II. Anna, die Königstochter aus Böhmen, eine Schwester von Agnes. Aus der Ehe gingen 10 Kinder hervor: Hedwig, Agnes, Konstantia, Elisabeth, Gertrud, Boleslaw, Heinrich, Konrad, Mesko, Wladislaw.

1219 Am 22. März starb Erzbischof Heinrich von Kietlitz.

1219 Zweiter Bauabschnitt in Trebnitz beendet.

Am 25. August Kirchweihe durch sechs Bischöfe. Kloster Leubus übernahm die Aufsicht über Trebnitz.

1220 Am 22. November Kaiserkrönung Friedrichs II. in Rom. Hedwigs Brüder Berthold und Heinrich waren anwesend.

1221 Hedwigs 14-jährige Nichte Elisabeth heiratete den Bruder des verstorbenen Hermann, Ludwig IV. von Thüringen. Ihre Kinder waren: Hermann, Sophie, Gertrud.

1222 sandte Kloster Leubus Mönche in das Kloster Mogila bei Krakau.

1222 Gründung des Klosters Heinrichau.

1222 zog Konrad von Masowien vereint mit seinem Neffen Heinrich I. in den Kampf gegen die Preußen. Am 5. August übergab Konrad von Masowien dem Bischof einen Teil des Kulmer Landes. Christian gestattete Heinrich I., die von den Preußen zerstörte Burg Kulm wiederaufzubauen, weil er privatrechtliche Besitztitel im Kulmer Land besaß.

1223 starb Diepold, der Markgraf von Mähren. Seine Gemahlin Adelheid wurde mit ihren Söhnen Diepold, Boleslaus, Soleslaus, Boriwoj und Przemysl vertrieben und fand Zuflucht bei ihrem Bruder Heinrich I. auf der Burg in Breslau.

1224 Niederlassung der Dominikaner in Breslau. Ceslaus war Prior des Klosters St. Adalbert.

1225 Trebnitz sandte Nonnen nach Oslavan in Mähren.

1225 bezeichnete der Zisterzienser Caesarius von Heisterbach im rheinischen Siebengebirge Hedwig als ‚eine in jeder Hinsicht lobwürdige Frau'.

1225 entzweite sich Heinrich I. mit Lesko von Krakau und Sandomir und Konrad von Masowien und belagerte acht Tage lang Krakau, zog wieder ab und versöhnte sich mit ihnen.

1226 starb Heinrichs I. aus Mähren vertriebener Neffe Diepold als Propst von Magdeburg.

1226 Konrad von Masowien übergab die Kulmer Burg den Rittern des Deutschen Ordens als Stützpunkt.

1226 Am 3. Oktober starb Franziskus von Assisi in Portiuncula.

1227 Am 18. März starb Honorius III.
Nachfolger wurde Gregor IX.

1227 wurde Hedwigs 20-jährige Nichte Elisabeth Witwe und von der Wartburg vertrieben. Sie flüchtete zur Tante, Äbtissin Mechthild von Kitzingen. Ihr Onkel, Bischof Ekbert von Bamberg, brachte sie auf die Felsenburg Pottenstein, bahrte Ludwigs Leiche im Dom zu Bamberg auf, von wo Elisabeth sie nach dem Hauskloster Reinhardsbrunn brachte.
Bischof Ekbert soll geplant haben, sie mit dem verwitweten Kaiser Friedrich II. zu verheiraten.

1227 Im November planten Konrad von Masowien und Heinrich I., den Lesko um Rat gebeten hatte, einen Feldzug gegen Wladislaw Odoniz, weil dieser mit dem Pomerellenfürst Swantopolk gemeinsame Sache machte, der sich seinen Vasallenpflichten gegenüber Lesko entzog.

1227 Am 23. November suchte Heinrich I. auf einem Landtag zu Gonsawa bei Trzemeszno im Streit zwischen Lesko gegen Swantopolk zu vermitteln. Swantopolk überfiel beide. Lesko wurde auf der Flucht erschlagen, Heinrich I. im Bad schwer verwundet und von Hedwig und Anna gepflegt.

Die Regentschaft für Leskos 17 Monate alten Sohn sollte Wladislaw Laskonogi übernehmen, was Konrad von Masowien widerstrebte. Er überzog Laskonogi mit Krieg. Grausame Verwüstungen in Großpolen und Schlesien, weil Heinrich I. als Verbündeter Laskonogis angesehen wurde. Wladislaw Laskonogi floh zu Herzog Kazimierz von Ratibor.

1228 Am 16. Juli Heiligsprechung des Franziskus von Assisi.

1228 Am 18. Juli starb Hedwigs Bruder Heinrich kinderlos in Graz.

1228 Leskos Witwe überließ Heinrich I. Stadt und Land Krakau. Heinrich übernahm für Leskos Söhne den Schutz über das Herzogtum Sandomir.

1229 stritt Konrad von Masowien mit Heinrich I. um den Besitz von Krakau. Heinrich besiegte ihn in zwei Treffen und gewann Krakau. Er entließ seinen Sohn und sein Heer und war dadurch schutzlos. Während eines Gottesdienstes in Spytkowice bei Krakau wurde er durch Konrads Leute heimtückisch gefangen und auf dessen Burg nach Plock gebracht.

Hedwig verhinderte einen Feldzug ihres Sohnes zur Befreiung des Vaters und reiste zu Konrad. Sie verhandelte mit ihm und verlobte zwei Enkelinnen mit Konrads Söhnen. Sie erreichte Heinrichs Befreiung, der gezwungen – coactus – auf Krakau verzichtete.

Um 1230 entstand das Aussätzigen-Hospital bei Neumarkt.

1230 Am 5. Januar weilte der päpstliche Legat Wilhelm von Modena in Breslau und riet Heinrich, sich wegen der erzwungenen Verzichtleistung an den Papst zu wenden.

1230 starb Przemysl Ottokar I., König von Böhmen. Sein Sohn Wenzel I. wurde König von Böhmen.

1230 gab es drei Archidiakonate im Bistum Breslau.

1231 starb Hedwigs Schwägerin Beatrix von Burgund.

1231 Am 18. August starb kinderlos Wladislaw Laskonogi in Ratibor und vermachte sein Land Großpolen Herzog Heinrich I., aber Wladislaw Odoniz erhob, wie schon immer, Anspruch auf Großpolen.

1231 Am 17. November starb Hedwigs Nichte Elisabeth in Marburg, 24 Jahre alt.

1232 wurde Hedwigs Tochter Gertrud Äbtissin von Trebnitz als Nachfolgerin der verstorbenen Petrissa, die 19 Jahre lang das Kloster geleitet hatte.

1232 starb Bischof Laurentius von Breslau. Ihm folgte Bischof Thomas.

1232 Am 31. Dezember schlossen Konrad von Masowien und Heinrich I. endgültig Frieden.

1233 plante Heinrich I. einen Feldzug gegen Odoniz, den Hermann Balk vom Deutschen Orden dadurch verhinderte, dass er die Piasten zum gemeinsamen Zug gegen Preußen bat.

1233 kam Bischof Christian in preußische Gefangenschaft bis 1238.

1233 Im Winter schwere Schlacht an der Sorge.

Am 28. Dezember erhielt Kulm seine ‚Handfeste', das Kulmer Recht.

1234 Am 7. Mai starb Hedwigs Bruder Otto in Besancon und wurde im Kloster Langheim beigesetzt.

Bischof Ekbert besuchte vermutlich bis Ende Juni seine Schwester Hedwig.

1234 Neuer Feldzug Heinrichs gegen Odoniz, der, um nicht alles zu verlieren, das Land am lingen Wartheufer an Herzog Heinrich I. abtrat. Der Bischof von Posen vermittelte den Frieden. Heinrichs Neffe Boriwoj wurde Befehlshaber auf der Burg Srem.

1234 trat Agnes von Böhmen 29-jährig in das von ihr gegründete Klarissenkloster in Prag ein und wurde bald Äbtissin. Reger Briefwechsel mit Klara von San Damiano bei Assisi. Agnes besaß großen Einfluss auf ihren Bruder, König Wenzel. Ihre Schwester Anna, Hedwigs Schwiegertochter, blieb mit ihr in ständiger Verbindung.

1235 Am 27. Mai wurde Elisabeth von Thüringen heiliggesprochen. Ihr Vater, König Andreas von Ungarn, erlebte noch diese Freude. Kurz darauf starb er.

1235 wurde Heinrichs Neffe Boriwoj erschlagen.

1235 Am 1. November päpstlicher Legat Wilhelm von Modena bei Heinrich I. wegen Immunitätsverletzung von Kirchdörfern.

Seit 1200 waren die urkundlich nachweisbaren Kirchorte im Herzogtum Schlesien von 24 auf 73 gestiegen. In Wirklichkeit war die Zahl wohl größer.

1236 Am 1. Mai wohnte Hedwigs Bruder, Bischof Ekbert, in Gegenwart des Kaisers der feierlichen Erhebung der Gebeine seiner Nichte Elisabeth bei.

Seit dieser Zeit freundschaftliches Verhältnis Heinrichs I. zum Kaiser.

Hedwig besaß einen Schleier der hl. Elisabeth.

1236 klagten Domherren gegen Heinrich I. wegen Bedrückung der Bauern in den Kirchorten.

Wilhelm von Modena lud Heinrich vor sein Schlichtungsgericht. Herzog Heinrich erschien nicht, wurde daraufhin exkommuniziert.

1236 kamen Franziskaner nach Breslau.

1237 Wahl Konrads IV. zum deutschen König in Wien.

1237 Am 6. Mai Weihe des von Bischof Ekbert erbauten Bamberger Domes.

Am 5. Juni starb Bischof Ekbert als Stellvertreter des Kaisers in Wien.

1238 Am 19. März starb Heinrich I. zu Krossen echt christlich, wie versichert wurde. Hedwig hatte ihn erst besucht, nachdem er von päpstlichen Richtern vom Bann befreit war.

Er wurde in der Trebnitzer Klosterkirche begraben.

1238 Hedwig erhielt als Witwengut den großen Gutsbezirk Schawoine. Sie verheiratete ihr Patenkind Katharina, eine gefangene Preußin, mit Bogislaw, dem Verwalter der Armenküche.

1238 widersetzte sich der nach fünfjähriger Gefangenschaft freigelassene Bischof Christian der inzwischen erfolgten Neuordnung seines Gebietes.

1239 wurde Hedwigs Enkelin Konstantia mit Kazimierz von Kujawien vermählt, dem sie zwei Söhne und vier Töchter gebar.

1239 erhob Hedwigs Neffe Otto II., der letzte Andechser, Innsbruck zur Stadt.

1240 entstand das Franziskanerkloster auf dem Ritterplatz.

1241 ‚Tataren' ist in Europa der Sammelname für die im 13. Jahrhundert unter Dschingis Khan (= Temudschin) vereinigten Mongolen und Turkvölker. Dschingis-Khan teilte das Weltreich unter seine vier Söhne: Dschotschi, Dschagatai, Ögädäi und Tolui. Bis zum Tode Ögädäis (erster Groß-Khan 1228 bis 1241) blieb die Einheit des Reiches mit der Hauptstadt Karakorum erhalten, danach setzte der Zerfall in einzelne Teilreiche ein.

Dschinigis-Khans Enkel Batu unterwarf 1235-1240 Südrussland und gründete den tataro-mongolischen Feudalstaat Kiptschak = Goldene Horde, verheerte 1241 Polen, Mähren, Schlesien und Ungarn (Schlacht bei Liegnitz und Mohi). Nach seiner Rückkehr aus Mitteleuropa ließ er sich 1243 an der unteren Wolga nieder und gründete unweit vom heutigen Astrachan die Stadt Sarai als Statthaltersitz des Reiches der Goldenen Horde.

1241 Am 9. April fiel Heinrich II. in der Tatarenschlacht auf dem Schlachtfeld bei Liegnitz mit dem Großteil seines Heeres. Ceslaus, Prior der Dominikaner, rettete die Dominsel. Die Sieger kehrten wegen innerer Wirren über Mähren und Ungarn in ihr Reich zurück.

1241 Herzoginwitwe Anna führte ein Jahr lang die Regentschaft für den noch nicht volljährigen Boleslaw. Sie bestimmte als Begräbnisstätte für Heinrich II. die Kirche des Franziskanerklosters.

1241 wurde der dritte Bauabschnitt von Trebnitz beendet. Dreischiffige Basilika, 62 m lang ohne die Vorhalle, Mittelschiff etwa 18 m hoch.

1242 Am 10. März erhielt Breslau Stadtrecht.

1242 heiratete Boleslaw Hedwig von Anhalt.

1242 Am 15. Juli starb der Prior und Provinzial der Dominikaner, Ceslaus, vom Volk hochverehrt.

1242 wandte sich Boleslaw an Kaiser Friedrich II. wegen Fortführung der Politik seines Vaters und Großvaters.

1242 Am 24. August Hedwigs Testamentsurkunde. Sie vermachte Schawoine mit Umkreis dem Kloster Trebnitz. Äbtissin Gertrud erhielt die Einkünfte bis zu ihrem Lebensende.

1243 erfolgte die Einteilung des Preußenlandes in vier Bistümer.

1243 wurden Hedwigs Enkelinnen Elisabeth und Agnes urkundlich als Nonnen von Trebnitz erwähnt.

1243 gründete Herzoginwitwe Anna ein Hospital zur heiligen Elisabeth.

1243 Am 25. Juni neuer Papst Innozenz IV.

1243 Am 14. Oktober um 17 Uhr verstarb Hedwig zur Zeit der Vesper, die zum nächsten Tag gezählt wurde. Sie wurde, wie Gertrud es gwünscht hatte, vor dem Paulusaltar begraben. Sie erreichte ein für damalige Zeit sehr hohes Alter von 65 bis 69 Jahren. Eine solche selbstlose, helfende, mitten in der Welt außergewöhnlich fromme Frau galt dem Volk als Heilige. Von nah und fern kamen Pilger mit Kranken zum Hedwigsgrab.
Das Kloster unterhielt ein eigenes Hospital.

1244 holte Boleslaw II. mit Gewalt seine beiden Schwestern Elisabeth und Agnes aus dem Kloster. Er verheiratete Elisabeth mit Przemysl von Großpolen, dem sie einen Sohn und vier Töchter gebar.

Agnes durfte ins Kloster zurückkehren und wurde später Äbtissin.

Hedwigs Enkelin Hedwig wurde später Äbtissin von Sankt Klara bei Breslau.

Wir besitzen kein porträtähnliches Bild oder eine Figur der hl. Hedwig, die bald nach ihrem Tod ein Meister geschaffen hätte, der sie gekannt hatte.
Schon 1244 nannte Erzbischof Wilbrand von Magdeburg die Klosterkirche „eine verehrungswürdige Stätte".
Ablassurkunden von 1253, 1256 und 1262 spornten zum Besuch der Klosterkirche an.
Boleslaw II. nahm am 2. Oktober 1256 den Bischof Thomas gefangen. Erst nach der Aussöhnung am 20. Dezember 1261 war der Weg zur offiziellen Aufnahme der Heiligsprechungsverfahren frei.
Papst Urban IV., armer Leute Kind, der 1247–1249 Legat für Polen und Preußen war, weilte dreimal in Breslau und erfuhr von der Herzoginwitwe Anna und der Äbtissin Gertrud Hedwigs Liebeshingabe und Opferleben.
Der Kanonisationsprozess, der Anfang 1262 von den Bischöfen der Gnesener Kirchenprovinz und von Äbtissin und Konvent in Trebnitz offiziell erbeten worden war, begann am 7. November 1262 mit den ersten amtlichen Nachprüfungen der Kurie im Kapitelsaal des Klosters.
Die zweite Prüfung erfolgte am 25. Februar 1263, die dritte am 17. März 1264 im Dominikanerkloster.
Am 2. April 1264 starb Urban IV. Damit ruhte zunächst der Kanonisationsprozess.
Hedwigs Enkel Wladislaw, seit 1265 Erzbischof von Salzburg, setzte sich sehr für die Fortführung des Heiligsprechungsprozesses ein. Der neue Papst Klemens IV. erließ nach Prüfung der Untersuchungen am 26. März 1267 zu Viterbo die Kanonisationsurkunde. Kurz darauf hielt er die uns erhalten gebliebene Predigt über das Leben der heiligen Hedwig und empfahl ihre Verehrung öffentlich. Er gebot, alle Jahre am 15. Oktober in allen Städten Deutschlands, Polens und Ungarns ihr Fest zu feiern. (Heute ist der 22. Oktober der Festtag.)
In der Kanonisationsurkunde heißt es:
„Nun, da das Land Polen so ausgezeichnet ist und ihren Leib wie einen kostbaren Schatz in seinem Schoße birgt, welche Bitte wird da Gott in Sei-

ner Huld dem frommen Beter noch abschlagen können, jetzt, wo das Land sich glücklich schätzen darf, eine solche Fürsprecherin am Throne Gottes zu haben? Dafür nämlich, dass Hedwig die Polen in ihre besondere Obhut genommen hat, um ihnen voranzuhelfen, dafür sollte ihnen der Umstand ein Beweis sein, dass sie ihnen zum Unterpfand ihren heiligen Leib hinterließ. Darum darf aber niemand meinen, dass sie auf das Gebet anderer Gläubigen hin bei Gott keine Fürsprache einlege, besitzt sie doch die Liebe, die sie schon bei Lebzeiten besaß und auf alle ausdehnte, nun in der ewigen Heimat in noch vollkommenerem Maße."
Stets wurde Hedwig in den mittelalterlichen Papstgeschichten und frühen Chroniken bis 1474 als ‚ducissa Poloniae' bezeichnet. Die feierliche Erhebung ihrer Gebeine und die neue Einbettung (drei Finger, die das Marienbild umklammerten, waren erhalten geblieben) erfolgte am 25. August 1267 unter größtem Zustrom von Pilgern und Würdenträgern aus Kirche und Welt.
Das Heiligengrab galt dem mittelalterlichen Christen als Unterpfand für die sich in dieser Welt offenbarende Gnade Gottes. Polen und Deutsche verehrten und verehren sie in gleicher Weise. Bis ins 15. Jahrhundert war es das einzige Heiligengrab und der einzige Wallfahrtsort Schlesiens und darum religiöser Mittel- und Ausstrahlungspunkt.
Am 6. Dezember 1268 starb Hedwigs Tochter, Äbtissin Gertrud. Ihr folgte Äbtissin Petronilla und am 2. Januar 1273 Hedwigs Enkelin, die 1244 von ihrem Bruder entführte, aber zurückgekehrte Agnes.

Wahrscheinlich hatte schon 1262 der Zisterzienser Engelbert eine ‚Vita', eine Lebensbeschreibung, eingereicht. Auf dieser und auf den Kanonisationsakten fußt die damals übliche Lebensbeschreibung, ‚Legenda major – Große Legende' genannt, von 1300.
Der evangelische Professor Walter Nigg gab sie 1967 in deutscher Übersetzung heraus. Sie enthält:
Die Jugendzeit der hl. Hedwig, ihr Eheleben, ihre Liebe zur Keuschheit und Enthaltsamkeit,
Von der Demut der hl. Hedwig,
Von der Geduld der hl. Hedwig,
Von der Ernsthaftigkeit des Lebens der hl. Hedwig,
Über das Gebetsleben der hl. Hedwig und ihre Gottesliebe,
Wie Hedwig gegenüber dem Nächsten zarte Barmherzigkeit übte,
Von den Wundern, die Hedwig in ihrem Leben gewirkt,

Wie sie die Zukunft schaute,
Über den Tod der hl. Hedwig und die Wunder, die zur Zeit ihres Heimgangs geschehen sind,
Über die Wunder, die nach dem Tod der hl. Hedwig und den dabei geschehenen Wundern,
Von den Feierlichkeiten bei der Erhebung des Leichnams der hl. Hedwig und den Wundern, die sich dabei ereigneten,
Klemens' IV. Bulle der Heiligsprechung der Herzogin Hedwig,
Predigt des Papstes Klemens IV. bei der Heiligsprechungsfeier Hedwigs.

Am 17. Oktober 1312 schrieben die Breslauer Ratsherren an den Papst, dass die Stadt Breslau im Königreich Polen gelegen sei.
Am 24. August 1335 verzichtete König Kazimierz III. von Polen (1333-1370) auf die schlesischen Gebiete, die sich inzwischen an Böhmen angeschlossen hatten.
Am 9. Februar 1339 erneuerte König Kazimierz zu Krakau den Verzicht urkundlich.
1353 ließ Herzog Ludwig I. von Brieg eine lateinische Handschrift der Hedwigslegende durch Nikolaus Pruzie (d.h. aus Preußen) anfertigen mit einer ganzseitigen und sechzig halbseitigen Bildern aus dem Leben der hl. Hedwig.
Sie kam später in den Besitz der Piaristen zu Schlackenwerth in Böhmen, dann nach Wien.
Es darf mit etwa 70 Hedwigskirchen im Bistum Breslau von 1267 bis zum Anfang des Mittelalters gerechnet werden. Hinzu kommt noch eine erhebliche Zahl von Hedwigsaltären, -kapellen, -figuren und -bildern.
Am Ausgang des Mittelalters wird ein Hedwigsaltar über der Sakristei in der Kreuzkirche zu Dresden erwähnt.
Am 22. August 1661 führte der katholisch gewordene einstige Hofarzt des kalvinistischen Herzogs von Oels, Angelus Silesius, die erste Fußwallfahrt von Breslau nach Trebnitz an mit brennender Kerze in der Hand und einer Dornenkrone auf dem Haupt.
1679–1680 wurde das heutige Grabmahl der hl. Hedwig in der Trebnitzer Klosterkirche errichtet.
Von den 24 Königen Polens von 1295 bis 1795 waren 10 Könige Nachkommen von Hedwig, darunter die Wettiner August II., der Starke, und sein Sohn August III. von Sachsen.
5 Könige waren verheiratet mit einer Nachkommin der hl. Hedwig.

Am 1. November 1773 wurde die jetzige St.-Hedwigs-Kathedrale in Berlin geweiht.

Die Kirche betet alljährlich an ihrem Festtag:
„O Gott, Du hast die heilige Hedwig gelehrt, mit ganzem Herzen von weltlicher Prunkliebe zur demütigen Kreuznachfolge überzugehen. Lass uns aufgrund ihrer Verdienste und ihres Beispiels lernen, die vergänglichen Freuden der Welt mit Füßen zu treten und in der Umarmung Deines Kreuzes alles, was sich wider uns erhebt, zu überwinden!“

Seit vielen Jahrhunderten entstanden Bilder der heiligen Hedwig, wie die Künstler sie sich vorstellten; denn ein Originalbild von ihr gibt es nicht.
So tut auch unserer Zeit ein neues Hedwigsbild not, das Aussagekraft hat für unsere Zeit aufgrund der unermüdlichen Forschungen. Es kommt darauf an, die alle verbindende Heilige in diesem Bild zu verehren, die uns noch heute, 800 Jahre nach ihrer Geburt, nicht nur vieles zu sagen hat, sondern uns Vorbild und Fürbitterin in unsern weltweiten Anliegen am Throne Gottes sein kann.